浙江省哲学社会科学规划课题
——浙江历史文化专题研究项目成果

近代中国金融制度变迁中的
甬商与晋商比较研究

孟祥霞 江彦 著

中国社会科学出版社

图书在版编目(CIP)数据

近代中国金融制度变迁中的甬商与晋商比较研究 / 孟祥霞，江彦著. —北京：中国社会科学出版社，2018.12

（浙江文化研究工程成果文库）

ISBN 978-7-5203-3736-6

Ⅰ.①近… Ⅱ.①孟…②江… Ⅲ.①商业史-研究-宁波-近代②晋商-历史-研究-近代 Ⅳ.①F729.5

中国版本图书馆CIP数据核字（2018）第288489号

出 版 人	赵剑英
责任编辑	宫京蕾
责任校对	石春梅
责任印制	李寡寡

出　　版	中国社会科学出版社
社　　址	北京鼓楼西大街甲158号
邮　　编	100720
网　　址	http：//www.csspw.cn
发 行 部	010-84083685
门 市 部	010-84029450
经　　销	新华书店及其他书店

印刷装订	北京君升印刷有限公司
版　　次	2018年12月第1版
印　　次	2018年12月第1次印刷

开　　本	710×1000　1/16
印　　张	21
插　　页	2
字　　数	369千字
定　　价	85.00元

凡购买中国社会科学出版社图书，如有质量问题请与本社营销中心联系调换
电话：010-84083683
版权所有　侵权必究

浙江省文化研究工程指导委员会

主　任：车　俊
副主任：葛慧君　郑栅洁　陈金彪　周江勇
　　　　成岳冲　陈伟俊　邹晓东
成　员：胡庆国　吴伟平　蔡晓春　来颖杰
　　　　徐明华　焦旭祥　郭华巍　徐宇宁
　　　　鲁　俊　褚子育　寿剑刚　盛世豪
　　　　蒋承勇　张伟斌　鲍洪俊　许　江
　　　　蔡袁强　蒋国俊　马晓晖　张　兵
　　　　马卫光　陈　龙　徐文光　俞东来
　　　　陈奕君　胡海峰

浙江文化研究工程成果文库总序

有人将文化比作一条来自老祖宗而又流向未来的河，这是说文化的传统，通过纵向传承和横向传递，生生不息地影响和引领着人们的生存与发展；有人说文化是人类的思想、智慧、信仰、情感和生活的载体、方式和方法，这是将文化作为人们代代相传的生活方式的整体。我们说，文化为群体生活提供规范、方式与环境，文化通过传承为社会进步发挥基础作用，文化会促进或制约经济乃至整个社会的发展。文化的力量，已经深深熔铸在民族的生命力、创造力和凝聚力之中。

在人类文化演化的进程中，各种文化都在其内部生成众多的元素、层次与类型，由此决定了文化的多样性与复杂性。

中国文化的博大精深，来源于其内部生成的多姿多彩；中国文化的历久弥新，取决于其变迁过程中各种元素、层次、类型在内容和结构上通过碰撞、解构、融合而产生的革故鼎新的强大动力。

中国土地广袤、疆域辽阔，不同区域间因自然环境、经济环境、社会环境等诸多方面的差异，建构了不同的区域文化。区域文化如同百川归海，共同汇聚成中国文化的大传统，这种大传统如同春风化雨，渗透于各种区域文化之中。在这个过程中，区域文化如同清溪山泉潺潺不息，在中国文化的共同价值取向下，以自己的独特个性支撑着、引领着本地经济社会的发展。

从区域文化入手，对一地文化的历史与现状展开全面、系统、扎实、有序的研究，一方面可以藉此梳理和弘扬当地的历史传统和文化资源，繁荣和丰富当代的先进文化建设活动，规划和指导未来的文化发展蓝图，增强文化软实力，为全面建设小康社会、加快推进社会主义现代化提供思想保证、精神动力、智力支持和舆论力量；另一方面，这也是深入了解中国文化、研究中国文化、发展中国文化、创新中国文化的重要途径之一。如今，区域文化研究日益受到各地重视，成为我国文化研究走向深入的一个重要标志。我们今天实施浙江文化研究工程，其目的和意义也在于此。

千百年来，浙江人民积淀和传承了一个底蕴深厚的文化传统。这种文化传统的独特性，正在于它令人惊叹的富于创造力的智慧和力量。

浙江文化中富于创造力的基因，早早地出现在其历史的源头。在浙江新石器时代最为著名的跨湖桥、河姆渡、马家浜和良渚的考古文化中，浙江先民们都以不同凡响的作为，在中华民族的文明之源留下了创造和进步的印记。

浙江人民在与时俱进的历史轨迹上一路走来，秉承富于创造力的文化传统，这深深地融汇在一代代浙江人民的血液中，体现在浙江人民的行为上，也在浙江历史上众多杰出人物身上得到充分展示。从大禹的因势利导、敬业治水，到勾践的卧薪尝胆、励精图治；从钱氏的保境安民、纳土归宋，到胡则的为官一任、造福一方；从岳飞、于谦的精忠报国、清白一生，到方孝孺、张苍水的刚正不阿、以身殉国；从沈括的博学多识、精研深究，到竺可桢的科学救国、求是一生；无论是陈亮、叶适的经世致用，还是黄宗羲的工商皆本；无论是王充、王阳明的批判、自觉，还是龚自珍、蔡元培的开明、开放，等等，都展示了浙江深厚的文化底蕴，凝聚了浙江人民求真务实的创造精神。

代代相传的文化创造的作为和精神，从观念、态度、行为方式和价值取向上，孕育、形成和发展了渊源有自的浙江地域文化传统和与时俱进的浙江文化精神，她滋育着浙江的生命力、催生着浙江的凝聚力、激发着浙江的创造力、培植着浙江的竞争力，激励着浙江人民永不自满、永不停息，在各个不同的历史时期不断地超越自我、创业奋进。

悠久深厚、意韵丰富的浙江文化传统，是历史赐予我们的宝贵财富，也是我们开拓未来的丰富资源和不竭动力。党的十六大以来推进浙江新发展的实践，使我们越来越深刻地认识到，与国家实施改革开放大政方针相伴随的浙江经济社会持续快速健康发展的深层原因，就在于浙江深厚的文化底蕴和文化传统与当今时代精神的有机结合，就在于发展先进生产力与发展先进文化的有机结合。今后一个时期浙江能否在全面建设小康社会、加快社会主义现代化建设进程中继续走在前列，很大程度上取决于我们对文化力量的深刻认识、对发展先进文化的高度自觉和对加快建设文化大省的工作力度。我们应该看到，文化的力量最终可以转化为物质的力量，文化的软实力最终可以转化为经济的硬实力。文化要素是综合竞争力的核心要素，文化资源是经济社会发展的重要资源，文化素质是领导者和劳动者的首要素质。因此，研究浙江文化的历史与现状，增强文化软实力，为浙江的现代化建设服务，是浙江人民的共同事业，也是浙江各级党委、政府的重要使命和责任。

2005年7月召开的中共浙江省委十一届八次全会，作出《关于加快建设文化大省的决定》，提出要从增强先进文化凝聚力、解放和发展生产力、增强社会公共服务能力入手，大力实施文明素质工程、文化精品工程、文化研究工程、文化保护工程、文化产业促进工程、文化阵地工程、文化传播工程、文化人才工程等"八项工程"，实施科教兴国和人才强国战略，加快建设教育、科技、卫生、体育等"四个强省"。作为文化建设"八项工程"之一的文化研究工程，其任务就是系统研究浙江文化的历史成就和当代发展，深入挖掘浙江文化底蕴、研究浙江现象、总结浙江经验、指导浙江未来的发展。

浙江文化研究工程将重点研究"今、古、人、文"四个方面，即围绕浙江当代发展问题研究、浙江历史文化专题研究、浙江名人研究、浙江历史文献整理四大板块，开展系统研究，出版系列丛书。在研究内容上，深入挖掘浙江文化底蕴，系统梳理和分析浙江历史文化的内部结构、变化规律和地域特色，坚持和发展浙江精神；研究浙江文化与其他地域文化的异同，厘清浙江文化在中国文化中的地位和相互影响的关系；围绕浙江生动的当代实践，深入解读浙江现象，总结浙江经验，指导浙江发展。在研究力量上，通过课题组织、出版资助、重点研究基地建设、加强省内外大院名校合作、整合各地各部门力量等途径，形成上下联动、学界互动的整体合力。在成果运用上，注重研究成果的学术价值和应用价值，充分发挥其认识世界、传承文明、创新理论、咨政育人、服务社会的重要作用。

我们希望通过实施浙江文化研究工程，努力用浙江历史教育浙江人民、用浙江文化熏陶浙江人民、用浙江精神鼓舞浙江人民、用浙江经验引领浙江人民，进一步激发浙江人民的无穷智慧和伟大创造能力，推动浙江实现又快又好发展。

今天，我们踏着来自历史的河流，受着一方百姓的期许，理应负起使命，至诚奉献，让我们的文化绵延不绝，让我们的创造生生不息。

2006 年 5 月 30 日于杭州

前　言

一

作为名列中国近代十大商帮之中的晋商与甬商，其崛起和兴盛都有某些共同性。但由于两个商帮的地理环境和历史环境的差异，故又有各自的独特性。晋商曾作为我国历史上享誉盛名的商帮，在历史上取得过辉煌的成就，在中国近代也有着深远的影响，但最终都未能改变自己随着清王朝的衰亡而衰败的命运。甬商从形成到兴盛的时期虽晚于晋商，然而近代则是甬商的大发展时期。

发迹于15世纪末的晋商，到16世纪70年代进入它发展史上的鼎盛时期。"大清帝国"在嘉庆以后就渐显衰象，至道光年间，特别是经过两次鸦片战争后便江河日下，气数殆尽。然而，晋商这支活跃于明清两代的强劲商旅却没有因为清政府的衰微而一蹶不振，反而在道光初年创建了票号，晋商从商贸领域挺进金融领域，并在此后的七八十年间，奇迹般地创建出晋商史上的又一个辉煌鼎盛时期。

票号诞生后，特别到咸丰以后，晋商（贸易商和票商）上通清廷，下结官绅，商路遥达数万里，款项汇通天下。南至中国香港、加尔各答，北上莫斯科、彼得堡，东延东京、神户、大阪，西到阿拉伯国家，到处都有晋商的踪迹。在国内，虽然外国银行早在19世纪40年代末就已建立，且规模和覆盖面在不断扩展，但一直到19世纪六七十年代，山西票号仍稳固地占据着中国金融市场，其资本之雄厚，覆盖面之广大，执全国金融业之牛耳，可谓名震中外，汇通天下，显赫异常。

从19世纪80年代上海股市风潮起到20世纪20年代前后，由于复杂的历史原因，晋商地盘日渐萎缩，经营日渐艰难，最终山穷水尽，随着票号的消亡而走向衰落，悄然退出历史舞台。由兴到盛，盛极而衰，晋商纵横捭阖，称雄华夏商界近500年，在中国金融史上涂下重重的一笔！

晋商的衰落，既有深刻的历史和社会原因，也受制于自身的诸多局限。董继斌在《晋商与中国近代金融》一书中概括出这样几点：其一，国势衰微，百业凋敝。清王朝的迅速垮台，使晋商（尤其是票号业）受到沉重打击。晋商长期与清廷结托，致使票号中大量存放官银，在风雨飘摇中的清廷官员，对票号"存款立提，毫不通融；放款不还，人去楼空"，山西票号因此而倒闭者，十有七八。其二，清廷官银钱局及中国通商银行、大清银行、交通银行的相继成立，在业务上夺走了票号的地盘，加上外资银行的挤压，使山西票号在内外夹击中日趋萎缩。其三，墨守成规，故步自封，使票号始终带有浓厚的封建局限性，在与资本主义银行的竞争中显然处于劣势。其四，晋商作为商业资本和金融资本的运营者，在剩余资本的投向上始终存在战略性失策。晋商的资本积累大都用在购田置地，修建庄园，捐输助饷，结托官府，剩余部分或者窖藏或者奢侈浪费。他们很少将资金积累转向产业资本，在近代民族工业发展的19世纪末20世纪初，晋商的发展背离了社会潮流，单一的资金投向失去了风险抵御能力，其消亡自然是不可避免的了。

甬商的产生和发展首先与作为著名对外贸易以及沿海贸易港口的宁波港有密切关系。良好的港口，便利的交通，发达的传统商业，为甬商的产生和发展提供了得天独厚的条件。清朝乾嘉时期是甬商由一个普通的地域商帮，一跃发展成为紧随徽帮、晋帮、粤帮、闽帮之后的又一个国内著名商帮的重要时期。到1840年鸦片战争爆发前后，国内主要的商帮已经由徽、晋两帮南北对峙，演变为晋商、粤商、闽商、甬商四强争雄的局面。

甬商第二个大发展时期是鸦片战争后的数十年间。中国封建社会经过两千余年的发展与不断修复，在其内部调节机制的作用下，已走到了封闭和近乎停滞的境地，很难依靠自身力量来进行社会的更新。正是在这种情况下，外国资本主义的入侵在使中国沦为半殖民地半封建社会的同时，也使"天朝帝国万世长存的迷信破了产，野蛮的、闭关自守的、与文明世界隔绝的状态被打破"[①]，它改变了中国封建社会的自我循环历程，开始发生前所未有的巨变。正如《共产党宣言》所描绘的："资产阶级，由于一切生产工具的迅速改进，由于交通的极其便利，把一切民族甚至最野蛮的民族都卷到文明

---

① 《马克思恩格斯文集》第2卷，人民出版社2009年版，第608页。

中来了。它的商品的低廉价格,是它用来摧毁一切万里长城、征服野蛮人最顽强的仇外心理的重炮。它迫使一切民族——如果它们不想灭亡的话——采用资产阶级的生产方式;它迫使它们在自己那里推行所谓的文明,即变成资产者。一句话,它按照自己的面貌为自己创造出一个世界。"① 在这个历史过程中,西方资本主义充当了"历史的不自觉的工具"。在这个"数千年未有之变局"中,甬商凭借自身特殊的有利条件,迅速介入新兴的对外贸易领域,并形成了以买办商人和进出口贸易商人为代表的新式商人群体。由于闽商在鸦片战争后衰落,甬商与粤商、晋商在中国商界形成三足鼎立之势。

任何一个商帮,如果没有自己的金融业,就难以形成一个贸易体系,难以为其商业活动提供后援力量,也无法维持商业的长期繁荣。甬商的钱庄业自明清时就已有相当的发展,"信用最著,流通亦广",其独创的"进出只登账簿,不必银钱过手"的过账制度以快速、方便而闻名全国。清同治年间,宁波即有拥资数万可以直接过账的大钱庄36家。到19世纪末20世纪初,甬商所经营的钱庄便执上海钱业之牛耳。当时上海形成的9大著名钱庄资本家集团中,甬商就占2/3强,起着举足轻重的作用。除上海外,甬商还在北京、天津、沈阳等地开设钱庄和设立分店,使全国各地钱庄声气衔接,形成一个巨大的汇兑网。五口通商后,外资银行纷纷进驻上海滩,"银行始初仅通洋商,外洋往来以先令汇票为宗,存银概不放息"。② 初期大部分中国商人与钱庄的关系远甚于银行,同时外资银行由于在内地并无分支机构,其汇兑业务反而要委托钱庄来办理。外国银行要扩展业务,必须适应市场与钱庄发生关系,因此钱庄庄票被外资银行广泛接受。"钱庄庄票能在洋行出货,外人极信赖之银行钞票无此本能。"③ 然而,外资银行与钱庄的合作只是暂时的,其维系机制是在市场浅层发育时两者利益的共享性——银行拥有资金,钱庄掌握广泛的业务关系,彼此互补,各得其所。而待市场发育和竞争深化至某一程度时,这两种本质冲突的异质组合就会发生必然的分化。而且,由于规模、制度上的优势,外国银行在这种"合作"中处于相对的主导地位,当它在中国站稳脚跟、羽翼渐丰时,钱庄的依附性就越来越凸显出来,也就越来越难以适应日益复杂的近代经济生活。随着近代工业的兴起,社会对于通过银行获得大规模融资的需求也越来越迫切。经营钱庄的宁波商

---

① 《马克思恩格斯文集》第2卷,人民出版社2009年版,第35—36页。
② 1884年1月12日《申报》(光绪九年十二月十五日)。
③ 马寅初:《银行之势力何以不如钱庄》,《东方杂志》第23卷第4期,1962年2月。

人很快便意识到这种发展只能适应前资本主义的贸易活动，经不起金融风潮的袭击，终将被现代银行所淘汰。对新兴事物素来极其敏感的甬商于是开始积极主动向近代金融业转化和渗透。

甬商的第三个重要发展时期是19世纪80年代，特别是90年代以后。其主要特征是以新式商人为主的宁波商人将商业利润投资于新式银行、轮船航运、现代工业等新兴实业领域，形成了实力雄厚的甬商金融资本和工业资本，产生了近代影响广泛的金融家、企业家群体。至19世纪末20世纪初，甬商在经营形态和商帮性质上已由一个传统意义上的商帮，转变成为一个近代资本主义工商业集团，并成为以上海为中心、江浙金融资本家为核心的中国近代主要商帮。

近代金融业的形成大致有两种途径，"一是19世纪末旧式钱庄的资本主义化；二是世纪之交近代银行的出现"①。旧式钱庄的资本主义化，首先是旧式钱庄对新式银行的依赖与联系越来越密切；其次是钱庄资本与近代工商业开始紧密联系、共同发展。甬商钱庄业把通过各种渠道积聚的资金转化为近代工商业资本，而且在国内外贸易中起着金融枢纽的作用。钱庄资本与新式工商业的结合表明，甬商钱庄业已逐步演化为具有资本主义性质的金融机构。鸦片战争以后，中国被迫开放，甬商以其敏锐的洞察力和雄厚的经济实力，主动以"领头羊"之雄姿率先向近代化转型。甬商经营的钱庄、银号、典当等旧式金融业逐渐向银行、信托投资、保险、证券等近代金融业转化。在近代银行业中，甬商长期控制着中国第一家华资银行——中国通商银行，另创办有四明商业储蓄银行、中国垦业银行等近代著名银行。在近代轮船航运业中，甬商商人创办了戴生昌轮船公司、宁绍轮船公司、三北轮埠公司等中国近代著名的轮船公司。在近代工业企业中，有刘鸿生企业集团、三友实业社、中国化学工业社、五洲药房、信谊化学制药厂、民丰华丰造纸厂、大中华橡胶厂等著名大中型民族资本企业。在创办和经营近代企业的过程中，甬商工商业者中产生了诸如严信厚、叶澄衷、朱葆三、宋炜臣、虞洽卿、刘鸿生、周宗良等为代表的一大批近代著名的企业家。

20世纪40年代和50年代，以甬商为中心的江浙财团南移香港。此后有一批甬商工商业者移资海外各地，但大部分工商业人士此后以香港为中心继续发展，并与此前移居海外各地的甬商一起，被称为现代海外甬商。

---

① 姚会元、邹进文：《"江浙财团"形成的标志及其经济、社会基础》，《中国经济史研究》1997年第3期。

在近代中国众多商帮中,"甬商"不仅历史悠久,经济实力雄厚,而且是唯一一个实现了集团性或群体性近现代化转型的商帮。甬商在其发展过程的各个重要时期,实现了集团性的多次转变或转型,特别是鸦片战争以后商帮的转型更为深刻,使得甬商在中国近代化进程中不仅没有衰落,而且由一个传统商帮最终成功转型为一个近代工商金融业集团,推动了中国近代民族工商业的发展和金融制度的近代化变迁,对中国近现代社会产生了广泛而深远的影响。

二

如果站在1840年的时间坐标原点上回溯历史,我们会发现,西方世界的兴起是在二百多年间实现的,而中国在经济总量上被西方世界超越更只是发生在英国工业革命后不到一百年里的事情①。15世纪以前,中国的经济总体领先于西方,在科学技术领域的优势尤为明显;直到16—17世纪,中国社会经济的各项基本指标,比如人口增长率、人均GDP和生活水平、工业化程度、市场规模和运作状况以及科学技术水平等,似乎不逊色于西欧,在一些重要领域甚至比西欧表现得更为出色。而在1840年之后的百余年里,中国在经济上、政治上、外交上和思想文化上,都走过一段相当艰难坎坷的路程。时至晚清时期,国人深刻感受到了来自物质和精神领域巨大的双重落差。而造成这种落差的根源是在以民族国家为基本单位的世界格局中,中国的经济实力,特别是经济增长速度,被西方世界远远地甩在后边。

17世纪中叶后,西方世界爆发了一系列惊天动地的伟大革命,历史的车轮突然间加速前进。而处于全球变局中的中国,此时正陶醉在康乾盛世的古老文明之中。在变化了的世界面前,封建统治者表现出惊人的麻木和极度的愚昧,封建君主妄自尊大,拒绝开放,墨守成规,反对变革,最终使中华民族在不到100年的时间里由世界经济中心沦为任人宰割的弱国。广阔的中

---

① 1820年时,中国与欧洲的GDP总量相差不远。麦迪逊估算1820年的世界GDP总额为6352.89亿美元;欧洲约占世界GDP总额的35%,为2224.26亿美元,中国约占世界GDP总额的31.4%,为1992.12亿美元。罗兹·墨菲从总量的角度对东西方做了一个综合评估。他得出的结论是,大概从17世纪末开始,西方国家的总体实力呈上升趋势,这与亚洲主要国家出现的下降趋势在时间上基本吻合。最后,一条代表西方国家总量的上升曲线和一条代表亚洲国家总量的下降曲线在1815年的坐标点上交叉,而欧洲与中国的相交点又比1815年稍晚一些。参见 Madison, Angus, 1995; Murphey, Rhoades, 1977, *The Outsiders: Western Experience in India and China*, Ann Arbor: University of Michigan Press, p. 5.

国市场和巨额的对华贸易逆差，使中国成为贪婪的西方列强的必夺之地。以农业手工业为基础的清王朝毕竟抵挡不住先进大工业生产的"坚船利炮"的攻击，两次鸦片战争使西方列强夺走了中国市场，也夺去了中国人的尊严，使中国人民在半殖民地半封建的屈辱社会中挣扎了近一个世纪。诞生于半封建半殖民地的社会形态下的中国近代金融，不仅屈从于封建势力的统治和盘剥，而且受制于西方列强的挤压和掠夺。

中国近代金融是中国近代商品经济发展的外化，从金融组织到货币制度都标识出它鲜明的时代特征。在金融组织上，中国银行业起步较晚，如果将具备现代银行要素的票号作为中国早期的银行业，那么，它的诞生虽然比中国第一家以"银行"命名的金融机构——中国通商银行早70多年，也比在中国设立的第一家外国银行——丽如银行早20多年，但是，它比西方的威尼斯银行晚了240多年，比世界上首家股份制银行——英格兰银行晚120多年。在货币制度和形态上，中国长期实行银两和制钱并用的复本位币制，随着商品经济的迅速发展，19世纪中叶前，世界各国先后都放弃银本位制，实行金本位制。到20世纪30年代，世界上只有中国、西班牙、墨西哥实行银本位制。本位币制直接影响到商品贸易，落后的本位币制，在很大程度上遏制了旧中国商品经济的发展。在落后的银本位制下，流通中的货币也十分混乱，有制钱、银两、自铸银圆、外国银圆，还有纸元（钞票），既有钱庄、银号发行的钱票、银票，又有清政府一度发行的官票和宝钞，以及在华外国银行发行的兑换券。1900年起，又流通铜圆。币制及货币发行的落后与混乱加上金融管理的无序，不可避免地导致了19世纪中叶震动全国的福建金融风潮。作为兼营商业资本和金融资本的商帮群体，面对如此芜杂的金融环境和半封建半殖民地的恶劣社会环境，能够顽强生存还有所发展，甚至将500年商帮的辉煌发挥到极致，晋商创造出了奇迹。对于晋商何以在国力衰败、兵荒马乱的年代创造出如此奇迹的问题，董继斌在《晋商与中国近代金融》一书中进行了解读。

第一，票号资本的二重性适应了半封建半殖民地的社会经济环境。票号资本作为生息资本，在近代社会经济环境中兼有高利贷资本和银行资本的两重性。作为高利贷资本，在适应半封建半殖民地的社会环境时，它不得不以现代金融的面目出现，非如此不足以抗衡外资银行的挤压；而作为银行资本，在封建势力的氛围中它又不得不同时具备与其现代金融本质相反的特质。正是这种二重性，使山西票号在长达七八十年的时间内，在西方列强和封建势力的夹缝中穿梭运行，游刃有余。

第二，晋商与清廷之间非同一般的结托关系。晋商与官府之间的往来在明代就有。到了清代，特别是票号诞生后，这种结托关系达到空前的程度。票号以官府为后盾，信用虚增，官府以票号为附庸，聚敛财银。最后发展到票号只对官银和巨商开放，不与中小工商业业务往来，从而为其迅速衰落埋下伏笔。

第三，把握商机、充当清廷的财政工具。战争给人民带来苦难，却给商人带来一些机会。晋商凭借与清廷的关系，紧紧抓住鸦片战争、白莲教起义、义和团运动、捻军起义出现的商机，为清廷代垫、代办汇兑军饷、协饷，筹措汇兑抵还不平等条约形成的对外赔款，还代理部分省关的财政金库。俨然一副清廷总出纳的模样，其间晋商所得利益是不言而喻的。

第四，严谨的经营作风和引进、创新的金融制度。晋商素以进取、敬业、谋略、商德而著称，明清几百年商海搏杀和经营作风的积淀，使晋商能够积财如山而崇尚节俭、处变不惊，靠严谨的经营作风和不违封建伦理的商德商誉在动乱的清朝中晚期创造出商界奇迹。在金融制度上，或是引进或是创新，山西票商具有了现代金融的雏形，它的所有权与经营权的分离，公积金制度，风险防范金的提留、转账和异地结算、票据和贴现，汇票的防伪以及劳力和智力资本的入股等在当时都具有超前意识。所有这些不仅是它在战乱中得以生存发展的内在基础，而且使其在中国近代金融制度变迁中占有重要地位。

甬商金融业的优势地位在相当长的时期内，主要依靠其在传统金融业——钱庄业所占的优势地位达到的。在近代，甬商钱业势力顺应时代潮流，依托外资力量，完成自身蜕变，以转型后的钱庄和银行为后盾，充分利用资金投向的改变，促进各项事业的发展，成为近代中国经济生活中极为重要的金融力量，尤其在近代中国金融制度变迁过程中，其作用更不可或缺。

银行是近代资本主义工业发展的必然产物，是经营货币资本、充当债权人和债务人中介的最重要现代金融机构。与晋商相比，甬商的实业家对银行职能的理解更为深刻，而且行动积极。山西票号对新式银行兴趣不大，而宁波钱庄却能把握时代特征和发展趋势，顺应形势发展，以积极、能动、进取的姿态，投资近代银行，创办新型事业。由此可以窥见，甬商能在晋商之后迅速崛起并经久不衰的根源。

1897年5月中国通商银行的创设是国人自办银行之嚆矢。在该行兴办、资金筹措、具体事务管理中处处闪现着宁波商人的身影。甬商的开山祖严信厚，在当时开办了海关银号，在各省也设有汇号，他把这些资金投资于通商银行。从文献上看，通商银行的股东不少是甬商企业家，初创时的八位总董中，甬商人士叶澄衷、朱葆三、严信厚均为闻名上海的钱业巨子，掌握着该行的实权。先后担任通商银行总经理（华大班）的陈笙郊、傅筱庵亦是甬商钱业中的头面人物，其上海南市分行经理也由镇海籍方椒伯担任。甬商在中国通商银行中的势力和影响如此之大，通商银行因此顺理成章被归属于甬商的金融势力范围。①

1908年，以虞洽卿、朱葆三为首的甬商人士又合股设立四明银行，这是一家完全由宁波商人投资的股份制商业银行，被视为甬商的金融根据地，慈溪籍金融家孙衡甫长期担任该行的董事长兼总经理。四明银行因发展迅速、信誉良好而成为上海最重要的14家银行之一。中国垦业银行是甬商创办和经营的又一家著名银行，由慈溪商人童今吾发起成立。他与天益钱庄经理镇海人俞佐庭合伙，利用宁波本地钱庄长期放款作为大部分股本，并取得钞票发行权。孙衡甫曾一度出任该行董事长。1929年，慈溪人秦润卿、王伯元接手后，采取稳步发展的经营方针，陆续成立了储蓄所和地产部、信托部，业务蒸蒸日上，成为上海银行业中的佼佼者。

甬商还利用原有的钱庄基础、熟悉的金融业务及各种人事关系向各银行实行渗透，以掌握实权。当时较有实力的中国银行、交通银行、南三行（浙江兴业银行、浙江实业银行、上海商业储蓄银行）、中国银行上海分行等主要权力都掌握在甬商手中。与此同时，一些宁波籍商人投资的分业银行及特殊银行也相继出现。如煤炭大王刘鸿生发起组织的上海煤业银行、慈溪人秦润卿等创办的上海棉业银行等就具有鲜明的行业性质；奉化人邬挺生等组织的中华劝工银行、鄞县人项松茂等创设的宁波实业银行则属于农工银行类型；而余姚人黄楚九设立的日夜银行自上午9时至晚上11时营业，在时间上颇有特色；余姚人严叔和与鄞县人张寿镛参与创办管理的上海女子商业储蓄银行在组织上颇具特色，属于特殊银行类型。②

甬商通过投资经营新式银行，加上钱庄的近代化转型，金融势力大增。至20世纪二三十年代，国内著名银行的总行有80%以上设在上海，甬商参与投资、创办、管理的几乎涉及上海所有的重要银行，"掌握着金

---

① 陈真、姚洛：《中国近代工业史资料》第1辑，生活·读书·新知三联书店1957年版，第310页。

② 乐承耀等：《甬商经营理念研究》，宁波出版社2004年版，第47—48页。

融上的权力，而无可与之匹敌者"。1934年浙江兴业银行调查报告中指出："全国商业资本以上海居首位；上海商业资本以银行居首位；银行资本以宁波人居首位。"①

除银行外，宁波商人在证券、保险、交易所、信托公司等当时新兴的金融行业中更是独占鳌头。1920年，虞洽卿、盛丕华等创办上海第一家华人自办的交易所——上海证券物品交易所；1921年中国第一家信托公司中易信托公司成立，朱葆三担任董事长，俞佐庭等人亦任显职；1936年慈溪人孔颂馨创立东南信托公司。保险业中，宋汉章出任中国保险公司董事长近20年，堪称保险业的元老；由宁波商人创办或经营的华兴保险公司、宁绍人寿保险公司、四明保险公司、中国天一保险公司等保险企业，在中国保险史上均占有一席之地。据有关资料统计，从上海开埠至1937年，宁波商人在沪地先后开设或出任经理的重要的钱庄、银行、保险公司、交易所就有105家。② 即使在抗日战争时期上海沦陷后的1941年，宁波人在上海经营的钱庄仍有11家，银行17家，证券14家，保险5家。

金融机构的相对齐全意味着功能的相对完善。甬商充分利用其金融业优势，权衡利弊，掌握银根，促进各项事业蓬勃发展。甬商的商业、钱业互相为用，以钱业支持商业，商业资金调度灵活，由此形成的经济势力不容小觑。由宁波人掌控的银行，对宁波商人借款都予以特殊照顾。正因为甬商具有商业与金融业紧密结合的特色，使得甬商在商业经营中占有资金上的优势；正因为有银行为之融通资金，甬商因而声势日盛；正因为甬商的金融实力，上海作为全国金融中心的地位也得以确立和巩固。

在中国金融告别传统走向近代的制度变迁过程中，甬商发挥了巨大的作用，促进了近代中国金融体系的形成与发展，推动了近代中国金融业近代化进程。其一，宁波商人不仅大规模投资于近代金融业，而且广泛引进西方先进的现代金融理念与经验，积极投身于近代金融事业的经营与管理，使得社会储蓄转化为职能资本的现代信用制度得以正式确立，在很大程度上促进了中国金融的近代化。其二，推动中国近代华资银行兴起，将钱庄与外国银行、钱庄与中外贸易、钱庄与近代资本主义企业联在一起，从而促使钱庄资本向近代金融资本转化，奠定了近代乃至现代中国金融体

---

① 《宁波帮企业家的崛起》，浙江人民出版社1989年版，第246页。
② 李瑊：《上海的宁波人》，上海人民出版社2000年版，第320页。

系的基础。其三，甬商在中国金融近代化的过程中无疑是一匹"黑马"，无论是外商银行在上海的崛起，还是华商银行的诞生与发展，都在其中扮演了十分重要的角色，既启动了中国金融机构现代化进程，又为近代金融体系的确立奠定了基础。其四，甬商积极参与近代上海保险公司、证券交易所的建立，从而进一步完善了上海的金融市场，启动并推进了中国金融制度变迁的步伐。其五，甬商投身中国近代银行事业，造就了中国近代第一批深谙现代银行业务的银行家和大批金融英才，正是这批金融英才推动了中国近现代金融的发展与制度变迁。

三

从经济发展的角度来说，重要的不仅在于财富的数量，更在于其使用方式。甬商在旧式钱庄（票号）制度向现代银行制度成功转型的基础上，实现了传统商业资本向现代产业资本的转化。甬商不仅投资产业，还把他们所熟悉的资本主义经营管理方法带进了企业，因而成为新型工商及金融业经营方式的行家里手，这对中国早期现代化转型同样是关键性的。因为"一个国家经济的发展，在很大程度上取决于企业家的创新活动，否定了企业家的能力和作用，就会阻塞经济进步的道路"。[①] 甬商在经营近代工商及金融企业的过程中，充分利用对外开放的历史条件，努力吸收西方经营思想和管理方法，引进先进技术和生产工艺，促进了中国经济的近代化，同时也起到了抵制洋商和削分"洋商独擅之利"的作用。宁波商人创办的工商及金融企业通常都配备了最新式的设施，使用了最先进的技术。他们成功地使用了合股制度和掌握了保险、合同法和有限责任等所有对于当时的中国来说都是新鲜的概念。甬商在资本的转化过程中，为经济变革提供动力，促使传统的经济制度向现代转化，对近代中国经济的发展起到独特的作用。甬商能用更加深邃的历史眼光和更加宽广的世界视野，深刻认识和把握时代的发展要求和根本趋势，不断研究新情况，解决新问题，形成新认识，与时俱进，开拓创新，敢为人先。在晋、徽、陕、鲁、闽、粤、宁波、洞庭、江右、龙游十大商帮之中，甬商后来居上，做到了保持其活力，经久不衰。

王廷元教授曾经对徽商的衰落原因做过中肯的分析，认为"鸦片战争

---

① 钱小明：《论近代的上海企业家》，《中国近代经济史研究资料》第8辑，第89页。

以后，中国逐渐进入近代社会。在新的历史条件下，一些沿海地区的大商人知道欲求增值资本，必须把商品经济和产业经济结合起来，投资于近代企业，走资本主义道路。而徽商的商业资本虽称雄厚，但始终停留在流通领域里，很少向产业资本转移"。因此，"随着封建社会走向穷途末路，跟不上历史发展趋势的徽州商帮，其衰落也就势所难免了"。[①] 这一结论同样适合于对晋商衰落原因的分析。在明代，山西商人依靠政府实行"开中法"而迅速崛起。清军入关后，晋帮进一步发展，清政府的一系列军事行动，诸如平定三藩六乱、平定噶尔丹和大小金川叛乱、镇压太平天国及捻军起义等，都得到了晋帮在财政上的大力支持。山西票号创立后又为清廷承担起代垫代办汇兑军协饷、筹借汇兑抵还外债等业务。正是通过与官吏和政府的结托，大揽政府金融业务，故此获得丰厚的利润。遗憾的是晋商步入近代后看不到西方经营方式和经营思想对中国传统经济的冲击，未能审时度势顺应时代变迁，而是故步自封，难以向近现代金融业转型。如1903年，北洋大臣袁世凯曾邀请山西票号加入天津官银号，但山西票号加以拒绝。次年，户部奉谕组建大清户部银行，山西票号北京分庄的经理同意加入股份。由于山西票号为独裁制，重大事体必须由总号定夺，票号总经理墨守成规，毫无远见，竟复函票号北京分庄经理，既不准入股，也不准派人参加组建，致使失去机遇，户部银行不得不请江浙商人筹办。山西票号最终在清末民初衰败。1908年京都祁、太、平票号致山西总号的公函谈道："同行二十余家，其生意之减少已十之四五，存款之提取更十之六七也。"民国初期多数票庄相继倒闭。正如张正明在《晋商兴衰史》中指出："随着外国资本主义的侵入，旧有的商业模式已被打破，加快改革，适应潮流，是求得自身发展的途径。但是，由于晋商中一些有势力的财东和总经理顽固，墨守成规，以致四次失去票号改革机会，晋商终于失去昔日光辉。"

甬商虽然产生于明末，但其迅速崛起是在鸦片战争之后，是在中国社会经济急剧半殖民地半封建化的历史环境之中。鸦片战争后，中国的对外开埠和近代资本主义工商业的大量涌现，为宁波商人提供了广阔的活动空间，标志着国内的大宗贸易和埠际贸易正面临着一个从传统的以内陆贸易为主向沿海贸易为主的转化，昭示了中国社会经济从内陆走向沿海的历史发展方向和必然趋势。甬商顺应了时代特征和发展趋势，以创新的精神和

---

① 张海鹏、张海瀛：《中国十大商帮》，黄山书社1993年版，第495、498页。

实事求是的态度把握当时中国社会的实际情况，积极适应环境，顺乎历史潮流。随着对外开放，宁波商人充分利用身处当时中国对外开放前沿地带的地理条件和对外贸易的先天优势，最先接受了近代资本主义的经营理念和经营方式、方法。除了入股外商企业外，迅速投资于近代民族工商及金融业，由此获得许多近代管理知识和开拓市场的经验，使甬商拥有了众多精通国际贸易和金融业务的工商人才，为投资近代金融业和近代工商业创造了优于其他商帮的得天独厚的条件。甬商充分吸收西方资本主义的经营思想和经营方式，扬长避短，使自己的优势产业——沙船业向航运业转变，钱庄业向近代银行业渗透，具有了资金优势，金融资本和商业资本相结合，为甬商的发展兴盛奠定了基础。

金融源于商品货币经济，并随着商品货币经济的发展而发展。在近代，为适应商品货币经济的发展需要，宁波商人实施了制度化运行。主要有过账制、汇划清算办法、按日折计息，以银圆为记账本位等，其中最有影响的是过账制度。过账制度在当时看来是一种较为先进的制度，宁波商人创造的过账制度可以说是近代中国信贷手段中最先进的类型。由于它的采用，使宁波钱庄业务得以扩大。甬商的发展重心移到上海后，"过账制度"也随着应用于上海，并逐渐发展成汇划制度。

甬商在中国近代钱庄、票号、典当等传统金融业向现代金融制度转型的历史进程中居特殊地位。在整个中国金融发展变迁历程中，正是由于甬商能够顺应时代发展的要求，成功实现了向近代金融业的转化，在此基础上形成和建立起现代金融制度，并采取先进的经营管理方法和组织制度创新，从而使甬商能够在中国近代迅速崛起，不断发展和壮大。这一点，也正是甬商与晋商等近代商帮的重要区别之一。甬商与晋商相比，在中国近代，尤其是辛亥革命以后，主动地实现了"两个转化"，即传统商业资本向现代产业资本的转化和旧式钱庄制度向现代银行制度的转化，这两个根本性的转化也是甬商得以后来居上、能够兴盛发展的主要根源。

甬商在组织机制上，较晋商更为先进。晋商以宗亲为基础，以地域为纽带，而甬商则是建立在更为广泛先进的地缘、业缘和血缘基础之上。甬商的经营理念上，体现了现代信用思想，也是在中国传统金融业务中使用信用抵押的先驱者。与之相比，晋商的经营活动中，更多表现为传统的"儒道经营"特色的商业道德，这种简单的诚信是封建旧式层面的"义""信"观，不能够适应商品经济的内在发展规律。晋商与甬商在经营中，虽然都选择了股份制方式，但从深层次的公司治理来看，甬商立足于现代投融资机制，较早体现了现代企业制度的管理思想。因此，甬商也是我国最早筹建和参与证券市场、保险市场及信托市场的商帮组织。

应当特别说明的是，甬商在致力于吸收西方近代工商文明、推进近代化的同时，还有效地利用传统的力量来增强近代化的动力。与风浪搏击的谋生方式激发了宁波人更大的群体意识和合作情怀；险恶的生存环境使他们更加意识到群体是个体的依托、心灵的靠山。甬商因而特别注重乡谊、亲邻相帮、团结协作。此特点在两次四明公所事件、旅沪同乡联合抵制英商太古公司抬高票价等历次事件中表现得尤其明显。如宁波同乡组织航业维持会，援助宁绍轮船公司抵制外商轮船公司的倾轧一事，不仅体现了乡人的"团结拥护之力"，而且"中国民族之团结，逐渐为外人所注意"。[①]日本社会活动家内山完造曾在上海开设一家内山书店，他在《天无绝人之路》一文中记述亲历的一件小事令人印象深刻、体会深切："上海有一家四明银行，是宁波地方的人开设的银行，有次也发生了纸币行使不通的谣言。那时我对店员们说：'四明银行的纸币现有不兑的谣传，如果有客人付四明银行的纸币，务必请他调换一下别的纸币才好。'然而我店里的人全是宁波人，有一资格最老的店员说：'没有那样的事，内山先生要是不喜欢四明银行的纸币，我情愿调换。'遂把店里所收到的四明银行的纸币都选了出来，自己拿出别种纸币来调换了。我也不知道说什么话才好。一听到同乡人（虽然并不熟悉如同路人）所开设的银行信用动摇，便立刻维持同乡人的银行的信用。自然金数可谓极少极少，但这种心理，却支配着全体宁波人。"[②] 正如宁波人自己的评价：吾甬人"所以能事必有成，功效显著者，则系于团结之坚，组织之备，一遇有事，即能互相呼应，踊跃争先，以收其合作之效"。[③] 史实说明，甬商的声势和凝聚力，没有任何一个其他的商帮可以与之相比。

本书通过近代中国金融制度变迁中甬商与晋商的比较研究，阐述晋商和甬商与中国近代金融发展之间的关系，揭示甬商与晋商在中国近代金融制度变迁中的地位和影响，分析近代甬商金融业近代化转型的动因和途径以及晋商、甬商近代金融业的经营方式等，说明近代甬商和晋商金融业兴

---

① 汪北平：《虞洽卿先生》，宁波文物社1946年版，第17页。
② 《宁波经济建设促进协会会刊》1997年第3—4期。
③ 《宁波旅沪同乡会第十二届征求会员大会宣言》，《宁波旅沪同乡会第十二届征求会员大会纪念刊》。

衰的内外因素及特定的历史条件,探讨甬商与晋商发展的历史机遇、内在动力以及与区域社会变迁的互动关系。期望本课题的研究能够具有一定的史学价值,又有积极的现实意义。

  在本书的撰写过程中,参考和引证了不少学术界前辈和同仁的资料和观点,本书全体写作人员在此表示衷心的谢忱。由于资料和水平所限,本书的缺点和失误在所难免,希望尊敬的读者不吝赐教。

目 录

第一章 鸦片战争前晋商与甬商的金融业 ……………………… (1)
 第一节 晋商与中国早期金融业 ……………………………… (2)
  一 晋商与账局 ………………………………………………… (2)
  二 晋商与票号 ………………………………………………… (7)
 第二节 甬商的早期金融业 …………………………………… (9)
  一 甬商的钱庄业 ……………………………………………… (9)
  二 甬商的典当业 ……………………………………………… (29)
  三 其他早期金融机构 ………………………………………… (36)

第二章 甬商与晋商传统金融业的转型 …………………………… (44)
 第一节 列强的入侵对传统金融业的影响 …………………… (44)
  一 外国金融资本的进入与扩张 ……………………………… (44)
  二 传统金融业受到威胁与挑战 ……………………………… (55)
 第二节 甬商传统金融业转型的成因 ………………………… (61)
  一 转型的动因 ………………………………………………… (61)
  二 转型的条件 ………………………………………………… (64)
  三 转型的途径 ………………………………………………… (70)
  四 转型的影响 ………………………………………………… (76)
 第三节 晋商票号合组银行的失败 …………………………… (82)
  一 票号的发展与衰落 ………………………………………… (82)
  二 票号合组银行的机遇与尝试 ……………………………… (85)

第三章 甬商钱庄业的发展历程 …………………………………… (92)
 第一节 甬商钱庄业的发展区域 ……………………………… (92)
  一 以宁波为起点的长江三角洲区域发展 …………………… (93)

二　北京、天津及汉口等北方城市的业务开展 …………………… (95)
　　三　甬商钱庄业务重心移至上海 ………………………………… (97)
　第二节　上海甬商钱庄业的历史变迁 ………………………………… (100)
　　一　辛亥革命前的甬商钱庄业 …………………………………… (101)
　　二　辛亥革命后的甬商钱庄业 …………………………………… (106)
　　三　甬商钱庄业的萧条与转型 …………………………………… (114)
　第三节　甬商与上海钱业公会 ………………………………………… (120)
　　一　上海钱业公会的演变历程 …………………………………… (120)
　　二　甬商在钱业公会中的地位 …………………………………… (123)
　　三　钱业公会的行业监管作用 …………………………………… (126)
　　四　上海钱业公会的活动和事业 ………………………………… (132)

第四章　甬商与中国近代银行业 ……………………………………… (143)
　第一节　甬商与中国近代银行 ………………………………………… (144)
　　一　甬商与中国通商银行 ………………………………………… (144)
　　二　甬商创办的四明银行 ………………………………………… (153)
　　三　甬商与其他近代华资银行 …………………………………… (159)
　　四　甬商钱庄与华资银行的关系 ………………………………… (173)
　第二节　甬商与上海银行公会 ………………………………………… (176)
　　一　银行同业公会的设立 ………………………………………… (176)
　　二　银行同业公会的作用 ………………………………………… (179)

第五章　甬商与中国近代保险业、证券业及信托业 ………………… (186)
　第一节　甬商与中国近代保险业 ……………………………………… (186)
　　一　中国近代保险业的兴起 ……………………………………… (187)
　　二　甬商较早兴办保险业 ………………………………………… (189)
　　三　朱葆三与近代上海保险业同业组织 ………………………… (194)
　第二节　甬商与近代中国证券业及信托业 …………………………… (196)
　　一　近代中国证券交易所的发轫 ………………………………… (196)
　　二　甬商率先涉足证券业 ………………………………………… (201)
　　三　甬商与近代中国信托业 ……………………………………… (207)

第六章　甬商与晋商的金融创新及历史地位 ………………………… (214)
　第一节　晋商在金融上的创新 ………………………………………… (214)
　　一　晋商实行的股份制 …………………………………………… (215)
　　二　两权分离制的建立 …………………………………………… (219)

三　防范金融风险的举措 …………………………………… (223)
　　四　拓展金融业务的创举 …………………………………… (228)
　第二节　近代甬商的金融创新 ………………………………… (232)
　　一　经营管理的变革 ………………………………………… (232)
　　二　组织形式的创新 ………………………………………… (238)
　　三　建章立制的举措 ………………………………………… (243)
　　四　业务拓展的创举 ………………………………………… (249)
　　五　经营特色的呈现 ………………………………………… (253)
　第三节　晋商在中国近代金融中的作用 ……………………… (259)
　　一　晋商在中国近代金融体系形成中的作用 …………… (259)
　　二　票号在中国近代财政金融中的重要地位 …………… (263)
　第四节　近代甬商金融业的历史地位 ………………………… (271)
　　一　推动了中国金融业近代化进程 ……………………… (271)
　　二　促进了中国近代金融体系的发展 …………………… (275)
结　语 ……………………………………………………………… (279)
主要参考文献 ……………………………………………………… (296)

第一章

鸦片战争前晋商与甬商的金融业

在中国金融史的发展过程中，特别是在明清时期，晋商曾发挥过重要的作用。到鸦片战争前夕，山西籍商人在中国金融业已具有了一定规模的基础上，在许多地区也已拥有执当地金融业牛耳之地位。这是晋商后来能在金融业大有作为的重要原因之一。

以典当业而言，晋商占有着相当大的市场份额。据清人李燧在其《晋游日记》中的说法，清初全国"典肆，江以南皆徽人，曰徽商；江以北皆晋人，曰晋商"。这一说法虽不无夸张，却形象地反映出一种现实，即晋商为垄断全国典当市场的两大商帮之一，其地位之重要，由此显然可见。

在印局的市场中，晋商同样占有很大份额。清人张焘在其《津门杂记》中说："印子钱者，晋人放债之名目也。"这里将印子钱与晋商直接联系起来，说明天津开办印局者，大多为山西籍商人。其实，当时中国北方大多地区，甚至沿长江各城镇，都有晋商开办印局，只是华北地区印局多为晋商开办，所以有着更为显著的影响。

晋商中开办钱庄者也很多。在当时的山西境内，钱庄业更是被晋商所独占，例如在归化与包头，"银钱业商人，以山西祁、太帮为最，忻帮次之，代帮及同帮又次之"。此中的祁、太、忻、代、同，分别指当时山西的祁县、太谷县、忻州、代州以及大同府。而且，晋商中的钱铺商人，比较早地注意到了行业组织的作用。据史料，早在乾隆年间，归化城的钱铺商人就组织了钱业行会。后来，"各钱庄组合行社，名曰宝丰社。社内执事号称总领，各钱商轮流担任"，使各钱庄间有了更为紧密的联系。宝丰社出现后，"有清一代始终为商业金融业之总汇，其能调剂各行商而运用不穷"，成为当地龙头行会，发挥着对当地经济进行调控的功能。①

甬商又称甬帮、宁波帮。甬商作为一个商帮，泛指旧宁波府属的鄞县、镇海、慈溪、奉化、象山、定海六个县在外地的商人、企业家及旅居外地的宁波人。现在所说的甬商，既是历史上宁波府旧属区划的继承，同时内涵上也有若干变化，指明清以来宁波府旧属鄞县、奉化、慈溪、象山、定海、镇海及相关的南田等县及现行政区划中的余姚市、宁海县在各地活动的工商业者，以血缘、地缘、业缘关系为基础而结成的地域性商人群体。宁波在鸦片战争前曾是盛于上海的东方大港，上海开埠后，削弱了宁波的外贸地位。宁波商人的足迹虽然遍布中国大江南北的中心城市，然而甬商金融业经营的中心在上海，故有甬商"源于宁波，成于上海"的说法。

甬商作为中国历史上主要著名商帮之一，其形成、发展、壮大且保持优势至今，这与宁波商人大量参与金融业是密不可分的。金融业可以说是甬商的一大优势，也是它的基础。甬商崛起的一个重要特点是利用开放，先有钱庄业大发展，后又有钱庄业向银行业转化。在中国早期传统金融业向新型金融业的转型上，尤其是海关银号、民信局的产生以及钱庄业务上的拓展和创新，都与甬商人的经营活动密切相关，是甬商经营需要与中国金融业自身发展的双重产物。在这些活动中，宁波商人发挥了决定性的作用，为中国金融的发展及制度变迁做出了重大贡献。

第一节 晋商与中国早期金融业

一 晋商与账局

(一) 账局的起源

明清时期，随着商品经济货币化的发展，工商业者对资金的要求日益迫切，这是因为远距离贸易的周期长、占压资金多的缘故。在这种情况下，仅仅依靠自有资本显然不能满足日益发展的贸易的要求，于是专门为工商业者提供信贷支持的账局应运而生。

所谓账局，即放账之局，兼营吸收存款，是以经营存放款为主要业务的一种金融机构。与当时已有的金融机构（当铺、印局、钱庄）相比较，其以向工商业发放贷款为主要特点，已具有一定的近代银行色彩。故有研究者

---

① 孔祥毅：《金融贸易史论》，中国金融出版社1998年版，第141页。

认为，账局实为中国近代银行的起源。① 进入清代，中国的金融业已获得长足的发展。但是，如以近代银行的标准来衡量，其标志性的三大业务，即吸收存款、向工商业发放贷款以及进行埠际间汇兑，尚无一家金融机构来专门从事。账局的出现，则开始填补这一方面的空白，将中国金融业的发展推向近代阶段。

账局大约产生于清代雍正、乾隆之际。据清末的一份资料记载，当时京城最早创建账局的是一位名叫王庭荣的山西汾阳籍商人，出资白银4万两，于乾隆元年（1736）始建于张家口城，名为"祥发永"。这说明账局的产生最迟不晚于乾隆元年，甚至还在此前。账局之所以产生于雍正、乾隆之际的中国北方，既是中国金融史自然发展的产物，也是当时中国北方商业经济出现特殊运行轨迹的结果。

中国古代的信贷机构，一般都具有高利贷的性质，需要借贷者支付高昂的利息。所以，中国古代信贷机构，只能服务于消费性的需要，满足人们生活中遇到的资金急需，而不能被工商业者所接受。明代以后，由于中国旧有金融业获得较大发展，其行业内的相互竞争遂日益激烈起来，这就使得信贷利息出现了一种普遍下降的趋势。如明王朝曾明确规定，对典当与放债月息超过3分者予以治罪。这表明当时信贷利息月息超过3分者较为普遍。而入清之后，信贷月息过3分者已经少见。同治年间，江苏巡抚丁日昌曾在一份奏折中反映："苏省典铺，从前取利以二分为率，当期三年为满。"说明江苏省典当业之利息，曾普遍在月息2分左右。而且，当时还出现了典当值越高，利息越低的现象。借贷额越高，所支付的利息越少，为大额借贷提供着更为优惠的条件。如清初江苏吴江县的典铺规定：典当物价值"十两以上者，每月一分五起息；一两以上者，每月二分起息；一两以下，每月三分起息"。②

既有借贷利息的普遍下降，又有对大额借贷的特殊优惠，就使得工商业有了利用借贷资金进行运营的可能。同时，金融业内部的激烈竞争，也迫使借贷资金去寻找新的借贷对象，创造商机，从而找到新的发展之路，账局因此应运而生。

账局之所以首先产生于中国的北方地区，且很可能就以张家口为发源之地，主要是与当时特殊的历史条件有关。明清之际的中国，其北方商贸主要

---

① 黄鉴晖：《论我国银行业的起源及其发展的阶段性》，《山西财经学院学报》1982年第4期。
② 《吴兴旧闻》卷2；引《小谷口荟蕞》。

以张家口城为中心，以对蒙贸易为内容。在商人的积极参与下，张家口很快由一处普通关口发展成为一座有影响的商城。到明末，张家口已是街长数里，商铺相邻，有了相当的规模。入清之后，汉蒙对峙告以结束，汉蒙贸易在更广泛的基础上发展起来，而张家口的经济地位也更为重要，并出现了垄断汉蒙贸易的大商，号称八大家。据道光《万全县志》记载："八家商人者，皆山右人，明末时以贸易来张家口，曰王登库，靳良玉，范永斗，王大宁，梁嘉宾，田生兰，翟堂，黄云发。"清军入关之前，常至张家口贸易，以换取所需物资，凡清人与汉人交易，"皆此八家主之。定鼎后，承召入都，宴便殿，蒙赐上方服馔"，以示酬奖。凭借着与满清皇家的关系，八家商人在清初实际上成为拥有特权的皇商，逐渐控制了张家口的对蒙贸易。这时，以张家口为中心的对蒙贸易，已具有了较稳定的经营规模与格局，一个更好的商机开始出现，即中俄陆路贸易的开展，使张家口便成为中俄贸易中华商必须停留的地方。随着中俄贸易规模扩大以及经营周期的延长，必然是垫支资本的增加，这样一来，对于贸易商而言，则只有两种选择：或者缩小经营规模，或者向金融业寻求借贷支持。而中俄贸易中的优厚利润，使后者成为更佳选择。因此，账局首先产生于中国的北方地区。在其后的发展过程中，账局的开设，虽一度到达南方的川、闽一带，但大部分的账局，仍然设在北方地区。

（二）账局的功能

账局借贷以经营商业者为主要对象，账局与商业经营之间有着直接的联系。因此，每在"各路货物到京"时，"借者尤多"。由于账局借贷与商业经营密切相关，而商业经营因受季节的限制，有着淡旺季的差别，账局借贷也因此有了淡旺之期。账局借贷期限，多以一年为期，以适应当时一般的商业经营周转需要，如果到期后欲继续借贷，也须"将本利全数措齐"，待账局确认其偿贷能力之后，再重新办理借贷手续，开始新一轮的借贷关系。当时留意账局具体运作的一位清廷官员记述："闻账局自来借贷，多以一年为期。五六月间，各路货物到京，借者尤多。每逢到期，将本利全数措齐，送到局中，谓之本利见面。账局看后，将利收起，令借者更换一券，仍将本银持归，每年如此。"[①]

账局的借贷对象，除工商铺户之外，还有以下两类：（1）印局、当铺、钱庄等金融机构。虽然这类局铺本身也在从事借贷，但其中资本额较为微小

---

① 《军机处录副》，咸丰三年三月十五日，《御史王茂荫奏折》，中国第一历史档案馆藏。

者，也往往需要账局提供融资，以维持正常运转。由于印局对账局有着依赖关系，而一些小的当铺与钱庄，同样需要账局提供信贷支持，咸丰年间便有人指出，"钱店之懋迁半出账局"。① （2）各级官员，尤其是候选官员。候选官员获得实缺，需在京师吏部长期等待，待得到实缺，也往往盘缠用尽，需靠借贷上路赴任。一些达官贵人为维持门面，有时也靠借贷应急。此类借贷者一般所需甚急，不计代价，放贷者便利用这一机会，放手盘剥。账局还利用多在华北这一地理特点，向蒙古王公放贷。这类借贷，是账局经营中获利最高的一个项目。借贷时，一般都事先规定扣头，名义借贷一千，实则只给八百或更少，而且需付高昂利息，甚至利上加利。在这种多重盘剥之下，"迟至三四年，千金之本，算至二三十倍"，②甚至"以数百金，未几而积至盈万"。③

　　账局的借贷对象虽然多种多样，主要的却还是工商铺户，因此，它的影响也主要在工商界内。当时的账局，已经成为北方都市的市场借贷中心，它对经济社会的影响，已为旧式的高利贷金融所远远不及，开始直接左右市场的盛衰。咸丰三年（1853），太平军举兵北伐，矛头直指清朝都城北京。由于太平军兴起后一直所向披靡，故其北伐立即引起京师震动。这种情况下，为了减少借贷风险，京津地区的账局纷纷止贷不放，抽回资金。账局的歇业，立即引起连锁反应。"都中设立账局者，山西商人最伙，子母相权，旋收旋放，各行铺户皆藉此为贸易之资。"④由于账局收账不发，"致各项店铺歇业居多"，市面顿形萧条。⑤据记载，长芦盐商领运官盐，"惟藉银钱账局通挪周转"，现因"账局多半停歇，商人挪借无门，领引交课益多竭蹶"。⑥账局的歇业，使账局帮伙"万人者已成无业之民"，又使依赖账局资金运营的其他店铺相继歇业，"各店铺中帮伙，小者数人，多者数十人，一店歇业，而此数人、数十人亦即成无业之民。是账局一收，而失业之民将不可数计也"。⑦由已见史料可知，从清雍正、乾隆之际到咸丰年间，是账局的大发展时期。这

---

① 清档，侍读学士宝钧咸丰三年三月十四日奏折。
② 刘荫枢：《请严利债之禁疏》，《皇清奏议》卷23。
③ 李燧：《晋游日记》卷3。
④ 清档，侍读学士宝钧咸丰三年三月十四日奏折。
⑤ 清档，上谕档，咸丰三年三月二十五日。
⑥ 清档，长芦盐政文谦咸丰三年十月二十日奏折。
⑦ 王茂荫：《王侍郎奏议》卷3。

一时期的账局在中国北方经济中的影响达到了顶点，成为经济社会中一支举足轻重的力量。

从咸丰末年到民国初年，是账局由鼎盛到衰败的时期。道光初年，票号开始产生，由于票号开展的汇兑业务适应了当时商业经营的需要，且资本雄厚，所以虽家数不多，却影响巨大，使账局原有的金融地位遭到削弱。而且，票号发展之后，逐渐涉足存放款业务。一些旧有的金融机构，例如钱庄，也纷纷开展存放款业务，遂形成了存放款市场的争雄形势，账局作为市场借贷中心的局面，一去再不复返。为了适应形势的变化，一些账局也开始扩大业务范围，增设分支机构，效仿票号开展汇兑业务。然而，账局家数虽多，资本额却相对弱小，难与票号争雄。中国进入近代社会以后，社会动乱日益频繁，即使作为京畿之地，也难以避免动乱的波及。先是庚子事变，八国联军侵入北京，大肆进行掳掠。剧烈的社会动荡，不仅使京、津地区工商业遭受重创，当地账局也几乎全部倒闭，事变后得以复业的也远不及以前。再加上清末经济危机，新式银行加入竞争，账局的生存条件更加恶化，日益走向衰败。剧烈的社会动乱，加速了账局的衰败进程。

账局的出现，标志着中国金融史进入新的阶段。从已知记载来看，账局的产生与山西商人密不可分，而账局的兴盛，也是由于众多山西商人的加入而形成。因此，当时人们往往将账局与晋商直接联系起来。例如，李燧在其《晋游日记》中写道："汾、平两郡，多以贸易为生"，"富人携资入都，开设账局"。[①] 这里的"汾、平两郡"，即是指山西的汾州、平阳两府。这些记载直接反映了当时晋商在北方金融界的影响，反映了晋商在北方经济社会中的重要地位。据研究者统计，咸丰初年，北京可查的268家账局中，山西商人开设的就有210家，占到总数的近80%。宣统年间，北京账局数量已大为减少，但在可统计的52家中，山西商人开设的为34家，仍然占到总数的65%，而由山西籍人担任总经理的为49家，占到总数的近95%。[②] 然而，晋商对中国金融事业的贡献不止于此，到清代中期，又一种新的金融机构被晋商创立，这就是著名的山西票号。

---

① 李燧：《晋游日记》卷3。
② 黄鉴晖：《论我国银行业的起源及其发展的阶段性》，《山西财经学院学报》1982年第4期。

二 晋商与票号

（一）票号的创建

山西商人在经历了从明至清数百年的发展历程，进入乾隆、嘉庆、道光的鼎盛时期后，商业资本的积累与超长距离的贸易，已经不是镖局运现所能解决的问题。于是各家商号在总号与分号之间也开始采用一种特制的仅供本家字号内部使用的"会票"，以解决远距离运现这个十分棘手的难题。当时，各地有账局专门经理存放款的业务，但不负责远地的汇兑。如果把当地存放款业务与远距离汇兑业务统一起来，既经营存放款，又经营异地汇兑，必然会大大加速商业资本的周转。山西商人在使用内部会票的基础上，逐步创建了一种兼备存放汇兑职能的金融组织形式——票号。所谓票号，即以埠际汇兑为主要业务的金融专营机构。票号的产生，是中国金融史上的一件大事，它标志着近代金融业的三大基本业务，即存款、贷款、汇兑，已为中国金融机构全部具备。在票号产生及发展的过程中，晋商功不可没，正是由于晋商的天才创造，中国的票号才得以产生，同样由于晋商对商机的敏感，一批票号相继出现，将中国金融史推向新的阶段，而票号也因此被冠以"山西票号"的称谓。

票号是一种集存贷款、汇兑等特征于一身的金融组织。欲创办票号，必须具备以下三个条件：第一，其时的工商会票已经区分为会票和期票两种。会票，是见票兑付的，称为即票。期票，是按约定时间兑付的，其时间有一个月、两个月后或在某月兑付。作为专业经营者来说，不论工商会票中的期票，还是自己签发的期票，如果客户在兑付期未到之前急需用款，专业经营汇兑者还可以承办票据承兑贴现业务，又把汇兑与借贷业务结合起来，岂不是一举两得。不仅如此，此时会票的书写内容、款式已经规范化，有的已有票根和骑缝线编号盖印，当然没有票根的仍然占大多数。为了防止假票和维护主客双方的信用，有的会票还有见证人的签名盖章，这意味着货币的经营风险被大大降低。

第二，工商业有在各地货币制度十分混乱的情况下公平兑付的方法。明清时期，随着商品货币经济的发展，商品交换逐渐打破了地区和国家的界限。为了适应交换发展的需要，在全国各地市场上称量银两的天平砝码极不统一的条件下，工商业创造了保证双方经济利益的多种兑付方法，即按携带去的砝码称量兑付，按两地不同砝码折合的差数兑付（如每百两亏五钱左右，或每百两亏六钱左右兑付等），按某商号自置的砝码兑付（或称某号本平)。使主客双方皆不吃亏,做到了公平交易。

第三,民间通信事业的发展。康熙、乾隆年间,虽然在外经商做工的人比以往要多,工商会票在江苏、安徽与京师之间和苏州与山西之间都有流通,但不论书信和会票,都是由亲朋和个人自己携带传递的。这意味着,要创造一种融存放款汇兑业务为一体的金融组织,必须等到民间有了传递书信组织以后。

一种社会现象或一种社会事物的产生,不外遵循两条原则:一是社会的需求;二是社会条件的允许。就汇兑业务的开展而言,其社会需求,便是社会要求一种安全、简便的资金转移方式;其社会条件的允许,则是出现一种稳定的、商业性的邮递系统,从而可利用来进行汇票的传递。清代前期,部分商家开始兼营异地汇兑,说明对汇兑的社会需求已经出现,嘉庆、道光年间,浙江宁波商人创办民信局,使异地汇兑成为可能。宁波商人创办民信局后,在全国政治经济重镇设了众多民信局,组成了广泛的邮递网络。到清末,一个中小城镇,设局多达一二十家。信息的四通八达,使民间通信形势发生了根本变化,既解决了工商业者和外出人员通信的困难,也为经营汇兑业务者在客观上提供了传递书信和为汇款者传递汇票的条件,使票号应运而生成为可能。也就在这个时候,山西平遥"西裕成"颜料庄总经理雷履泰创办了山西第一家票号——"日升昌"。据黄鉴辉先生考证,时在道光初年,即1823年左右。雷履泰率先试办京晋之间的拨兑业务,继而把西裕成颜料庄改组为日升昌票号,经营汇兑和存放款业务,揭开了中国汇兑业务的新时代。雷履泰创办日升昌票号,把会票由普通商业兼营引向金融业的专营,并改变了账局只经营存放款业务、不经营汇兑业务的历史局限,把存、放、汇业务集于一身,完善了金融业的三大业务,使中国货币清算制度由运现为主转变为汇兑为主,为工商业排除和解决了运现的困难,可谓"名声若日月,功德如天地"。

(二) 票号的发展

山西票号产生后,因适应了商品经济大发展的需要,发展迅速,到道光七年(1827)秋冬,山西票号的势力已发展到鲁、豫、秦、苏等省,而使北方五省(直、鲁、豫、晋、陕)商人去苏州贩货每年需运去数百万银两的状况变为"各省商贾具系汇票往来,并无现银运到"。[①] 这一时期票号在业务上由办理国内汇兑拓展到兼营大宗存放款业务,收入甚丰。除汇费收入

---

① 黄鉴晖:《中国银行业史》,山西经济出版社1994年版,第46页。

和压平擦色①收入外，还有存放利差的收入。巨额的利润吸引了一大批晋商投资于票号业，使其发展更加迅猛。至道光末年（1850），票号已发展到11家，其分号拓展到北京、张家口、天津、奉天、济南、扬州、江宁、苏州、芜湖、屯溪、江西河口镇、广州、长沙、常德、湘潭、汉口、沙市、重庆、成都、西安、三原、开封、周家口等27个城市，并正式形成了山西票号中的平（遥）、太（谷）、祁（县）三帮。平遥帮的代表有日升昌、蔚字五联号、协和庆、协同庆、百川通、乾盛亨等；祁县帮的代表有合盛元、大德兴、大德通、元丰久、三晋源、存义公、大德恒等；太谷帮的代表有志诚信、协成乾、世义信、锦生润、大德川、大德玉等。据黄鉴辉先生估计，这一时期，全体票号估计汇兑银两总数在1.2亿两左右。如此大额的银两汇兑，如果是运现的话，每鞘装银千两，要装12万鞘，一马驮两鞘，需马6万匹，耗费畜力、人力和财力是惊人的。而票号承担了汇兑，无疑是社会劳动的极大节约，以至"今山西钱贾……散布各省，会（汇）票出入，处处可通"。②

正值山西票号初兴之际，江南发生了太平天国运动，后来又爆发了西方资本主义侵略中国的第二次鸦片战争。兵荒马乱的环境对山西票号的发展有很大的影响，此时清政府的财政也出现了拮据的局面。票号以此为契机，改变服务方向，从为商人服务逐步转向与清政府的结合，其吸收汇款、存款的大多数也变成了各省官府机构的公款以及地方贵族显宦的积蓄，正所谓"上至公款如税款、军饷、边远各省丁漕等，下至私款如官场之积蓄，绅富之储蓄等，无一不存于票庄之内"。③

第二节　甬商的早期金融业

一　甬商的钱庄业

我国从南北朝（约5世纪）开始，经过隋、唐、五代、宋、元各朝，到明朝前期（约15世纪），先后共1100多年时间。在历朝首都和若干主要都市中，曾先后出现质库、廨典库、柜坊、僦柜、邸店、交子铺、交引铺、

---

① 平指秤，色指白银成色。压平擦色即收付银两时，在平码上高进低出的盈利手段。
② 冯桂芬：《显志堂稿》卷一一〇，上海古籍出版社2002年版。
③ 韩业芬：《山西票号皮行商务证》，见卫聚贤《山西票号史》，台北说文出版社1994年版。

金银盐钞引交易铺等不同类型的金融行业。但这些金融行业中，质库、廨典库都是发放高利贷的；柜坊、僦柜、邸店都以代客保管钱财为主要业务；交子铺、交引铺、金银盐钞引交易铺都是专门从事金银、钱钞和有汇票性质的有价凭证，如盐钞、茶引等的买卖的。它们都没有发展成为像后来的银行业那样，以经营存款、放款和汇兑等业务为主，在社会经济生活中发挥信用中介作用的金融业。总之，在这 1100 多年的漫长岁月中，我国的金融业始终处于停滞不前的萌芽状态。直到明中叶以后，才在江南地区出现新的金融业的发展时期，而浙江宁波等地钱庄业的兴起，标志着这一时期的开始。

钱庄，又称钱铺、钱店，全国各地称法不一。在华北、华南一般称为银号，有时视其规模大小而有不同的称呼，把规模较大的称为银号，规模较小的叫作钱庄。在西北兰州则不分规模大小，统称为银号。在广州又分为：银号、西号、五家头、六家头，相当于一般所称的钱庄、票号和银炉。根据黄鉴晖先生的考证，钱庄这一名称，直到清朝道光年间才开始出现，而且仅限于南方地区。大约到清朝末年，钱庄这一名称，才由南至北，在全国各地区普遍应用开来。① 史料中明确记载："我国旧式金融机关之名称，有钱庄、银号、票号等，而钱庄与银号实为一类。大抵在长江一带名为钱庄，在北方各省及广州、香港多呼为银号。"②

（一）钱庄业的产生与发展

钱庄业产生于明代中叶，它的出现与明代流通货币的变化密切相关。

明初，唯一合法流通的货币只有大明宝钞。大明宝钞是一种纸币，分一贯文、五百文、三百文等多种面额，于洪武八年（1375）开始发行。按明廷发行时的规定，大明宝钞一贯文，相当于白银一两或白米一石。同时规定，禁止继续使用金属货币，以维护大明宝钞在流通中的地位。③

但是，由于明廷发行无度，大明宝钞很快出现贬值现象，几年后就贬值过半，到宣德年间，即距其发行仅 50 年左右，其实际价值已降至原来的 1/100—1/50。对于大明宝钞的迅速贬值，明廷也束手无策。于是，大明宝钞逐渐失去社会信任，被民间市场所拒绝。从而，原来被官方禁用的白银、制钱等金属货币，又悄悄回到市场，重新发挥着流通的职能。这种状况，渐渐也得到朝廷的认可。大致在正统前后，白银与制钱基本成为公认的货币。

---

① 黄鉴晖：《山西票号史》，山西经济出版社 1992 年版，第 5 页。
② 杨端六：《清代货币金融史稿》，生活·读书·新知三联书店 1962 年版，第 146—147 页。
③ 《续文献通考》卷 16。

金属货币直接进入流通领域，保障了货币市值的稳定，从而利于维护正常的经济秩序。但是，金属货币在使用中，却常常出现以下不便：第一，白银为称量货币，且有成色的不同，所以，每次交易都需辨别成色，加以称量，才可能保证交易的公平。第二，制钱虽有固定单位，但流通中的制钱往往种类繁多，市值有异，再加上私铸伪币掺杂其中，使制钱在使用中也需不断加以清点和整理。第三，白银与制钱间的兑换，虽然在一定时期内有着较为稳定的比率，但是，不同的白银，有着不同的成色，而不同的制钱，又价值不同，兑换时均需一一考究。而且，银、钱之间的兑换比率，有时也会由于市场供求的变化而浮动，须根据行情加以调整。

在当时的货币使用中，民间的小额交易一般使用制钱，而大额的商品交易，政府征税，政府向官员、士兵发放俸饷，则一般使用银两。这样，普通百姓通过小额销售获得的制钱，需要兑换成银两用于纳税；官员、士兵获得的俸饷银两，又需兑换成制钱用于消费。特别是从事贸易的商人，更需要在银两与制钱之间，不断地进行兑换。随着明中期社会经济的发展，商品经济的规模日益扩大，货币流通量不断增加，遂使货币的清点与兑换，成为一项繁杂的劳动，这样就需要有一种专门的机构来提供服务。正是在这种社会需要的呼唤之下，钱庄与银号开始产生。

清代的货币制度沿用明代旧制，也是以银两制钱为平行本位，大数用银，小数用钱。所以也需要专门的货币兑换组织，在银与钱的兑换中，评定银两成色，以适应商品交换和人民日常生活的需要。因此，清初钱庄的业务主要是从事于银两和制钱的兑换以及银两成色的评定，在清代初期的文献中就习惯将钱庄称为"卖钱之经纪铺"①。

据史料记载，自康熙年间到道光十年（1830）作为全国政治、经济中心的北京先后开设的钱铺共计389家，而素有"江南门户"之称的上海，经济规模快速增长，商舶辐辏，店肆栉比，商业资本也是异常活跃。据碑刻记载，乾隆五十一年到嘉庆元年（1786—1796）就先后设立钱庄124家②，反映了上海在这一时期商业资本的活跃。

到18世纪40年代（约乾隆初年），钱庄的运作还是以银两制钱兑换为主要业务。这一时期，京外各省由于商业发展和交换往来活动的增加，相应

---

① 《皇朝文献通考》卷13，钱币1，考4969页。
② 中国人民银行上海分行：《上海钱庄史料》，上海人民出版社1960年版，第11页；上海博物馆资料室编：《上海碑刻资料选辑》，上海人民出版社1980年版，第254—255页。

地也都有了货币经营业的设置。从稳定银钱比价的要求出发，乾隆谕令各省督抚须仿照京城办法，约束经纪，归并钱市，"若难于筹办，亦将不能仿照之处，据实陈奏"①。各省督抚遂根据本辖区的实际情况，做了不同内容的复奏。在商品货币经济比较发达的江南各省，如福建、浙江两省都设有钱庄、钱铺若干，但不存在钱市和经纪。江苏省巡抚称：该省境内"兑钱虽有经纪名色，出入悉照时价，不能意为高下"，因此请求"毋庸仿照（京城办法）"。②地处长江中游的湖南、湖北两省表示为了加强金融管理，将仿照京城办法"归并经纪"③。而位于黄河上游、河套之南的陕西省则称：该省"钱铺皆系小本经营，就地贸易，声息相通，不能抬价；设立经纪，反开垄断"④。长江上游的四川省则称："钱铺买卖零星，俱对客成交"⑤，并无钱市和经纪。而珠江流域的两广情形也各不相同，地处珠江下游的广东称"民间兑换银钱，无须另设经纪"；而跨西江中流两岸的广西省的银钱兑换还停留在依靠"盐米杂货各店兼换钱文"，换言之，在广西省，专业的钱铺还不曾从一般商店中分离出来，自然不存在钱市和经纪。各主要省份货币经营业的运作内容如此参差不齐，反映了当时各省商品货币关系发展的水平很不平衡，也说明到18世纪中叶，即使包括京师在内，各地钱庄（铺）的业务内容和活动范围都还是非常狭隘的，就其性质和作用而言，还只是"货币经营业的最原始的形式"。⑥

早期的钱庄甚为简陋，只是在集市中摆桌设摊，以满足交易小的临时需要。所以，在明人的记述中，当时的钱庄，一般被称作"钱市"或"钱桌"。进入清代，早期的"钱桌"逐渐发展为设铺经营，开始被称为钱铺。例如，清廷户部曾在乾隆二年（1737）的一份奏折中反映："见在京城每纹银一两换大制钱八百文，较之往时稍觉昂贵，盖因兑换之柄操之于钱铺之手，而官不司其事，故奸商得任意高昂，以图厚利。"⑦由该奏折可见，当时以钱铺称谓的钱庄已具备了操纵货币市场、左右兑换行情的能力。

钱庄业的发展，经历了一个由简单到丰富的过程。钱庄产生之初，从事

---

① 张国辉等：《中国金融通史》，中国金融出版社2003年版，第17页。
② 《江苏巡抚陈大受奏》，《清实录》，高宗，卷二三二，第7页。
③ 《湖南巡抚蒋溥奏》，《湖北巡抚晏斯盛奏》《清实录》，高宗，卷二三二，第9、10页；又见张国辉等《中国金融通史》，中国金融出版社2003年版，第17页。
④ 《川陕总督庆康奏》，《清实录》，高宗，卷二三二，第11页。
⑤ 张国辉等：《中国金融通史》，中国金融出版社2003年版，第18页。
⑥ 同上。
⑦ 《皇朝文献通考》卷191。

着简单的银两与制钱的兑换业务。随着制钱兑换的规模扩大，银两、制钱的成色不同，给兑换活动造成了很多不便。于是，钱庄也逐渐将为银两的成色鉴定与熔铸纳入自己的业务范围中。银两因产地的不同，其成色也存在差异，这就影响到其交换时的价值。银两作为一种货币，又分别有大锭、小锭、碎银等多种形状，以用于不同场合的使用。大约在清初，南方的一些钱庄开始主动发展银两成色鉴定与熔铸业务，除兑换制钱之外，还从事着银两的兑换以及银锭的铸造，提供着较全面的金融服务。而北方的钱铺，业务仍限于制钱的兑换。所以，在北方地区，除钱铺外，还有银号的存在。银号，又称炉房，多是由原来的首饰制造铺发展而来，由于有着制造金银首饰的技术，遂进而承揽了当地银锭铸造的业务，其中一些还逐渐发展为专事银两兑换、银两成色鉴定，以及银锭铸造的专业金融机构。

大约从乾隆中期开始，钱庄业务明显增加了新内容，钱庄业逐渐地在银钱兑换业的基础上发展成为从事信贷活动的机构。如乾隆五十三年（1788），安徽屯溪休宁的吴芝亭在致江苏泰兴万选钱庄经理黄茂萱的信函上写有："去腊承代寄回另贮利，已照入。"① 同期中，在官方的文献中也有类似的记载。如乾隆五十九年（1794），清政府在清查吉林协领诺穆三侵渔公款的"上谕"中指出："各省驻防协领，俱借俸禄养赡，家有积蓄者甚少。诺穆三等同系协领，何以资财独厚？即据现经查出房地外，诺穆三尚有寄存钱铺银一千两，钱铺银二千两。"② 这里所谓"另贮利"及"尚有寄存钱铺银"等显然表示为客户的存本，说明钱庄已在经营存款业务。另如嘉庆十四年（1809），有人参奏时任大学士兼户部尚书戴衢亨时，嘉庆在"上谕"中称："查询德泰钱铺中朱姓，据称伊铺与戴衢享家交易数十年，现在尚欠伊铺六百五十两。"③ 这里所称"交易"及"现在尚欠"等，表明钱庄向往来客户融通款项，说明钱庄在进行放款活动，而且在时间上已经是"交易数十年"，意味着钱庄的存贷活动已不是偶然的或短暂的，即使最保守的推断，最晚到乾隆五十三年（1788）时，钱庄业的业务已经突破了单纯兑换银两制钱的范围，而标志信贷业务的存放款活动已成为钱庄业务的一个组成部分。据记载称"当时钱庄放款利率一般不到一分"。④

标志着信贷活动有所发展的另一重要现象是钱庄钱票的使用和流通。钱

---

① 张国辉等：《中国金融通史》，中国金融出版社2003年版，第19页。
② 《清实录》，高宗，卷一四四六，第16—17页。
③ 《清实录》，仁宗，卷二一五，第19页。
④ 彭信威：《中国货币史》，上海人民出版社1965年版，第952页。

庄发行银钱票，大约始于清朝雍正、乾隆之际。当时，中国社会经济再度获得发展，大量的货币往来，使银两的称量、制钱的清点工作更为繁重。于是，一些有实力的钱庄，便利用自身的信誉影响，发行一种可代替银两或制钱用于支付的票据，以减省货币鉴定、清点中所付出的劳动，这种票据，就是所谓的银票或钱票。

银钱票，又称"庄票"或"钱帖子"，是写有具体银钱数额，可代替银钱用于支付的一种票据。凡银钱票的持有者，可在一定范围内直接用票进行支付，省去使用现银或现钱时搬运及清点的麻烦。如：持票者需要获得现银或现钱，则可凭票往发行钱庄予以兑取。在一定的范围内，银钱票有着与现银或现钱同等的价值，但其形制却极为简单，"仅用白纸一页，书明号数、金额、日期、发出者之庄号名称等。不载发出之日，不指定收款之人"①。银钱票分即票与期票两种：可随时往发行钱庄兑取的，为即票；票身明确写有兑取日期的，则为期票。一般期票所规定的兑取时限也不长，多在5—10日。

银钱票的使用，大大方便了当时的商业贸易，遂在一些商业中心地区迅速发展起来。据清人记述："乾嘉之时，南北贸易繁盛之地，有数银号，其所出之银钱各票，南可用于北，北可用于南，有着广泛的使用范围。"② 这一记述说明，当时有些银钱票的流通范围，已经超出一城一地，具有了异地支付的能力。咸丰三年（1853），鸿胪寺卿祥泰在奏章中称："溯查钱票自乾隆年间畅行以来，流通京外，实为裕国利民之良法也。"此外，民间的记述中也有类似的相关记载。如：江苏省常熟地区在乾隆四十年（1775）据说便已"广用钱票"③。另据道光十八年（1838）的文献记述：山西地区在"嘉庆八、九年（1803—1804）间，每银一两易钱八九百文，彼时钱票流行已久"。综合资料可以说明，乾嘉之际，这种作为信用货币的钱票在京城和江南几省已被"广用"，而在华北山西省区，又是"流行已久"。从钱庄职能演变的情形来看，钱庄业务的发展大抵到乾隆中期已经超出简单货币经营业的范围，初步地向信贷机构的形态过渡了。

综上所述，从乾隆朝起中国各地区金融业近一百年的发展历程来看，作为货币经营业的钱庄，在商业比较发达地区，已经越出了单纯银钱兑换业范

---

① 《山西金融志》（上册），山西人民出版社1984年版，第8页。
② 《皇朝经世文四编》卷22。
③ 郑光祖：《醒世一斑录》卷六，杂述，第44页；见张国辉等《中国金融通史》，中国金融出版社2003年版，第20页。

围，发展到接受存款、发放贷款等属于信贷范围的业务，从而钱庄职能呈现出本质性的变化，以至它在流通领域中所发挥的积极作用，不能不引起社会的重视。尽管各地钱庄签发的票据在当地的使用情况及所起的作用有所不同，但是，作为一种信用凭证，它们的产生、运作和进一步的发展却有着大致相似的趋势。

随着银钱票的广泛使用，其固有的弊病也开始暴露。银钱票本来是银钱的替代物，每一额度的银钱票，都代表着等量的实有银钱，所以，银钱票虽然只是白纸一页，却有着与等量银钱同等的价值。但是，由于银钱票可以直接进入流通，而不需与实有银钱一一对应，钱庄便利用这一特点，超出其实有资本量进行发行，造成银钱票的虚拟化现象。在当时的许多钱庄，其实际拥有的资本不过白银数千两，而发行银钱票的价值，却多达白银数万两，甚至一二千万两。虚拟支付大大超出实际支付的能力，遂为支付危机埋下了隐患。清嘉庆三年（1798），京城曾发生一场金融危机，其起因就是由于数家钱庄无力兑付发出的银票，宣告破产，引起人们对所有钱庄信誉的怀疑，纷纷持票前往挤兑，导致其他钱庄相继破产。这场危机之后，便有官员主张禁发银钱票，在清廷中引发出一场讨论。讨论的结果虽然否定了禁发主张，却使清廷加强了对各地金融业的监管。

（二）宁波钱庄业的发展历程

盖自南宋迁都临安（今杭州）以来，宁波商人逐渐涉足全国各地，在上海兴起前，已遍及京、津、关外和汉口等地，清嘉、道后尤甚，形成了强大的甬商。钱业会馆碑记称："吾闻之故老，距今百余年前，俗纤俭，工废著，拥巨资者，率起家于商人，习跻远，运营遍诸路。钱重不可赍，有钱肆以为周转，钱肆必仍世富厚者主之，气力达于诸路……"① 在明万历年间（1573—1619），宁波已俨然成为东南沿海一大都市。虽时有海禁，但走私不断，市易繁荣，各业鼎盛。发达的商品贸易促进了宁波金融业的产生和发展。明清时期，国内银钱并用，同时由于海外贸易的兴盛，大量外币流入宁波。道光时，"自闽广江西浙江江苏，渐至黄河以南各省"，都"通用洋钱"。② 明代中叶，钱庄业开始兴起。国内银钱并用以及外国银圆的流入，首先使货币兑换业发展起来，出现了众多兑换庄、兑换摊贩，当时许多南北货号、杂货、土烟店等一些行业，也兼营货币兑换业务，以后逐渐发展成为

---

① 宁波金融志编纂委员会：《宁波金融志》第一卷，中国书局1996年版，第79—82页。
② 《清宣宗实录》卷一六三，道光九年十二月丙子。

经营存、放、汇业务的钱庄。

现今宁波市中心的战船街,有座青砖雕砌建筑,大门顶部有福禄寿三星雕塑,门两侧圆形砖窗嵌两条精雕盘龙,门上有"钱业会馆"四个砖雕大字。这是当年宁波钱庄同业聚会、议事的中心,也是现今我国保存最完好的钱庄会馆。宁波钱业会馆建于清同治年间,后毁于兵火,1862年钱庄业筹资重建。常言道,"走遍天下,不如宁波江厦",鸦片战争前百余年,宁波钱庄业兴盛发展,长时期以来,钱庄业多设在江厦一带,资金划拨,银钱出纳,高度集中在一起,沿数百米的三江口江厦街,中间一段聚集着大小钱庄百余家。昔日之宁波江厦并不亚于后来之上海外滩,曾是中国东南一带唯一的金融中心。光绪《鄞县志》记:"鄞之商贾,聚于甬江,嘉道以来,云集辐辏……转运既灵,市易愈广,滨江列屋皆钱肆矣。"遂后乃有"钱行街"的名称。

宁波钱庄在开埠前,除兑换货币外,也签发钱票和做钱盘生意,囤积倒卖铜钱。"宁波多钱市,店主常与苏、杭市侩,预度钱价之低昂,以卜胜负,名曰:拍盘。"当鸦片战争时,"暎咦陷城日,有恒丰店者,适当竖庄。竖庄者,谓积钱最足之时。暎咦掳之去约二十六万串"。① 开埠之后,随着国内国际贸易发展,工商铺户林立,带来宁波进一步的繁荣。咸丰四年(1854)正月,宁波码头"卸载脚夫共三千六百余人,海船进口出口,皆系彼辈运货上船下船"。② "慈溪冯姓,固宁波大富也,各省皆行商","宁波码头大小店户,多行冯姓本钱"。③ 而"宁波生意,钱业最多,亦唯钱业生意最大"。④ 钱业生意之所以最大,是因为工商业自有资本不平衡矛盾突出,皆赖钱业予以调节。咸丰八年(1858)时,钱庄已成为"凡有钱者皆愿存钱于庄上,随庄主略偿息钱;各业商贾向庄上借钱,亦略纳息钱"⑤ 的中介人。钱庄同样利用它固有的签发银钱票的办法,与借贷结合起来,为工商业融通资本和划拨银钱服务。

宁波钱庄发明了用于商业清算的过账制度,类似于上海钱庄的汇划制度,但形成的时间较早。宁波钱庄大抵为当地殷实富户开设,信用卓著,

---

① 木居士:《呫呫吟》卷上,第26页;转引自黄鉴晖《中国银行业史》,山西财经大学出版社1994年版,第59页。
② 段光清:《镜湖自撰年谱》,中华书局1960年版,第92页。
③ 同上书,第82页。
④ 同上书,第175页。
⑤ 同上书,第123页。

"故宁波商贾，只能[要]有口信，不必实有本钱，向客户买贷，只到钱庄过账，无论银、洋自一万，以至数万、十余万，钱庄只将银、洋登记客人名下，不必银洋过手"①，民间把这种交易方法称为"过账"，可见当时的借贷划拨业务已经相当发展了。"过账"制度的普及推广有利于商品的流通，从而刺激宁波商业的持续发展。

清乾隆十五年（1750）以后的100多年中，是宁波钱庄业的兴盛时期，宁波钱庄业发展迅速。据浙江巡抚乌尔恭额称：19世纪40年代以前，在浙江境内宁波府属的鄞县，"逼近海关，商贾辐辏，钱铺稍大"。②在这一时期，宁波钱庄业资本雄厚，不仅在本地发展，而且大批钱商到全国各地开设钱庄，最多的是去上海。宁波钱庄遍布全国，京、津、汉有名的钱铺多由宁波人经营。

鸦片战争后，尽管受上海崛起的冲击，宁波外贸较通商前还是发展迅速，当时"凡民间米、面、麦、豆、油、烛、花布等物，悉仰郡城，肩挑背负，聚集镇海，附搭航船出口"。③宁波开埠通商后，外商洋行纷纷设立，通过这些洋行的活动，外国商品，诸如洋纱、洋布、煤油及家用杂器开始充斥市场。这样，在新式银行产生以前，宁波钱庄几乎是单独地承担了协助外国洋行推销洋货、搜罗土产的金融周转任务。

宁波钱庄的主要业务之一是买卖上海规元（申汇），至19世纪70年代，其交易量"甚至一日之中，进出多至数十百万者"④。该项业务是在蓬勃发展的进出口贸易过程中自然出现的，属于正常的金融业务。然而当地官府却将规元行市视作买空卖空的投机行为，明令禁止规元期货交易，但结果往往是屡禁不止，毫无实际效果。

从19世纪70年代起，宁波钱庄业开始进入全盛期，一直持续到20世纪30年代初。这一时期，宁波钱庄业不仅开业家数多、资本量大，而且经营高度集中于江厦街一带，业务范围也大为拓宽。然而，这一历史阶段钱庄之家数、牌号及业务状况未能征诸史料。一直到民国九年（1920），上海

---

① 段光清：《镜湖自撰年谱》，中华书局1960年版，第123页。
② 浙江巡抚乌尔恭额奏：《浙省钱票情况折》（道光十八年十月二十三日），《军机处录副奏折》；转引自张国辉《晚清钱庄和票号研究》，中华书局1989年版，第31页。
③ 宁海县地方志编纂委员会：《宁海县志》第11编《商业》第5节《集市贸易》，浙江人民出版社1993年版。
④ 《清同治十二年五月道府县会衔勒石禁止卖空买空告示》，转引自中国人民银行浙江省分行金融研究所《几则关于宁波钱庄业的史料》，中国人民银行总行金融研究所编：《沿海城市旧银行史研究》，1985年内部版，第149页。

《申报》刊出大小同行名录,共 56 家。民国十五年(1926)新建钱业会馆落成时,在石刻碑记上有捐款钱庄名录,计大小同行 62 家。民国二十年(1931),增至 70 家,另有现兑钱庄 90 家。70 家大小同行中,有 67 家开设在江厦一带。这一时期,新式银行虽已建立,但其声誉暂不及钱庄。中国最早的新式银行——1897 年成立的中国通商银行,总部设于上海,宁波没有分行,所以对宁波钱庄业的影响很小。外埠赡家汇款的增加、上海钱庄及未在宁波设置分支机构银行的委托解付业务,也促进了宁波钱庄业的发展。特别是由于过账制度的实行,各商家之间的经济往来、个人生活收支等,均通过钱庄过账,使大量资金始终周转在钱庄之中,这就为钱庄开展各项业务创立了有利条件。

过账制度,即各行各业的资金收支,从使用现金改为借助钱庄进行汇转,实行统一清算,不用票据,而用簿折。清乾隆、嘉庆后,宁波成为南北洋和长江一带的水运中枢,巨额的商品交易带来频繁的资金收付,而制钱价值量低,银圆、银两又不足,因此钱庄开始签发庄票,并逐渐形成过账制度。① 太平天国时期,一方面通往云南的交通受阻,使制钱的主要原料供应大为不足;另一方面由于鸦片大量输入,银钱大量外流,更加剧了钱荒局面,促使原来的过账方法更加完善,并推广至宁属各县,形成了社会性的大会计制度,"宁波之码头日见兴旺,宁波之富名甲于一省",② 宁波因此也有了"过账码头"之称。

过账制度的施行,使得大量现金可以投资于外地商埠,还可以投资于其他事业,同样一笔钱,可以做多笔生意。当市场发生恐慌时,可作为一种缓冲手段,在同业之间进行汇划,以应付一时之需。交易时也不需搬运大量现金,避免了诸多的麻烦和风险,正如马寅初所说:"既无长途运现之烦,又无中途水火盗贼之险,而收解又可以两清。"③ 同时,过账制度的推行,也使钱庄统揽各业收付,并渗透到个人的消费支出,由此提高了钱庄在整个经济生活中的地位和作用。

过账制度支持并刺激了宁波商业的发展,也有利于外国商品向中国内地的推销。因为这种制度的目的在于把现金的使用减少到最低的限度,使商人

---

① 马骏:《浙江金融的历史演进》,《浙江金融》1999 年第 11 期。
② 段光清:《镜湖自撰年谱》,中华书局 1960 年版,第 122 页;转引自张国辉《晚清钱庄和票号研究》,中华书局 1989 年版,第 31 页。
③ 马寅初:《吾国银行业历史上之色彩》(汉口),《银行杂志》第 1 卷第 1 号,1923 年 10 月;转引自马俊业《近代国内钱业市场的运营与农副产品贸易》,《近代史研究》2001 年第 2 期。

之间的债务关系依赖钱庄的信用，在账面上去互相划抵。外国商品进入宁波后，当然利用了这种制度的便利，并使自己的商品循着绍兴、金华、衢州水路，远销到内地市场去，泛滥于整个浙西市场；并且往西南延伸，经江山而进入江西省境。例如，19 世纪 70 年代，江西省广信府的玉山县，年销来自宁波的外国棉织品在二万匹以上；而 80 年代后，输往宁波的洋货还绕道运到桐庐、严州，远销于安徽的徽州。这就是说，在钱庄的积极参与下，进口洋货才能够方便地出入于远离口岸的浙西、赣东和皖南一带。①

1876 年，钱庄开"大洋拆"，利息提高到一分以上，存款骤增，吸引更多的人投资经营钱庄业。整个阶段，有牌号记载下来的，先后开业的钱庄有 400 多家。从资本量上看，这一时期，宁波钱庄业资本位居各业之首。据鄞县政府统计科调查，1931 年市区共有各类厂商 5599 家，资本总额 412 万元，其中钱庄 160 家，拥有资本 420.25 万元，占社会总资本的 29.8%。1931 年有大同行 70 家，其中 67 家集中在江厦，资金划拨，银钱出纳，高度集中在一起。②

宁波钱庄业的兴盛有其经济环境因素，首先是甲午战争后和第一次世界大战时期，资本主义工商业得到一定发展，对资本的需求大为增加，刺激了金融市场的发展。其次是 20 年代末的世界经济危机为宁波钱庄业的发展提供了有利条件。由于受经济危机的影响，各国相继放弃银本位制度，世界银价大跌，而中国仍是银本位国家，国内银价高于国外，白银源源流入，充实了宁波钱庄业的资本。同时，白银的大量流入，也使白银供过于求，银价大幅度下跌，物价上涨，"货币贬值使外国白银持有者因其高吸引力而投资"，③有利于对外贸易和民族工业的发展。

宁波钱庄在宁波近代经济史上扮演了不可或缺的角色。然而在近代后期，由于动荡的时局形势、政府多变的金融政策，加之战争的破坏、新式银行的崛起，都给宁波钱庄业带来了沉重打击，致使宁波钱庄业在 20 世纪 30 年代初期达到顶峰后，开始走下坡路，日趋衰弱。

"一·二八"淞沪抗日战争爆发，以及世界经济危机的袭击，农村破产，百业萧条，钱庄业险象环生，危机四伏，延至 1935 年 7 月（民国二十四年），终于爆发了空前未有之大风潮。钱业风潮影响宁波，因外地倒闭钱

---

① 张国辉：《晚清钱庄和票号研究》，中华书局 1989 年版，第 70 页。
② 俞福海：《宁波市志》，中华书局 1995 年版，第 1595 页。
③ [美] 易劳逸：《1927—1937 年国民党统治下的中国——流产的革命》，陈谦平、陈红民译，中国青年出版社 1992 年版，第 228—230 页。

庄与宁波钱庄股东有连带关系而引起存户疑虑，存款纷纷向银行转移，提存风潮不可遏止，旬日之内停业倒闭的钱庄不下数十家。银行方面又拒绝贷款，导致大批钱庄无法复业。第二年开业的大小同行不及原有的1/3，惨淡经营，勉度时日。

1937年7月7日日本发动全面侵华战争，上海、杭州等地先后失守，宁波偏居一隅，因同上海租界有水路可通，故内地各路商人云集宁波，借沪甬间的水运贩卖各类商品。货物流转、资金汇拨频繁，市场畸形发展，在1935年金融风潮中停业的部分钱庄恢复营业。但这种畸形的繁荣为时不长，1941年4月19日，日寇在镇海口登陆占领了宁波。宁波沦陷后，货物流转南移温州，原有钱庄大都停业。敌伪为支撑市面，粉饰太平，不论资本多少、规模大小，凡愿意开张营业的，来者不拒，多多益善，出现了一批临时拼凑起来的小钱庄，联络捎客、单帮，从事商品买卖，进行投机活动。

1945年抗日战争胜利后，上述小型钱庄收歇，沦陷前原有的大小同行纷纷申请复业，经当局审核批准开业31家。[①] 国共内战爆发后，由于军费开支增多，为了弥补日益扩大的财政赤字，国民党政府一方面加强了对其统治区的物资掠夺和经济统制；另一方面大量发行纸币，从而导致国统区经济、金融出现严重混乱，物价飙涨，利率飞升，国有银行资金力量日益薄弱，无力向钱庄放款。因物价飞涨，通货恶性膨胀，无正常金融业务可言，宁波各钱庄普遍设立暗账，从事商业投机，进行私下拆放。延至1949年5月，存24家，经申请批准开业18家，9月间遭国民党军队飞机轰炸，钱庄业集中开设的江厦一带被毁，各庄相继停业清理，仅余晋祥等5家，其声誉日趋低落，存款纷纷转向银行，至1952年宣告清理结束。

宁波钱庄业在近四个世纪的兴衰历程中，在经营上形成了三大特色：首创过账制度、最早以银圆为本位进行核算、最早以日计息，其中影响最大的要数过账制度。在股东的构成上，宁波钱庄业投资人几乎是清一色的本籍人士。只有宁波人在外地投资设立钱庄，却很少有外籍人来宁波开设钱庄。如1941年瑞丰等17家钱庄的455个股东中，本籍人占98%，计446人，其余2%的9个股东虽是外籍人，但出资微小，而且存在姻亲关系。尽管几乎都为本籍人士，但主要股东则多移居上海等地，在上述的455个股东中，有40%定居在上海。[②] 在内部管理上，设置一些闲职。如"太上皇"这一名义

---

① 俞福海：《宁波市志》，中华书局1995年版，第1597页。
② 宁波金融志编纂委员会：《宁波金融志》，中华书局1996年版，第273页。

岗位，称"太上皇"者，多为曾在钱庄经理多年而有功绩者，且年事已高，为表对其感激之情，而挂名领薪。另一闲职为"三肩"，主要从股东中特选或由大股东的亲族或对钱庄的创立和组织有功者担任，对经理的经营状况起到一定的监督作用。①

(三) 钱庄的组织管理与收益分红

钱庄为旧式金融机构，长期以来握经济之枢纽，居社会最重要之地位，所谓"操全权而牢笼百业，市情之变化者悉在是也"。平时多与商家往来，不似北方票号结纳官吏。初为独资或合伙经营，负无限责任，多由富商大贾和殷实富户开设，具有一定声望和地位。组织形式和经营方法比较简单，反映了封建落后性的一面。

宁波钱庄按规模分有大同行、小同行和现兑庄三种。

大同行钱庄，又称汇划钱庄。资本较为雄厚，业务规模较大。一般有职员十几人至二十几人，资本额均在五六万元（两）以上。凡金融方针大计，章规办法，概由大同行议决后执行。其业务以汇划清算各地大宗款项及放账于各商号为主，平时不营货币兑换。每庄有规定的牌号，小同行及现兑店的营业结算、过账，都必须挂靠一大同行，运用大同行的牌号始可办理过账。

小同行钱庄，又称非会员钱庄。资本和经营规模比大同行要小，一般庄内有职工10人左右，资本额在五千元（两）以下，它以小商业行号为主要服务对象，办理小额的存贷款业务。有的兼做一些汇兑业务，但必须挂靠大同行汇划，不得直接过账。

现兑庄，也叫钱店、钱铺、现兑店，规模较小，不能参加钱业组织，以兑换钱钞为主业。有些钱店和其他商品买卖混合经营；也有些钱店兼营贴票、买卖公债、证券等。

除钱庄外，又有银号、银公司等名称，称呼虽然有异，但经营内容则一，实为钱庄之一种。或庄或号，各个时期常有更动，一直到民国三十七年（1948）1月，国民政府财政部为划一名称，饬令各地按设置银行、钱庄之规定，一概将银号改为钱庄，将银公司改为银行。

清同治元年（1862），太平天国军退出宁波。越二年，修建滨江庙钱业市场，修订钱庄庄规时，有源和、养和、恒丰、益康等钱庄36家，次年，又增加祥元、义生、谦和、永康等7家，共43家。民国九年（1920）2月

---

① 实业部国际贸易局：《中国实业志（浙江省）》第九编，民光印刷股份有限公司1933年版，第20页。

28日，上海《申报》曾刊登甬地各庄拥有资本情况。共计大小同行钱庄56家，资本总额约108.3万元，牌号如下：

大同行29家
元益　元亨　丰源　永源　成丰　恒孚　保慎　衍源
益康　资大　晋恒　泰源　泰涵　泰深　泰巽　恒升
敦裕　景源　裕源　汇源　钜康　慎丰　慎康　瑞康
瑞余　鼎丰　鼎恒　余丰　彝泰

小同行27家
大生　仁和　元大　升泰　安泰　丰和　永丰　恒裕
恒康　恒春　恒大　宝源　宝和　宝成　信源　通源
通泰　资新　泰生　惠余　慎祥　慎余　彝生　聚元
聚康　成裕　源源

民国十五年（1926）新建的钱业会馆落成时，碑石载有62家大小同行，其中大同行28家，小同行34家，比较民国九年（1920），大同行增天益1家，减恒升、泰巽（泰巽改为小同行）2家；小同行增元成、安余、同康、成康、恒祥、承源、保和、慎成、瑞源、泰巽（大同行改组）10家，减聚元、聚康、成裕3家。

钱庄每庄一般仅十余人，至多也不过二十人左右，内部设有：经手、副手、三肩、账房、信房、跑街、银房、长头、学徒和栈司等职务，每人都有自己明确的任务分工（见表1-1）。

表1-1　　　　　　　钱庄内部职务分工情况

职务名称	主要责任范围
经手	全面协调钱庄事务
副手	协助经手开展工作，主要负责钱庄内部事务和柜面应酬
三肩	属于闲职，主要安插股东和股东至戚，常出于照顾，含有监察性质
账房	负责会计账务，有内外之分。内账房经管总清账，计算盈亏，权力尤大；外账房负责日常账务记载，编制有关报表
信房	起草缮发文本，经办书信函件往来
跑街	即放账员，承担贷款发放，存款兜揽，出入银钱市场，进行钱市交易
银房	收付、保管现银及贵重物品

续表

职务名称	主要责任范围
长头	担任汇兑、现银买卖和兑换业务。以市价上落无定,因而计算精细,内容烦琐
学徒	赍送账簿,核对账务,使唤打杂,三年满师
栈司	运送现银,投递信单,其中包括炊事员一人

其中,经手 又称"阿大",代表股东总揽全庄大权。其中有股东兼任,也有另行聘任,受聘者多属股东亲友或门生,从事钱业多年。受聘后大多参与股份,但为数不大。平时往来社会上层,注重交际应酬。间有经理钱庄多年,积有辛劳,然年事已高而挂名领薪的,被称为"太上皇"。

近代新式银行的建立与发展及社会近代化进程的要求,促使钱庄业的转型与制度变迁。钱庄经过调资改组,从独资、合伙转为股份公司形式,内部各等人员改称经、副、襄理和营业、会计、出纳、练习生、老司务等,但实际分工一如既往,股份公司只是一种形式,董事会很少有实际活动,经营管理仍由经理总揽全权,直接向个别主要股东负责。在账务上长期以来采用旧式簿记,上收下付,抄录登记,事后相互唱对。设有"便查""滚存""流水"等簿,用汉字大写和旧式数码字,以"克存信义""利有攸往""资丰水年""日增月盛""堆金积玉"和"回春簿"等来称呼存放款、损益、呆账等各种账簿。抗日战争胜利后,账户组织有所改变,比照银行采用阿拉伯数字,设立总分类账、分户账、余额表,编制日、月计表、日结单等,每日试算平衡。

钱庄多与商人接近,往来交际,关系密切。营业规矩不太严格,经营灵活,以适应地方习惯、便利商人为宗旨。服务不拘时间,早晚融通办理,并经常上门收解现金和票据。民国十八年(1929)新订营业规则时,仍规定:"营业时间,每日自上午八时起,一直到晚上七时止,有必要时仍得延长之。"然在盛夏季节,为免蚊、蚋叮咬,则提前到下午五时为止。全年对外营业日除清明、端午、中秋、冬至四个节日和总结束期外,别无休假日。总结束期约在旧历年关前两天至次年正月二十左右。第一周为休假日,一切收付完全停止;第二周为办理决算期和筹备开业整理期。在此期内,对现银买卖和重要事项之处理,酌情办理,但不正式过账。

钱庄的收益,主要来自存款和放款之间的利差及货币兑换买卖和汇兑进出差价。这三项收益在各个不同的时期,其所占的份额比重略有不同。各种不同规模的钱庄,如大同行、中小同行和现兑点,其收益的结构也各不相同。鸦片战争后，由于外商银行、本国银行、典当等同业的激烈竞争，利率趋于下降，银圆买卖、汇兑收益率也逐步降低。这时钱庄的收益，很大程度上靠扩大放款（许多钱庄做"缺单"）和企业的精打细算来决定。宁波的钱庄把这种赚钱方法叫作"头发丝吊元宝"。它的意思是取的虽是蝇头微利，但冒的风险却很大，只有多做才能形成厚利。

"宁波过账制度"（非现金结算）率先在宁波实施后，继而在绍兴、杭州通行。由于买卖交易普遍通过钱庄划账，客户销售货物之后得到的仅是一只可以划账的存折，派生存款大量上升，于是就有不少钱庄因无须多少现金做准备，盲目扩大贷款量，做所谓"缺单"，一个仅有万元资本的钱庄要做超过资本10倍以上的生意，这就潜伏了经营的危机。还有当时内地和上海都通行银两，上海使用规元，而宁波在嘉庆年间（1796—1820）已普遍通行银圆。过账用的虚洋本位称甬元（洋），杭州称杭洋，绍兴称绍洋。随着贸易的扩大，地区之间不同货币的汇价问题，因银根松紧不一，矛盾十分突出。再一个问题是各地商品货币化程度不一。内地和金融业不发达的地区，利息多以"岁（年）、月计"，而宁波、绍兴、杭州等地，已经十分注意货币的时间价值，实行"日拆"，以日计息。以上这些问题的发展，使实银本位与虚银本位差价扩大，就随之出现了"现水"和"空盘买卖"的问题。所谓"现水"问题即是要将虚洋本位变换成现金，要按钱庄公布的贴水牌价打折扣。渔民向渔行出售渔货得到100元过账洋，往往到钱庄拿现金只能得到80—90余元。在钱庄银根紧张时，有"须去水二十余金者"，因此，"不特借债度日者受剥削之痛苦，即存款于钱庄者也常亏累不堪"。① 所谓"空盘买卖"即期货交易，买卖近期和即期的虚银（洋）本位，为此事，渔民造反，百姓告状，商民更怨恨不满，纷纷要求官府采取措施制止。清同治十二年（1873）五月，清政府在民众强烈要求下曾勒令禁止。

在晚清时期，一般资本总额约三四万元的大同行钱庄，一年所获净利一二万元不等。年利润率是很高的。盈利分配一般按15、16股或16、17股处理，其中股东得10股，各股东按占股多少瓜分，经理独得1股到1股半，店内职工共得1、2股，由经理在年三十夜分红包，另提3股作为钱庄的公共积累，称作"财神股"，多数钱庄3年分红一次，也有隔年或每年分红一次。钱庄职工的工资都很低，"那时（指1880）社会生活程度尚低，经理薪俸每年仅制钱120千文，职员依次递减，少者30千文，学徒第一年6千

---

① 《鄞县通志》（食货志）二五六。

文,第二年 12 千文,第三年 30 千文。每人另有月规钱,自经理至学徒一律制钱 300 文。由于薪俸过于菲薄,钱业例于旧历正月上旬,规定除学徒外,自经理以下,每一职员得透支若干、名为宕账"①。后来,宁波一些大同行钱庄经理,工资一般也都不到 20 元,而学徒每月只有 2 元鞋袜钱。他们的收入主要寄托年终分红,职工为了在年终能多得一些奖金,平日就尽心竭力,久之就把办好钱庄作为他的终身事业。

(四)宁波钱庄业庄规

清同治(1862)前后,是宁波钱业鼎盛时期。国内采购农土特产,特别是丝茶之类,资金往来必须依靠钱庄划拨;外商要推销"洋火"(火柴)、"洋油"(煤油)、"洋皂"(肥皂)……也需要借重钱庄之力。多种货币交易买卖,本埠和外埠间汇划结算,钱庄业务日益频繁,同业之间就需要有一个统一的规范的章程加以约束。在全国各地的甬商钱庄,恪守庄规。下面是《鄞县通志》(食货志)上载,同治三年(1864)以前宁波钱业公所同业庄规,共 14 条。

  浙江宁波钱庄庄规
  一议,各国通商,相安已久,凡在贸易,唯当仰体怀柔之意,亦不失和衷共济之心。
  一议,吾宁向行钱票,各庄以钱为出纳,外行亦以此为归藏。今则取便于人,统归现货交易,银照公估,洋则或英或佛,听来人自便。
  一议,英洋虽已行用,所畅通者,宁绍上海而已,故佛洋仍旧通用,然价目不同,应听来人,或英或佛,收付交易,公平作价,毋得抬抑,以冀招徕。
  一议,外行划账,其数以三十元起码,多则照数,统于当晚抄录,次早汇集公所划清。如小数未符,系属徇情,公议照罚。
  一议,同行持簿来对者,账上设有未符,无论同行外行,数目不合,均应当时道明指驳,勿得含混答应,希图隐匿。倘经受错之家查出,不唯所错之数,照数加利过还,并须倍罚。
  一议,凡遇银洋多缺拆息,总以随时定价,倘有多余者,欲行拆出,或须收现,应听其便,缺家毋得强拆,数以五百元起码,多者照算。

---

① 中国人民银行上海分行:《上海钱庄史料》,上海人民出版社 1960 年版,第 483 页。

一议，银洋进出，宝银看水以四两五钱为则，作摊宝直用，如轻水不及此数，亦作摊白论，毋得申算或重水。休宝亦准行用，唯须补还则外之水。栋洋除轻、毛、油、本、三星、倒印、粗细边、粉版之类，应行剔出，其余一律通用，付家亦毋得将应剔出之洋强用，庶照持平。

一议，银洋现换交易，应即银洋两交清楚，当时过目，幸勿俄延，致滋多口。

一议，银洋收付，各归自送，以十二点钟起，二点钟为度，勿过稽廷，各宜恪遵。

一议，同行轮派司年一庄，凡遇公所应需经费，轮年者先应垫付，后向各庄一律派收，倘遇公事及同行应议各件，仍归司月承值。

一议，设立公簿两本，经各庄公同妥议簿内，各盖图印。如增新庄，须先知照司月，公同盖印，俾得上牌，以昭慎重。

一议，公簿两本，一存司年，一存司月挨值。

一议，派两庄挨日至公所，轮值汇账事宜。凡收受洋票，无非代理账目，倘有不测，其票即检还发家承认，毋得推卸，以杜争执。

一议，今在创始之际，需款无著，各庄交洋拾圆，汇存司年，按月一分取息，以作挨日之用。如遇新开者，亦照此数交于司年汇收，以冀积厚流长，取挹不竭之意。

以上规条，唯冀同人交相劝勉，恪遵勿替是幸。

以上庄规从其内容来看，绝非一次性集议的产物，而是长期积累、补充、完善起来的。后来又补充如下内容：

宁波钱业公所《续议庄规》
（清同治三年）
再议所有杭绍以及各镇合同上票公议以十二月二十五日为度以后随到即付免致局促各宜恪遵

（注，原文无月日时间和标点）

清同治七年（1868），因新设和换牌钱庄较多，于是对新增设（包括改换名称牌号）的钱庄捐洋问题、同行划账问题、年终决算结账问题，以及公庄存洋利息计算偏低等问题，又做出统一的规定，如下：

宁波钱业公所续议庄规

（清同治七年正月）

公议庚午年［同治九年（1870年）］起如遇新创以及更号一例（律）捐洋念元的照平允再议同行每逢安底划账目大以廿八为度月小以廿七为度即晚落庄如有多缺付现以上六点钟为限迟则不准付现以照划一各宜恪遵再议月息月大以廿八月小以廿七为止公同议息毋得更期再议公庄公所甬胜社三户所余之洋上年向以按月一份起利至辛未（同治十年）长年庄利欠利仅一分零今公议以后司年（值年钱庄）所存之洋其利照存庄加五厘计算以照平允

清光绪十五年（1889）四月因同业之间结算，对收解现洋时经常发生短缺等纠纷，以及同业在拆单、汇划计价等一些问题做出新的规定。如下：

宁波钱业公所续议庄规

（清光绪十五年四月）

再议收桩现洋大数必须先为过平小数检点然后再看如不先检数目有缺洋等情以桩家自召不涉付家之事介洋者候结数后始可出入以避嫌疑各宜慎重恪遵。再议戊戌（光绪二十四年）［次续议庄规时间为光绪十五年（1889年）四月如按文中"戊戌"（光绪二十四年），则是在九年之后之事。故此处，是否是"戊子"（光绪十四年）之误］年起凡同业所拆单银照申江（上海）一律不得藉口计价又同业逐日申银汇账彼此抑有错汇等情不得作暹账论照申江转账照补本街单拆规元抑有错划等情亦不得作暹账论照申甬转账照补各宜慎重

以上庄规，一年又一年，作为宁波钱庄同业的"共同纲领"来执行，谁也不敢去违反。然而至1902年形势变了。由于"洋务运动"的影响、近代工业的兴起，在杭州、宁波、绍兴、萧山等地，有一大批工厂建立起来，新式的银行不断崛起，钱庄的金融业务遇到许多新问题。因此，钱业公所在1902年9月第一次提出"以上议规，因事隔多年时世变迁须随时商酌不得拘泥援例"的观点。以后于1905年11月，1911年8月、9月多次商议修订庄规，对过去不合时宜的进行修改。

清光绪二十八年（1902年）九月

续议庄规

以上议规因事隔多年时世变迁须随时商酌不得拘泥授例

再议以后规元进出概归落地生根随交随会（汇）以杜外邪而靖内乱于众有益恪遵毋违

清光绪三十一年（1905年）十一月

续议庄规

再议我同行及小同行汇申规元抑有计价等情以照当日收市为度一律照汇不得驳转恐后无凭特此批载

清宣统三年（1911年）闰八月

续议庄规

再议由商会递到上海钱业会商处致商会各董函内称现奉沪道照会禁止申做甬元即嘱传知庄等如遇申做规元汇甬概请止理等因庄等因事关公益自应照行现订十一起如遇申庄将申做规元汇甬过账以及本划概置不理批明庄簿永远止理如再阳奉阴违一经察觉收预存司年洋五百元罚讫以归通风报信者领取如系同行紊规凡我同行不得与其再通过账如系小同行紊规凡我同行概与绝交唯各客帮在甬做就交易或须转划仍应代理兹已公同议决请各庄签允施行一面即行函至上海各庄俾可接洽

清宣统三年（1911年）九月

续议庄规

再议同行拆单溯自初言原以五百元起码载在庄簿嗣以交通利便百业皆推广经营吾业乃汇兑机关出入巨细自必依为定向质之近年以来拆单自五千元起码以至五万十万甚至二三十万不等虽云今昔情形不同然亦吾业前后悬殊一大变相也纵有择然而从之思想必经上下相对之龙门所有多缺流通共相融和设遇变迁尾大难掉而缺单之家必须收现存财产以及本埠各路银洋期券等先行交出备抵与拆单之家倘交出之各期票届期抑有辗辗及收不到等情仍归原家自行承认以补足拆单之数为止此系经理人自由之权不得以请示店东为辞如果有抗不交抵入收视缺单为畏途如是多缺两歧岂成永楣关系实非浅解为此邀集各庄公议同行拆单系属暂时性质不能与存款视为一体抑有周转不灵公议先将的口款出抵并请商务总会立案以资信守而保公益

从宁波钱业公所在宣统三年（1911）连续两次补充庄规的内容看，人们可以觉察这个古老的钱业发祥地，此时遇到了前所未有的新问题。一些钱庄"申做甬元"；一些钱庄把拆单当存款，用"拆单"来扩大贷款等。这些问题同过去发生过的问题比较起来，大不一致。过去多属"技术性"方面的问题，比较好统一，而此时的问题却属于业务经营性上的问题了。实际上这两个问题反映了传统的钱业体系及其管理办法，已经落后于商品经济发展的大潮。尽管钱业公所在这两个续议庄规中，已采取了"说理"、警告和提出惩罚三者结合的措施，以求约束各钱庄的活动，还明确如果某庄一旦发生"资金周转不灵"而倒闭，公所将会以"先将所备底款抵给拆单钱庄"的措施，但实际上这种情况仍时有发生。

二 甬商的典当业

（一）典当业的起源和发展

据《南史·甄法崇传》记载，"南朝甄法崇之孙，尝以一束苎就州长沙寺库质钱，以解燃眉之急"。这一记载说明，当时已有提供类似典当业务的机构产生，只是这种典当机构尚未完全独立出来，还是作为某一实体的附属部分而存在，而典当服务只是这些实体的其中一项业务，主要是用以满足急需资金者的需求。同时也说明，通过向典当机构典押物品来借贷，以解决资金不敷之急，已成为当时社会生活中的一种常见现象。据学者考证，最晚追溯到南北朝时期，专业典当机构已在中国社会中出现。

典当业在历代的具体名称有所不同，但一般都是以质、解、典、当等几字为名。例如，在唐宋两朝，典当业被称为质库；在元朝则被称为解库或解典库；在明朝仍有解库之称，又产生了典铺、当铺等新名称；到清朝，开始按典当业资本的规模大小，赋予不同的名称，如当、按、押、小押等。资本规模不同的店铺，所允许的典当期限也不同，资本越雄厚的，允许的典当期限越长，利息越低，对前往典当者的吸引力越大，因而在行业中的竞争力越强。

典当业具有典型的高利贷性质。它主要是为解决消费资金的周转问题而产生的，利息极高，一般都在月息3—6分，对典当者而言，是一种沉重的负担。因此，典当业高昂的利息，使其很难作为借贷资本被工商业者用来投入经济运营。

进入近代以后，典当业利息已大幅下降，这主要由两个因素促成：一是明、清官府对典当业的限制。从明代开始，朝廷逐渐发现了典当活动中的高利息所带来的负面影响，开始对典当业务活动加以规范，规定："凡私放钱债及典当财物，每月取利并不得过三分，年月虽多，不过一本一利，违者治罪。"① 明王朝的这一规定，被后来入主中原的清王朝继承下来，这就在一定程度上抑制了典当业的盘剥程度。二是行业内竞争的结果。长期以来，由于典当业的高额利润，吸引着众多的投资者。明清时期，随着社会经济的发展，典当业的数量也迅速增加，行业内部的相互竞争日趋激烈。为了在竞争中取胜，降低典当利息成为重要手段，典当利息呈下降趋势，到近代初期，一般已降至月息2分左右。

（二）宁波典当业的兴衰

早在隋、唐时期，宁波就设立有当铺，历经宋、元、明、清，久盛不衰。典当对社会经济和民众生活有一定的调剂作用，但它以穷为邻，实为公开坐庄的高利贷机构，因而民间有"若要富，开当铺"之说。② 早期，除自有资本外，一些社会团体、宗教慈善机构和富有者，多将资金投向典当业，以母权子，进行生息。当时，不称典当而叫质库，其所发钱票信用较著，流通广泛，受到社会欢迎，所开当票亦往往被作为通兑货单，反复转让，买卖于市。钱庄业兴起后，金融虽以钱庄为中坚，然因往来对象不同，各有所重，各得其所，典当仍居相当地位，彼此依附烘托，互为补充，关系密切。直到民国初，宁波的典当业仍鼎盛不衰。宁波商会历届主委中不乏当业人士，由此也可见其社会地位。

清康熙时（1662—1723），为缓和社会矛盾，鼓励富室开设典当，由户部颁布《则例》，每当缴纳税银二两半至五两不等，税收特轻，典当业长期以来始终受到统治者的庇护和支持。所谓："路绝无君子，饥寒起盗心"，典当的存在有利于"辅佐当局，安定社会秩序"。一直到咸丰年间（1851—1861），太平军兴，更有外患日深，于正税外加收"贴捐"（今之牌照税一类），一次收缴。领贴有效时间初无规定，后照牙贴办法，20年、10年、5年不等。光绪三年（1877），仍沿旧制，鄞县城乡23家典当，共解缴税银115两，另收杂费每当12千。至民国六七年间，前清旧贴一律改换新贴，贴捐加重，时鄞县城乡17家典当共捐银圆6820元，平均每家400元，但按年正税仍照前例，未予更动。民国十九年（1930），每家又提高了75元，税率仍轻。

---

① 《大明会典》卷164。
② 宁波金融志编纂委员会：《宁波金融志》第一卷，中国书局1996年版，第62—63页。

在一般情况下，典当业营业季节以春、冬为旺季，夏、秋为淡季，遇有水、旱灾害和社会变故，则忙闲不定。每年收当物多则20—30万元，少则6—7万元，日常资本平均5—6万元，不足部分通过吸收存款和由钱庄长期放款来补充。典当业存款利率较低，资金周转和存放手续不如钱庄灵活。钱庄业兴起后，因统一经营存、放、汇业务，以汇带存，存贷互补，而且过账制度的推行，典当业吸存数日见缩减。在金属货币流通、市场物价稳定的情况下，典当业坐收其利，全年盈利每家平均在万元左右。后因社会经济不振，百物跌价，当多赎少，典当业务受阻。至1935年，爆发钱业风潮，各钱庄紧缩贷款，直接影响到典当业的资金来源，被迫收缩业务，停止收当，部分典当关闭停业。

典当业均四周高墙，柜高过顶。投资开设典当的多为官僚豪绅，巨富显贵，在社会上拥有一定势力。求当者除贫民劳苦大众外，还不乏鸡鸣犬盗和强梁者。当址多分布在水陆交通要口、埠头，也有设在里弄僻静之处。清光绪十年（1884），爆发中法战争，镇海口外炮战频仍，形势险峻。各当多有停业，未停者，营业时间亦改为半日。所有铜、锡、木器及笨重物品概不收当，其余物资按常例减半价收当。辛亥革命前后，原当业主彷徨顾虑，纷纷携资避居上海租界。① 至民国四年（1915），当铺运用存款资金买卖外货获利，益谋扩大资本，与钱庄争夺存款，因利息优厚，一批商人竞相往来，汇集巨资投向上海丝业和向南洋贩卖粮食等货物，后因丝价暴跌，船只出险，亏累殆尽。消息传开后，债权人争相提取存款，索取债款，一夜之间突告倒闭，当事人外逃无着。一时间满城风雨，波及同业，迫使各当改组添本，其中多有盘产让股，更换业主，一批新兴资产阶级和买办人物开始涉足典当业。在此过程中，为承袭典当业的历史，以免于影响营业，以及减少换帖等费用支出，原招牌大多未动，仅加注记号，家数虽未减少，但营业额大不如昔，更以政府当局和各路军阀争相发行公债，以资本为依据向商号分摊，典当业资本大，认购多。随后，公债交易价格一再低落，宏兴、同大、惠生、惠裕、集义、惠元等当牵累过巨，先后停业，直接影响到典当业的历史信誉，从此衰落，不复旧观。至民国十多年，因外货倾销，手工业和民族工业破产，农村萧条，市场疲软，银根紧迫，物价下跌，典当满货无从出脱，按当本七折斩售，也难于脱手。丰长、崇余、泰赉、宝顺等当自设门市，发售满货。接着在钱业风潮冲击下，典当亦多有停业。

---

① 宁波金融志编纂委员会：《宁波金融志》第一卷，中国书局1996年版，第60—70页。

至宁波沦陷,各当只取不当,依靠变卖生财度日,四乡小当全部停业。此后,在日伪统治下,民不聊生,求当对象增多,间有一批小当出现,但因社会不宁,随开随关。民国三十四年(1945)八月抗日战争胜利后,曾有恢复,但因物价暴涨,货币贬值,原有资本所含价值不复如前。1948年8月,改革币制,发行金圆券。其时,典当的存款业务基本消失,钱庄也不再对其放款,收当有限,拒当现象日趋严重。延至民国三十七年(1948),残存下来的典当仅有10家,最后被迫全部停业。

(三) 典当业的组织机构

典当业作为早期金融机构的鼻祖,遍布全国各地。通过不同资料记载可以看到,各地典当业的组织机构、经营形式基本相同。宁波典当业早期设置情况已难查考,清同治十年(1871),鄞县城乡有典当23家,民国四年(1915),浙江省典业公会成立时,鄞县典当增至32家,其中城区21家,四郊农村11家,宁属其他各县(除定海县外,包括今余姚、宁海两县)36家,共68家①。民国五年(1916),袁世凯称帝,次年,张勋复辟,时局不宁,农村破产,典卖日增,典当多有改组、增设,宁波府属各县新增11家。至民国七年(1918),共有城乡典当79家。随后几年,典当家数时有增减。宁波沦陷后的民国三十一年(1942),仅存11家,资本如旧,从业人员156人。及至抗日战争胜利,原停业典当多有复业。1946年年底,城区典当增至22家。次年上半年,恒丰、勤余、慎裕3家停业,新设晋祥、永成、丰大3家,总数如旧。

各当人员力量,规模大小,多寡不一,一般十余人。大当设有总上、副总上各1人,交际应酬,筹划资金,总理全当内外事务。总上以下可分内外两部。外部设:正、副看2人至3人,评估押品价格,决定收当与否;银房或票房1人至2人,开发当票,收付款项;取房或牌房2人至3人,收受整理当物,办理取赎手续。内部设:楼头或楼二、楼三2人至3人,负责当物保管和一当日常事务;账房1人至2人,掌管总清等账簿。此外,有栈司和学徒若干人,搬运货物,守门巡夜,打杂补缺,听候差遣。

总上一般由东家自任,正副看、楼头、账房由典当公聘,其余职员由各东分配任用,其中多有股东亲属,既是伙计,又是东家,俗称"伙东"。合伙经营的典当在一店之内常有分成数号,同当不同记,每号分立账册,各司取赎,单独核算,自负盈亏。例如天、地两号,瑞、昌、祥三号等。在当

---

① 宁波金融志编纂委员会:《宁波金融志》第一卷,中国书局1996年版,第62—63页。

日分配上视投资多寡，或按日轮流，或各10天、半月，或"三七""四六"开，以合成30天为则。在人员上，有每号设一总上，也有数号兼一总上，组织虽然繁复，但各负其责，习以为常。

典当从业人员工资微薄，早期仅数元、十数元不等，总上一职也不过二三十元，膳宿由店供应。此外，根据营业状况，依靠存箱费、没货余金等大小，以评定收入大小。存箱费即当物保管费，没货余金则是满当未赎物品经拍卖处理，除去原来当额及利息以后的剩余部分，按照职位大小、工资高低进行分配，其数常高出工资数倍，成为典当职工的主要收入。民国十九年（1930）时，以营业额最高的丰长、惠安两当为例，包括工资、大小费、膳食等在内，全月收入大致如下：总上100元；副总上和正看80元；副看、楼头60元；取房、账房50元；票房、楼二40元；银房、牌房、楼三25元，其余衣房、栈司、学徒为10—20元。

（四）典当业的营业规则

以农民、小生产者为主要收当对象的典当业，存在浓厚的封建性、保守性。早在明末清初，市面流通银圆，至清咸丰年间，钱庄业从钱本位改为银圆本位，各业收付记录多以银圆为则，而典当业却墨守成规，当赎货物沿用制钱如故。当票上只填写钱数，银圆价格以所能换到制钱的行情而定。光绪二十五年（1899），鄞县知县为此发出通告："各典出入如系市面通用洋元，无论当赎均照市价，不得任意增减、挑剔或贴水，不许赎货人借口拒用。"光绪三十一年三月十三日（1905年4月17日），同大当铺当主王月亭邀集同业商讨，拟予更改，然狃于习惯，卒未成功。一直到民国以后，由于市上制钱退出流通，再无银、钱兑换市价，方才改正。

典当所开当票，字体怪癖，另成一体，旁人难以辨认。当票编号不用数字而采用文字。规模最大、历史最久的惠安、丰长两当，以《千字文》中的"天地玄黄，宇宙洪荒……"作为一月一字的当票字号，到1930年时已轮到第二遍的一半多①。整个典当业的规章制度长期以来约定俗成，但政府当局亦时加干预，对经营管理、当期当息、满当处理、损失赔偿等有过各种规定。清光绪七年十月（1881年12月），宁波府奉省传谕，令各县当业隆冬让利，凡当价在2000文以内的布棉袄、衫、被和棉絮四项，从这一年开始，每逢旧历十一月十六日起至十二月十五日止，概予免利赎取。上年典质的，免收次年利息，后因时势变迁而渐废。

---

① 宁波金融志编纂委员会：《宁波金融志》第一卷，中国书局1996年版，第62—70页。

长期以来，典当收当物的当期定为18个月。在此期限内随时可以取赎，逾期2个月未取的称为"绝当"，当物由典当自由处理，故有"十八不来娶，二十要赖亲"之说。当物作价因物而异，亦因时而异，衣服、钟表等一般为原值的30%—40%。满当之物或招商拍卖，或自行出售，通常多售给提庄业，售价由提庄业公会于每年春季召集会议，根据行情而定，称为"贯头"，一般按典当账面当价增20%—30%，称为"贯二、贯三"。如按原当价脱售，其行情称为"一角"，提庄业揽售后再分门别类售给各行各业。对金银珠宝、铜、锡器等贵重物品，亦有随时通过银楼、珠宝商、铜锡业等分头自行脱售，谓之"寻头寸"[①]。

典当业利率早期稳定在月息一分半至二分左右，即每千元每月息15—20元，另收栈租、挂失、存箱等费，存箱费约为当价的1%，挂失费亦为1%左右。利息以月为单位，不足一月或超过一月的零星天数按一月计算。清光绪二十五年三月（1899年5月），鄞县政府告示："查本邑典铺、质户人等一体知悉，嗣后当赎取息务各遵照定章，总以对月计算，倘过斯一日，须加付一月之利，嗣赎者亦须付一月之利。凡挂失票，只准照当本每千取钱十文，以资伙友津贴，毋得另行苛索。"民国十九年（1930）前，浙江省典业规则也规定当息以长年20%为标准，酌收手续费，其余存箱、栈租等费一律取消，折合月息仍一分半至二分旧例。至民国二十九年（1940），因日机轰炸，时局紧张，从7月起当期从18个月改为12个月。是年，国民政府重颁典当业管理规则，规定月息不得超过一分六厘，满押、满当期限不得短于18个月，并按资本和当余实行强制保险，对遭受兵灾、盗窃及水火患损毁当物，按票额五成赔偿。灾后尚有残损或剩余物资，有号可认的，照旧放赎，无号可认的，估价变卖，变卖收入以半价按原票额分摊给典押各户。

民国三十年（1941）四月宁波沦陷后，因敌伪掳掠勒索，典当业损失颇巨，多有停业闭歇。是年6月起，当物赎取时间从12个月缩减至6个月，当息增至按月二分五厘，合年息三分。次年，因物价步涨，又增至按月三分；11月1日，复增至按月四分。民国三十二年（1943），当息再度增至五分，9月起按当额外加保险费1%。民国三十三年（1944）五月十八日，当息续增至按月八分；12月16日又增至一角，当期从6个月改为4个月。次年2月24日起，当息再度增至一角四分，7月1日为一角八分，手续费按

---

① 宁波金融志编纂委员会：《宁波金融志》第一卷，中国书局1996年版，第70—72页。

每元当额收取一角六分，于收当时即行扣除。当期亦再度缩短到 3 个月，后又缩短至 2 个月。抗日战争胜利后的民国三十五年（1946），当期仍为 2 个月，当息亦居高不下。是年 12 月 23 日，典当业公会召开临时代表会议，决议于民国三十六年（1947）起存箱费从一角六分减至七分，然当期、当息未予调整。对此，社会颇有指责。为此，鄞县参议会向县政府提出提案，要求平抑。民国三十六年（1947）一月，国民政府再次修订典当业管理规则，当息由当地同业公会议定后报经主管官署核准，并酌收栈租费和保险费各二厘，其余概行革除。满当期限定为 3—6 个月，典户在 1 个月内取赎者，不论日数多寡，概按 1 月计息，满当 5 日内仍准取赎或付息转票，不另计算新的利息，超过 5 日的，按 1 个月计息。浙江省则统一规定为月息一分五厘，另收栈租费和保险费各二厘。随后，物价节节上升，币值日益低落。次年初，当息调整为月息二分五厘；3 月，调至二分八厘，加存箱手续费七厘；6 月，调至三分，存箱手续费一分，当期改为 2 个月。7 月，当业公会再次集会决议，当息提高到三分五厘，存箱费一角五分，当期减至 1 个月。当地同业公会议定后并呈文上报当局备案。内容如下：

> 窃查迩来物价疯狂暴涨，较前更剧，商市人心莫不大起恐慌，敝业经营典质，既无存货保持资金，仅赖蝇头利息，借以维持开支。在此极度恐慌情形之下，调度更觉艰困，倘不设法救济，势必全部倒闭。不但贫民质贷无门，并且影响整个社会之安宁。爰经集议商讨，一致决议：拟援照上海市暨余姚县两地典当商业同业公会例，将敝业典质利率调整为三角五分，存箱手续费调整为每元一角五分，并调整质期，以一个足月为满，借以安定员工之生计及调剂贫民之经济。为此迫不得已沥陈实在痛苦情形。具文呈请鉴核，仰祈俯念敝业艰困，赐予备案，实深公感。

次年 1 月 15 日，将 1 个月当期分为 3 期结息，当息每期六角，合月息 310%。2 月 6 日，又将当期减到 10 天；3 月 8 日，每期当息增至八角，合月息 483%。8 月 19 日，改革币制，典当业无所适从而暂停营业，至 9 月 1 日复业，当息一度核减到二角一分，栈租四分，手续费一角，当期仍为一个月。同年 10 月底，金圆券限价政策破产，物价狂涨，社会暗息超过当息十余倍，当价改按大米计算，且不时拒当，残存的几家典当从事短期拆放，当期、利率等不复有定例可循。

三 其他早期金融机构

（一）海关银号

海关银号作为宁波商人首创的金融机构，在甬商经营的金融业中也具有重要的意义。清咸丰十一年（1861），在宁波设浙海新关官银号，地址江北岸外马路海关内。成立时间除清廷京都北京外，仅次于西安、福州、兰州、吉林、杭州，在官银钱号设立前后中居第六位，其余各地则迟至光绪年间方才设立。

宁波，在"五口通商"之前即设有海关，统管浙江全省进出口关税。鸦片战争后的道光二十五年（1845），另辟浙海新关，凡进出口轮只的报关纳税，概为洋人所把持的税务司办理，而原来的浙江海关被称为"常关"，只办理过往近海一带小型木帆船的过关纳税事宜。另外，宁波钱庄业所出银钱票亦因过账制度的实行而停止签发，从而海关官银号收支报解的关税和一切饷银的筹划，均交由著名商人胡雪岩在宁波所设的通裕银号办理。至光绪九年（1883），胡雪岩经营生丝出口破产，通裕银号停业闭歇，由宁波商人严信厚所设源丰润银号承接关税的收支报解。在此过程中，浙海新关官银号和代理收支报解关税的通裕银号、源丰银号，虽有变化更替，因其地址均在海关内，故公众概称为海关银号。

浙海新关官银号以"银号"命名，为全国所鲜有。清咸丰至同治年间全国所设的七个地方官局，除宁波外，其余均以官钱局或官钱铺相称。即令在光绪以后所设的五个地方官局，除本省温州瓯海关官银号外，亦莫不如此，此亦可见宁波流通使用银圆和货币制度之演进。浙海关官银号从咸丰十一年（1861）设立，一直到宣统二年（1910），前后历时五十年，为全国各地存在最久的一个官银钱号，其他各地官银钱号的存在时间，最长为二十几年，短的仅二三年，平均为十年左右。

清光绪二十二年（1896），盛宣怀筹建通商银行，参与的有严信厚、朱葆三、叶澄衷等甬籍人士。严信厚曾表示同意将源丰润银号及设在各地的分号，包括宁波源丰润银号改为通商银行的分支机构。盛宣怀大喜过望。后因严反悔而未实现，盛转喜为忧，在致李鸿章电中称："严筱舫（即严信厚）忽为其伙蛊惑，银号暂不合并，幸股份甚踊跃，开春总行可开办。"严信厚曾为李鸿章幕僚，与李过往密切。三日后李鸿章在回复盛宣怀时说："筱舫谓银行垄断各银号生意，于国家无益，亦甚有见。"两年后的光绪二十四年（1898），盛宣怀又函内阁总理翁同龢谓："各省关均为私家银号所把持，严信厚原议将伊独开之海关银号归并银行，嗣有所扞格。现据闻闽、广等各分行来禀，监督及司局皆以通商银行未奉部文为辞。今京行已开办，若各省关官无汇款，恐贻为外人所耻笑，今已一年，理应奏报，拟请由户部咨行各省督抚、藩司监督，虽不能尽交银行，须有得半之数交存汇兑，亦可以壮观矣，否则于奉旨特开之通商银行似太冥落。"①

严信厚不仅据有沪、甬海关银号，其他如闽、广、天津等通商要口，亦莫不属之。源丰润银号停业后，关税收支报解改由大清银行宁波分号办理。宣统三年（1911），宁波光复，大清银行分号改为中华银行宁波分行。民国三年（1914），中国银行在宁波设分行，中华银行停业清理，关税收支报解由中国银行办理。

（二）民信局

甬商最早创设的三个行业为：民信业、南货业、药材业。民信局，又称信局或民局，以承递民间信件、银洋与小型包裹为主，介乎运输和邮政之间，且含有镖局之性质，是不同于官府邮驿机构的民间邮递机构。史料称民信局为"甬人首创"，创始年代约在明代永乐（1403—1424）以后，而以清代道光、咸丰、同治以迄光绪初年为最盛。宁波商人是中国民信业的鼻祖。

封建时代皇权为了加强对辖内各省份的控制，修建了四通八达的驿道，其用途无非为传达中央的政令，转递地方官员的奏章，以及办理一些皇差。驿道上设立了许多"驿站"，以便于差官途中安歇和快速传递信息。每个驿站皆分派专员，配置马夫、铺兵和役马。老百姓可行走驿道，但驿站并不对他们开放。由宁波人创设以宁波港为中枢的民信事业，原出于钱庄自身业务所需，在异地间递解银洋、赍送信札，后乃成为兼营之副业，又后则独立而自成体系。"由宁波人创设信局，通行各省，信函之外，兼可携带银洋杂物，民皆便之。"②

《鄞县通志》记载，民信局的创办"约在明永乐以后，而以宁波为中枢"。明中叶以后，特别是清乾嘉以后，商品经济和流通的发展，为民信业的兴起提供了客观条件。宁波商人各地经营，商号遍布，实力渐充。因此，乾嘉以后民信局不仅在长江南北，而且在南北洋各地次第开设，尤其以"道光、咸丰、同治以及光绪初年为最盛"。民信局"初仅沿海各省有之，后渐及内地，远达东三省及陕甘新疆。当其最盛时，全国大小信局无虑数千

---

① 宁波金融志编纂委员会：《宁波金融志》第一卷，中国书局1996年版，第72—153页。
② 《论中国通商各口宜多开小汇划庄以辅邮政之不逮》，《申报》1897年8月28日。

家，其经营范围除国内各都会市镇外，且远及于南洋群岛，而吾甬商帮实执其牛耳也"。① 徐珂说："自同治初，粤寇乱平，而信局之业乃大盛，其主其伙，大都皆宁波人，东西南北，无不设立，水路以舟，陆路以车，南北交通最早，故设局党伙，大而都会，小而市镇，皆有足迹焉。"②

中国由国家办理邮政，1866年才开始，先由海关设邮务处管理，1896年才正式成立邮局，1906年清政府设邮传部，所以在1866年前，完全是由商人自办民信业。史料显示，甬商在民信业始终居主导地位。在近代上海兴起前，宁波一直是民信局的中心所在。上海兴起后，民信局活动中心转向上海，但宁波商人仍牢牢地控制着民信业。"民局为宁波之专业，资本甚大，信用亦佳，凡一经民局保险之信札，内中银钱汇票，倘有遗失等情，一概由该局赔偿，是种民局，与票庄往来密切，故亦营汇兑事业。故在我国金融机关未曾发达以前，民局实为汇兑业重要机关之一也。"③

同治年间（1862—1873），宁波人郑昌丰设立全盛信局，由于业务不断发展，不久迁至上海，它的影响波及北京。全盛信局"得周君莲台、晋云、李君济如、陈君永铨、徐君文季之佐理逐渐扩充，均称得手，由是而姑苏，而宁绍，由是而长江，由是而京都（师）、天津、闽广，天下之人无不知全盛，天下之人无不信全盛，全盛之名震天下"。④

据史料，1882年宁波有八家信局，名称是永利、正和、广大、福润、全盛、协兴、靓顺、正大，这些信局在上海都有联号。而上海南市，各信局都是甬人开设。鸦片战争后，宁波民信局商人以上海为中心，一度获得很大发展。"自五口通商以后，上海商业日趋发达，各帮竞设（民信）总局于上海。甬帮本其敏锐之目光，应商业之需要，扩大其组织，遍设分局及代办处于各埠，星罗棋布，互相连络，各地商民无不称便。其他各帮虽亦发达，然终不逮甬帮之盛。故当时有'民信局为宁波人独占'之语，亦可见甬帮势力之雄厚矣。"⑤

考民信局之组织与业务，以清道光至光绪初为最盛。其先，通过水路仅在沿海和长江一带，后乃扩及内陆各地，并远至东北诸省及陕、甘、新疆等边远地区。其最盛时，全国大小信局何止数千家，营业范围直抵南洋各地。

---

① 《鄞县通志·政教志·邮政》（民国）。
② 徐珂：《清稗类钞》第17册，"民信局"，1916年印。
③ 潘子豪：《中国钱庄概要》，华通书局1931年版，第155页。
④ 《镇北龙山郑氏宗谱》卷首，《景丰公七十寿序》。
⑤ 《鄞县通志·政教志·邮政》（民国）。

五口通商后，各帮信局渐集上海，在上海设总局。信路因商路而起，宁波以商贾遍布各地，以及凭借宁波商人在航运方面的优势，故遍设分局及代办处于各地。

宁波商人能在民信局的兴起和发展中占有如此重要的地位，首先在于宁波商人有雄厚的实力。民信局与一般的商业不同，它要求有充足的资本。宁波商人在明代发展成一支引人注目的商帮。明末天启、崇祯时期鄞县药材商人在北京建立鄞县会馆，标志着这个商帮的形成。在其后发展过程中，逐渐产生了很多大商人。有姑苏大贾徐廷芳；乾隆时慈溪人董杏芳也是积累资金数十万；京城大贾慈溪人秦兆槐财富数万金。资本充实，实力雄厚，是宁波商人能够创办民信业的物质基础。

徐珂的《清稗类钞》对民信局的传递渠道及收费办法有所说明："其（信局）主其伙，大都皆宁波人，东西南北，无不设立。水路以舟，陆路以车代足。南北交通最早，故设局尤早。大而都会，小而镇市，皆有其足迹焉。书函之外，银物亦可寄递，遗失者偿之。至于资费，则每一函，少则钱十文，多者钱五六百文，盖视途之远近通塞，以定其多寡也。"①

曲殿元的《中国之金融与汇兑》一书中指出："当时中国私家书信传递，全恃民间经营之信局。……信局与票庄来往密切，于是信局亦兼营汇款业务。"② 这里应注意到的是票号与信局间的依赖关系：宁波商人创设的信局成为山西商人创办票号③的基础条件。在票号创办之前民信局已开始大规模经营，不然的话，票号总分号间频繁的信函交流靠谁来传递？票号与信局间的依赖关系表明，信局的普及几乎是票号发展的必要条件。信局的出现，获益最大的莫过于商人，而票商也从中觅得了发展机会。"可以这么说，如若没有民信局，票号业无从创办；而民信局分支机构的日渐增多，依之而生存的票号业经营成本亦随之下降。两相促进，两种行业都得到极大便利，潜移默化间，推动了各自的新陈代谢。"④

据黄鉴晖考证，至票号业处于蓬勃发展阶段的光绪中叶，当时的平遥有四条传递信稿的路线：一条以京城和上海为转寄点，分别转寄京城、天津、

---

① 徐珂：《清稗类钞》，中华书局1984年版，第2290页。
② 曲殿元：《中国之金融与汇兑》，上海大东书局1930年版，第121—122页。
③ 所谓票号，即以埠际汇兑为主要业务的中国传统金融机构。票号已具备了近代金融业的特点，集存款、贷款、汇兑三大基本业务于一身。票号的产生将中国金融史推向新的阶段，晋商在票号产生及发展的过程中功不可没，而票号也因此被冠以"山西票号"的称谓。
④ 李永福：《山西票号研究》，中华工商联合出版社2007年版，第40页。

上海、杭州、福州、扬州、清江浦、广州、梧州等与平遥的往来信件；一条以汉口为转寄点，转寄桂林、长沙、湘潭、汉口、沙市等与平遥的往来信件；一条以陕西三原县为转寄点，转寄重庆、成都、西安、三原等与平遥的往来信件；一条以开封为转寄点，转寄周家口、开封等与平遥的往来信件。[①] 信局的具体资费，散见于票号原始资料，如京城发往苏州的平信，信资需纹银 1 两；如票号有重大紧急商情，需信局派专员为其传递信函，京城送往苏州的一封信，则要涨至 14 两至 22 两不等，且有限定日数（15 天左右），迟到 1 天罚银 2 两，早到 1 天加银 2 两。票号业与信局的互动关系，由此而见。

民信局活动范围可分两类，一为大陆内地，凡信件、银洋、货物由脚夫、民船发运并分送各埠；二为沿海一带，经由沙船、轮只分运沿海、沿江各埠，并可划分为北洋、长江、南洋三路。至其他各帮信局，则多有其专营区域，彼此约定，交换互寄。至节日、年终，各自结账，进行清偿，彼此相通，联网全国。宁波设于各地之营业处所，视业务多少和区域大小，人员多寡不一，多者数十人，少者仅二三人。有独资，亦有合伙。资奉少至四五千金，多则二三十万金。除经理人外，内部设有司账、管柜、收发以及脚夫、杂役等人。资费以重量、件数及距离远近收取。清光绪八年（1882）宁波本埠尚设有永利、正和、广大、福润、全盘、协兴、青气顺、正大八大信局。光绪二十二年（1896）三月，清廷总理衙门奏准设立邮局，全国各地设分局 30 余处，宁波分局设于新关。次年，以信局妨碍其业务，欲思取缔，乃在宁波《甬报》连续刊载《大清邮政章程》，并规定：

> 商民擅自代寄信件者，每件罚银五十两；轮船行走，船主、搭客违章代寄信函者，每次罚银五百两，系专指私带邮政品、汇寄之估而言。如有人为朋友便带书信，或专人投递信件，可随意由水陆各途行走，断不致阻碍盘诘。

其时，邮局设置虽仅 30 余处，然多在通都大邑、要枢之地。此外又规定民信局应向邮局登记挂号，领取执票，所收信件经由通商口岸轮只寄运的，均须装成总包，由邮局转寄。如寄往地未设邮局的，转交已登记挂号的民信局代为递送，认民信局组织为邮局代理机构之一，由此，民信局渐衰。

---

① 《山西票号史料》增订本下部《编者说明》，山西经济出版社 2002 年版，第 14 页。

至于由邮局转寄总包的资费，初照通商口岸章程，只收取岸资，后改按重量收取，终则概行豁免。至光绪三十年（1904）又复计收。次年，另定新章，减半收费。至宣统三年（1911）七月，又改为全额收费，仅对未经挂号登记的民信局，悉令停歇，然以清朝覆灭而未执行。

民国建立后，民信局为摆脱邮局控制，曾联合呈文交通部，要求寄递自由，并组织成立驻沪信业联合会，以图抵制。民国十年（1921），当局颁布邮政条例，信函投递概归国家专营。至民国十七年（1928），国民政府又部署各地，所有民信局概予取消。宁波及各地信局曾迭次联合声明呼吁，要求暂缓。民国二十年（1931）六月二十五日，鄞县重组民信业同业公会于宫前，然交通部又拟订办法，下达指令，限期进行清理，延至民国二十三年（1934）末，全数停歇。

宁属七邑旅外经商人众，货物、行李、书信、款项终岁寄递不绝，而钱庄业开通汇兑后，信函、票据、银钱之递送汇拨，犹赖信局配合协作。清光绪二十五年（1899），永和信局之信船自甬开往绍兴等地时，在上虞松厦被劫，损失银圆 2800 余元，汇票信件 15 封。盖大宗货物常由商家和航运业自行发运，而信件、包裹、银洋等小件重要物品因线路、时间和设备所限，乃由专司这方面业务的民信业承担，这就与钱庄业形成密切关系。亦有认为，初时出于钱庄业本身业务所需而兼营，后乃分设自成专业。然在民国二十三年（1934）遵令收歇时，宁波不像福建厦门等地转而成为侨批局，专门从事侨汇解付和侨眷书信联络，而是转为运输业。转业后，仍承办银洋递解，民国二十四年（1935）初，开设在大道头的正大信局即是一例，其发布的《紧要通告》谓："本局寄递信函，奉部令结束。自民国廿四年起改组为正大转运局，承寄银洋、货物，唯信札一项因出于部令，恕不代理。嗣后，倘各主顾承委寄递物品，内有夹带信件，倘被查出处罚等情，概不负责。"①

在民信局之外，近代宁波还有一种信客，与民信局性质相同，但略有差别。这是同信局并存的一批从事独立劳动的信客，在近距离范围内代客捎带书信、小件物品和银钱，尤其是在沪甬两地之间，常随轮只、航船往返，颇著信誉，与宁波旅沪人士多相稔熟。因为近代宁波商人和其他各色人等到上海谋生做事的特别多，人数多达几十万，所以货物、行李、银钱往返寄递十分频繁，有很多人扶老携幼举家自甬迁沪、自沪迁甬，家具什物成为问题，于是信客也应运而生。其组织或一人或二三人合伙，每月随轮船往返沪甬间

---

① 宁波金融志编纂委员会：《宁波金融志》第一卷，中国书局 1996 年版，第 153—160 页。

数次为商旅人等输送信件、物品，到埠后又按宅投送，有时在船中照看行李，有时为人搬取家具，至月底、年终或按季向各家收费。这类人信用很好，而且多与两地甬人熟稔，很受欢迎。

信客初搭招商、太古两公司轮只，至光绪末，甬人自办宁绍公司，为避免邮局逐一检查之麻烦，乃允许信客集中搭乘船尾，并予免费优待，然后接受邮政部门之统一集中检查。然夹带信函处以罚款的情况时有发生，为此，宁绍轮船公司曾在《四明日报》上发表通告，内容如下：

> 宁绍两府诸位信客公鉴：启者，现据宁波邮政司传告宁波本分公司，据云信客偷带私信屡有搜出。嗣后应由本公司派人帮同检查，万一再有估客偷带，经派验洋员查出，除每估罚银五十两外，仍将该信客送官究办，并将邮局专派验信洋员即行撤回等因。查本公司开办之初，为信客往来利便起见，向邮政司设法磋商，几废心力，始有允派洋员到船验信之举。乃迄今一年，搜罚之事时有所闻，历经苦口劝诫。各信客明理自爱者虽有其人，而贪利私带者亦正不少。今既邮局重复告诫，此后苟因查出而撤销验员，本公司前功尽弃，各信客留难更多，是不啻贪一人之私利，害同群之公益。此等人贻误大事，无异害群之马，当为诸信客所共相切齿者也。虽被罚严办，自作自受，固无足惜，其为妨碍别位之利便何！为此，警告各位信客，如有同行中不肖之辈，夹带私信，务须互相稽查，明察暗访，报告本船事务长，即当饬其照章过秤、纳费。如果贪小不遵，只得转送邮政司从严罚办，庶惩一儆百，以免效尤。

上述信客与钱庄业之关系类似信局，沪甬之间邮路虽云快捷，究不如信客之便，尤其在社会动荡时期，市场瞬息万变，钱庄业在套用资金、调度头寸中，以时间为金钱，与信局、信客过往密切，相互为用，一直到抗日战争时期和抗日战争胜利以后，类似情况仍程度不同地存在，只是以信函为主，而不再托付银洋、货币。

（三）钱会

钱会，民间也称合会、纠会、摇会、抬会、互助会等，是长期流传于我国农村的民间金融传统互助组织，并兼有储蓄与融资的功能。据王宗培先生在《中国之合会》中推测，钱会大约发源于唐宋时期的庙会活动，在我国已有千余年历史。亚洲的日本、韩国、印度等国也有类似组织，在日本称旧式组合无尽、无尽讲，也叫赖母子或赖母子讲；在印度称夺标制（Kuttu—

chittll）或友助会（Nibhi）。英国工人中有称为"mutual fund"与钱会制度类似，但是对中国和华人的钱会，英文泛称为"Chinese Money—loan Associations"。伴着华人走向世界的足迹，华人和华侨把钱会这种民间金融习惯也带到了东南亚和欧美。

历朝政府对民间钱会的"非法"融资活动都禁而不止，最后不得不采取默许的态度。清朝后期对难以完成赋税任务的农户，政府还怂恿其以纠会来完成。

钱会种类很多，名目、方式各不相同。大多数是因纠会者一时家境窘迫，或因举办婚丧大事，费用不足，就集亲友为会。近代宁波人初次外出经商，尽管大多数家庭资金比较拮据，但并不像闯关东、走西口之类人那样胸无志向、手无分文，不少宁波人在走出家门前，以钱会来筹措资金，作为盘缠和起家的原始积累资本。纠会者称会首，被纠会者为会脚。一个会，一般为十人，多的也有几十人；会金可多可少，有现钱会，也有稻谷等实物会。会期也有长短，如一年一次，十人参加，则十年满会；也可半年一次，五年满会；也可每月一次，叫作"月月红"。

钱会按照得会的方法分类，主要有三种：摇会、坐会和标会。"摇会"，每人每次付款之数同，如一百元的会，每会每次付十元，十人共一百元。第一次归"会首"收入。第二次，大家仍各付出十元，并临时掷骰，以点多者得之。第三次起，凡未得过会款的掷骰，点多者得之。但已得过会款的须多付息金若干。"坐会"，也叫轮会，于集会时先议定各会脚的次序，会款按次序早晚，挨次拿。付出会款数，则按次序先后多寡不同。如一百元的会，大致是第一位每年付 16.20 元，第二位为 14.50 元，第三位为 13 元，第四位为 11.50 元，第五位为 9.80 元，第六位为 8.80 元，第七位为 7.80 元，第八位为 7 元，第九位为 6.20 元，第十位为 5.20 元。会首每年所付都是十元，即不计息，但为数大的，一般要每年请各会脚吃一餐。"标会"，这种办法，得会款不预定次序，也不临时掷骰，而是看谁愿付的利息大，就由谁得，其他与摇会同。这种办法，由于有的会脚急要用款，把利息标得很高，实际上成为高利剥削。各种合会，都从会脚中公举一人为会证。各会脚，尚未得款者叫"轻保"，已得款者叫"重保"。"重保"常要会中有人做保证，但也有凭信用，不要保证的。

为防止倒会，有的纠会者还订有会章等文书，分发给会脚遵守。文书名称五花八门，如会书、会约、会票、会券、会启、会单、会揭、会录、会执、会契等，有的纠会者内部建有会簿、会账，把资料专门存放在会匣、会箱里。

第二章

甬商与晋商传统金融业的转型

鸦片战争前夕，中国正处于封建社会晚期，经济落后，政治腐败，自给自足的自然经济占统治地位，而当时的英国已经完成了工业革命。为了夺取更多的销售市场和原料产地，英国开始对外扩张，并向中国大量输入鸦片。由于鸦片的输入导致大量白银外流，清政府进行了禁烟运动，最终导致1840年6月第一次鸦片战争的爆发。此后外国资本主义入侵，中国自然经济逐步瓦解，开始走上半封建半殖民地道路，中国步入近代社会。

第一节 列强的入侵对传统金融业的影响

鸦片战争以后，伴随资本主义列强商品和资本输出的增加，以及各式金融机构的设立和扩张，虽然在某种程度上促进了中国金融业的发展，但其侵略的本质，伴随当时金融风潮的影响，对中国旧式金融机构的发展构成巨大的挑战和威胁。

一 外国金融资本的进入与扩张

（一）列强对华经济侵略的特点

1. 商品输出增加

第一次鸦片战争后，中国被迫开放五个口岸城市对外通商。其进口贸易表现为两个显著特点：其一，鸦片长期占据进口商品首位。1842—1849年，中国鸦片输入总量年平均为39000箱；1850—1854年，为53500箱；1855—1859年，增至68500箱。正如马克思所说，"扩大对华贸易也就是扩大鸦片贸易"①。其二，由于小农业和家庭手工业紧密结合的自给自足的中国社会经济结构不能满足外国工业品扩大输出的要求，导致外国工业品在中国市场滞销。

第二次鸦片战争后，中国进口贸易额迅速增长。19世纪60年代初，进口货物净值4600万海关两，1864年增至4621万海关两，1865年为5572万海关两，1866年为6717万海关两，1871年为7010万海关两。② 1887年突破1亿两大关，1894年迅速上升至1.6亿两，较1864年增加2倍多。

随着贸易额的增长，进口贸易的各个方面也发生了一系列的变化。

进口商品的结构方面，19世纪90年代以前，鸦片始终居中国进口商品总值首位。1890年之后，棉纺织品跃居首位。棉纱进口额由1868年的5.4万担增至1913年的268.5万担。此外，进口商品种类显著增加，除棉纱、棉布外，包括玩具、文具、铅笔、图片、装饰品、洋伞、刀剑、料器、肥皂、火柴、金属品、钟表、窗玻璃和煤油等工业品。以上海口岸为例，进口洋货种类由19世纪70年代中期的180多种增至1893年的580多种。外国驻华领事在其《商务报告》中就曾强调，"贸易的重大发展必须在新品种中去寻求"③。但总体看，鸦片、棉制品和棉纱三项构成了19世纪中国进口商品的绝大部分，在进口总额中的比重达到50%—70%④。

进口贸易在地区分布上也有一定变化：海上贸易起初在广州，后来发展到上海、厦门、宁波和福州。19世纪50年代后，贸易的重心移至上海，70年代在华北以天津为基地、在华南以广州为基地、在华中以上海和汉口为基地，以华中一路沿长江上游向四川腹地扩张。

贸易的国别比重方面：1900年之前，英国是中国市场的主导力量。20世纪后，英、美、日三国激烈竞争，争夺中国市场。其他国家如俄国、德国、法国等也分别参与进来。

商品输出的增加，提出了对于金融资本的新要求，也进一步带动了资本输出。

2. 资本输出增加

鸦片战争、甲午战争使西方列强在攫取特权的同时也展开了对中国的投资侵略。列宁指出："资本的输出是在20世纪初期发展起来的"，"其所以

---

① 《马克思恩格斯文集》第2卷，第630页。
② 吴申元：《中国近代经济史》，上海人民出版社2003年版，第290页。
③ 陈争平：《中国近代经济史教程》，清华大学出版社2002年版，第331页。
④ 吴申元：《中国近代经济史》，上海人民出版社2003年版，第297页。

有输出资本的可能,是因为许多落后的国家已经卷入世界资本主义的流转,主要的铁路已经建成或已经开始兴建,发展工业的起码条件已有保障,等等"。① 建厂、开矿、筑路等一系列特权的取得,为列强的资本输出创造了条件。当时,列强向中国输出资本的主要方式有:

一是直接投资,表现在:(1)投资于船舶修造业。19世纪60年代以前,作为外国资本在华投资的始发,以船舶修造厂为主。60年代后,随着外国在华工业的迅速发展,大型造船厂开始出现。(2)加工工业和轻工业。19世纪60年代开始,砖茶、缫丝、制糖、制革、轧花、打包厂等出现,共约50多家。据统计,1895年至1900年,资本主义国家在华设厂总数激增到933家。外资企业已经深入到中国的各个经济部门。它们利用中国的廉价劳动力和原料,节省运费,又享有免纳种种苛捐杂税的特权,从而取得巨额利润,严重排挤了中国民族工业的产品。② (3)矿业投资是西方国家资本输出的重要内容之一。1896年,美国首先和中国"合办"门头沟煤矿,标志着外资开始进入中国矿业。而对矿业的大规模投资,始自19世纪和20世纪之交,以1899年兴办山东德华煤矿和1900年英国资本接办直隶开平煤矿为起点。(4)公用事业。1895年以前,在自来水、电车、煤气等公用事业中,英商投资占据优势。(5)航运业。鸦片战争后,外资航运业投资迅速发展。1842年驶进上海港的英轮"美达德萨号",是最早在中国沿海航行的第一艘外国轮船。第二次鸦片战争后,外国船只航行扩大到了长江流域。(6)铁路投资,是另一主要投资项目。美、俄、法、德、英等国家在20世纪前后的时间里取得了多条铁路的建造权。

二是间接投资,表现为向中国企业,尤其是清政府进行贷款。在列强控制下,清政府在甲午战争后三年多的时间里,先后三次向外借款:分别是1895年7月向俄法集团所借的"俄法洋款"、1896年3月向英德集团所借的"英德洋款"、1898年3月向英德集团续借的"英德洋款"。据统计,从1895年到1900年,清政府共向列强借款四亿五千一百余万两白银。借款利息高,折扣大,且都附有政治条件,为列强获取利息并进一步扩大商品倾销创造了条件,进而达到控制中国财政经济的目的。

外国资本投资的特点是:第一,直接投资占比高,1914年占投资总额的66.3%,而间接投资的借款仅占33.7%。究其原因,贷款收回的不确定

---

① 列宁专题文集:《论资本主义》第2卷,人民出版社2009年版,第808页。
② http://courses.gxnu.edu.cn/history/jds/jxjy/d5_1.htm.

性抑制了间接投资,而在中国的特权保护了直接投资①。第二,商业掠夺性投资在直接投资中占重要地位。据统计,1914 年,外商对金融、贸易和运输业的投资占其在华直接投资总额的 48.7%,而同期工矿业投资所占比重仅为 16.9%。金融业、进出口业在中国投资以更快的速度增长:1914—1930 年,外商在华金融业的投资增长了近 50 倍,而进出口和商业的投资也增加了 2.5 倍。

(二) 外国在华金融机构的设立与扩张

1. 外国金融机构设立的背景

鸦片战争以前,外国资本就已经进入中国。早在 18 世纪后期,英国东印度公司就在广州设立了一些代理购销业务的贸易行号,即洋行。随后,英商和美商纷纷来到广州,设立代理行来从事贸易代理业务,如 1818 年在广州设立的美商旗昌洋行,是 19 世纪美国在中国最大的商业机构。1834 年东印度公司的贸易独占权被废止后,更多英商来中国,怡和洋行(1832)、仁记洋行(1835)等大公司都在此时设立。

18 世纪末,英美在广州设行已达 24 家以上,1833 年英国行号已增至 66 家,1837 年又增至 156 家②。洋行的主要业务是代理外商在广州的买卖,收取佣金。洋行的代理业务内容非常广泛,包括代销和代购,以及买卖所需的一切服务,如发回货物、发回金银或计票、代租船、保险、代办汇票及船货抵押借款、代管财产、代收付款项等。早期的洋行还从事航运活动。鉴于清政府的闭关锁国,当时只有广州口岸开放,因此资本主义列强在中国的投资很有限。

鸦片战争使列强在中国开辟了上海、广州、福州、厦门、宁波等"条约口岸"。他们掌握了中国的关税,获得了领事裁判权和内河航运权,不久又获得了土地永租权。在此后历次对中国的侵略活动中,这些权利不断被巩固和扩大,继而使得列强在中国的侵略活动也迅速增长。伴随于此,外国资本活动的中心,逐渐由广州移向上海,资本活动也涉入包括金融业在内的诸多领域。

2. 设立与扩张的表现

(1) 外国银行的设立

鸦片战争后,作为兼营对华贸易金融业务的商业机构,已经不能满足新兴资本主义国家扩大对华掠夺的要求。于是,它们在洋行的基础上

---

① 吴申元:《中国近代经济史》,上海人民出版社 2003 年版,第 178 页。
② 董继斌:《晋商与中国近代金融》,山西经济出版社 2002 年版,第 141 页。

设立了专门的金融机构——银行，来加速英国、印度和中国之间的金融业务。

外国银行进入中国，一开始就以"银行"命名。第一批设立的银行有英国丽如、汇隆、阿加剌、有利、麦加利和法国的法兰西6家银行。最早设立的是英商丽如银行。1845年，英国占领香港不过3年，英商丽如银行就在香港设立分行，在广州设立分理处。1847年，当上海"还只有三名外国医生，律师们的脚步还没有踏上这块土地"时，它又在上海设分理处，意味着外国侵略者的注意力和贸易重心逐渐由广州移向上海。19世纪50年代，又有4家外国银行在中国设立分支机构，分别是汇隆银行（1851年，广州设立；1855年，上海设立）、阿加剌银行（1854年，上海设立）、有利银行（1854年，上海设代理处，1860年改为分行）和麦加利银行（1858年，设分行在上海和香港）。从1845年到1858年的13年中，在中国的外国银行，清一色都是英国的，这五家英国银行在50年代末共设立机构13个，计上海5个，香港、广州各4个。

19世纪60年代，又有一批外国银行来到中国。1860年，法国的法兰西银行打破了英国银行在中国的独占地位，进入中国，是当时法国向东方扩张金融势力的唯一银行。随后，又有几家英国银行进入中国，并在上海和香港设立分行，它们分别是1861年的汇川银行以及1864年的利生、利华、利升银行。它们在上海建立据点之后，又将势力扩大到汉口、九江等地，原先侵入的汇隆银行和麦加利银行等纷纷在汉口设立分支机构，意味着第二次鸦片战争后外国金融势力已经深入到内地口岸。除利生银行1864—1865年还设立宁波、汉口、九江、福州分支行外，其余3家均只在上海、香港两地设行，但总体来讲这些银行规模都不大。

汇丰银行是继9家英国银行和1家法国银行后的又一家英国银行，1864年8月6日在香港创立设总行，1865年3月3日总行正式营业，同年4月上海分行开业。汇丰银行，一开始就以中国为其主要掠夺的对象和基地，目的在于深入侵略。

之后，德、日、俄、法、比、荷等国银行陆续进入中国。据不完全统计，1845—1895年，在中国设立的外国银行共有17家，其中英国银行13家，法国银行1家，德国银行2家，日本银行1家。除去倒闭的9家，实际存在的有8家。其中，英国银行6家，德国银行1家，日本银行1家。如表2-1所示。

表 2-1　　　　　　　　1845—1895 年在中国设立的外国银行

行名	国别	在中国境内最初开设年份	备注
丽如银行	英	1845 年在广州设立分行	或译称东方银行，于 1884 年歇业
汇隆银行	英	1851 年在广州设立分行	1866 年倒闭
阿加刺银行	英	1854 年在广州设立分行	90 年代倒闭
麦加利银行	英	1857 年在上海设立分行	也有说在 1853 年
有利银行	英	1854 年在上海设立分行	比麦加利银行早成立三年
汇川银行	英	1861 年在上海设立分行	1866 年倒闭
法兰西银行	法	1860 年在上海设立分行	1889 年歇业
利华银行	英	1864 年在上海设立分行	1866 年倒闭
利生银行	英	1864 年在上海设立分行	1866 年倒闭
利升银行	英	1864 年在上海设立分行	1866 年倒闭
汇丰银行	英	1865 年在上海设立分行	
德意志银行	德	1872 年在上海设立分行	1875 年倒闭
德丰银行	英	1875 年设立分行	
德华银行	德	1889 年在上海设立分行	1945 年由中国银行接收
惠通银行	英	1890 年在上海设立分行	1902 年倒闭
中华汇理银行	英	1892 年在上海设立分行	1911 年歇业
横滨正金银行	日	1893 年在上海设立分行	1945 年由中国银行接收

资料来源：桑润生：《简明近代金融史》，立信会计出版社 1995 年版，第 44 页。

（2）外国金融势力的扩张

外国金融势力的扩张，主要表现为银行的扩张。事实上，洋行的扩张是金融势力扩张的前期表现。

其一，洋行的扩张。

随着对外贸易中心向上海转移，外商洋行迅速向上海集中和扩展。1843 年来上海设行的有怡和、宝顺、仁记、义记洋行，随后又有沙逊、祥泰洋行等。1847 年年底，上海已有 24 家进出口洋行，1850 年增至 30 家，1859 年增至 62 家。据统计，1855 年香港和 5 个通商口岸共有洋行 219 家，其中 11 家是英商，45 家是香港和印度商人，23 家美商，7 家德商，其余是葡萄牙、瑞士、法国、荷兰、丹麦等商人[①]。这一时期设立的洋行大体上有两种类型：一是以鸦片经营为主的老牌洋行，如怡和、宝顺等，除进行鸦片走私

---

① 黄逸平：《近代中国经济变迁》，上海人民出版社 1992 年版，第 90 页。

外，它们还兼营棉纺织品和丝、茶的出口；二是以纺织品经营为主的洋行，以代理西方厂商在华推销棉毛纺织品为主要业务，换回中国丝、茶。

第二次鸦片战争后，随着长江和北方口岸的陆续开放，洋行势力进一步向新开口岸扩张。外商在华洋行数由 1855 年的 219 家增加到 1872 年的 343 家，1892 年又增至 579 家。口岸新设洋行，很多是由上海洋行分设。1864 年，汉口、九江、天津等 12 个口岸的 178 家洋行中，有 88 家是上海的分行或联号。这一时期，洋行的经营活动主要是投资航运、金融、保险和工矿企业。

其二，银行的扩张。

银行的扩张表现为：一是原有银行势力的扩大；二是更多的银行设立。

首先，巨大的利润进一步刺激外国金融资本的扩大和金融机构的扩张，突出表现在以汇丰银行为代表的外国金融势力迅速扩张。在将香港总行、上海分行作为工作重心的同时，汇丰银行 19 世纪 60 年代在福州、汉口、宁波、汕头设立机构，19 世纪 70 年代在厦门等地设立分行，19 世纪 80 年代将机构设在天津、澳门、海口、打狗（高雄）等地。

19 世纪 70 年代以后，已在华建立了银行分支机构的丽如、汇隆、阿加剌、有利、麦加利、法兰西、利生、利华、汇川等外国银行，在加强和巩固其早先设于香港、广州、上海、福州、厦门等沿海城市分支机构的同时，又将势力扩展到九江、汉口、天津等内地城市。

19 世纪 80—90 年代中，法国的东方汇理银行于 1892 年开始在中国扩展，先后在香港、上海、天津设立了分支机构；1890 年成立的英国大东惠通公司、1891 年成立的英国中华汇理银行，也先后在香港、上海、厦门、福州等地设立了分行。中华汇理银行，发行了 47 万元的钞票，实收资本在 1895 年即达到 218.5 万元[①]。

其次，一些新建立的外国银行也后来居上，在中国沿海和内地设立了一些分支机构，如德意志银行于 1872 年在上海设立分行，成为后来的德华银行的开路先锋。德华银行 1890 年在上海设立分行，随后在天津、青岛、汉口、香港又设立了 4 个分支机构。日本的东京第一国民银行，在 70 年代末和 80 年代初分别在上海和香港设立了代理机构。1893 年，日本的正金银行在上海设立了第一个办事处，其后便将势力迅速扩大到东北地区。

甲午战争以后，西方列强更是扩大了对外资本输出的力度。这一时期设

---

① 董继斌：《晋商与中国近代金融》，山西经济出版社 2002 年版，第 151 页。

立的外国银行比前一时期以更快的速度和更大的规模增加，是其在中国设立银行的鼎盛时期。

1895—1911年，先后又有7个国家在华设立了9家银行。1895年首先设立的华俄道胜银行，成立后同清政府签订合约，享有领收我国各税收款项和经营与地方以及国库相关事务等特权。日本的台湾银行1899年成立，操纵台湾与华南及南亚各国的贸易。同年，法国东方汇理银行在上海设立分行，企图控制我国西南及华南金融。另外，花旗银行、荷兰银行等也成为各国对华经济和金融侵略的重要工具。

到北洋政府时期（1912—1927年），设立的银行以日、美居多。这时期，外商银行进一步加强了对中国金融和财政的垄断。另外，英国金融资本在中国有雄厚的基础，第一次世界大战后又设立了大英银行和通济隆公司。德华银行被接管和华俄道胜银行垮台后，汇丰银行独占了中国关、盐税款的经营权，在英、日、美三强中仍居鳌首。

从1895—1930年，共设立了27家银行和110处分支机构，加上甲午战争前设立的，共34家银行和125处分支机构（见表2-2）。①

表2-2　　　　　　　1895—1927年设立的部分外国银行

行名	国别	在中国境内最初开设年份	备注
华俄道胜银行	中俄合办	1895年在北京设立总行	原名华俄，1910年改此名
东方汇理银行	德	1899年在上海设立分行	
台湾银行	日	1899年在台湾设立总行	1945年由中国农民银行接收
花旗银行	美	1902年在上海设立分行	
华比银行	比	1902年在上海设立分行	
荷兰银行	荷	1903年在上海设立分行	
万国储蓄会	法	1912年在上海设立分行	
中法实业银行	中法合办	1913年在上海设立分行	1925年改组为中法工商银行
住友银行	日	1916年在上海设立分行	1945年由交通银行接收
美丰银行	中美合办	1917年在上海设立分行	1935年停业
三井银行	日	1917年在上海设立分行	1945年由中央信托局接收
三菱银行	日	1917年在上海设立分行	1945年由中央信托局接收
朝鲜银行	日	1917年在上海设立分行	1945年由中国农民银行接收

---

① 桑润生：《简明近代金融史》，立信会计出版社1995年版，第81页。

续表

行名	国别	在中国境内最初开设年份	备注
中央汇北银行	中日合办	1918 年在北京设立分行	
上海银行	中日合办	1918 年在上海设立分行	1945 年由交通银行接收
美国运通银行	美	1919 年在上海设立分行	
友华银行	美	1919 年在上海设立分行	1924 年倒闭
中华懋业银行	中美合办	1920 年在北京设立分行	1929 年倒闭
安达银行	荷	1920 年在上海设立分行	
华义银行	意	1920 年在上海设立分行	
大通银行	美	1921 年在上海设立分行	
大英银行	英	1922 年在上海设立分行	
通济隆公司	英	1925 年在上海设立分行	1941 年由横滨正金银行接管

资料来源：桑润生：《简明近代金融史》，立信会计出版社 1995 年版，第 81—82 页。

总之，外国金融势力，尤其是以英国为代表的银行势力在中国迅速扩张，突出表现在银行数量的增加和业务份额的扩大。当时东起上海、西到汉口、北至天津和牛庄、南迄海口，几乎每一个通商口岸都可以看到外国银行势力。

3. 外国金融机构设立扩张对国内金融的影响

外国金融机构，尤其是外资银行进入中国后，原先为贸易融通资金和进行国际汇兑结算的洋行就由银行所代替。它们凭借先进的近代组织方式和业务手段，迅速控制了中国市场金融。

当时银行的主要作用不再是为工商企业担任支付中介，而是与工业资本融合进行，借助银行的职能，实现列强的资本输出，控制中国的贸易、金融和财政。具体表现为：

（1）垄断国际汇兑控制中国的对外贸易

国际汇兑是为对外贸易服务的重要工具。外国银行在中国早期主要从事并垄断国际汇兑业务，资本主义国家借此推销自己的商品、获取对方国家的原料和资源。如果说在 19 世纪 60 年代以前，一部分外汇业务还由洋行掌握的话，那么 19 世纪 60 年代以后，外汇业务已经基本集中到外资银行手中，所有贸易业务都在外商银行结汇，中国政府的借款、赔款也都由外商银行收付。

以汇丰为例，它始终操纵着中国的国际汇兑，并以国际汇兑业务为其主要经营项目。在当时中国，汇价完全由汇丰银行控制。上海金融市场的正式外汇牌价，由上海汇丰银行每天挂牌公布，中国其他各地的汇丰银行参照上海汇丰银行的牌价，确定当地的标准汇价。汇丰银行运用国际汇兑和国际贸易有关的资金，由 1875 年的 242 万港元增至 1885 年的 2580 万港元，在货币资本贷放总额中的比重，由 1875 年的 17% 迅速增加到 1885 年的 36%。不仅支持了资本主义国家对中国的资本输出，也创立了它在进出口贸易中的优势地位。

通过垄断国际汇兑，外资银行为本国进出口活动提供了巨大的便利。以汇丰银行为首，它们通过自己的特权和资金优势，在不断扩大本国产品销售的同时，也获取中国的原料和资源，使中国完全成为它们的销售市场和原料供应地，进一步加深对外国资本的依赖。

（2）控制中国金融

首先，存款方面。以低利乃至无利来吸收中国人的存款，再以低利贷给资本主义国家在华企业，这是汇丰等外国银行存款放款业务的最主要特点，从而实现为其商品输出和资本输出服务的目的。而中国民族工业向华商银行的借款利率一般在年息一分以上，高利息加重成本负担，就更无法与外国资本竞争，这就是资本主义银行打击中国民族经济，特别是民族工业的主要手段。

其次，纸币发行。外国银行在中国的巨额资本并非完全是从国外输入，其中相当大的部分是通过吸收中国人的资金而得来，在华发行纸币就是一个主要途径。汇丰银行早在 1856 年、1867 年就分别在香港、上海发行钞票，但直到 19 世纪 70 年代以后，汇丰银行的钞票才日益成为中国市场上的流通手段和支付手段。汇丰银行 1870 年纸币发行额合 1714000 港元，已相当于其实收资本额的 1/3 以上；1890 年，其纸币发行额已增至 6478000 港元；到 1900 年，其纸币发行额又增至 12513408 元，大大超出了其实收资本额。同时，英商麦加利银行、德商德华银行、法商东方汇理银行等也纷纷把发行纸币作为它们吸收资金、扩张金融势力的一个重要手段[1]。外商银行广泛发行钞票，加重了外国资本对中国人民财富的掠夺，也加重了近代中国通货杂乱的程度。

最后，资本输出。19 世纪 90 年代之前，英国资本对华输出很重要的一部分是对清朝政府进行高利贷放款。资本主义国家用贷款形式输出资本，在获得高额利息外，有的借款还规定债务国要拿一部分贷款来购买债权国的商

---

[1] 陈争平：《中国近代经济史教程》，清华大学出版社 2002 年版，第 45 页。

品，这样，资本输出又成了刺激扩大商品输出和转嫁经济危机的手段。例如，1877年至1881年，汇丰银行连续三次贷给清朝政府陕甘总督左宗棠的"西征借款"共1075万两，汇丰银行贷出的利率为一分或八厘（每百元每年十元或八元），由于经手人从中渔利，清政府实际付出的有两笔合年息一分五厘（每百元每年十五元）。

另外，汇丰银行在伦敦投资市场发行债券，并用这种办法对中国政府进行贷放。可见，它已经从推进英国商品输出进入到对中国资本输出，成为执行英国侵华政策的急先锋。

（3）控制中国财政

外商银行通过对清政府的放款，以期掌握中国的财政大权。它们不仅从借款中获取高额利息，并且要以中国的财政收入为担保，进而干涉中国内政。清政府于光绪三年（1877）向汇丰银行借银500万两，以浙江、广州、汉口、上海等地的关税为担保，开了把中国海关税收作为外债担保品的先例。

资本主义国家的贷款，除从高利贷和回扣上加强对中国人民的剥削外，还附带有种种损害中国主权的条件。小的如借款要指定用途，在借款后的一定期限内不得另向他国借款，不许提前归还等；大的则如对中国关税和盐税的掠夺。另外，早在咸丰四年（1854），外国侵略者就乘太平天国运动的机会，控制了上海海关行政权。

外商银行控制了中国的财政和金融，后果极为严重。正如毛泽东所指出的："帝国主义列强经过借款给中国政府，并在中国开设银行，垄断了中国的金融与财政。因此，它们就不但在商品竞争上压倒了中国的民族资本主义，而且在金融上、财政上扼住了中国的咽喉。"①

（三）清政府在金融上的举措与对外借款

在乾隆末年，清王朝就已经暴露出财政问题。而鸦片战争的失败，更加剧了财政的困难。一方面，鸦片的大量输入，导致白银急剧外流，造成银贵钱贱，削弱了正常的社会消费购买力。1821年为银1两合制钱1266.55文，1835年为银1两合制钱1420文，1850年为银1两合制钱2230.3文；另一方面，鸦片战争中，军费开支急剧增加，加上战争赔款，花去了清政府将近一年半的财政收入。1851年开始的空前规模的太平天国农民大起义，在破坏了正常社会生产和经济秩序导致政府财政收入降低的同时，又耗费了政府

---

① 《毛泽东选集》第二卷，人民出版社1991年版，第629页。

大量财政支出来筹集军费，镇压农民起义，对清王朝的财政管理体制造成了巨大冲击，财政经济一度濒于崩溃。辛亥革命前，清王朝为挽救危机，进行了所谓的财政改革，试图重新加强对全国财政的控制，但并未产生实际作用。于是，清政府又在金融上采取了一系列的举措。

其一，针对银贵钱贱问题采取的对策。

鸦片大量输入，白银外流，对纹银的需求大于供给，银价越来越高。鉴于此，清政府先后采取了一系列的措施：1809—1833 年，禁银出口；1831—1836 年，禁烟入口；1838—1845 年，议行大钱法；1837 年，禁银行钞法；1837—1855 年，重视制钱法；1846—1855 年，自铸银圆法。①

但伴随这些措施，咸丰七年到宣统三年（1857—1911），又出现银贱钱贵的现象。如宣统二年（1910）《中国经济全书》中说："1898 年，铜钱比银两的价格腾贵到二成以上，究其原因：一是铜钱因前数年间停止铜币铸造，遂生不足。二是小民多熔解铜钱以造家具。三是人口增加，需要量渐大，而铜钱不足以供给。"于是政府又采取了广铸制钱、用机器制造制钱、三钱兼制先铸银钱等措施。②

其二，清政府的对外借款。

19 世纪 50—70 年代，为了镇压农民起义和支付战争费用，清政府屡次向外国借款，第二次鸦片战争结束后，外债举借的次数急剧增加。借款主要来源于上海、福州、厦门、广州等地的外商和洋行。19 世纪 70—80 年代，为了平定国内叛乱、支付海防和中法战争中的费用等，清政府又接连举债，形成又一次借债高峰。这些债款全部来于汇丰银行、怡和洋行、宝顺洋行等英国商人集团。19 世纪 90 年代以后，为了应对日本对中国的战争，清政府又开始向汇丰银行和其他洋行举借外债。甚至在 1900 年以后，仍然向列强大规模借款。

战争的失败使得清政府面临严重的财政问题，在这种情况下，外国的洋行和银行等金融机构的设立和扩张却成为政府缓解财政困难的渠道之一，在一定程度上形成和加深了对外国金融势力的依赖。从另一角度来看，外国金融机构借此进一步加深了对中国金融的影响和对财政的控制。

二　传统金融业受到威胁与挑战

外国金融势力的扩张，在为其经济和贸易服务的同时，也对中国金融市

---

① 董继斌：《晋商与中国近代金融》，山西经济出版社 2002 年版，第 152—153 页。
② 同上书，第 153—154 页。

场进行控制,进一步对中国旧式金融机构的发展造成影响,使得票号走向没落的同时,也对钱庄构成了巨大的挑战和威胁。

(一) 钱庄面临威胁

鸦片战争开始后,随着沿海沿江城市的陆续对外开放,中外交往日渐频繁,商品经济迅速发展,钱庄也获得了暂时的快速发展,其数量和资本额都有大幅度提高,业务也有所扩大。但由于旧式钱庄的经济性质和自身的经营弱点,在外国资本的大肆入侵,尤其是外国银行和洋行等金融机构的迅速扩张面前,面临巨大的威胁。

钱庄之所以能成为一独立行业,首先因明清之际,我国的货币体系极为紊乱,各地流通的通货,五花八门,特别是各地使用的银锭,成色、形状各不相同。以上海钱庄为例,各地客商来沪时携带的各式银锭,必须先兑成上海通行的货币或制钱之后才能使用。不同货币之间的兑换便成为上海钱庄赖以生存和发展的基本业务。上海与各地之间的贸易发展之后,随之而产生了资金融通的需要,特别像沙船那样的行业,在固定资产已经投入大量资金以后,投资者的流动资金便不得不求之于金融机构。① 其他行业的商人在贸易扩大之后,也往往通过贷款来解决资金周转问题,不少商人先向钱庄贷款,业务发达后便自己开设钱庄,像镇海旅沪巨商李氏、方氏都是如此。这是钱庄能够兴盛的一个原因。19世纪前,上海钱庄已有庄票业务。庄票是钱庄根据客户要求而签发的一种信用凭证,金额随客户决定,可以代替银两在市面流通,起支付手段和流通手段作用,在促进商业发展和调剂金融流通方面都起到积极作用,特别在免去搬运银钱劳务方面更为大众所欢迎。钱庄能随着商品经济发展而不断增添新的业务,这是钱庄不断发展壮大的另一个原因。

由于钱庄具有上述这些有利条件,因而成为前资本主义社会中的最有影响的信用机构。然而从另一方面看,钱庄也存在不少缺点和局限性,主要有:(1) 钱庄大都为合伙经营或独资开设,范围狭小,由资方对钱庄负无限责任;(2) 钱庄经理由东家聘请,对营业负全部责任;(3) 存款对象非亲即友,对不明底细的存户一般不予受理;(4) 放款以信用为主,不熟悉者不贷,利率随行就市,也可根据钱庄与客户之间的关系而浮动,主要以能按期收回为原则。因以上特点,一般来说钱庄的规模很小,像镇海方氏

---

① 王业键:《上海钱庄的兴衰》,见张仲礼《中国近代经济史论著选译》,上海社会科学院出版社1987年版,第426—427页。

1830年前后在上海南市开设的履和钱庄,"存放款仅六七万两"。① 但在开埠之前单一为内贸服务的情况下,这样的规模已能适应当时的业务需要。当然,还有典当一类机构也在搞小额资金融通,但主要经营兑换和存放业务的是钱庄。在开埠之前,上海实行的是以钱庄为主的、单一为内贸服务的金融体制。

上海从开埠时起至19世纪60年代初,实际上实行的是一种钱庄、洋行以及外资银行各行其是的金融体系。中国商人主要由钱庄提供金融服务;进出口贸易中的外汇业务,19世纪50年代之前基本上为洋行所垄断,50年代之后则出现外商银行与洋行争夺的局面。在这种各行其是的双轨式金融体系下,随着进出口贸易增长钱庄因本身条件限制,必然会发生资金难以应付的局面。钱庄和当时中国旧式商人的经营活动,虽能紧密结合,自成体系,但由于钱庄机构分散、力量薄弱,再加上业务经营保守,资金又常处于短绌状态,短期之内尚能适应,当进出口贸易进一步发展时,就很难满足中国商人的资金融通需要。

汇丰银行的成立,实际上是将所有列名参加发起的洋行的金融业务合并成一家专业金融机构,结束了原来由这些商业机构兼营金融业的时代。这些洋行既是汇丰银行的发起人,又是它的主要客户,它们之间的默契配合和相互支持,往往达到亲密无间的程度。

汇丰银行成立之后,一反以往英国银行在华分支机构那种只重汇兑而把存放业务置之一旁的做法。汇丰银行因有通商口岸的大洋行做后盾,各地汇丰银行一直把"抓存款"当作"首务之急",因此开业之后存款数目增加很快。② 汇丰银行通过各种渠道积聚的大量资金,主要运用于安排各类放款。汇丰银行的放款对象主要有三方面。一是在上海不断增加的外资企业和个别中国的官督商办企业。二是清政府和"各省当局"的借款。1873年之前的小额短期借款不计在内,从1873年至1890年,清政府共借外债26笔,总计4136万两,汇丰银行一家就贷了17笔计2897万两,占借款总额的70.04%。③ "汇丰银行就是这样把款项一笔一笔地贷给处于日益困难与危急之中的清政府,从而使自己为清政府所不可一时或缺。"④ 三是钱庄的拆票,

---

① 中国人民银行上海市分行:《上海钱庄史料》,上海人民出版社1978年版,第730页。
② [英]毛里斯·柯立斯:《汇丰银行百年史》,李周英等译,中华书局1979年版,第50、11页。
③ 徐义生:《中国近代外债史统计资料(1853—1927)》,中华书局1962年版,第4页。
④ [英]毛里斯·柯立斯:《汇丰银行百年史》,李周英等译,中华书局1979年版,第32页。

实际上是仿效英格兰银行，即资本主义国家中央银行的重贴现办法，通过钱庄间接向中国商人提供贷款并以之作为控制钱庄和金融市场的手段。

从 19 世纪 60 年代后期起，中国的进出口贸易总值增长很快。随着进出口贸易的扩大，中国商人对资金需要日趋迫切，而钱庄因本身流动资金一向很少，很难满足广大中国商人的需要。从 1869 年起，"凡沪上钱庄"向汇丰银行第一任买办王槐生"求援助者……无不如其愿以去"。① 汇丰银行便从开业时的"仅通洋商"转而通过买办将部分多余资金向钱庄"拆票"放息。拆进钱庄因不必另交押品，只需出庄票存于拆款银行作为担保，所以称为拆票，通常两天结算一次，银行有需要时，可以随时要求归还，利率则较市场稍低。不久，汇丰银行便"岁存庄家何止数百万"②，形成钱庄流动资金大部分来自汇丰银行和其他英资银行的局面。虽然钱庄通过外资银行的"拆票"解决了流动资金不足问题，中国商人从钱庄那里获得资金融通，但是钱庄也从原来的独立地位转而不得不受汇丰银行和其他外资银行的控制，成为它们的附庸。一旦以汇丰银行为首的外资银行抽紧银根，钱庄就会周转失灵，甚至有停业的危险。到了 19 世纪 70 年代后期，以汇丰银行为首的外国银行对上海金融市场的控制又有进一步的发展。当时上海钱庄"用外国银行资本做生意"已经是"众所周知的事实。近 300 万两的放款，竟为维持上海市面正常周转所必需的数量"。③ 一旦市面货币低于这个限额，银根就会立刻感到紧张。

19 世纪 70 年代开始，上海金融市场接连遭到"货币恐慌"的袭击。事实上，每一次货币恐慌都是以汇丰银行为首的外国银行有意收缩银根而引起的。例如 1879 年的"货币恐慌"，从 1878 年年初开始银根就处于紧张状态。这一年的拆息行市，通年测算要比前一年高出 25%，以至年底上海钱庄"为坏账所累"不复交易者达二三十家。造成这一现象的主要原因就是由于"外商银行收缩放款 200 万两巨数之故"。④ 外国报纸直截了当地指出，上海钱庄没有外国银行的"调剂"就无法渡过难关。⑤ 接下来 1879 年的"恐慌"发生在丝茶上市需款急切的 5 月，就在这个时候，经常需要 300 万两资金周

---

① 姚公鹤：《上海闲话》，商务印书馆 1933 年版，第 68 页。
② 《答暨阳居士采访沪市公司情形书》，《申报》1884 年 1 月 12 日。
③ 《字林西报》1879 年 5 月 23 日，《北华捷报》1879 年 5 月 27 日；转引自汪敬虞《十九世纪西方资本主义对中国的经济侵略》，人民出版社 1983 年版，第 178 页。
④ 《申报》1878 年 12 月 10 日。
⑤ 《字林西报》1879 年 5 月 23 日，《北华捷报》1879 年 5 月 27 日。

转的上海市面,却被外国银行收缩到只有 90 万两的奇紧状态。"这个数目,全然不能适应本地贸易的正常需要",但是外国银行并不到此为止,它进一步"把库存银块减到 60 万两",而使"事态更加复杂化"。①

在丝茶上市急需大量收购资金的时候抽紧银根,导致钱庄贷款紧缩,迫使丝茶商人不得不以低价出售,这对以经营进出口贸易为主的那些汇丰银行发起单位是极为有利的。然而更重要的目的是迫使钱庄就范,实现 70 年代初就鼓吹的要建立"一个强大而有力的外国金融组织来占领这个阵地"②的由汇丰银行统治的金融联合体系。汇丰银行通过"拆票"控制钱庄和使钱庄变为其附庸的过程,同时也是上海金融体系转向由汇丰银行统治的过程。

汇丰银行统治上海金融的手段,主要是通过垄断国际汇兑和控制再贴现利率,甚至用收回"拆票"的办法来控制钱庄和市场头寸,以期实现通过"膨胀"或"紧缩"政策来维持英国新兴工业资产阶级的利益,通过商品输出获取超额利润。从垄断国际汇兑来看,汇丰银行因有其特殊历史条件,比较容易达到目的。从控制钱庄来看,汇丰银行并没有完全达到预期目的,原因是钱庄在中国有着深厚的社会基础,虽然资金来源不得不依靠汇丰及其他外资银行挹注,但华商的兑换、汇划,以及货币市场上的"洋厘""银拆"仍由钱庄控制。而且上海金融市场的瞬息变化,都对全国发生辐射作用,如外地的利率行市,皆以上海为转移,上海银根发生变化,会立即影响其他商埠的银根松紧,引起埠际汇价的涨落;各地之间的款项调拨,亦以上海为枢纽。此外,上海又是全国现银集中和分配中心,各埠剩余现金,均输往上海;短缺时又从上海运回,因此,各埠金融的缓急,多赖上海调剂;上海的库存不仅表示上海一地,而且反映全国各埠金融缓急。这些业务活动绝大部分都是通过钱庄体现出来的。因此,钱庄在上海金融体制中仍然是一支相对独立的举足轻重的力量,虽然在宏观资金融通中不得不受汇丰银行为首的外国银行的控制。

(二) 票号由盛而衰

大致在道光年间兴起之时,有票号仅 10 家,即日升昌、蔚泰厚、天

---

① 参阅汪敬虞《十九世纪西方资本主义对中国的经济侵略》,人民出版社 1983 年版,第 178—179 页。

② 《字林西报》1872 年 6 月 13 日,《北华捷报》1872 年 6 月 15 日;转引自汪敬虞《十九世纪西方资本主义对中国的经济侵略》,人民出版社 1983 年版,第 177 页。

成亨等。19世纪50年代，票号进入了发达时期①。例如最大的日升昌票号，到道光二十年（1850）已在北京、苏州、扬州、重庆、济南、张家口等18个城市建立了分号。到光绪十二年（1886）后又陆续在沙市、上海、杭州、湘潭、桂林5城镇增设5个分号。咸丰时由于爆发了太平天国农民起义，受战争的影响，票号发展受挫。同治年起，票号又进入新的发展时期，光绪时达到鼎盛，至光绪九年（1883）已达30家。到19世纪末期，甚至在东京、莫斯科、加尔各答、新加坡和朝鲜等地都已设有其分号，可以往来汇款。

本时期，票号在广泛经营着存放业务的同时以从事汇兑为主，因而其分支机构遍及全国大中城市。由于汇兑业务的开展，票号的收入也由原为多渠道收入的状况转为以汇兑收入为主，并获得了极为丰厚的利润。光绪三十二年（1906）日升昌票号的14家分号收交汇兑银3222万余两，平均每家达200多万两；光绪三十三年（1907）蔚泰厚汉口分号收支汇兑银338万余两。随着业务的发展，山西票号盈利也相当可观。如大德通票号在光绪十四年（1888）资本银1万两，当年盈利24700两，每股分红850两，以10年为一账期，到光绪三十四年（1908）这一账期资本积累达22万两，获利银74.3万两，每股分红银17000两。在山西票号的影响下，同治年起，江浙人也开始建立票号，如人称"红顶商人"的浙江钱塘人胡光墉在同治二年（1863）建立了阜康票号。云南人李氏（一说王氏）在光绪初建立了天顺祥票号。宁波商人严信厚在光绪九年（1883）建立了源丰润票号，时人把江南人开办的票号称为"南帮票号"。票号经营一时大盛。

票号在这一阶段发展的主要原因是清政府有大量的借款和赔款，借款和赔款大部分由各省关委托票号汇解到上海海关集中交给外国银行。但是，票号这一时期的发展是短暂的。甲午战争以后，票号逐步走向衰败，尤其是清末时，迅速衰亡。

在票号走向极盛时，中国近代银行业开始兴起，相继出现了一批官办、商办、官商合办银行，同时许多省又设立了官银号，同票号开展竞争，使票号所经营的国库及官款业务大半丧失。例如1905年户部银行成立，清政府规定公款的存储和汇解交由户部银行办理。各省官银号成立，当地又规定由官银号办理京饷协饷的汇兑。1907年交通银行成立，又夺走了票号的大部分商业汇兑业务，因此，票号的业务急剧萎缩，到清亡时，它的汇量减少了

---

① 董孟雄：《中国近代财政史、金融史》（下），云南大学出版社2000年版，第47页。

3/4。

面对银行业的激烈竞争，票号经营保守，不思变革，因而不能适应时代发展的需要。票号的组织制度、用人机制和经营方式都很死板，无法同银行竞争。当新式金融机构出现后，票号也拒绝及时调整其经营方式。同时由于票号一直同政府存在密切的联系，是清政府的财政支柱，具有很明显的寄生性。因此，当清政府灭亡时，票号失去了靠山，自然也就开始衰落。到20世纪20年代，最终退出了历史的舞台。

第二节　甬商传统金融业转型的成因

甬商旧式金融业的转型，虽是客观形势发展的要求，但有其必然成因，如传统业务的基础、买办资源的优势、同业公会的力量、产业发展的要求等。旧式金融业成功实现转型，建立和发展近代金融业，对于中国经济的近代化和甬商金融业发展具有积极意义。

一　转型的动因

随着外国资本主义势力和外国金融机构在华的不断扩张，外国银行不断取代钱庄等中国旧式金融机构在经济活动中的地位，旧式金融机构的经营利润不断下降，自身利益受到严重挑战，生存和发展面临危机。为了适应当时的社会历史发展趋势，甬商钱庄积极向外国银行学习先进经营方式和管理经验，以求钱庄的继续生存和发展，获得更大的利益。

（一）钱庄自身劣势转变的驱使

钱庄是从事银两、制钱、银洋兑换以及保管、收付并同时经营小规模存放业务的适应于封建经济的传统金融机构。鸦片战争后，外国资本主义势力入侵，外商银行开始在中国扩张，从而控制了中国的经济命脉，对中国传统钱庄造成了巨大的冲击，使传统钱庄的劣势充分暴露。

1. 对外国势力的严重依附

由于帝国主义对华商品输入和原料掠夺是通过洋行和买办进行的，洋商在中国为了大量推销商品就不得不利用钱庄。而钱庄由于资本小、资力弱，为了自身的生存并求扩张业务，也必须同外商银行建立联系。有的钱庄老板一身二任兼做买办，又必然加强了这种关系。上述原因决定了钱庄对外国势力严重的依附关系。

钱庄对外国势力的依附关系又派生出钱庄的买办色彩。许多资力雄厚的买办除了为外商银行服务外,还兼营钱庄,这就加强了钱庄和外商银行的联系,使钱庄有了买办色彩。

2. 自身的投机性

外国势力入侵后,外国银圆大量流入,而中国又实行银两制度,这使中国货币市场长期处于混乱状态。同时,各地由于市场供求关系,地区银两间的比价是一直处于波动状态之中的,这就为钱庄进行投机活动提供了便利条件,从货币比价的波动中进行货币投机买卖的高收益性,使得投机活动更加普遍。例如:由于银根较松,天津行化银的价格下落,而同时在汉口,由于对天津贸易量很大,需用巨额行化银,行化银的市价上升,这时就会有人在天津买进行化银汇票到汉口出售,转手之间,便可获得厚利。

3. 落后的经营方式及组织形式

钱庄主要针对商业资金融通和个人信用放款,不注重资本积累也不搞抵押贷款,而且资力有限,无法满足资本主义工业扩大再生产的需要;其组织形式多数是独资或数姓合资的无限责任制,在与外资银行和新式银行竞争中,在政局动荡和频发的经济金融危机中,这种无限责任制承受风险的能力令人担忧。

总之,传统钱庄自身资本小、抗击风险能力差的劣势加上外商银行的入侵带来的挑战,以及其本身对外商银行的依附关系导致其衰败的必然性,也是促成其转型的重要原因。

(二) 银行制度先进性的影响

新式银行自身组织形式、业务经营管理和人事管理的专业化和规范化,在一段时间内成为旧式钱庄学习的典范。因此,甬商的金融家们在借鉴了新式先进的管理经验后,纷纷投身其中,开始了主动转型的进程。其具体表现为大量买办的出现。

甬商中有大量为外国银行和洋行做买办的人员,他们了解外国洋行和银行的经营制度,也充分意识到近代银行采用的这种股份制的组织形式、科学化的管理能有效地促进银行的发展和盈利,这对于甬商钱庄的转型也是重要的动力来源。

(三) 外国银行侵略的压力

19世纪中叶后,外国资本主义和外国金融机构开始深入侵入中国。典型的如英国汇丰银行、美国花旗银行等。各资本主义国家的在华银行,实际上是中国金融市场的主要操纵者。清代大官僚盛宣怀就曾指出:"各国通商以来,华人不知务此,英、法、德、俄、日本之银行,乃推行来华,攘我大利……如汇丰之设已三十余年，气势既盛，根底已深，不特洋商款项往来，罗网都尽，中行决不能分其杯羹。即华商大宗贸易，亦与西行相交日久，信之素深……"① 从1845年开始到19世纪末，外国银行在中国横行了四五十年，操纵中国经济，垄断中国的国际汇兑业务和国内金融市场；发行钞票，侵犯中国主权，并通过贷款控制中国的财政，攫取了中国大量的权益。为了抵御外国银行的侵略势力，挽回权益，"非急设中国银行，无以通华商之气脉，杜洋商之挟持"。

因此，外国银行的侵略，激发了中国抵御外国银行的侵略势力的积极性，产生了自办银行的迫切要求。

(四) 近代产业发展的要求

"银行信用是由银行办理的。银行是经营货币资本、充当债务人和债权人的中介的资本主义企业。"它是近代产业发展的必然产物。中国近代产业的发展给银行业的兴起创造了历史条件。②

一方面，中国资本主义是19世纪中叶以后，在外国资本主义暴力掠夺之下发展起来的。自然经济瓦解的过程同时就是资本原始积累的过程，这就为中国机器工业的产生和发展创造了条件。另外，19世纪中叶兴起的洋务运动以及甲午战争后，清政府被迫实行"新政"，中国产生了近代军事工业和民用工业，民族资本主义产业有了较大的发展。中国近代产业从19世纪60年代由官办的军事工业开始，至19世纪70年代以后，扩展到民用工业，经营方式也由完全官办到官督商办、官商合办或完全商办。如当时举办的安庆军械所（1862）、江南制造总局（1865）、马尾船政局（1866）等。在1872—1894年商办企业总计有厂矿54家，资本4804370元。中日甲午战争之后，西方列强各国对华大量输出资本，直接进行政治与经济投资，对自然经济的瓦解起了有力的推动作用，同时对中国资本主义的发展起了重大的刺激作用。

另一方面，中国民族资本主义工业一直被外国资本主义所压制，始终没有获得迅速发展。1914年爆发的第一次世界大战使得西方资本主义国家忙于战争，包括1920—1921年的经济恐慌，都在一定程度上抑制了外国资本对中国的输出。特别是英、德、法各国的货物输入，从1913年以后逐年减

---

① 《盛宣怀奏呈自强大计折附片》，见谢俊美《中国通商银行——盛宣怀档案资料选集之五》，上海人民出版社2000年版。

② 张郁兰：《中国银行业发展史》，上海人民出版社1957年版，第19页。

少，这对中国民族工业的发展非常有利。如 1914—1922 年纱厂增加了 54 家，面粉厂在 1912—1921 年增加了 117 家，其他如丝业、火柴业、制铁业、水泥业等也都有发展。正如毛泽东所说："第一次帝国主义世界大战的时期，由于欧美帝国主义国家忙于战争，暂时放松了对中国的压迫，中国的民族工业，主要是纺织业和面粉业，又得到了进一步的发展。"①

随着中国近代产业的发展，产业资本迅速增加，商品交换和商品经营范围不断扩大，货币数量与流通速度日益增加，补充资金的要求就愈迫切，产生了对于银行的强烈需求。鉴于当时外资银行对中国金融市场的控制和对他们本国利益的保护，兴建中国自己的银行尤为必要。

二　转型的条件

（一）传统钱庄业务及机构为转型奠定了基础

钱庄是因南方商品经济的发展，尤其是沿海地区货币兑换的需要而产生的。虽然钱庄在社会动荡和金融风潮的影响下也曾一度衰落，但后来仍能够恢复和继续发展，在中国经济生活中发挥重要作用，与其相对完善的业务和成熟的组织机构密不可分。这些都构成了旧式金融向近代金融转型的一个重要基础。

1. 提供了股份制经营模式的经验

早期钱庄均为独资或合伙组织，股东在两人以上的就算合资。一般采取股东无限责任制度，业务由经理（大掌柜）全权负责，每年结账一次。如果股东不兼经理，平时无权干涉业务；而经理要到年终结账时才能知道明年是否营业。对于钱庄主要的放款业务，通常情况下，由经理直接掌握，但放款收回的具体工作则由"跑街"（放账员）担任。放账员兼兜揽存款业务，作为钱庄经理的重要助手经常出入银钱市场。这种股份制的经营模式和运作经验，为钱庄向近代金融业的转型打下了一定的基础。

2. 奠定了银行业务的基础

业务方面，钱庄以办理银钱兑换为主，包括代客户进行异地汇兑。异地汇兑的流通形式兴于唐代后期的飞钱，中经宋代会子、交引的蜕变，到明代演变为会票。其产生不仅避免了长途携带金属货币的危险，而且适应了商业资金周转、划拨的快捷需要。时至今日，异地汇兑仍是现代银行的主要业务之一。

---

① 《毛泽东选集》第二卷，人民出版社 1991 年版，第 627 页。

另外，放款取息业务。钱庄放款通称"放账"，又叫"缺银"，并有"浮缺""长缺""放银盘"等种种称呼。新开设的钱庄发放首批贷款称作"放红盘"。放款特征之一：资金投向主要是支持商人采购运销商品，数目大小不论，发放收回随机应变，随放随收，期限短暂，运用资金以周转灵活取胜；特征之二：信用放款占绝对地位，它既无物保，又无人保，只凭个人信用。在交易往来中，凭借当事人的人格做担保，相互信赖，故而在钱庄业会馆碑记中有"大信不约"之说。

民国十八年（1929）钱庄的营业规则又确立了定期质押放款和活期质押放款，指出到期不能收回放款的，钱庄有权将抵押品变卖抵偿。定期放款分为长、短期两种，对月计算利息。长期放款实际上只有六个月时间，俗称"六对"，发放时分上下半年，二、三月份发放，八、九月份收回；以三个月和二个月为期的"三对""二对"属短期放款。活期放款也就是不能确定还款期限的活存透支，俗称"浮欠"或"浮缺"，在日常往来的账户中支取。在钱庄开立账户时，往往需要原来同钱庄有往来，为钱庄所信赖的客户或殷实客户介绍。这种介绍无任何手续，但在道义上负有保证人的责任，至于是否给予透支、透支额度，则视客户信用，由放款员、经理等人确定或临时许诺。上述君子协定直至抗日战争胜利后才改为签订契约。可见，该业务是现代银行抵押、担保制度的雏形。

不过，钱庄用于放款的资本除了自有的一小部分以外，主要是来自它所吸收的存款，即所谓的"借鸡下蛋"。这其实也是钱庄的一个首要功能，即是招揽存款，付予利息。这项功能最早源于唐代代人保管钱财的"柜坊"。其目的一是为他人提供安全可靠的保管和支领钱款的服务；二是利用所吸收的存款去放贷取利。用日本学者加藤繁的话说，"银行的业务虽然有多种，但是最重要的一点，就是存放别人的钱财，同时把钱财贷放给别人。这也许就是银行的基本机能"。从这一机能出发，他认为"柜坊也许是中国银行业的开端"。

（二）甬商买办资源优势为转型创造了条件

自外国资本入侵中国以来，为了适应社会形势的变化，同时也为自身的发展，甬商中出现了大量为外商银行等外国金融机构做买办的人。这些甬商买办不仅熟悉钱庄的情况和底细，也熟悉商业和经济情况，同时对外商银行的运作、经营过程也非常了解，这就为日后甬商旧式金融业的转型创造了必要的条件，提供了成功的保障。

1. 买办资源渗透于多领域

买办最早是指为外国商船采办日用品的采办员。鸦片战争以后,买办专指外商企业所延揽的居间人或代理人。外国资本在华企业如洋行(商行)、银行、轮船公司、保险公司等都有买办。随着这类人的增多,后将那些为外商进行经济活动服务并甘心充当他们代理人的中国人都称为买办。

鸦片战争后,随着侵略势力的扩张,宁波、湖州等地先后出现大批当地买办。至19世纪60年代,通事、买办已成为士农工商之外的另一行业。近代意义上的买办与公行制度时代的买办在地位、职能等方面很不相同,他们不再是官方派充的由政府严格控制的公行商馆内部事务的管理者,而是中外贸易的居间商。从这个意义上讲,买办是中国对外贸易的产物。他们主要存在于以下机构中:

(1) 洋行的买办

近代初期,上海外商洋行的贸易活动在很大程度上必须依靠他们所雇用的买办来进行。买办受雇于外国洋行或外国银行,有为洋东开展业务的责任。买办与外国在华洋行之间立下保证书与合同后,即可得工资、佣金收入。洋行买办必须为洋行提供各种商情,参与买主和货主的洽谈,以及预防商业交易上的损失,当中国商号(商人)和洋行发生贸易关系时,买办必须为洋行了解该商号的信誉及经济实力,如果与洋行成交的顾客是由买办介绍的,它必须是这个顾客的保证人,此外,买办还常常为他所代理的洋行周转资金等。

洋行买办为便于经营大量的交易,与本地钱庄和商号都有比较密切的联系,以探悉本地各钱庄、银号的财务情况为主要职责。他对外国银行和中国钱庄、银号之间的一切交易,负有完全的责任。因此,很多洋行的在职买办同时又是投资于钱庄、贩卖鸦片、经营丝茶的巨商。洋行的买办为钱庄与外国资本主义银行的合作起到了一定的作用。买办以自己雄厚的资本实力在各个通商口岸的鸦片、丝茶、洋货、钱庄以及船运等许多领域保有庞大势力。

其实,洋行买办之所以能够发挥这样的作用,和他们具有一定的钱庄业务运作基础密不可分。洋行的买办,很多都是当初开钱庄的。例如,被视为"洋务人才"的宝顺洋行的买办徐润和怡和洋行的买办唐廷枢,在担任洋行买办的时候,都是同时与钱庄发生很深的瓜葛的。徐润所需要的资金调度,就是从钱庄方面取得的。唐廷枢起初也是代理上海怡和洋行长江口的生意,后来成为该行的买办。在唐廷枢担任怡和洋行买办的十年中,曾与同伙开过

4个钱庄，其中3家是为洋行在内地收购茶叶、融通资金而设立的。事实上，像徐润、唐廷枢这样一身兼具买办和钱庄（或钱庄股东）双重身份的人物在当时是普遍存在的。

(2) 钱庄的买办

买办和钱庄之间的联系是非常紧密的。虽然鸦片战争前买办主要存在于贸易商行中，但到19世纪40年代，洋行买办兼营钱庄已开始出现。如19世纪40年代后期，充任怡和洋行买办的杨坊曾开设泰记钱庄，支持自己的丝业经营。又如，湖州商人许春荣在上海开埠之初，便已创立洋货号，经营进口洋布。当时他和泰和洋行建立了非常密切的关系，大约到六七十年代许春荣一面为泰和洋行推销洋货，另一面又先后开设了以阜丰为首的7家联号钱庄。另外还有买办兼开钱庄和典当。如大买办胡光墉，在70年代后，不仅广设典当，也开设阜康银号和阜康钱庄。

钱庄为买办提供了大量的资金，为他们开展其他业务活动提供了便利。例如徐润，在1861年任宝顺洋行买办时，便已和人合股开设敦茂钱庄，以支持他所经营的"包办各洋行丝、茶、棉花生意"。当这家钱庄在1862年闭歇后，他随之又在1864年与人合开协记钱庄。1868年，徐润离开宝顺洋行以后，主要的业务活动是经营宝源祥茶栈和地产公司。在收购茶叶的生意中，他在河口、宁州、湘潭、崇阳、羊楼洞等地都设立了分庄，以便于多方搜罗茶叶；而其地产经营则以上海为主。据说，徐润在上海"租界"及其附近地区就占有3000亩土地，盖有3000座房屋。在这些商业活动中，徐润所需要的资金调度就是从钱庄方面取得支持的。而唐廷枢从1863年起担任怡和洋行总买办期间，也经常利用洋行和钱庄的资金来支持自己的商业活动。

由于买办在钱庄和洋行之间的双重身份，19世纪中叶以后，钱庄在买办的媒介下，为外国洋行深入内地推销洋货，起到了重大的作用。以前，外国资本主义势力局限在某些主要的通商口岸，外国商品流入中国不多。中国的钱庄业还不曾与外国银行发生资金往来的关系。而19世纪70年代后，内地市场上洋货数量的大大增加，钱庄买办的作用功不可没。

(3) 银行的买办

银行广泛采用买办制度。银行的买办，为银行大板（经理，也叫大班）探听经济情报，招揽各项业务，经手银钱往来。钱庄同外国银行的一切业务往来，包括庄票的收付、现银的鉴定、汇票的买卖、拆借款项的进行等，都通过买办经手。因此，银行买办对钱庄是充分了解的。例如，19世纪60年代后期的汇丰银行买办王槐山就曾经是钱庄的跑街,不仅熟悉钱庄的情况和底细,也熟悉商业和经济情况。

事实上,银行买办很多本身就是洋行买办,或者更多的兼有买办和钱庄老板双重身份,既便利了他们所从事的商业活动,又必然把钱庄和外国银行、洋行之间的关系紧密地连接起来。在为外国资本进一步深入内地扫除障碍的同时,也把钱庄推向了买办化的道路。

2. 宁波籍银行买办的显著作用

宁波籍买办随着鸦片战争后对外贸易的发展而迅速崛起,有其必然的原因:上海开埠前,甬商在全国,特别是长江流域城镇建立了一批汇划钱庄,建立了一定的流通渠道和商业网络。他们中不少人兼为钱庄主或钱庄股东,熟悉货币制度,精于各种货币真伪善恶的鉴定。加上"浙江人以金融才能和势力而著称"① 的特点,为外商洋行和银行所青睐,在当时上海钱业界居于支配地位。

买办力量,在金融业的发展以及中国新兴银行的建立过程中起到了显著作用。首先,钱庄通过买办的搭桥和牵线,加强了与外国银行的联系和对它们的依赖,它开出的庄票,在外国银行和洋行的承认和支持下顺利流通,依靠外国银行的拆票扩大信用,增加放款和扩展业务范围。它从事"洋厘""银拆",也不能没有外国银行做后台。其次,买办在现代银行的建立中起到了至关重要的作用,如中国通商银行、户部大清银行、交通银行、浙江银行上海分行,以及商办信成银行、四明银行和浙江兴业银行上海分行的创办、经营都与宁波买办有密切关系。后来,很多买办将自己的资本转而投于工业、航运业或金融业上去,进一步促进了近代金融业的发展。

总之,买办尤其是甬商买办,在银行和洋行中的作用和地位,以及其与钱庄的联系,为旧式金融机构向近代银行转型起到了重要的桥梁和推动作用。

(三) 甬商自身转型的推进

甬商能够实现集团性近代转型,并在中国近代资本主义企业创办和发展中大显身手,这与自身所经营的旧式金融机构向新式银行等金融机构的转型是相得益彰的。甬商金融业的发展为甬商在工商业的发展中提供了大量的资金支持,同时甬商工商业的现代化转型也推动了自身金融业的发展。客观上而言,甬商金融的转型得益于以下几个方面的优越条件。第一,五口通商后

---

① 王遂今:《宁波帮怎样经商致富》,中国华侨出版社 1994 年版,第 36 页。

甬商新旧商人积累了巨额货币财富，并且在传统金融业——钱庄业中获得了巨大发展，有实力进行大规模的近代企业投资；第二，甬商新式商人所经营的进口贸易中，金属材料、机械、运输设备等生产资料性商品占有相当大的比重，这些商品的进口对甬商自身的转型，当然有直接的作用；第三，近代甬商人以中国近代最大的"现代"都市上海为主要活动中心，大批宁波人到上海，使上海成为宁波人的第二故乡。新兴工商业需要具备新知识的各种人才，为此，甬商在上海和宁波创办了不少有影响力的近代学堂，培养人才。

此外，当上海开埠、社会经济形势发生了一定的变化时，经营钱庄的甬商人意识到自己的支柱行业之一——钱庄将被银行所淘汰，便千方百计、竭尽全力设法插足其内，便以改组、积极创办、参与经营等方式涉足银行业。包括以后在上海、北京、天津及全国各通都大邑相继组建的多家银行中，均有甬商涉足投资和经营。浙江兴业银行曾经的一份调查报告就说，全国商业资本以上海居首位，上海商业资本以银行居首位，银行资本以宁波人居首位。

（四）同业公会在转型中起到积极的促进作用

同业公会，或者说行会，就其本意来说，是处于同一城镇中从事于同一职业或几种相仿职业的人所织成的协会。它的功能主要有两个：一是联结同业，增加自卫力量，以便与一切不利于己的环境相抗争，如抵制贪官污吏之勒索、对付外国商品之竞争、反对恶势力之欺压；二是统一业规，避免同业竞争，以便保持本行业共存共荣的垄断地位，如规定度量衡制度、招工范围和数额、工人工资、商品价格、新开行号条件等。以会馆、公所为代表的行会组织是在中国商品经济的发展过程中形成的，主要行使"维护同业、联结同行"的功能。

随着资本主义进一步扩张，新的商贸行业得以产生和发展，商贸业行会组织及其在维护本行业利益中的作用开始增强。同时随着对外贸易的发展和外资银行的设立，中国旧式金融业也被逐渐纳入外贸体系。外资银行进入中国后，钱庄和票号相继被卷入外贸体系，以其雄厚的资金和发达的汇兑系统支持钱庄的外贸业务。外资银行进入中国之后，钱庄又被纳入外资金融体系之中，依靠外资银行的拆款进行外贸信贷和结算业务。因此，使钱庄"日开日多"[①]，向着资本主义和资产阶级化的方向转化。因此在当时的环境下，

[①] 虞和平：《商会与中国早期现代化》，上海人民出版社1993年版，第58页。

金融业同业公会组织的作用凸显出来。

例如上海银行公会，是银行业同业组织，由中国、交通、浙江兴业、浙江实业、上海商业储蓄、盐业、中孚7家银行发起，于1918年10月19日创立组建上海市银行公会。首批会员银行包括聚兴诚、四明、中华、广东、金城等12家，占全市国内银行的半数以上。1946年3月，改名上海市银行业同业公会。后来又先后改名为上海特别市银行业同业公会、上海市银行商业同业公会。上海市银行商业同业公会成立时，明确其主要职能是：以增进金融业之公共利益及矫正金融业上之弊害为宗旨，办理各款事项。在后来的运作中，银行同业公会的作用表现在：（1）通过创办机构扩大影响。例如设立上海公栈以利货物流通；再如，1918年11月，该会又决定设立公共准备金，维护金融市场的稳定。还有，接办1917年创刊的《银行周报》，发布财政金融信息、探索银行业发展思路等。（2）辛亥革命以后，中国银行业快速发展，以至于20世纪20年代上海金融市场出现了外国银行业、钱业和中国银行业三足鼎立的局面。上海银行公会不仅积极寻求与其他地方银行公会之间的联系，而且积极寻求与上海钱业公会和外国银行公会之间的联系，同外资银行抗衡，促进会员间合作、拓展银行业务、维护银行的合法权益，创造有利于银行业发展的社会环境。（3）建立同业公会网络体系，加强与社会各界的联系，包括加强与政府的联系、形成以银行公会为核心组织系统等。

可以看出，银行业同业公会在维护本行业的运作和发展中起到了至关重要的作用，因为银行业同业公会建立的初衷是"鉴于固结团体之必要""为谋所在地同业公共之福利"。同样，银行同业公会在银行业发展和向现代银行制度转型中也必然起到积极作用。另外需要说明的是，在银行业公会中居于主要地位的是上海银行公会，而上海银行公会主要领导人中，江浙金融财团不仅长期掌握着公会的领导权，而且还影响着银行公会的组织发展和功能拓展。张家璈、陈光甫等知名的银行家，一起组建上海银行公会，为谋求中国金融事业的现代化和分享彼此的专业经验而努力。银行业发展中，浙江或者甬商资本家的影子随处可见，可见甬商力量在中国银行业发展和转型中的重要地位。

三 转型的途径

以钱庄为代表的旧式金融机构的转型，是随着银行的出现而逐渐实现的。主要表现为：钱庄本身由传统的封建金融机构模式向近代意义的金融机构过渡和演进、钱庄与新兴的银行产生密切的联系、新兴银行的崛起等,这都标志着旧式金融资本向近代金融资本转型并最终成为近代金融资本。

(一) 积极创办银行

19世纪60年代后,中国近代新式商业和国家资本主义、民族资本主义的产生和发展,以及商品交换和商业经营范围的日益扩大,对资金的要求更加迫切,对信用的利用也越来越广泛,促进了对现代银行的创立的迫切需要。甬商在经营钱庄的过程中越来越感觉到不能同外国银行竞争,同时看到西方"聚举国之财为通商惠工之本,综其枢纽,皆在银行"的长处。要求获得发展、获得利润的宁波商人开始积极创办新式银行。随着甲午战争后国内形势的发展,创办银行的时机已经成熟,甬商抓住机遇,投资金融业,由钱庄向银行转型。

在从钱庄、票号的旧式金融业到银行等新式金融业发展过程中,许多宁波籍实业家纷纷进行投资。1897年中国第一家银行——中国通商银行创立,主要投资者严信厚、叶澄衷、朱葆三就是宁波巨商。第一任、第二任华大班(总经理)为余姚人陈淦、谢纶辉,后来,宁波巨商傅筱庵、方椒伯、孙衡甫等都成为中国通商银行的投资者和主要经营者。虞洽卿看到金融业乃"百业之首",便从鲁麟洋行转而出任华俄道胜银行买办和荷兰银行买办,利用外资,发展金融业,先自设通汇银号,继于1908年与袁鎏、周金箴等创办四明银行。四明银行是仅次于浙江兴业银行的中国第二家商办银行,其创办人和主持人都是清一色的宁波商人。

从事银行业的宁波商人甚多,如宋汉章(中国银行)、胡孟嘉、盛竹书(交通银行)、秦润卿(中国垦业银业)、刘鸿生(中国企业银行)等,大都是从钱庄转化而成的银行家。伴随着华商银行在中国的兴起和发展,作为近代金融资本家主体的宁波新式银行家队伍形成和壮大,影响力也在不断提高,成为甬商的重要组成部分。[①]

总体来说,在这个时期创办的银行主要有以下几类:官商合办银行、商办银行、官办银行、官银钱号和旧式金融机构转型的银行。

官商合办银行以中国通商银行为代表。作为中国第一家华资银行,甬商在具体筹办中起了重要作用,并始终掌握着银行的实际经营权。因此,通商银行也成为甬商,尤其是宁波钱业资本向银行资本转化的开始。由于它的影响,宁波籍金融家纷纷从钱庄转入银行里来。浙江人(包括湖州人、绍兴

---

① 参阅乐承耀《近代宁波商人与社会经济》,人民出版社2007年版,第34—38页。

人、杭州人等）在这开办银行的高潮中大显身手，而每家银行之设，又都少不了宁波人。除此之外，当时还创办了户部银行、交通银行等官商合办性质的银行。

在商办银行中，四明商业储蓄银行（简称"四明银行"）也是完全由甬商创办的著名的商业银行，它的发起人和第一届董事会、第一任总协理都是清一色的甬商人。1908年9月11日设总行于上海，并在宁波、汉口、南京等处设立分行，额定资本150万两，先收半数，实际收到50万两，也是少数几家有发钞权的银行之一。

官办银行方面，纯粹官办的银行比较少，典型的如"北京储蓄银行"，1907年设于北京，为官办的专营储蓄的银行，资本10万两，总办钱琴西，甬商人士宋汉章任经理，全部由大清银行总办委派，辛亥革命起，该行即宣告停业。

旧式金融机构转型的银行典型的是浙江银行。它是由浙江官钱局（1908）改组而成，宣统元年（1909）五月，改名浙江银行，官商合办，属省银行性质。官股库平银30万两，商股24.2万余两。有发钞权。总行设在杭州，在上海设立分行。

随着银行的兴建，钱庄与银行的依赖和联系越来越密切。首先，华资银行开办的资本，虽然有一部分来自政府、官僚和地主的财力，但主要是商业资本和钱业资本。由于甬商商业和钱庄业的长期兴旺发达，因而在近代银行相当数量的开办资本，是由甬商钱庄业提供的。在四明银行的50万两开办资本中，与钱业有关的资本占55000两，占11%。后来钱业出身的孙衡甫的股份逐渐增加，最多时达5258股，金额为2621900两，一人便占该行资本总额的35%[①]。另外，很多的钱庄资本家也相继投资和参与到浙江兴业、浙江实业、交通银行等中去。其次，华资银行产生后，两者在经营中也相互支持。主要表现为由于华资银行需要钱庄代理票据清算而拆款给钱庄；银行与钱庄一起组建银团；钱庄帮助银行发行钞票，利用钱庄分布广的优势帮助银行平息可能发生的钞票挤兑风潮等。

在上海，外商银行在买办作用下早就对钱庄进行放款。19世纪70年代，外商银行对上海钱庄的拆放额一般为三百万两左右，到90年代，拆放

[①] 根据四明商业储蓄银行档案。转引自洪葭管《从借华资本的兴起看中国资产阶级的形成及其完整形态》，复旦大学历史系等编《近代中国资产阶级研究》续辑，复旦大学出版社1986年版，第314—315页。

额达七八百万两已"习以为常"。钱庄在资金周转上对外商银行的依赖必然越来越重。本国银行产生以后,局面开始改观。钱庄开始从本国银行那里得到资金融通,与本国银行保持越来越密切的业务往来。仅1897年5月至11月,中国通商银行每月对钱庄的拆放款额达到了三百万两左右,占该行拆放款总额的96%以上。之后,中国通商银行对钱庄的拆放款额虽有减少,但仍保有较大的数字和较高的比例。1911年拆放额为289.6万两,仍占该行对外放款总额的36%。

除了大量投资和兴办银行外,宁波钱业领袖也在银行中担任要职,与银行在人事上进行渗透。例如当时上海新兴银行的专业人才除了来自留学生外,主要就是来自钱业。由于宁波人在钱业中占绝对优势,又具有丰富的钱庄经营管理经验,因而能够很容易地进入银行,在新式银行的经营管理中应付自如。

(二)旧式钱庄向近代化转型

随着贸易和商业的发展,钱庄原来的封建家族式的组织经营方法,越来越不能满足社会需要,在与银行的竞争中渐渐处于劣势。于是银行进入后,钱庄逐渐进行了改革,向着资本化、近代化的方向发展,以适应生存和发展的需要。

1. 组织制度方面

钱庄在1940年前基本是合伙或独资组织,没有股份有限公司的组织,投资人可以随时退股或拆伙。在具体的组织构成上,封建的钱庄采用"八把头"制。在监理下设经理,经理下设协理、襄理,再下来就是八把头,即清账、跑街、钱行、汇划、洋房、银行、信房和堂室。最低层为学徒和栈司。"八把头"位置的次序各庄并不一律。

人事安排上,钱庄经理在取得大股东的信任下,独揽大权,人事安排悉从本家族和姓氏利益出发,凡是"八把头"中的重要位置,都尽量安插亲信,其余职工基本都由亲友推荐,而父子继承,更是平常之事。员工工资按年计,年终付给;经理工资最高,职工依次递减。学徒和栈司的待遇非常差,往往透支,通常称为"宕账"。钱庄大小执事往往以"宕账"为名,借机挪用资金做投机生意,一旦失败钱庄就会受牵累。钱庄店员的收入除了每月菲薄的工资外,还有一年或三年一度的分红。除去股东、经理亲信的分红,普通店员得到的仅仅是很少的一部分。

在钱庄适应新形势的改革中,人事组织管理、薪酬制度设计开始逐步合理完善。例如,秦润卿(宁波慈溪人)经营的钱庄,不仅着手改革职工薪俸制度,将三年一次分派红利改为一年一次,提高职工待遇。还规定不论股东和经理均不得向钱庄借款或"宕账"。这些措施不仅保障了钱庄的正常运作,而且股东多余的现款都存在钱庄生息,增加了钱庄的资力。

在组织机构设置方面,在华资银行建立后,由于相当一些钱庄主兼任银行经理,借鉴银行的组织模式,对于钱庄组织也进行了积极的改革,使钱庄逐渐由传统的金融机构,向具有买办性质和现代化银行功能的金融机构转型。

2. 账务等制度方面

钱庄业中往往以吉利名词来代表各种账册,如用"克存信义"代表定期存款账册,"利有攸住"代表定期放款,"日增月盛"代表月结。另外,账册的种类非常多,各种主账、辅助账加在一起,竟多至几十种。钱庄的改革,首先,改进内部的管理机制。例如秦润卿主持的福源钱庄率先采用新式簿记法记账。其次,打破钱庄的资产和营业保密的惯例,公布营业报告和资产负债表,让钱庄人员了解本庄的实际情况,也便于外界客户了解钱庄的信用。

钱庄其他的一些制度也往往墨守成规,不符合规范。例如,早年上海协源钱庄定期存款存折不盖庄章,元大亨钱庄庄票用笔书写庄名,不加图章。此外如汇票出票人不盖真名实姓图章,而以"信义通商"或"源远流长"一类图章来代替。后来,这些因陋就简的手续被淘汰,钱庄的经营逐渐规范化和制度化。不仅以规范的操作使得汇票、拆票和庄票得到广泛应用,而且仿照外国银行开始承办票据贴现业务,同时发行汇票,代收票据。

3. 业务方面

鸦片战争以前,钱庄以货币兑换为主要业务,兼营小额存放,五六十年代,随着对外贸易的发展,钱庄业务重点转向存放款、发行庄票、办理划汇和贴现等信贷活动方面。当时钱庄存款的对象和范围比较狭小,资本比较少,营运资金大多依赖外国银行的拆款,而放款大多是信用放款,不注重抵押放款,风险较大。

在向近代化转型中,钱庄改变了过去只进行信用放款的做法,逐渐注重抵押放款、信用调查以及对存款的吸收。例如秦润卿经营的福源钱庄(原称协源钱庄,1906年改组为豫源钱庄,1919年改为福源钱庄)在20世纪后,在吸引存款方面,增设了各种活期和定期的储蓄存款,以及"特种往来存款",即不需熟人介绍,商店、行号、工厂及个人,均可直接开户存款,利息每月结算一次。他还废除了钱庄"存款利息九五折扣"的规定,将存款利率提高到 7 厘至 12 厘。另外，他改传统的信用放款为抵押放款；公布营业报告、提取公积金。

在经营手段上，甬商钱庄还引入了汇划制度来进行款项清算划拨。洋行开出的支票和华商发出的庄票均可在外商银行直接轧抵冲销，节省了时间，简化了手续。这种制度避免了大量的现金搬运，方便了彼此的清算业务。除此外，钱庄在继续经营传统的洋厘、银拆行市基础上，还参与到股票买卖和房地产经营中。

4. 资本投向方面

钱庄的资本开始与近代工商业资本和近代金融资本相互融合，共同发展，是钱庄业近代化的一个重要标志。与传统的兑换、放款相比，20 世纪初年，钱庄在以商业放款为主的同时，加强了同近代工矿企业的金融联系，越来越多地向工商企业放款，比较积极地向生产领域渗透。例如秦润卿经营的上海豫源钱庄非常重视对工业，尤以缫丝厂、丝织厂、棉纺织厂为主要对象的放款。当时上海几家纱厂受到日本纱厂的排挤，在经济上遇到困难，他全力支持，为这几家纱厂渡过难关出了力，钱庄也得到了相应回报。再如，宁波秦家创办的恒隆钱庄在 1919—1927 年，总计对义昌慎丝厂等 23 家企业的抵押放款达 163779 两；对恒丰纱厂、大生纱厂等企业的信用放款达 3133175 两。

除此以外，工商企业资金和钱庄的资金相互融合。一方面，一些钱庄老板在经营钱庄的同时开始涉足工商企业。例如上海钱业巨头镇海李家投资的近代新兴工商业包括垦殖、轮船、绢丝、银行、保险等各个方面。而镇海方家投资和经营近代工商业的成效也蔚为可观。另一方面，一些近代工商业企业主在经营工商的同时投资于钱庄业，为钱庄资本注入了新鲜血液。例如方家不论新方还是老方，都是由商业而钱业，同时兼营他业。李家也是经营沙船业致富后，才投资钱庄。钱庄资本与近代工商业资本的结合，表明钱庄实质上已经演化成为具有资本主义性质的金融机构。

（三）其他途径

除了钱庄和银行外，保险、信托投资业、证券等新兴金融服务品种的创立和引进，也说明了甬商近代金融体系的逐渐建立。宁波商人最早涉足保险业。20 世纪初，朱葆三、严信厚等先后发起成立华安水火保险公司、华兴保险公司，随后他们率先在宁波设立分支机构。30 年代，由宁波商人投资创办的四明保险公司、中国天一保险公司是当时规模最大的华商保险企业。它们都在成立当年就在宁波设立分公司。至抗日战争前夕，以宁波商人为主的华商保险公司在宁波已达18家,保险业务上升至2/3。宁波保险市场盛极一时。另外,1922年,宁波证券花纱交易所股份有限公司的设立、1933年四明证券交易所股份有限公司的创办,以及20世纪二三十年代宁波呈现的金融机构林立、金融品种众多的现象,都说明了近代金融业的初步建立。

四 转型的影响

由于甬商具有的这种与时俱进、开拓进取的精神,很大程度上决定了甬商由旧式金融机构向近代化转型的成功。同时甬商具有敏锐的洞察力,善于发现自己本身的不足,并能吸收先进的经营和管理制度。敢于投资新型的金融机构,并从中获得了利益,由此保证了甬商的生存,促进了甬商的发展壮大。由此可见,甬商旧式金融业的转型具有其深刻的意义。首先,对于钱庄产生了一定的积极意义。其次,积累了实业投资的资本,对于金融市场的开拓具有积极的意义。再次,转型为甬商的发展奠定了一定的基础和领先优势。最后,适应了从传统到现代化转型的需要。随着甬商的转型,也对甬商金融体系的完整发挥了积极的作用。

(一)对票号的影响

山西票号出现于道光初年,在一个多世纪的中国金融界可谓占尽风光,却于辛亥革命前后,顷刻间土崩瓦解、烟消云散。其原因在于:自从山西票号将视野盯住清廷,与官吏和政府结托,大揽政府金融业务、轻易获得丰厚利润后,它就不再与时俱进、通过金融创新去寻求发展了。这样,清廷垮台它也必然垮台。

晋商的"官商"地位,注定了他们的历史与内在动力的局限性。

清末,晋商中的有识之士也已看出,山西票号的经营机制不如银行先进,当时的鼎盛好比"回光返照",改革创新已成当务之急。可惜由于一些财东及总号经理的墨守旧法和顽固不化,以致屡屡失去发展机遇。光绪二十九年(1903),北洋大臣袁世凯曾邀请山西票号加入天津官银号,山西票号却拒不奉命。第二年,鹿钟霖为户部尚书,奉谕组建大清户部银行,也邀请山西票号入股,并请其出人组织银行。北京的经理们多数赞同,均跃跃欲试。但山西票号为独裁制,重大事件必须请示总号定夺。而这些掌权者多鼠目寸光,安于现状,而且刚愎自用,竟复函不准入股,也不准派人参加组建。不久,户部银行改组为大清银行,再请山西票号参加协办,不料仍不应召。宣统元年(1909),京都的经理们通过各埠山西票庄再次提出改组银行之议,汉口、兰州、济南等地纷纷致函总号,要求改组票号为银行。无奈总号经理仍不为所动，对各地之请束之高阁，票号改组银行的计划再次落空。接着，辛亥革命发生，如摧枯拉朽，推翻了清政府。山西各地票号却全无准备，放出之款无法收回，而存款却纷纷来取，损失惨重之极，掌权的保守派这才醒悟，可惜悔之晚矣，组织银行的计划尚未实现，"山西票号"这个名称已成历史陈迹。

同时晋商属意土地，在明代已屡见不鲜。入清后，购置土地者更趋普遍。乾隆年间，浑源、榆次二州县富商大贾"且多置买田地"。乾隆五十一年（1786），河南连年荒歉，有恒产之家将地亩贱价售卖，"山西富户闻风赴豫，乘机放价，准折地亩取利"（《清高宗实录》卷一二五五）。道光时，长治宋良弼经商洛阳，值岁饥，当地人多鬻田他徙，宋良弼"以贱值得膏腴田数百亩"。曲沃县商人彭太，在河南南阳经商获利几十万银两，购田置地，数年内土地猛增至六百多顷。所以有民谣称："山西人大褡套，发财还家盖房置地养老少。"至清朝末叶，晋商虽然形成了商业资本和金融资本这两大劲旅，但最终并未出现商业资本向产业资本转化的趋势，竟认为再投资不如窖藏保险，干脆用地窖藏其银两或物资。平阳府亢氏，"家巨富，仓廪多至数千"；祁县富商渠源祯，资产三四百万两，而窖藏银两估计达百万以上，其实质也是"以本守之"，可谓地地道道的"土财主"。正是由于晋商的这种不思进取、故步自封的状态，导致其被历史淘汰的必然性。

（二）对甬商的影响

甬商就整体而言，不是"官商"而是"民商"，其本质特征是进步的"民本经济"。他们不仅绝非清廷附庸，而且顺乎历史潮流，积极支持推翻清王朝的辛亥革命。面对列强入侵、国势危殆，甬籍的赵家蕃、赵家艺兄弟在日本结识孙中山，加入同盟会，将在法国经商所得的巨额利润捐作革命经费。1907年后，孙中山发动多次起义，均告失败，军费浩大，粮饷无着。赵氏兄弟闻讯，因手头现金短缺，便赶回宁波老家，把大批田产全部低价变卖，以所得现款接济孙中山继续革命。李云书、李薇庄、李征五三兄弟，都在辛亥革命前加入同盟会。上海光复时，李征五还曾募集兵员，组织光复军，亲自担任统领。虞洽卿则为策动江苏省起义，只身去见江苏巡抚程德全，晓以大义，并如其所求，筹付100万两白银，使江苏把龙旗易为五色旗。

鸦片战争之后，甬商与时俱进，迅速地由传统向现代转型，以奋进的姿态投入到新兴行业。他们在金融界主动出击、捷足先登，积极参与创建和经营本国的银行事业。至1935年，国内共有147家民族银行，其中47家由中央和地方当局开设,余下的100家商业银行中,由宁波人独资经营的11家,为主经营的13家,参与经营的28家,占据了半壁江山。上海银行业公会的会长、副会长,也长期由宋汉章和另一位宁波人盛竹书担任。宋汉章还为中国银行首创了基金制度:每月由中国银行邀请上海总商会、钱业公会等单位,共同检查基金储备情况,登报公布,以昭信用。这一制度,中国银行始终奉行,对于稳定金融事业卓有成效。此外,保险、证券、信托投资等现代金融业,亦由甬商捷足先登,创造了许多第一。

在其他行业,甬商也都迅速完成了由传统向现代的转型。如由沙船业转向轮船航运业、由成衣匠转向"红帮裁缝"服装业。做买办,从事进出口贸易及其相关的五金、洋布、百杂广货。同时涉足新兴的钟表眼镜行,电影娱乐业,电灯、电话、煤气、自来水等公用事业;还创办了一大批著名的现代化工厂企业,表现非常活跃,卓有建树。

(三) 对于钱庄的影响

中国银行业兴起之后,钱庄与外国洋行、银行的关系愈来愈密切,仍是金融网中的一支重要力量。当时新兴的中国新式银行并没有代替钱庄的地位,钱庄的势力仍举足轻重,在外国银行的支持下,加强了在金融市场中的地位。从某种意义上来讲,银行资本的产生促进了钱庄业一定时期内更好的发展。

1. 为钱庄业务提供便利

银行产生前期,私人资本银行的实力还没有超越钱庄,钱庄可获得外国银行拆票的资金支持并继续控制洋匦,订定拆息,而本国银行在开办初期,对于一般商业情形仍较隔阂,票据的汇划清算又掌握在钱庄之手,于是银行皆要在钱庄存放较多的款项,委托钱庄代为进行清算事宜;有发钞权的本国银行,也要利用钱庄与工商业的关系代为推广发行。如上海的钱庄曾用五天期的庄票向中国通商银行领用该行钞票,1924年以后钱庄更可根据合约,与一般民营银行一样,以现金六成、公债三成及本行庄期票一成,向中国银行领用中行钞票。钱庄从本国银行的发行和存款所获得的资金便利,与这一时期钱庄业的发展也有相当的关系。

2. 促进钱庄业务的发展

外国洋行与银行参与交易,使得钱庄信贷扩展和制度化,从而成为钱庄近代化的一个标志。近代化的信贷手段包括汇票、拆票和庄票的广泛使用。

具体来说,首先是使用了近代的汇划制度和公单制度。汇划制度的形成对钱庄的近代化具有决定性的意义。因为原来洋行只能在庄票到期后才能向中国钱庄兑现,但从外商银行开始对中国钱庄进行拆放款业务后,洋行开出的支票和华商发出的庄票均可与外商银行直接轧抵冲销,从而大大节省了时间,简化了手续。至于公单制度,则是 1890 年前后上海钱庄业首创的,具体办法是每天下午各汇划庄将其应收之庄票送到原出票钱庄换取公单,然后交钱庄业汇划总会汇总并互相轧抵,汇划总会也代理非会员钱庄和外商银行的清算业务。公单制度方便了洋行与钱庄的清算业务,避免了大量现金的搬运,是我国票据交换的雏形,也是中国钱庄业的一次革命,它标志着钱庄在近代化进程中迈出了一大步。

其次是仿照外国银行开始承办票据贴现业务,同时发行汇票,代收票据。

最后是金融投机活动具有了资本主义色彩。洋厘、银拆行市是钱庄把持的传统投机业,这时开始与近代工商业相联系,甚至与外商银行操纵的国际汇兑行市密切相关。

另外,具有资本主义性质的股票和房地产业也开始由钱庄经营,到 19 世纪 70 年代至 80 年代后,钱庄以股份票互相买卖牟利已成时尚。

3. 导致钱庄对外资银行的依赖

在与外资银行的关系上,钱庄的依赖性日渐明显。这种依赖性以一种固定的拆放关系体现出来。据 1878 年 8 月 28 日《申报》记载,到 19 世纪 70 年代,外商银行对上海钱庄的拆放额已达三百万两左右。到 19 世纪 90 年代,七八百万两的拆放额已习以为常。这使得钱庄在资金的周转上对外商银行的依赖性越来越严重,资本主义金融市场的波动亦由此直接影响到中国钱庄的生存,这可以说是任何行业近代化之后所不可避免的。

(四) 巩固了发展中的领先优势

历史上,宁波凭借地理环境和港口优势,成为长江流域与沿海一带的水运中心和物资集散地。金融伴随商品贸易而产生和发展。宁波金融业起源早,业务发达,很早就形成了货币兑换、资金拆借、利率、汇率等金融市场。"过账制度"更是奠定了宁波的地位,使其成为历史上我国东南沿海一大金融中心,素有"走遍天下,不如宁波江厦"之说。旧式金融业的发展以及适时的转型,巩固了宁波发展中的领先优势。

第一,金融业的领先地位。首先,历史上的宁波金融机构呈现良好的发展态势,奠定了发展的基础。其次,随着商品流通的拓展,甬商金融业从货币兑换到全面经营存、放、汇业务;尤其是典当、钱庄等旧式金融机构顺应历史发展的潮流,逐步转型过渡和发展成为近代银行,创建国内第一家银行，在我国近代金融史上占有重要的一页。在此过程中，甬商金融业为适应商品货币经济的发展需要，也曾有过较多的金融创新。除过账制度、汇划清算办法、流通使用银圆、以银圆为记账本位、按日拆计息和合力创办民信事业外，在钱庄自身的组织形式上从独资、合伙改为股份公司，聘用经理人，把所有权和经营管理权划分开来；在钱业市场上进行远期交易；支持扩大商业信用，以及钱业资本转向银行资本。这些都为近代银行的创立和发展奠定了良好的基础，并在此基础上进一步开创民族保险业、信托投资业、证券交易所等各种非银行金融机构方面，推广运用于各大商埠。

第二，银行业对于工业的支持，奠定了产业发展的优势。银行资本的运动是以产业资本的运动为前提条件的，它的主要职能是调动社会闲散资金，全力扶持现代产业发展，并力争获得自身更大的发展。从银行创办时起，江浙金融财团的银行家们在不同程度上认识到"银行与工商业本有绝大关系，工商业发达，银行斯可发达，故银行对于工商业之投资，自系天职"[①]。《银行时代》一文指出，"兴办事业，专恃资金；调剂资金，端赖银行。故一国事业之盛衰，唯视乎银行事业之消长。银行者，实各项事业之寒暑表也。银行事业之发达，实为生产事业发达之先声；银行事业之发达，决未有不赖银行为之辅佐者也"[②]。所以，他们开办银行之时大多将"服务社会、辅助工商实业"作为银行营业宗旨和社会标榜。

因此，"自民国六年以后，银行事业渐次发达，民国八、九年以后，银行投资超过钱庄，于是银行对于工业发生密切的关系"，近代工业的发展速度加快，工业获得了丰厚的利润。与此同时，银行获利颇丰，促使银行资本的投向开始向产业部门倾斜，推动了工业发展。首先，许多颇有资力的民族资本的金融机构如"北四行""南三行"以及华西财团的聚兴诚等都曾以较大的力量对近代民族资本的工业企业进行投资、放款，给其以资金上的扶持。其次，江浙财团的银行对工矿业的放款与投资在其整个资金运用中的比重较高。据不完全统计，先后有600余家企业得到过该行的资金和信用支持。1928年后，虽说浙江兴业银行开始走下坡路[③]，但仍坚持对工业放款。最后，除对一般工业企业放款外，江浙金融财团的银行还对矿业、铁路交通、航运业等进行放款和投资，促进了这些行业和部门的发展。例如，浙江

---

① 姚会元：《江浙金融财团研究》，中国财政经济出版社1998年版，第333页。
② 刘永祥：《民国时期的金城银行》，博士学位论文，南开大学，1999年。
③ 姚会元：《江浙金融财团研究》，中国财政经济出版社1998年版，第341页。

兴业银行还竭力支持钱塘江大桥的建设，对旧中国交通事业的发展起到了推动作用。

其实，银行家尽最大努力支持民族工商业的发展现象非常多。例如浙江兴业、浙江实业等银行较早与工商业发生往来，关系密切，资本的产业化趋势明显快于同时期的其他银行。其结果，一方面，银行以其资本支持产业资本的发展壮大，使得产业资本家利润不断扩大，他们开始大量投资兴办新的企业，扩展生产规模，产业资本不断扩张；另一方面，产业的发展，需要银行资本的更多支持，促使银行资本向产业资本过渡，再一次为银行资本的升值和盈利提供了可能。从中国通商等近代银行的工业放款来看，它不仅支持了国家资本主义企业的经营活动，也支持了私营企业的发展。通过汇集社会财富来加速产业资本集中，通过发行纸币，从某种程度起到了动员社会各阶层的财力支持产业资本的发展。

总之，在这种周期性的发展过程中，银行资本和产业资本不断融合，为日后开展和进一步扩大实业投资打下了基础。

（五）积累了进行实业投资的资本

无论是钱庄的发展，还是银行的发展，在其长期的经营运作中，积累了大量进行实业投资的资本。首先，钱庄业的积累。很早，江厦街就钱庄林立，即使西方列强入侵以后，钱庄也还在很长一段时间内呈现良好的发展态势。而且由于他在为资本主义列强输出资本中的重要作用，与外资银行建立起了长期的、密切的业务关系，使得一段时间内现兑钱庄遍布全市角落①。银行和钱庄之间的收解，或银行与银行之间的结算都要委托钱庄代为办理。因而，银行都需要在钱庄存款，方能在金融界立足。无形中促进了钱庄的业务发展，积累了资金。与此同时，钱庄业务除了伴随外贸的发展而扩大了其放款的正常经营外，还通过银钱买卖进行投机。其次，银行的积累。新兴银行建立时，纯粹的官办银行较少，大多是官商合办银行和商办银行，即使在官商合办银行中，私人资本也占据了相当的比例。随着银行资本向产业资本的转化，一方面促进了产业的发展，另一方面实现了资本的增值。当下一次的投资再发生时，资本会在不断的循环中迅速扩大。实际上，它不仅将国有资本，更主要的是将大量的私人资本增值和扩大，从而形成了更多的投资资本。最后，买办的积累。如前所述，甬商有很多实力雄厚的买办，他们或者在洋行，或者同时经营钱庄，积累了大量的投资。事实上，很多买办能够独

---

① 陈国强：《浙江金融史》，中国金融出版社1993年版，第74页。

立创办钱庄也说明了这一点。随着买办的成长和壮大，他们中的很多人把买办资本转而投于工业、航运业或金融上去。既积累了金融资本，又促进了金融资本向产业资本的转化。

综上所述，甬商所以能在 20 世纪初期后来居上、雄视中国工商界，其原因就在于甬商具有与时俱进、开拓创新的精神。甬商旧式金融机构的成功转型也充分证明了这一点。总之，旧式金融机构向近代金融业的转型，顺应了历史发展的要求，对中国经济和金融起到了极大的意义，也为日后甬商的发展奠定了坚实的基础，同时对同行的其他帮派也起了很大的借鉴意义。

第三节 晋商票号合组银行的失败

一 票号的发展与衰落

随着晋商资本运营制度的发展和成熟，特别是晋商股份制的完善，山西商人在商业往来中创立了一种异地划拨款项的信用机构，即山西票号。票号主要经营异地汇兑，兼营大宗存放款业务。所有款项，以大宗官款为主，放款一般只对钱庄或官吏、政府部门，一般不办理小额现金出纳。票号收入来源主要包括汇费收入、压平擦色①收入和存放利差收入。有史记载的山西票号总号共有 43 家，分号遍及全国各大中城市，甚至在朝鲜仁川，日本大阪、神户、横滨、东京以及莫斯科、新加坡、加尔各答等地也设有分号。同治元年（1862）至光绪二十年（1894）的 30 年间，是山西票号发展的黄金时期，票号数量大增，存放款业务发展迅速，赢利空前。到了 19 世纪末 20 世纪初，随着晋商对俄贸易的衰落，山西票号的业务重点也发生了转向，以承担清政府的官款汇兑和官吏存放款为大宗，从而造成票号的畸形发展以至衰落。

任何一种社会事物或社会现象都是应一定的社会需求而产生的，山西票号也不例外。从新制度经济学角度分析，山西票号在当时作为一种新生的制度形式，它的问世源于一定的制度需求，同时，制度供给方——晋商又适时地满足了这样的需求，由此造就了票号几近百年的辉煌历史。新制度经济学

---

① 平——指秤；色——指白银成色。压平擦色——收付银两时，在秤码上银色高进低出的赢利手段。

认为：影响制度需求的两个重要因素在于市场规模的扩大和技术水平的发展。① 明清时期，商品经济已发展到历史上最为繁盛的阶段，它对资金融通的方式产生了客观需求并提供了技术条件。

其一，市场规模。明清时期，以营利和交换为目的的生产活动在各地广泛出现，地域分工进一步发展，商品流通和商业贸易更为活跃，不仅有众多地方性市场兴起，而且全国的大市场也逐渐形成，到清乾隆年间出现了"东苏州、南佛山、西汉口、北京师"②的盛况。与此同时，国外市场在1727年《恰克图条约》签订之后也得到了很大的开拓。随着商品生产和商品交换规模的扩大，资金融通的交易成本大大增加。一方面，城镇工商业自有资本不足，自然地对货币提出了新要求以扩大经营资本；另一方面，商品流通频繁，货币流通量增大，出现了不同地区之间债务清算和现金平衡等新问题，原有的镖局已不能适应日益扩大的货币交割需要，亟须汇兑专业化。③

其二，技术发展水平。商品经济的发展不仅对金融制度产生了客观需求，同时也为它的产生提供了必需的技术条件，如民信事业的发展。19世纪初，随着城镇工商业的发展，民间通信越来越频繁，民信局应运而生。它由浙江宁波商人创办，采取总分号制，各分号之间相互委托代理，故能通邮天下，构成了遍布全国主要工商业城镇的邮递网络，为票号的产生创造了技术条件。票号在全国范围内开展汇兑业务，没有邮递组织为其传递是无法实现的。

为了适应这样的需求，晋商作为制度的供给方发挥了长期从事商业贸易所形成的资本、机构、信誉等方面的优势。一是雄厚的资本。早在明代，山西商人的资本就超过了徽州商人，到乾隆年间，山西商人资本"百十万家资者，不一而立"④，为其开设票号奠定了坚实的经济基础。二是晋商经营机构众多。山西商帮以长途贩运起家，为了解决资金不足的问题，首先创办了账局，经营存放款业务。随着市场的扩大，商业机构遍布天下，各地商号之间的资金调拨和估算要求汇兑专业化，促使晋商创办票号。三是素有良好信誉。晋商在早期的贷金制、伙计制、朋合制等资本运营形式实行过程中即

---

① 卢现祥：《西方新制度经济学》，中国发展出版社1996年版，第98页。
② 刘献廷：《广阳杂记》卷4。
③ 张国辉：《清代前期的钱庄和票号》，《中国经济史研究》1987年第4期。
④ 谢肇制：《五杂俎》卷4，《地部》。

以"信义"作为安身立业的根本。①

综上所述,商品经济的发展为票号的产生创造了外部环境,并提供了一定条件。而晋商在长期经营过程中所积累的优势使山西票号得以创立。

山西票号的发展以19世纪20年代平遥西裕成颜料庄改组日升昌票号作为起点。日升昌票号成立以后,营业繁荣,业务发展迅速,道光三十年(1850)已在北京、苏州、天津等地相继设立分号,获利甚厚。山西商人纷纷效尤投资票号,短短几十年间,票号出现了前所未有的盛况。

其一,票号家数增多。大致在道光年间为山西票号兴起之时,当时仅有10家。同治年起,票号进入大发展时期,光绪时达到鼎盛。张正民先生曾进行过山西票号家数的统计:咸丰十年(1862)14家;同治元年到同治十三年(1862—1874)26家;光绪元年到光绪八年(1875—1882)28家;光绪五年(1879)29家;光绪九年(1883)30家;光绪十九年(1893)28家。

当时,上海作为全国的贸易和金融中心,物流量和货币流通的规模十分可观,票号在上海的业务空前繁荣,其重要票号皆是由山西商人开办的,如大德通、蔚泰厚、日升昌、蔚丰厚等。② 与此同时,山西票号在国内设立的分号已由20多家增加至80多家,并且延伸到了国外市场,真正实现了"汇通天下"。

其二,票号业务量扩大。随着票号纵深市场的开拓和各地分号的发展,票号的存贷和汇兑业务量明显增加。③ 例如,蔚丰厚票号1879年末实际存款64740两,比1859年增加2.25倍,放款861379两,比1859年增加2.06倍。介休县侯氏4家票号在19世纪70年代,存款为3094734两,放款为3759757两,存款为资本(524260两)的7.17倍。光绪三十二年(1906)是票号汇兑款项最多的一年,日升昌票号14个分号全年汇出汇入款项达32225204两,每个分号平均230余万两。辛亥革命后的1913年9月14家票号在全国68个城镇共有存款25091708两,放款31509295两,每家平均存款2179.22万两,放款225.06万两。以此推算,光绪三十二年(1906)的28家票号存款总数当在5000万两,放款总额在6300万两以上。由于分支机构的普及和存放款业务的发展,光绪末年的一个账期,各票号分红甚丰。

---

① 梁四宝、刘鹏生:《试析早期晋商资本运营中的制度创新》,《生产力研究》2000年第5期。
② 张正明:《晋商兴衰史》,山西古籍出版社1995年版,第121页。
③ 详见《上海通志馆未刊稿》(丙)金融机关(一),第2—3页。

山西票号在业务上取得了辉煌业绩，不仅增强了自身实力，使票号成为当时的金融界霸主，而且它通过汇解资金与近代工业和交通运输业建立了业务联系，并对企业进行投资或放款，对新式企业的兴办起了一定的间接和直接促进作用。另外，山西票号将其收集的公私存款通过钱庄或账局投放于金融流通领域，促进了商品经济的发展。

山西票号创设于道光年间，经过半个世纪的发展，于光绪年间达到极盛，几乎垄断了国内汇兑和存放款业务，其所拥有的资本控制了中国北方的资金调度，而且涉足于整个亚洲地区的金融活动，在清朝财政体系中占有重要地位。然而，繁荣的背后往往隐藏着衰败的危机，随着清王朝的灭亡，票号开始走向衰落，辛亥革命后更是一蹶不振，直至最后消亡。

票号衰落有其主观和客观原因，从客观上来看，外国资本主义的入侵及清政府的腐败在一定程度上加速了票号的衰败，但笔者认为，票号在经营上墨守成规，错失发展良机才是导致它衰败的决定性因素。

票号创立初期，经理负责制、人身顶股制是票号内部的主要制度安排。它们曾经对票号中高级管理层产生了积极的激励作用，使票号上下尽心竭力，视票号发展为己任，但随着环境的变化，它逐渐丧失了制度的有效性。经理负责制使经理具有至高无上的权力，长此以往形成了家长制的决策方式；而人身顶股制发展到后期，身股超过了银股，导致产权不清晰。当初期的制度安排不能适应环境的发展变化，而逐渐失去其有效性时，票号决策层仍然墨守成规，并没有进行制度创新，错过了向现代银行过渡的三次机遇。

二 票号合组银行的机遇与尝试

19世纪末20世纪初，辉煌一时的山西票号向现代银行过渡的机遇曾出现过三次。第一次是1896年至1904年中国通商银行刚刚开办时，面对合股组建银行的建议，票号无动于衷；第二次是1908年至1909年蔚丰厚京都分号经理李宏龄等力主合组银行，但因来自票号上层的阻拦而烟消云散；第三次是1912年至1916年山西各票号迫于压力组建银行，终因为时已晚而归于失败。就事论事，变迁的失败似乎只是决策环节的失误，其实，票号内部制度，尤其是经理负责制、人身顶股制以及官款汇兑制在后期的无效性却是变迁失败的制度归因。它们作为核心制度安排，在票号发展兴盛过程中确实发挥了重要的作用，但笔者认为，也正是由于这样的制度安排在票号发展后期没能保证组织的有效性，致使制度与组织的互动机制失灵，阻碍了初级行动团体的出现，并使决策层错误地估计了制度变迁的成本和收益。

（一）第一次合组银行失败——初级行动团体的缺失

所谓初级行动团体是一个决策单位，它们的决策支配了制度安排创新的进程，这一单位可能是单个人或由个人组成的团体。从某种意义上讲，初级行动团体是作为创新的发起者存在的，而当1896—1904年中国通商银行开办，清政府邀请山西票号合股时，却无人承担"初级行动团体"这一角色。

究其根源离不开深层的制度性原因：制度的内在机制能够使组织不断地吸收，学习企业赖以生存和发展的新技能、新知识、新方法，并渐进地改变原有制度。一种有效的制度安排可以为人们提供一种宽松的制度环境，使人们能够在经营环境变化的时候，根据效率最大化原则进行选择和创造，这其中"学习"成为利用新的知识、方法、技以改进原有制度过程的关键一环。而山西票号之所以拒绝清政府合组银行的提议，是由于其内部制度导致了决策层创新能力的逐步弱化，阻滞了初级行动团体的形成。山西票号的总号经理是组织架构中的权力中心，他不仅全盘负责总号的一切事项，而且统领各个分号的经理，其他经营者没有发言权，票号内部出现了典型的"人治"局面。

摩擦制度经济学认为：企业家能获得什么样的知识，是特定制度结构决定的，或者说，制度结构圈定了企业家选择知识的范围，如果说特权能够赚钱，那么人们就会努力获取与权力有关的知识。诺思认为，人类从落后走向文明是不断学习的结果，人类走向更加有序的过程实际上就是制度形成的过程，学习需要形成一个用以解释所感知到的各式各样的信号结构。19世纪中后期，随着列强对华侵略战火迭起，西方一些先进的企业管理制度形式随着战争的炮火也被引入中国，东南沿海在求强求富的思想支配下，仿照西方开办近代工业，开展了轰轰烈烈的洋务运动，而山西票号的决策者们面临许多新的知识却无动于衷，仍然过度倚重清政府的政治特权，将这种异常紧密的关系锁定了半个世纪之久。

山西票号所经营的各项业务都与封建政府及官吏息息相关，丰厚的利润使山西票号的决策者们密切关注着官场的变幻和官吏的升迁，并投入相当大的交易成本来维系这种畸形关系，从而使票号逐渐脱离了它赖以生存的商品经济，被纳入封建政府的财政体系中。长此以往，市场的变幻，竞争者的动态，经营管理制度的创新对票号而言已变得不重要了，山西票号最终沦为清王朝的殉葬品。

（二）第二次合组银行失败——次级行动团体缺失

诱致性制度变迁是指自发性制度变迁形式，它的许多特性都与制度变迁的次级行动团体有关。与初级行动团体不同，次级行动团体是作为制度变迁的决策者而非创新者出现的。既然创新的团体是由不完全理性的人组成的，那么，具有不同经验和在结构中具有不同作用的个人，对制度创新的理解和认识也不同，这就必然导致诱致性制度变迁中的时滞问题。

在山西票号制度变迁的过程中，第二次合组银行正是由于组织内部各利益主体无法达成一致意见导致合组计划付之东流。

第一，19 世纪末期，国外银行的涌入、国内官办银行钱号的兴起分割了票号的国内市场的存汇业务，大大动摇了山西票号在金融界的统治地位。自清政府 1897 年在上海开设第一家官办银行——中国通商银行后，官银行号又夺去了票号大部分的公款存汇业务。在相当部分的利润来源遭到重创后，1904 年，处于竞争前沿的山西票号中下层职工意识到了形势的严峻性，以山西票号京都分号经理李宏龄为首的中下层职工组成了初级行动团体，发出了票号合组银行的倡议。

新制度经济学认为：所谓潜在利润，即在已有的制度安排结构中无法获取的利润，除非把原有 A 制度变为 B 制度，因为这种利润存在于 B 制度之中。而银行这种制度形式无论从风险抵抗能力，还是规模、交易费用来看，与票号相比都具有相当的优势，而这三者恰恰是新制度经济学中所述的潜在利润的来源。

首先是风险防御能力。新制度经济学认为：在制度变迁过程中，如果新的制度形式具有风险防御能力，潜在利润就会随之产生。合组银行比票号具有较强的风险防御能力，原因在于银行属于有限责任制，而票号却是无限责任制。李宏龄等倡议者认为，银行的制度形式不仅可以在变幻的市场中保持自身的规模和实力，而且在金融领域可取得较高的信用度。遗憾的是，合组银行的建议终被高层决策者驳回，以致数年后这样的预测竟成现实——票号在清末的金融危机中势如山倒，一败涂地。其次是资本规模对企业发展的约束。山西票号在当时的金融界虽举足轻重，却是"一姓之本，即使合股亦不过三五家合开"[①]，倘若"晋省银行一设，堪为银行中之一巨擘……利权不至外泄，存款亦易招徕……无

---

① 李宏龄：《同舟忠告》，1917 年太原监狱石印，第 68—69 页。

票号之害，有银行之益"①。"票号之害"无非是指票号由于资本规模狭小而导致经营业务范围受到限制，"存款至多向不过四厘行息，而银行则可得五六厘。放款者以彼利多，遂提我之款移于彼处……资财雄厚，有余则缩减利息散布市面，我欲不减不得也。不足则一口吸尽，利息顿长，我欲不增又不得也……自非结成团体，自办银行，不足以资抵制……盖开办银行，如押款、担保等事，票号所不便为者，银行皆照例为之"。②

基于初级行动团体意识到合组银行的潜在利润，以李宏龄为首的倡议者就银行合组过程中的具体细则做了计划。③ 可见倡议者对于合组银行并非一时兴起，这些票号中下层的员工久涉商界，阅历资深，处在竞争前沿，对局势变迁了然于胸，所以才能做出详备的筹划。

第二，次级行动团体对成本错误估计。诱致性制度变迁的主体是个人。山西票号合组银行的第二次机遇中，票号内部就存在这样的压力集团，以蔚泰厚票号总经理毛鸿瀚为首的决策阶层就充当了这样的角色：出于对原有制度安排下自身利益的过分计较，错误地估计了变迁过程中的成本，致使合组银行之议烟消云散。票号内部实施高度集权的总经理负责制，总经理是这个组织架构中的权力焦点，他不仅负责总号的一切事项，而且统领各个分号的经理，而过分集权的制度有时会使当权者把自己的利益置于组织利益之上，成为制度创新的阻碍。组织制度中没有一个合理有效的制衡机构，就极易导致不负责任的决策。在票号合组银行预期成本的核算过程中就出现了这种情况。

一般来说，新制度经济学中制度变迁的成本至少包括：规划设计、组织实施的费用，消除旧制度的费用，消除制度变革阻力的费用，制度变革及变迁造成的损失，实施成本，随机成本。其中，人们为制定、学习、实施、适应新规则所必须支付的时间和物质耗费称为技术成本。由于19世纪末官办银行的创立和西方银行的涌入，票号有蓝本可依，因此以李宏龄为首的倡议者普遍认为合组银行只是扩大资本、变迁少数规则的事，在技术上容易实施，这在票号筹组银行的各类信函中也可看到。由于票号内部实施家长制的决策方式，形成了经理负责制、人身顶股制为主的旧制度安

---

① 中国人民银行山西省分行、山西财经学院、黄鉴晖编：《山西票号史料》（增订本），山西人民出版社2002年版，第395页。

② 李燧、李宏龄：《晋游日记·同舟忠告·山西票商成败记》，山西经济出版社2003年版，第183—186页。

③ 同上。

排下特定的利益归属格局,从而使票号掌柜在筹组银行的过程中过高地估计了变迁的交易成本。所谓交易成本是指创新过程中发生的人与人之间的利益冲突所造成的经济损失。在合组银行支付的各种费用中,以毛鸿瀚为首的总经理阶层的非经济损失在创新成本中占有很大权重。他们过高地估计了创新中个人名誉、地位、获利机会的损失,产生了过分的"路径依赖性",以致"不顾号事之隆替,股东之生死",① 对合组银行之议百般阻挠,使之破产。

(三) 山西票号第三次合组银行的尝试

19世纪末20世纪初,中国政治和经济处于多事之秋。国内兴办了一批中外合办银行与官办银行,原有的金融力量开始多元化。面对骤增的竞争压力,山西票号经营者对制度变迁的预期收益及成本的认识发生变化,遂进行了合组银行的第三次尝试。

20世纪初民族工商业凋敝不堪,票号业务锐减。作为调剂资金融通的机构,票号与商务兴衰息息相关,"未有商务衰而票号能独存者"。② 其时,外商银行林立,对票号业务大肆侵夺。据史料载:"现在西人在华设立银行,华人皆趋之若鹜。华人不信存地之钱庄,而信外国之银行者,以其本大而可靠,牵制多而不易倒闭也……公积又如此之多,获利之厚可想而知……各票庄无不仰其鼻息。"③ 同时,一批官办、官商合办的华资银行兴办,其官款承汇业务尽为所夺。从1898年成立第一家华资银行——中国通商银行到1911年的短短十余年间,国内兴办了20余家华资银行。由政府倡导设立的这些银行夺去了票号大部分的公款存汇业务。

外国银行由于具有雄厚的资本和较为先进的营业方法,信用大增。"我国民商存款于各号庄者人人自危,念及本国既无法律之保护,于是相率提款,愈数存放于汇丰、道胜等外国银行。外国银行既吸收我存款,辗转放之于华商存款息不过一二厘,放款则息至一分余,一转手间获利无算。"④ 这种状况对于本来就处于风雨飘摇的票号来讲,无异于雪上加霜,自此社会各界和票号中人竭力呼吁合组银行以自救。

---

① 李燧、李宏龄:《晋游日记·同舟忠告·山西票商成败记》,山西经济出版社2003年版,第183—186页。
② 李宏龄:《山西票商成败记》,1917年太原监狱石印,第2—4页。
③ 《中国宜设银行论》,《申报》1896年7月26日。
④ 《御史陈善同奏折》,宣统三年五月二十四日,《军录》货币金融专题。

山西票号在前两次合组银行的过程中，由于票号组织成员中对收益—成本的预期不一致，导致计划落空。但当1912—1916年第三次合组银行时，票号面临着生存的挑战，内部思想基础一致，对银行设立后的收益做出了客观预期。

经各地票号调查会商，1913年大家合议决定组建普通商业银行，定名为"汇通实业银行"，订立章程6章18条。章程规定：汇通实业银行一切照公司法办理，为股份有限公司，暂定资本300万元。资本分为新股和旧股两种，新股是新募股份，旧股是各号存款中愿将存款转作资本的那一部分。大家集议决定，新股部分由票号公派代表6人赴京与政府磋商，拟向政府借贷若干或由政府担保向外商贷借资本，"以便周转，而固信用"。① 票号代表于1914年1月初到京后，向北洋政府提出："拟向工商部借款500万，由16家票号连环互保，自成500万，合成1000万，组织一大银行，一面扩张营业，一面清理旧债。"② 另外，票号不经政府担保，息借外债，"合各票号为一大新式银行，旋奥国借款成立，总额二千万法郎，三十年为期。不幸欧战发生，此借款竟归失败"。③ 于是，又向美国银行团借款，美国银行团复函："倘该银行团不能于借款所办之实业内，得有相当之利益，或如合同第二条所载，以某省征收之地税作抵押品，若无收此项地税之条款载明，所提借款一事，断难先行。"④

奥国借款因第一次世界大战爆发而流产，美国借款又遭拒绝，无奈之下，票号向山西省政府催还昔日的路矿借款。票号希望利用此款合组银行，不料，山西巡按使金永根本不考虑票号实际困难，以"碍难照准，不得批议"为由，草草了事。催还借款一事自此杳无音信。为情势所迫，山西票号又拟邀财政部附官股，但亦遭拒绝。自此，票号筹款事宜未能成功，资本无法筹集，计划落空，合组银行各项章程遂成一纸空文。

山西票号第二次合组银行时，时人便洞察到"洋商银行现在只开于通商各口，然一二年后铁路大通，内地生意必为洋商所侵占。票号若不及时自奋早立根基，日后虽欲留一线生机亦不可得。如能趁洋人尚未侵占之时，早将银行设立，则洋人银行开设在后，我已先占胜着，而洋人

---

① 《救济金融声中之两借款》，《申报》1914年1月5日。
② 同上。
③ 东海：《记山西票号》，《东方杂志》第14卷第6号，1917年。
④ 同上。

不能越雷池一步矣"。① 票号仍可通过合组银行再造辉煌,成就"中国第一商业"②。但票号错失了这一改制机遇。时隔几年,通商口岸的外国银行势力扩大,成为中国重要的金融机构,逐渐蚕食了票号的营业,到第三次合组银行时,国内金融市场格局已全然改变。外商银行资本雄厚,抵御风险的能力强,存款利息较高,贷款利息较低,而且业务内容广泛,经营方法先进,能够"日日提息,随便提用"③。由此可以预见,即使票号合组银行计划得以实现,能够挽回的市场份额也极为有限。这时市场划分已定,遇此境况,连票号当事者都不奢望能够"恢复旧观",④ 只求尽力维持,不致全军覆没。

---

① 《劝设山西银行说帖》,《南洋官报》第112册,第5—6页。
② 李宏龄:《山西票商成败记》,1917年太原监狱石印,第2—4页。
③ 同上书,第10—12页。
④ 山西省商业专科学校:《晋商盛衰记》,第15—16页。

第三章

甬商钱庄业的发展历程

钱庄是中国传统社会中久已有之的金融机构，据考证其存续时间长达数百年。鸦片战争前，在全国各个通都大邑，钱庄通过规模不大且品种单一的业务活动，为前资本主义性质的商品生产与流通提供一些简单的金融服务，同时也部分满足了其他社会生活领域的金融需求。进入近代社会后，完全独立于本土传统经济体系的口岸经济形态的产生，为钱庄组织的业务推进与制度变迁创造了有利条件。在相继开埠的过程中，各口岸钱庄由于积极、主动地介入华洋贸易业务，因而与资本主义经济成分发生了较多的联系，经营范围扩大，业务品种增多，融资规模膨胀，最终导致其自身的性质也发生相应的转化，变成了具有准资本主义性质的近代金融企业，在中国经济近代化的进程中发挥了一定的作用。

甬商的钱庄业自明清时期就已有相当的发展，"信用最著，流通亦广"，其独创的"进出只登账簿，不必银钱过手"的过账制度以快速、方便而闻名全国。清同治年间，宁波即有拥资数万可以直接过账的大钱庄36家。到19世纪末20世纪初，甬商所经营的钱庄便执上海钱业之牛耳。当时上海形成的9大著名钱庄资本家集团中，甬商就占2/3强，起着举足轻重的作用。除上海外，甬商还在北京、天津、沈阳等地开设钱庄和设立分店，使全国各地钱庄声气衔接，形成一个巨大的汇兑网。

第一节 甬商钱庄业的发展区域

钱庄业是我国近代银行业兴起之前的主要金融行业。浙江宁波等地是我国钱庄业的主要发祥地。近代甬商经营的钱庄业，其足迹遍及全国。从今天的地理位置来看，甬商钱庄业发展的重点是以上海为中心的长江三角洲地区和北京、天津、汉口等中心城市，因为这些区域在当时是我国经济最为发达的地区。

一　以宁波为起点的长江三角洲区域发展

在甬商的形成以及发展进程中，早期甬商钱庄业务主要开展于浙江省境内的宁波、杭州、嘉兴、湖州等地。上述这些城市自明清甚至更早的时候就已经成为全国经济比较发达、贸易活动比较频繁的地域。正是在此基础上，这些城市也是国内较早出现金融业务的地区。

史料说明，宁波作为一个港口，由于自身特殊的地理位置，在明清时期已经是浙东重要的商业中心和沿海贸易中心，并参与了中国东部沿海的长距离贸易。其船运业、南北货业和海产业等商业都有较大的经营规模，因而也需要经常调度金融资金，这样宁波商人在宁波本地也较早地兴办了钱庄业。一般认为宁波本地钱庄业大约产生于 18 世纪末 19 世纪初，当时的宁波"俗纤俭，工度著，拥巨资者，率起家于商，人习踔远，营运遍诸路，钱重不可赍，有钱肆以为周转"。宁波钱庄的东家多是富商大贾，资财雄厚。在鸦片战争以前，宁波已经是长江下游地区一个重要的金融中心，因此，甬商金融业务早期的活动地域也以此为中心，其钱庄经营以宁波为基础，向周边地区扩展。1844 年开埠以后，由于宁波邻近上海，因而与沪上的金融联系十分密切，有不少本地富商大户前往上海开设钱庄，逐渐形成了著名的"甬商"，其实力稳居上海钱庄业的各帮之首。

从今天对长江三角洲范围界定来看，其地域西起镇江，东临大海，北至通扬运河，南达杭州湾，面积 99698 平方公里，包括上海市的全部，江苏省的南京、无锡、常州、镇江、扬州、南通、泰州以及浙江省的杭州、宁波、嘉兴、湖州、绍兴、舟山等城市。这个地域面积占全国的 1%，却是人口最稠密、经济发达、发展前景好的城市经济区，令实业家瞩目。在明清时期，这些城市相互之间由于地域相连，因此，经济上往来密切，已呈现出城市群的雏形。正是由于这一特殊历史原因，甬商与周边的这些城市不仅从血缘上有着亲密的关系，在经营活动中也有着稳固的关系。因此，甬商的足迹也遍及这一带。

杭嘉湖平原位于钱塘江—杭州湾以北、太湖以南，属长江三角洲南部，也是经济比较发达的地区。近代以来，甬商实业家在杭嘉湖地区投资设厂，创办近代企业，其首要目标是杭州。早在 19 世纪晚期，在杭州就有很多宁波商人。《浙江潮》说:"杭州、温州,凡上等商社会,皆宁人也。"① 杭州钱业公会就是由宁波商人发起创立的。惟康钱庄经理、慈溪人宓廷芳担任首任会长。

早在同治、光绪年间,宁波商人在杭州就开有慎裕、豫和、庚和、阜生、阜源、和庆、元大、惟康、介康、寅源、崇源、仑源、垫源、聚源、同源、益源等近20家钱庄。② 其中慈溪的董耿轩家族在杭州开设阜生、阜源等钱庄;镇海的方氏家族在杭州开设慎裕、豫和、庚和3家钱庄;叶氏家族在杭州独资开设和庆、元大钱庄2家;鄞县的赵占缓开设寅源、崇源、益源等钱庄。慈溪人宓廷芳曾任杭州惟康钱庄经理,又在杭州开设瑞康、同康等钱庄。镇海人张忍甫从小由母舅叶琢堂抚养,16岁到杭州万兴钱庄当学徒,后到寅源钱庄当跑街。积累资本以后,张忍甫在杭州开设诚昌钱庄,聘一人任经理,自任副经理,掌实权。后凭其经营的经验,驾轻就熟,业务大振。他又先后集股增设亦昌、同昌钱庄,与诚昌鼎足而立,"分居杭州的上、中、下三地区,发展各区存放业务,亦各聘经理分主其事,而自任三庄的副手,大权操于己手"③。

宁波商人在杭州所属的富阳、余杭、临平、临安也经营商务和创办实业。奉化人应梦卿,1916年与人一起创办余源钱庄,参与筹建余杭县商会、农会以及宁波旅余同乡会和宁波会馆。

嘉兴、湖州也是宁波实业家经营的地方,不少宁波商人在嘉兴和湖州经营金融业。湖州城区的钱庄,自清光绪中叶至辛亥革命止,有大同行钱庄5家,即信成、成记、德源、安豫、瑞益。其中信成钱庄由宁波商人投资,"宁波宓家大股,开设彩凤坊"。以后开设的庆余钱庄,其经理为余姚人王作霖。镇海的方氏家族不仅在湖州城区有钱庄,而且在南浔也有钱庄。

属长江三角洲北翼的南京、苏州、无锡、南通、扬州等城市,明清时期经济发达,是近代工业的发祥地。19世纪末20世纪初,南京商贸繁华,是宁波实业家经营的重要地区。镇海方家、李家、慈溪董家在南京经营钱庄。宁波商人孙敏豪、张韵楼、裘锌乡、陆焕章等人经营银号。1902年南京成立四明公所,1935年创建南京宁波旅京同乡会。

宁波人在苏州经营的金融业,主要是银行业和保险业。早期的苏州钱庄

---

① 匪石:《浙风篇》,《浙江潮》第4期,1903年5月。
② 孙继亮:《民国时期杭州钱庄业研究》未刊稿。
③ 潘益民:《张忍甫与旧杭州"中央银行"》,见《浙江近代金融业和金融家》,浙江人民出版社1992年版,第104页。

经营者多为晋商，五口通商后，苏州不少实力雄厚的商人也经营钱庄，程卧云是重要代表。他所创办的顺康钱庄和协大钱庄参与管理的主要是宁波人。顺康钱庄于1905年创办，成立时资本为2万两，同年8月增加资本2万两，计4万两，到1925年资本增至50万两，在上海滩很有影响。这家著名钱庄的经理是慈溪人李寿山，他自1905年起一直任经理，至1937年达32年之久。① 秦润卿长期在程氏创办的苏州协源钱庄工作，做过学徒、账房、信房、跑街等直至经理。

另外，宁波商人在无锡、常州、镇江、南通、扬州等地也都有钱庄业务。比如，方家的钱庄在扬州、镇江就有不少业务。

二　北京、天津及汉口等北方城市的业务开展

中国历史上的经济中心大致是由北向南转移的。因此，中国近代长江以北的许多城市商业发达，其代表是北京、天津及汉口。尤其是北京，由于明清皇朝所在地这一特殊因素，使北京近代初期处于全国政治经济中心的地位，其商贸经济也因此繁荣。北京是当时全国开设钱铺最多的城市，至道光二十年（1840）三月，"京城内外钱铺不下千家"。② 很早就有宁波人到北京开设钱庄，清康熙六年（1667），慈溪、余姚人已在北京创建银号和钱庄业的行会组织"正乙祠"。③ 北京著名的"四恒钱庄"——恒利、恒兴、恒和、恒源，设在城内东四牌楼各路口，历史悠久，势力最大，多数由慈溪人投资。根据史料，"四恒者，恒兴、恒利、恒和、恒源……已二百余年，信用最著，流通亦广"。④ "四大恒"经营存放款业务，不仅为工商业融通资本，"凡官府往来存款及九城富户、显宦放款，多倚为泰山之靠"。⑤ 在清内务府档案中，就记载了内务府广储司银库向恒利等钱铺借款的事实。内务府银库借款，月息多数为八厘，少数一分五厘。借款时，从借款内先扣四五个月的利息挨各省上解经费到来拨还。名义是内务府广储司银库借款，利息则从各衙门所领经费内扣除，等于各衙门借款付息。据现存档案，最早一笔借款，发生在光绪十五年五月十九日（1889年6月17日），向恒利、恒兴、恒和、恒源四家钱庄借银23万两，向华瑞金店、大元炉房、泰元钱铺借银

---

① 中国人民银行上海市分行：《上海钱庄史料》，上海人民出版社1960年版，第741页。
② 清档，御史祥璋道光二十年三月二十九日奏折。
③ 李华：《明清以来北京工商业会馆碑刻选编》，文物出版社1980年版，第11页。
④ 陈夔龙：《梦蕉亭杂记》卷一，北京古籍出版社1995年版，第15页。
⑤ 崇彝：《道咸以来朝野杂记》卷一〇四；转引自叶世昌《从钱铺到钱庄产生》一文。

6.3万两,共计29.3万两。① 此后,恒利和泰元两家钱铺,成为内务府的财政支柱,曾任清廷京兆尹的陈夔龙在《梦蕉亭杂记》中记叙光绪二十六年(1900)八国联军进犯北京情况时说:"'四恒'者均系甬商经纪,开设京都已二百余年,信用最著,流通亦最广,一旦停业,关系京都四十万人财产、生计,举国惶惶。"② "四大恒"俨然是清廷外库。据史料记载,光绪十七年至二十六年(1891—1900),向恒利借银5104109两,向泰元借银1161542两,除已归还者外,尚欠恒利371600两,欠泰元118030两。③

天津与北京地理上相连,位居华北要冲,是近代中国北方的商贸中心,也是近代甬商在北方的大本营。天津在鸦片战争前是一个屏藩京师的军事重镇,又是一个以盐业和转运漕粮为主要经济支柱的传统商业城市。1861年开埠后逐渐发展成为北方的重要通商口岸。随着商业的繁荣,以提供短期商业贷款为主的钱庄业也日益兴旺发达,1867年大约有钱庄100家,资本总额共计60余万两。其中资本在1万两以上的有40家,在当时可称为大钱庄;资本额在4000两左右的有40家,其余20家小钱庄的资本额各在2000两左右④。这些钱庄大都签发票据,提供信用支持,为促进本地商品流通服务。据天津海关记载,天津开埠以后,"以掮客为业者,通常都是宁波人"。其中不少人成为外商买办,他们大都投资近代企业与金融业。严信厚在天津东门里经司胡同自设同德盐号,经营盐业,积累了不少资金,又设源丰润票号天津分店、老九章绸缎天津分店,并开设物华楼金店,经营金银珠宝,营业发达,"十余年间,集资以百万计"。⑤ 叶澄衷于1878年在天津开设老顺记分号,并附设信裕公司,专做军服,还兼营地产买卖,图得厚利。王铭槐不仅在天津从事地产买卖,还大做军火、军服及机器生意,开设胜豫银号于估衣街,对甬商在天津的商业活动起了一些推助作用。

号称"九省通衢"的汉口地处南北连接的中间地带,较早发展成为中国南北交易的中心,也是近代甬商在华中地区活动的中心。汉口历来为内地重要的商埠,同时也为金融业的集中之地,是沟通长江中下游地区资金往来

---

① 清内务府广储司档:《立借各商号银两簿》卷号2822,中国第一历史档案馆藏。
② 陈夔龙:《梦蕉亭杂记》,北京古籍出版社1995年版。
③ 清内务府广储司档:《泰元号垫款簿》《恒利借款》《恒利号借款还款簿》《银库奉堂谕借款簿》卷号2820、2821、2823、2827、4555—4560,中国第一历史档案馆藏。
④ 《字林西报》1867年10月15日;转引自张国辉《晚清钱庄和票号研究》,中华书局1989年版,第33页。
⑤ 沈雨梧:《浙江近代经济史稿》,人民出版社1990年版,第168页。

的枢纽。汉口钱庄创始甚早，大约在清道光末年已经发展成为一个独立行业。据19世纪60年代的一项调查报告称，在太平天国运动波及此地之前，"汉口是以一个完整而富裕的银钱业体系而自豪的"商埠[①]。1861年开埠后，在对外贸易不断发展的刺激下，汉口钱庄业务迅速扩张，到70年代末资力较大的钱庄曾达到40家。但此后由于汉口兴盛一时的茶叶出口贸易受到重大挫折，茶行纷纷倒闭，牵连到为其融通资金的钱庄，到80年代末又减少至24家。与此同时，资力较小的钱庄反而有所增加，这是因为大茶行倒闭后又出现了许多小茶行，为其融通资金的小钱庄便应运而生。90年代以后随着"英人于扬子江商业势力扩充，外货竞相输入，出口原料亦渐次输出"[②]，钱庄业务重又开始活跃起来，并出现了规模更大的钱庄，至1908年时汉口钱庄总数达到121家，每家资本额从2万两至6万两不等，一举跃上清末最高峰。[③] 1858年汉口开埠前，就已有许多宁波商人开展商业活动，更有不少甬商实业家在汉口开办钱庄。比如，镇海方家在汉口有钱庄1家，慈溪董家在汉口有钱庄1家。为了联络同乡、维持商业，于乾隆年间成立了浙宁会馆，1909年改为宁波会馆。余姚人宋仪章曾任汉口义源钱庄经理，兼任汉口美国花旗银行买办。1931年宋仪章又开设震记钱庄，由他的儿子宋百传任经理。

此外，宁波商人还在青岛、济南、郑州等地广泛开展钱庄业务活动。

三 甬商钱庄业务重心移至上海

在近代中国，通商口岸的辟设是西方列强诸国使用武力对主权国家进行侵略的产物，但也为中国与世界各国进行各种交流提供了必要的地域空间和全新的制度规范。开埠以后，随着中外贸易规模的扩大和其他经济交往范围的拓展，首先产生了享有许多政治特权的外资经济系统，尔后在其刺激与示范作用下，本国的新式经济系统也逐渐发育、成长起来。最终两大不同资本性质的现代经济系统完全交织在一起，形成了独具特色的口岸经济。其中上海是中国最大的口岸城市，拥有最大规模、最为完备和最为开放的口岸经济形态。

鸦片战争之前，钱庄主要分布在传统的商业城市，而四方来朝、商贾云

---

① 《英国领事报告·汉口》，1869—1871年，第191页；转引自张国辉《晚清钱庄和票号研究》，中华书局1989年版，第32页。
② 《汉口钱业之概况》，《银行周报》第5卷第13号，1921年4月21日。
③ 皮明庥：《近代武汉城市史》，中国社会科学出版社1993年版，第160页。

集的北京则为其活动中心。鸦片战争以后,新兴的资本主义工商企业一般集中在通商口岸,被钱庄视为融通资金"不竭之源"的外国银行也全部设在这些口岸的租界内,同时由于租界的政治局势相对安定,每逢战乱期间都会涌入一批来自周边地区携金裹银的逃难富商。这一切为通商口岸,尤其是租界内钱庄业的兴起提供了足够的营业对象、稳定的经营环境和重要的资金来源。于是,通商口岸的钱庄业便率先发展起来。毫无疑问的是,中外贸易急剧扩张的刺激与推动,成了促使钱庄趋于兴盛并引致诸多变化的主要动力。近代中外贸易业务的特点之一是外国商品进口地点的集中化,尤其是集中于上海一地,同时在土产品外销和工业品内销过程中形成了若干重要的集散地,如汉口、天津、宁波、镇江、九江、重庆等,而这些城市都相继成为开埠口岸。因此,通商口岸,尤其是租界内钱庄业的兴起,使中国钱庄的地域分布发生了重大的变化:其一,通商口岸钱庄的发展速度很快超过了其他地区;其二,在通商口岸内部钱庄的重心逐渐由华界向租界转移;其三,在通商口岸中已经出现上海这样集中了众多钱庄机构的大城市,其金融地位日渐凸显,为日后向全国金融中心发展演变奠定了初步的基础。

上海地处中国"黄金水道"——长江的入海口,地理位置十分优越。广阔而富饶的腹地为上海提供了丰富的土产,又可以依赖便利的地理条件大量从上海运往各地。鸦片战争后,上海开埠通商,外国资本云集、民间资本雄厚。上海在19世纪后半叶时,已经成为中国最大的通商口岸,外贸占全国外贸总额的比重,从19世纪60年代起长期在50%以上,1907年以后虽然由于其他口岸的发展,这一比重有所下降,但是仍然居全国第一,一般年份多为40%—45%。在外贸的带动下,到20世纪初期时,上海已经成为全国近代化进程最快的城市:它是全国近代工业中心,也是全国最大的内(外)贸易中心;它有全国最大的港口,有全国最先进的城市设施;铁路和公路使它从陆路通往江浙以及更远的内地,内河、长江、沿海和外洋四大航线,使上海通过水路与国内外相连。20年代龙华机场和虹桥机场的修建,又使上海进一步跨入了水、陆、空立体交通的时代。北洋政府统治时期,上海是全国南北两大金融中心之一。国民政府执政期间,由于上海金融业界人士与蒋介石政府的联系,也使得上海的金融业获得空前的发展。

上海钱庄的历史可追溯至清代乾隆年间,据记载当时已有内园钱业公所的设立,不仅说明钱庄产生的时间早,而且表明钱庄数量达到了一定规模。所有钱庄依据资本额的大小,分为汇划庄和非汇划庄两种类型。其中汇划庄的资力雄厚,必须加入钱业总公所,主要从事存放款、贴现汇兑以及签发庄票等业务，并发行银票、钱票和代收票据。非汇划庄的资力薄弱，不能加入钱业总公所，业务范围十分有限。在1843年开埠以前，钱庄全部集中在南市（上海县城）。开埠后，特别是随着外国租界的建立，很快形成了北市，其繁华程度与日俱增，钱庄也从无到有，并且表现出后来者居上的趋势，数量与规模很快超过了南市。在此过程中，有部分南市钱庄逐年迁集租界，而更多的则直接在租界设立。"租界既辟，商贾云集，贸迁有无，咸恃钱业为灌输。"① 国内外贸易的逐步扩大，促进了钱庄业的发展，1858年上海的南、北两市约有钱庄120家，其中汇划庄70家，规模较大的有8—10家，每家资本额大约在3万—5万两。尔后上海一跃成为国内最大的对外贸易口岸城市，钱庄的发展更为迅速，到1873年共有汇划钱庄123家，达到前所未有的高峰。在上海成为全国对外贸易中心的同时，上海钱庄在全国的地位也日渐突出，一些大钱庄与其他主要商埠的钱庄建立了联号关系，以加强相互之间的业务往来；而外地钱庄也有来上海设立派出机构的。1856年自上海决定采用九八规元为虚拟记账单位后，上海与外地的商业性汇兑逐渐兴盛起来，一个以"申汇"为信用工具的国内资金汇兑网络最终形成，极大地加强了上海与外地的金融联系。

上海近代以来的快速崛起，令商机敏捷、精明活络的甬商实业家十分向往。因其条件优越，"自上海发达，交通日便，外人云集，宁波之商业，遂移至上海，故向以宁波为根据以从事外国贸易之宁波商人，亦渐次移至上海"。② 另外太平天国在浙东的战事，也促使大量的宁波钱商赴上海经营。据《上海钱庄史料》记载，"从19世纪后半期到20世纪初叶这一时期中，上海拥有四家钱庄以上的，有九大钱庄资本家家族集团，即镇海方家、镇海李家、苏州程家、慈溪董家、镇海叶家、湖州许家、洞庭山严家、宁波秦家、洞庭山万家"。其中甬商就占了五家半（湖州许家与另一个镇海叶家合作）。从钱庄经理人才来看，甬商也占优势。不但甬商的资本家家族所开钱庄的经理都是宁波人，甚至苏州籍资本家所开钱庄也用宁波人当经理，最显著的例子是秦润卿一直是苏州程卧云、程觐岳父子所开的钱庄经理。富于经商传统的甬商实业家，敏感意识到近代上海崛起的地位和作用，抓住上海开埠发展的机遇，抢滩大上海，先在沙船、商业，后在金融、工业、交通、房地产、医药以至文化教育等领域做出了应有的贡献，而在左右近代上海经济

---

① 《上海县续志》卷三，1918年刊行，第1页。
② 杨荫杭：《上海商帮贸易之大势》，《商务官报》1906年第12期。

的贸易、航运、金融方面更是独占鳌头。根据史料的不完全统计，从开埠至1937年，沪地仅宁波商人先后开设或出任经理的重要的钱庄、银行、保险公司、交易所就有105家，① 创办各业重要工业企业101家，参与投资创办的驰名商号28家。可以说是激活了上海的近现代经济。与此同时，涌现出严信厚、叶澄衷、虞洽卿、朱葆三、周宗良、刘鸿生、孙衡甫、俞佐庭、贺延芳、方液仙、项松茂等一大批著名企业家。

"20世纪二三十年代是旅沪宁波人势力极盛之时，他们以宁波旅沪同乡组织为基础，充分发挥其擅长经商的才能和优势，逐渐渗透到上海经济的各个领域，在上海金融、航运等行业中，宁波人更是占据了举足轻重的地位。""此时，以贸易为先导，金融为依托，航运为纽带，工业为基础的商人集团——'甬商'发展成熟，并驰誉海内外。"②

早在明代，宁波商人在双屿、烈港、岑港等地与国外商人贸易，明政府摧毁这些走私贸易的基地后，不少商人就外出经商。到了近代，宁波人去海外的更多。民国《鄞县通志》就说："至五口通商后，邑人足迹遍履全国、南洋、欧美各地，财富日增。"

宁波商人的足迹遍及港澳台及海外，走向世界各地，并且对这些地方的经济起飞都做出了不同程度的贡献，尤其对香港的贡献甚大。从当时的情况来说，甬商初到这些地方，都是新来乍到，白手起家，从零开始，然而能够在海外一鸣惊人，业绩辉煌，在今天看来也不能不说是个奇迹，甬商付出了艰辛的努力。

第二节　上海甬商钱庄业的历史变迁

上海，以商兴市。由于它得天独厚的地理环境：三江（吴淞江、黄浦江、长江）汇合，四海相接，外通五洲，内连九派，舟船辐辏，万商云集，内外贸易发达，市面繁华昌盛，到20世纪30年代，曾被称为"远东第一"，是上海开埠后的一个"鼎盛时期"。"千年中国看北京，百年中国看上海"，百年上海浓缩了百年中国的历史，并成为近代中国的象征。

上海在南宋就成为沿海贸易的港口，"海舶辐辏""蕃商云集"是对它的写照。这里是五大航线的交织处，是众多货物的集散地。鸦片战争前夕，

---

① 李瑊：《上海的宁波人》，上海人民出版社2000年版，第20页。
② 同上书，第34页。

它的贸易量已与运河南端的重要商埠仪征和长江中游重镇汉口并驾齐驱。在这些商品交易中，需要钱兑汇划和资金调度。金融与贸易如影随形，金融业"只需要批发商业的存在，进一步说，只需要商品经营资本的存在，就可以发展起来"。① 各地"富商巨贾，操重货而来市者，白银动以数万计，多或数十万两，少亦以万计"。② 这些客商，需要把携带的巨额银两换成小额的银两和铜钱，而本地商人也需要把涓细之款集成整数，这样就会有一系列的出纳、兑换、汇兑和保管的业务需要货币经营业来完成，"货币的收付、差额的平衡、往来账的登记、货币的保管等，已经同使这些技术性的业务成为必要的那些行为分开，从而使预付在这些职能上的资本成为货币经营资本"。③ 货币所有者投资于这种独立的货币经营业，便产生于早期的上海钱庄。

一 辛亥革命前的甬商钱庄业

上海钱业历史悠久，据有关史料显示：在上海邻县的常熟，明万历年间（1573—1619）便有了"钱肆"（钱庄的一种名称）的记载。当时上海经济发达程度至少与之相仿，所以上海钱业兴起的年代至迟应该在明末清初。④ 上海开埠之前已有宁波人在此设立钱庄。早在开埠前，沪上钱庄业已发展成为一个具有相当规模的独立性行业，钱业公所于乾隆四十一年（1776）即已建立。虽然反映此时宁波人在上海活动的资料较少，其从事钱业的记载更付阙如，但从有限的材料来看，此时宁波人在钱业方面颇为活跃。1830年前后，经营糖行和丝号致富的方介堂的族侄方润斋在南市设立履和钱庄，称为南履和（后改组为安康钱庄）。当时钱庄规模较小，存放款仅六七万两。上海开埠后，方家又在北市设立北履和（后改组为寿康钱庄），专营钱庄业务，不再兼营他业。后来方家钱庄续有添设和改组。"钱业为南北市巨擘，而起点则七老板也"（当时上海人称方润斋七弟方性斋为方七老板）⑤，可见"镇海方家"不仅是上海钱业的开创者，亦是沪上钱庄家族集团中卓有势力和声誉的一家。

上海开埠后，宁波商人更是积极跻身于钱业的发展。随着上海的开埠，

---

① 《马克思恩格斯文集》第7卷，人民出版社2009年版，第362页。
② 叶梦珠：《阅世篇》。
③ 《马克思恩格斯文集》第7卷，人民出版社2009年版，第353页。
④ 冉建新：《钱庄与洋商银行》，《中国档案》2003年第3期。
⑤ 张美翔：《宁波人开风气之先》，《宁波文史资料》第15辑，第127页。

丽如、麦加利、汇丰等外国银行先后设立，作为旧式金融机构的钱庄非但没有因此衰落，反而有所发展，这主要是因为钱庄适应了当时社会经济发展的需求。上海开埠初期，初来乍到的外商对中国传统的交易方式、市场行情均极生疏，特别是实行商业清算、调拨资金更需金融媒介的帮助，于是钱庄便首先成为其利用的工具，在中外商人及上海与内地之间起着融通资金、业务结算的联结器作用。其次，由于各地大小官绅皆携资至沪上避乱，为上海钱庄的发展准备了资金条件。另外，钱庄为求自身生存与发展，也与洋行或外国银行建立了密切的业务联系，不仅一些钱庄老板一身二任兼当买办，还以钱庄庄票为抵押，引导外商银行对钱庄短期放款，使资力相对弱小的钱庄得以借助外国银行融通资金。

从19世纪50年代中叶起，随着上海在国内外贸易中地位的上升，九八规元虚银本位制[①]的确立，北市钱业会馆的设立，使上海钱庄进入了一个新的发展阶段。这时的钱庄表面上虽然未突破传统的兑换、结算和存放款三项业务，但以其经营范围以及在商业中的实际作用而言，都已发生了重大变化。此时钱庄的存放款业务开始与近代工商业发生联系，钱庄资本逐渐与近代工商业资本相融合；钱庄的业务经营手段亦始近代化，如近代汇划制度的形成，成为我国票据交换的雏形。总之，在19世纪末20世纪初，由于外资银行的初来乍到，本国银行的迟未兴起，加之中国商人"唯钱庄之是赖"的传统习惯支配，钱庄在货币兑换、发行庄票、承办汇兑、贴现票据等方面执行着金融枢纽的职能，对上海工商业，特别是对外贸易的发展起到重要的推进作用，在这种背景下，甬商自然没有落于人后。

在19世纪末上海钱庄业的发展中，甬商积极参与钱庄的投资、创办，其成果之显赫，以至此间有名的9家钱业家族中，宁波人就占了5家（镇海方家、镇海李家、慈溪董家、镇海叶家、宁波秦家）。如前所述，镇海方家早在开埠前就在上海开设南履和，上海开埠后，又在北市设立北履和。之后，方性斋又在上海遍设十几处钱庄。方家按其在宁波乡下居住房屋的新旧而有新方、老方之别。到1911年，新方（以方介堂为始祖）在上海所设钱庄如表3-1所列。

---

① 上海商界于咸丰六年（1856）为统一记账方式而采用的一种记账单位。规元是上海通用的一种虚银两，习久相沿，即成为上海唯一通行的记账虚银本位，无论中外交易及汇兑行市，均以此计算。其标准即元宝一只之重量，加以一水，以九八除之，所得之数，即上海通用银两的价格，亦即上海记账虚银本位之规元。在上海金融界，规元具有极为重要的地位，转账、汇划都以此为单位。

表 3-1　　镇海方家（新方）在上海所设钱庄概况表（迄止 1911 年）

庄名	起讫年月	附注
同裕	1870—？	方性斋创办
尔康	1870—1903 年前	方性斋创办
安康	1870—1950	由南履和钱庄改组而成，方黼臣创办，股本 2 万—4 万两，庄址宁波路 120 弄 26 号。董事长方哲民，经理应信森。1934 年资本为国币 24 万元，1936 年增至法币 48 万元
延康	1888 年前—1903 年前	方性斋创办
五康	1876—1903 年前	
汇源	1876 年前—1903 年前	
允康	1876 年前—1903 年前	
寿康	1866—1910	由北履和钱庄改组而成，经理屠云峰
安裕	1897—1950	与金山黄公绩及后裔伯惠、仲长、季玉弟兄合伙经营，方黼臣等创办。股本 12000 两，庄址宁波路 120 弄 19 号，董事长方季扬，经理刘召棠。1935 年后改为国币 70 万元
钧康	1904—1910	
承裕	1894—1942	与金山黄公绩及后裔伯惠、仲长、季玉弟兄合伙经营，经理谢纶辉
和康	1906—1910	
汇康	1870—1920	最先称义余钱庄，后改此名，方性斋创办
赓裕	1908—1950	与金山黄公绩及后裔伯惠、仲长、季玉弟兄合伙经营，由方式如、方季扬等创办，股本 24000 万两，庄址宁波路 120 弄 20 号。1937 年增资为法币 54 万元
庶康	1908—1910	
元康	1910—1911	方性斋创办
乾康	1910—1911	

资料来源：根据《上海钱庄史料》《上海金融业概览》《上海词典》《宁波金融志》等整理。

方介堂的族弟方建康（老方始祖）最初在上海创设泰和钱庄，随后建康之子仰乔继承父业经营钱业，并大事扩展，为老方大规模设立钱庄的开始。老方在沪设立的钱庄有：元大亨（1870—1911）、晋和（1904—1911）、元益（1904—1911）、会余（1905—1910）、敦和（1906—1912）、元祥（1907—1910）、益和（1909—1912）、森和（1910—1911）[①]。

另几家堪称上海钱业巨擘的宁波籍家族也开设了很多钱庄。镇海李家的

---

① 中国人民银行上海市分行：《上海钱庄史料》，上海人民出版社 1960 年版，第 732 页。

始祖李也亭经营沙船业起家。李家在 1911 年前开设的钱庄如表 3-2 所示。1911 年后，李家又与人合资开设渭源庄（1919—1922）、敦余庄（1923—1939）、恒巽庄（1931—1938）。

表 3-2　　　镇海李家在上海所设钱庄概况表（迄止 1911 年）

庄名	起讫年月	附注
慎余	1876 年前—1911	设于北市，经理郑朗斋、陆甸孙、朱桂生
崇余	1903 年前—1912	设于北市，经理袁联清
立余	1903 年前—1912	设于南市，经理林莲荪
同余	1903—1912 年前	资本额 30000 两，李屑清、王子展、谢纶辉等合股，经理邵燕山
会余	1905—1911	李泳裳、方蓉洲合资，经理楼心如
恒兴	1905—1936	资本额 100000 两，经理沈翊笙（1905—1935，其中 1912—1924 年为总经理）、王钦华（1912—1924）
仑兴	1906—1909	李如山为大股东，经理沈颂如

资料来源：《上海钱庄史料》第 735 页；《宁波金融志》第一卷，第 276 页。

慈溪董家始祖董棣林来往于东北、上海采办参药，由此积财，董的曾孙董仰甫于 1878 年在上海开设泰吉钱庄。以后董的后裔董子咸又在上海设会大钱庄，董慎甫设晋大钱庄。①

镇海叶家的叶澄衷以经营五金起家，以后所营各业遍布各埠，仅在上海就设有大庆元票号和升大（1897—1911）、衍庆（1908—1911）、大庆（1908—1911）各钱庄。以后叶家又和姻亲湖州许家（祖籍亦为宁波）合伙开设"四大钱庄"：余大、瑞大、志大、承大。②

除了上述宁波籍钱业家族在沪上所设的钱庄外，慈溪人严信厚因在天津经营盐业而积累了不少财富，其子严义彬于 1882 年在上海设立号称票号实则钱庄的源丰润票号，并在江南各省及京津两地设立源丰润分支机构 17 处，③ 由此建立起当时比较新式的金融网络，所获甚巨。至光绪二十九年（1903），上海南北市钱庄共 82 家，其中宁波籍 22 家，占 26.8%。④ 此时，宁波籍人士赵朴斋、张宝楚、庄尔芗、冯泽夫、袁联清、李墨君等人，都可

---

① 中国人民银行上海市分行：《上海钱庄史料》，上海人民出版社 1960 年版，第 743 页。
② 同上书，第 744 页。
③ 《旧上海的金融界》（上海文史资料选辑第 60 辑），第 7 页。
④ 《宁波金融志》第 1 卷，中华书局 1996 年版，第 6 页。

谓上海钱业中之宁帮领袖。①

虽然19世纪末20世纪初上海钱庄的发展较为兴盛，但因其自身的组织结构及经营特点而内蕴的危机，使其缺乏稳固的经济基础和社会基础，凡遇事变，便随之发生大波动。如始于1873年的因收购生丝而导致的倒账风潮、1883年因胡光墉经营丝业失败对钱庄的波及、1910年"橡皮股票"风潮及1911年清政府被推翻，历次金融风潮都使钱庄倒闭大半。宁波籍钱庄主自然也不能摆脱这一噩运，如慈溪董家的泰吉钱庄在1884年时因股票、房产跌价而停歇，会大、晋大两庄则于1910年"橡皮股票"风潮时收歇。源丰润亦受此风潮之余波的影响，存款支尽，放款难收。"唯有停止收解，清理归结。"② 镇海方家之新方所经营的各庄除了安康、安裕、汇康、承裕、赓裕五家继续经营外，其余都在1911年收歇。老方所营各庄损失更大，全部于1910—1912年停业。镇海李家、镇海叶家所经营的大部分钱庄亦难逃此劫，纷纷于1911年前后歇业。③ 值此萧条之际，1912年2月沪上南北市钱庄仅存的24家中（年末增至28家），就汇划钱庄来看，浙江籍20家，资本87.8万两，其中甬籍11家，资本44.8万两，所占比重分别为55%和51%。④ 依据现有史料统计，1912年上海甬商钱庄数及其资本额见表3-3。

表3-3　1912年上海甬商钱庄（限于汇划钱庄，非汇划钱庄不列入）

庄名	资本（万两）	经理	籍贯
赓裕	6	盛筱珊	慈溪
鸿胜	4	郑秉权	慈溪
豫源	4	罗樾卿 秦润卿	宁波 慈溪
安康	4	周仰赐	宁波
源升	2.4	周子文	宁波
鸿祥	2	邵兼三	宁波
安裕	10	王鞠如	余姚
承裕	2.4	谢纶辉 谢韬甫	余姚 余姚

---

① 秦润卿：《五十年来上海钱庄业之回顾》，中国通商银行编《五十年来之中国经济（1896—1947）》，文海出版社2000年版，第71页。
② 《旧上海的金融界》（上海文史资料选辑第60辑），第7页。
③ 中国人民银行上海市分行：《上海钱庄史料》，上海人民出版社1960年版，第732、736、743页。
④ 陶水木：《浙江商帮与上海经济近代化研究：1840—1936》，上海三联书店2000年版，第407页。

续表

庄名	资本（万两）	经理	籍贯
元春	2	叶丹庭	余姚
兆丰	4	金少筠	余姚
顺康	4	李寿山 朱五楼	慈溪 吴兴

资料来源：根据《上海钱庄史料》、中国银行总管理处业务调查课《上海市钱业调查录》（1934年）、秦润卿《五十年来上海钱庄业之回顾》（载中国通商银行编《五十年来之中国经济（1896—1947）》）等整理。

二 辛亥革命后的甬商钱庄业

清王朝结束后，初期的民国政府比较注重振兴实业，制定了一系列旨在推动农工商矿牧渔各业全面发展的政策法令，加以第一次世界大战期间西方资本主义国家输华商品大量减少，民族工商业获得了持续快速发展。与此相应，上海钱庄业也从辛亥革命前后的低谷得到迅速恢复和发展。上海钱庄业在1910—1911年的"大倒闭"后，经过短期恢复，至1913—1914年渐趋于稳定，营业的钱庄已达40家（1914），到1926年发展为87家，资本总额1341.1万两。[①] 第一次世界大战期间中国民族工商业的迅速发展，使得钱庄在1913—1923年十年中，除自行收歇外，无一家倒闭，可谓钱庄业的"黄金时代"，这一发展趋势一直持续到30年代初。宁波人也乘此有利时机，纷纷设立、投资钱庄，此时投资钱庄的除原有几个家族集团外，又出现了一批新的投资人，如徐庆云、徐承勋、严信厚、徐霭堂、薛文泰、孙衡甫、王伯元、周宗良、刘鸿生等。其中仅宁波秦家（亦是沪上有名的钱业家族集团，秦君安以经营颜料起家）到1933年止，先后与人合伙及有投资关系的联号就有8家（见表3-4）。

表3-4　　宁波秦家在上海所设钱庄概况表（迄止1933年）

庄名	起讫年份	资本额	附注
恒兴	1905—1935	1905年3万两，1912年增至10万两	经理沈翊笙（1905—1935，其中1912—1924年为总经理），王钦华（1912—1924）

[①]《中国近代金融史》编写组：《中国近代金融史》，中国金融出版社1985年版，第147页。

续表

庄名	起讫年份	资本额	附注
恒隆	1918—1937	1918年11万两，1925年增至22万两，1932年改组，加泰记，1933年改为30万两；1935年第二次改组，仍为泰记；1936年第三次改组为昌记，资本仍为30万元	经理陈子埙（1918—1931），秦绥如（1932），林友三（1933—1937）
永聚	1922—1932	资本10万两	经理吴廷范
恒大	1926—1930	资本22万两	经理周雪舲、洪吟蓉
恒赉	1929—1935	资本20万两	经理陈绳武
恒巽	1931—1937	资本22万两	经理俞佐庭
同庆	1933—1937	资本30万元	经理夏圭初
慎源	1933—1939	资本30万元	经理林荣生

资料来源：《上海钱庄史料》，第747—750页；《宁波金融志》（一），第278页。

第一次世界大战前后，中国民族工商业有了进一步发展，钱庄进入稳定发展时期。在工商业繁荣发展的情况下，1917—1927年上海钱庄的家数、资本、营业量及利润额均有显著增长。据统计，1912年上海汇划钱庄只有28家，1917年增至49家，1920年又增至71家，1926年达87家。[①] 从资本总额来看，1917年上海各钱庄的资本总额合计为202.3万元，平均每家4.13万元，到1920年，资本总额为555.4万元，平均每家7.82万元，至1926年已分别升至1341.1万元和15.41万元。[②] 其增长比率分别为1260.6%和405.5%。甬商钱庄业在这一时期亦发展迅速。

依据现有史料统计，1924年、1926年、1928年、1930年上海甬商汇划钱庄数及其资本额如表3-5、表3-6、表3-7、表3-8所列。

表3-5　1924年上海甬商钱庄（限于汇划钱庄，非汇划钱庄不列入）

庄名	资本（万两）	经理	籍贯
乾元德记	36	李寿山	慈溪
鸿祥	24	冯受之	慈溪
福源	20	秦润卿	慈溪
赓裕明记	18	盛筱珊	慈溪
益昌慎记	16	徐伯熊	慈溪

---

① 中国人民银行上海市分行：《上海钱庄史料》，上海人民出版社1960年版，第188页。
② 同上书，第191页。

续表

庄名	资本（万两）	经理	籍贯
鸿胜	14	郑秉权	慈溪
泰康福记	12	冯樊之	慈溪
志诚裕记	11	盛眉仙	慈溪
寅泰	11	冯斯仓	慈溪
恒祥	12	邵兼三	宁波
永聚	10	吴廷范	宁波
征祥	6	徐凤鸣	宁波
源升	4	周子文	宁波
安裕	24	王鞠如	余姚
均泰	20	叶丹庭	余姚
承裕	18	谢韬甫	余姚
兆丰	16	王志衍	余姚
同康	12	傅裕斋	余姚
复康	11	王允中	余姚
振泰陶记	10	金少筠	余姚
怡大永记	10	胡熙生	余姚
信孚	10	胡涤生	余姚
聚康	10	王蔼生	余姚
鼎盛	10	胡楚卿	余姚
元盛	8	蒋福昌	余姚
滋康	30	傅洪水	鄞县
信裕	11	傅松年	鄞县
恒隆	11	陈子薰	鄞县
敦余泰记	10	楼恂如	鄞县
衡吉	10	曹义荣	鄞县

资料来源：根据《上海总商会月报》（第3卷第7号）、中国银行总管理处业务调查课《上海市钱业调查录》（1934）、秦润卿《五十年来上海钱庄业之回顾》（载中国通商银行编《五十年来之中国经济（1896—1947）》）等整理。

表3-6　　1926年上海甬商钱庄（限于汇划钱庄，非汇划钱庄不列入）

庄名	资本（万两）	经理	籍贯
顺康	36	李寿山	慈溪
鸿祥	30	冯受之	慈溪

第三章 甬商钱庄业的发展历程　　　　　　　　　　　　　　　　109

续表

庄名	资本（万两）	经理	籍贯
鸿胜	24	郑秉权	慈溪
赓裕明记	18	盛筱珊	慈溪
泰康福记	12	冯樊之	慈溪
衡九	12	周叔唐	慈溪
寅泰	11	冯斯仓	慈溪
益昌慎记	10	徐伯熊	慈溪
志诚裕记	10	盛眉仙	慈溪
征祥	10	徐凤鸣	宁波
源升	6	周子文	宁波
恒祥永记	20	邵兼三	宁波
永聚	10	吴廷范	宁波
福源	30	秦润卿	慈溪
安裕	24	王鞠如	余姚
鼎盛	20	胡楚卿	余姚
承裕	18	谢韬甫	余姚
振泰润记	16	金少筠	余姚
怡大永记	15	胡熙生	余姚
同泰	12	傅裕斋	余姚
复康	10	王允中	余姚
信孚	10	胡涤生	余姚
元盛	8	蒋福昌	余姚
滋康	30	傅洪水	鄞县
信裕	22	傅松年	鄞县
恒隆	22	陈子薰	鄞县
敦余泰记	20	楼恂如	鄞县
聚康	16	王蔼生	鄞县
吉昌	15	曹义荣	鄞县

资料来源：根据徐寄庼《最近上海金融史》（1932年版）、中国银行总管理处业务调查课《上海市钱业调查录》（1934）、秦润卿《五十年来上海钱庄业之回顾》（载中国通商银行编《五十年来之中国经济（1896—1947）》）等整理。

表 3-7　　1928 年上海甬商钱庄（限于汇划钱庄，非汇划钱庄不列入）

庄名	资本（万两）	经理	籍贯
顺康	36	李寿山	慈溪
福源	30	秦润卿	慈溪
鸿祥	30	冯受之	慈溪
鸿胜	24	郑秉权	慈溪
赓裕明记	18	盛筱珊	慈溪
寅泰	11	冯斯仓	慈溪
志诚裕记	10	秦贞甫	慈溪
恒祥永记	20	邵兼三	宁波
永聚	16	吴廷范	宁波
征祥元记	10	徐凤鸣	宁波
源升	6	周子文	宁波
安裕	24	王鞠如	余姚
鼎盛	20	胡楚卿	余姚
承裕	18	谢韬甫	余姚
振泰润记	16	金少筠	余姚
聚康祥记	16	王怀廉	余姚
怡大永记	15	胡熙生	余姚
元盛	12	蒋福昌	余姚
信孚	12	胡涤生	余姚
滋康	30	傅洪水	鄞县
信裕	22	傅松年	鄞县
恒隆	22	陈子薰	鄞县
敦余泰记	20	楼恂如	鄞县
吉昌	15	曹义荣	鄞县
益昌慎记	10	徐伯熊	慈溪
同泰	16	傅裕斋	余姚

资料来源：根据徐寄庼《最近上海金融史》（1932 年版）、中国银行总管理处业务调查课《上海市钱业调查录》（1934）、秦润卿《五十年来上海钱庄业之回顾》（载中国通商银行编《五十年来之中国经济（1896—1947）》）等整理。

表 3-8　1930 年上海甬商钱庄（限于汇划钱庄，非汇划钱庄不列入）

庄名	资本（万两）	经理	籍贯
鸿胜	24	郑秉权	慈溪
顺康	36	李寿山	慈溪
赓裕明记	18	盛筱珊	慈溪
鸿祥	30	冯受之	慈溪
寅泰	11	冯斯仓	慈溪
志诚	16	秦贞甫	慈溪
福源	30	秦润卿	慈溪
益昌慎记	10	徐伯熊	慈溪
恒祥永记	20	邵兼三	宁波
永聚	16	吴廷范	宁波
源升	6	周子文	宁波
征祥元记	10	徐凤鸣	宁波
承裕	18	谢韬甫	余姚
安裕资记	24	王鞠如	余姚
聚康祥记	22	王怀廉	余姚
同泰	20	傅裕斋	余姚
敦余泰记	20	楼恂如	鄞县
鼎盛	20	胡楚卿	余姚
怡大永记	18	胡熙生	余姚
振泰润记	16	金少筠	余姚
信孚	12	胡涤生	余姚
元盛	14	蒋福昌	余姚
信裕	22	傅松年	鄞县
恒隆	22	陈子薰	鄞县
恒来	20	陈绳武	鄞县

资料来源：根据徐寄庼《最近上海金融史》（1932 年版）、中国银行总管理处业务调查课《上海市钱业调查录》（1934）、秦润卿《五十年来上海钱庄业之回顾》（载中国通商银行编《五十年来之中国经济（1896—1947）》）等整理。

1932 年，上海汇划钱庄计有 72 家，[①] 其中由宁波人经理者，凡 25 家，资本额共计 590 万两。依据现有史料统计，1932 年、1934 年上海甬商汇划

[①] 中国通商银行：《五十年来之中国经济（1896—1947）》，文海出版社 2000 年版，第 71 页。

钱庄数及其资本额见表 3-9、表 3-10、表 3-11。

表 3-9　　　　　　　　1932 年上海甬商汇划钱庄

庄名	资本（万两）	经理	籍贯
顺康	50	李寿山	慈溪
福源	30	秦润卿	慈溪
鸿祥	30	冯受之	慈溪
鸿胜	24	郑秉权	慈溪
赓裕明记	36	盛筱珊	慈溪
志诚	12	秦贞甫	慈溪
寅泰	22	冯斯仓	慈溪
益昌慎记	10	徐伯熊	慈溪
恒祥永记	30	邵兼三	宁波
恒隆泰记	20	泰绥如	宁波
永聚	24	吴廷范	宁波
征祥	10	徐凤鸣	宁波
源升	10	周子文	宁波
安裕资记	50	王鞠如	余姚
聚康源记	22	王怀廉	余姚
同泰	20	傅裕斋	余姚
鼎盛	20	胡楚卿	余姚
承裕	36	谢韬甫	余姚
怡大永记	18	胡熙生	余姚
振泰润记	16	金少筠	余姚
信孚	16	胡涤生	余姚
信裕	22	傅松年	鄞县
恒来元记	20	陈绳武	鄞县
敦余泰记	20	楼恂如	鄞县
恒异	22	俞佐庭	镇海

资料来源：根据徐寄庼《最近上海金融史》(1932 年版)、中国银行总管理处业务调查课《上海市钱业调查录》(1934)、秦润卿《五十年来上海钱庄业之回顾》(载中国通商银行编《五十年来之中国经济（1896—1947）》) 等整理。

表 3-10　　　　　　　　　1934 年上海甬商汇划钱庄

庄名	资本（万两）	经理	籍贯
顺康	70	李寿山	慈溪
赓裕	54	盛筱珊	慈溪
福源	42	秦润卿	慈溪
鸿祥裕记	42	钱赢官	慈溪
鸿胜	33.6	郑秉权	慈溪
寅泰	30.6	冯斯仓	慈溪
恒隆	30	林友三	慈溪
志诚信记	16.8	秦贞甫	慈溪
益昌	14	徐伯熊	慈溪
恒祥	42	邵兼三	宁波
承裕	54	谢韬甫	余姚
聚康	30.8	王怀廉	余姚
同泰	28	傅裕斋	余姚
怡大永记	28	胡熙生	余姚
宝丰	28	沈景梁	余姚
振泰	24	金少筠	余姚
信孚	24	胡莼芗	余姚
恒来	30	陈绳武	鄞县
同庆	30	夏圭初	鄞县
敦余	30	赵松源	鄞县
恒异	33	俞佐庭	镇海

资料来源：根据上海市商会商务科编《上海市商会商业统计丛书·金融业》（台湾文海影印本）、中国银行总管理处业务调查课《上海市钱业调查录》（1934）、秦润卿《五十年来上海钱庄业之回顾》（载中国通商银行编《五十年来之中国经济（1896—1947）》）等整理。

辛亥革命后至抗日战争前夕，大部分年间，甬商汇划钱庄在家数上占30%以上，正附资本额则始终占上海整个钱庄资本额的35%左右。甬商钱庄业在上海钱庄业中占据重要地位。

表 3-11　　　1912—1934 年甬商经营的汇划钱庄在上海钱庄中的地位

资本额：万两，1932 年后为万元

年份	上海钱庄业		浙江帮经营的钱庄		甬商经营的钱庄		浙帮中甬帮所占比例（%）		上海钱庄中浙帮所占比例（%）	
	总户数	资本额	户数	资本额	户数	资本额	户数	资本额	户数	资本额
1912	28	106.4	20	87.8	11	44.8	55	51	71.4	82.5
1924	89	1188.7	53	690.5	30	425	56.6	61.5	59.6	58.1
1926	87	1341.1	53	855.3	29	497	54.7	58.1	60.9	63.8
1928	80	1286.2	51	857.2	26	479	51	56	63.8	66.6
1930	77	1385.5	54	976	25	475	46.3	48.7	70.1	70.4
1932	72	1529	53	1127.5	25	590	47.2	52.3	73.6	73.7
1934	65	2070.2	45	1305.9	21	714.8	46.7	54.7	69.2	63.1

资料来源：根据《浙江商帮与上海经济近代化研究：1840—1936》《上海钱庄史料》《买办与上海金融近代化》《浙江籍资本家的兴起》等整理。

三　甬商钱庄业的萧条与转型

20 世纪 30 年代中期以后，由于第一次世界大战中中国白银大量出口，大战后的银圆缺乏使钱庄的经营捉襟见肘，加之华资银行力量的增长，特别是"中央银行"势力的扩张，"废两改元"的变革，直至 1935 年的"钱业大恐慌"，都大大削弱了钱业的力量，各种因素使钱庄逐步丧失其所有的优势，走上衰退与转型之路。

1933 年的废两改元和 1935 年的法币改革以前，中国虽以白银为主要货币，但因本国产银不多，主要依赖进口，故货币的供应量几乎由外国控制，无论白银入超或出超，都会对国内经济产生很大影响。20 年代，世界各国大半放弃银本位制度，改行金本位制度。生银由此在国际市场上逐渐丧失其金融重要性，世界银价因而下跌。当时中国仍是银本位的国家，国内银价高于国外，故世界各地的白银源源流入中国。致使国内白银供过于求，银价大幅下跌，物价温和上涨。世界经济不景气虽然发生于 1929 年，中国却因世界银价的下跌而未受影响。

1933 年，国民政府为统一币制而控制货币的供应量，决定废除银两本位，改用银圆。在此之前的 1931 年，英、美、日等国宣布放弃金本位，开始收购白银；1933 年，各国在伦敦签订白银协定，导致国际银价大幅上涨；1934 年美国通过"购银法案"（Silver Purchase Act of 1934），无限制收购白银,国际银价一年内每盎司银价猛升到 6 便士以上①。因世界银价回升,中国的白银入超趋势逐渐转变为出超。由于中国国内银价上涨不及国外迅速,国内外银价相差极为悬殊,致使中国的存银不断外流,存银减少,银价日高,终于形成物价下跌和出口日减的现象。国民政府为抵制白银外流,立即征收白银出口税及平衡税,但仍然无法遏阻这一现象②。1934 年 7 月到 10 月,三个月内仅上海白银出口即高达 20700 余万元③。

白银大量外流,国内存银量逐渐减少,因而造成物价下跌,工业凋敝,整体经济遂陷入恐慌之境。例如,1931 年到 1934 年,上海批发物价指数下降达 30% 左右④。物价下跌直接影响工业生产活动,不少工厂被迫减产或关闭。据中国经济统计研究所调查,1934 年到 1936 年,上海工场停闭家数高达 400 余家⑤。而上海工业的萧条及其减少了对农产原料的需要,又使内地农产品价格大跌⑥。华北地区的农村经济也因工商业普遍衰退的影响不免被迫停滞,农村购买能力随之大为降低,物价遂急速下落⑦。经济萧条时期,上海商业所受打击颇重,1933 年破产商号达 200 余家⑧,1935 年上海的大商号倒闭 117 家,小商号倒闭 250 家⑨。国际贸易也大受影响,进出口贸易大幅度减低。

钱庄与国内工商业的关系素来十分紧密,经济萧条,工商业凋敝,外贸衰落,钱庄乃大受打击。钱庄营业与银行的最大不同之处,在于以信用放款为主,故一旦遇到经济萧条,工商疲滞,钱庄就因无法收回放款而蒙受打击。从工业方面来看,因国际银价暴涨,物价下跌,不少工场停工倒闭。上

---

① 杨荫溥:《美国白银政策对中国之影响》,《申报月刊》第 3 卷第 9 期,第 19—20 页。
② 据估计,当时中国商人运银出口,可获净利 6%—7%。故走私者甚众,见上引杨荫溥文,第 23—24 页。
③ 王宗培:《中国金融业之今后动向》,《申报月刊》第 4 卷第 5 期(民国二十四年 5 月),第 33 页;卫挺生:《现银流出之根本救济方法》,《银行周报》第 18 卷第 41 号(民国二十三年 10 月),第 1 页。
④ 上海物价指数由 1931 年的 108(以 1926 年为 100)降至 1935 年的 81,《民国二十四年南开指数年刊》,南开大学经济研究所 1936 年版,"统计栏","上海批发物价指数"。
⑤ 彭泽益编:《中国近代手工业史资料》第 3 辑,生活·读书·新知三联书店 1957 年版,第 410、411 页。
⑥ 据《民国二十四年南开指数年刊》第 5 页载,上海农产品批发价格指数,由 1930 年的 113(以 1926 年为 100)降至 1934 年的 77。
⑦ 王子建、赵履谦:《天津之银号》,天津出版社 1936 年版,第 67 页。
⑧ 章乃器:《从农村恐慌说到都市恐慌》,《申报月刊》第 3 卷第 4 期(民国廿三年 4 月),第 10 页。
⑨ 王承志:《中国金融资本论》,光明书局 1936 年版,第 247 页。

海丝厂由原先的112家，降至1935年的23家，纱厂停工倒闭者也达20余家。1934年到1936年，上海各新式工厂共计倒闭400余家①，钱庄因无法收回工业放款而损失惨重。从商业方面而言，民国初期的中国商业大半依赖钱庄融通资金，故商业的荣衰直接影响钱庄业。据统计，1934年到1936年，上海商号倒闭数至少达981家以上②；钱庄与这些商号的往来，多以信用放款为主，故商号倒闭时，钱庄无法收回放款而蒙受损失。加之"一·二八事变"以后，上海工商萧条，地产需求大减，地产价随之骤跌。钱庄不仅因地产跌价蒙受损失，而且因抵押地产无人取赎而搁浅③。

经济恐慌，人心浮动，上海钱庄的存户纷纷提取存款，转存于外商银行，导致上海钱庄周转失灵④。以英国汇丰银行为例，1934年时，中国富豪存于该行之款多达12亿元之巨⑤。又因新式银行不仅手续简便，且基于公债买卖的优厚利润，以高利吸收存款。如20年代及30年代，上海钱庄的定期存款利率，最低是月息二厘，通常是年息五六厘，而新式银行则平均维持在七八厘甚至一分以上⑥。故游资多为银行所吸收，钱庄原有的存款也大量转入新式银行。从1935年之初到1937年6月的一年半时间内，全国新式银行存款增加59%⑦。钱庄资本素少，且周转之款多来自银行拆款及客户存款，经济恐慌发生后，散户多提款无存款。华商往来户，或因资金短绌提款救急，或因钱庄不稳提款转存银行⑧，钱庄资力乃大受损害。

清朝晚期钱庄仿效票号经营方式，抑低汇费，参与汇兑业务。清亡民初票号倒闭消亡，钱庄乃独霸国内汇兑市场。从民国初期到20年代末，上海

---

① 1934年倒闭83家，1935年倒闭218家，1936年1—10月，倒闭103家。据彭泽益：《中国近代手工业史资料》第3辑，第411页。

② 彭泽益编：《中国近代手工业史资料》第3辑，生活·读书·新知三联书店1957年版，第410、411页。

③ 中国人民银行上海市分行：《上海钱庄史料》，上海人民出版社1978年版，第249—250页。

④ 上海银行学会编《银行周报》第16卷，第44号（1932年11月），第6—7页。

⑤ 王维锎：《国人对于汇丰提存风潮应有之认识》，《银行周报》第18卷第48号（1934年12月），第17页。

⑥ 1934年左右，上海新式银行定期、活期存款利率均在7厘以上。参见杜岩双《中国金融业高额纯利之由来》，《申报月刊》第3卷第7期（1934年7月），第16页。1934年以前，新式银行存款利率在1分以上。参见马寅初《如何使上海游资及外国余资流入内地以为复兴农村之准备》，《银行周报》第18卷，第29号（1934年7月），第2页。

⑦ 张维亚：《中国货币金融论》，台北1952年版，第124页。

⑧ 叶作舟：《中国金融之危机及其当前问题》，《东方杂志》第31卷第6期。

钱庄在国内汇兑方面称雄一时，获利颇丰。新式银行设立之初，一度难与分布广泛的钱庄抗衡，但由于证券制度扩大，银行信用渐高，国内汇兑业务大半为新式银行所夺[①]，钱庄营业减色，汇兑业务衰退。

除存放款的损失以外，战争、天灾等因素也严重影响钱庄的营业。"九一八事变"的发生，致使东北地区与上海间的贸易中断，上海丧失一重要市场，钱庄亦丧失了一重要投资对象，这对上海钱庄的汇兑及放款利益打击甚大。加之30年代初，长江流域发生大水灾，沿江各省几乎无一幸免。天灾人祸等造成农村经济不景气，从而使上海的钱庄通过内地钱庄对农民的贷款无法收回。

引起1935年上海发生金融恐慌与经济萧条的因素很多，但最主要的原因乃是因国际银价上涨所引起的国内物价下跌，而当时的国民政府要刺激物价上涨，就须增加货币供应量。但是废两改元以后，中国受银本位的限制，无法大量增加货币供应量，由于情势的恶化，国民政府决定放弃银本位制度，推行纸币本位，改以钞票创造信用的办法，也即是法币改革。1935年11月起，财政部禁止一切银两、银币的流通，以中央、中国、交通三银行所发行的钞票为法定货币[②]。法币政策实施以后，因银两和银圆均被禁止流通，汇兑业务几为银行的专利。据《银行周报》报道："上海钱庄昔日虽无法掌握国外汇兑，尚具调节都市与内地通货之功，今日则即此亦无法达成"[③]，上海钱庄汇兑业务衰亡。

在1935年的"钱业大恐慌"中不少钱庄倒闭，情急之下钱庄业要求财政部拨款救济。财政部长孔祥熙与银行界领袖会商之后，决定拨金融公债2500万元为担保，向银行贷款援助钱庄。但各钱庄须首先将抵押品汇交钱业准备库，由钱库送交钱业监理委员会审查，合格后方可向该会领取金融公债，转向银行贷款。同年6月，国民政府通令各银行，将原存放在各钱庄内的款项，全数转存钱业准备库。规定此后钱庄不得收受银行的存款，银行也不得以款项直接贷放予钱庄，如果钱庄需要款项，可向钱业准备库押借[④]。至此，银行与钱庄间之同业存放款往来被停止，钱庄无法向新式银行贷款，其资金融通受到极大阻碍。故法币改革以后，上海钱庄因资金来源大

[①] 裕孙：《浙潮汹涌中沪埠厘价之变化》，《银行周报》第10卷第50号（1926年12月），第3页。

[②] 上海银行学会：《银行周报》第19卷第43号（民国廿四年11月），"金融"，第3页。

[③] 上海银行学会：《银行周报》第18卷第47号（1934年12月），第7页。

[④] 王宗培：《中国金融界之阵容》，《申报月刊》第4卷第8期（1935年8月），第34页。

为萎缩，已难以恢复昔日的盛况。

1933年废两改元，钱庄一向维护的银两本位被银圆本位所代替，钱庄业务受到极大影响。1935年的"钱业大恐慌"集中反映了钱业所处的困境，而处理善后事宜的"上海钱业监理委员会"的成立，更表明钱庄已不得不接受官僚资本的控制。此后实行的法币政策使钱庄"两元"和"厘拆"的途径遭堵塞，汇划制度又被否定，从此钱庄实际上已不是商业贸易赖以进行资金划拨清算的所在，钱庄作为外国银行代理人及在本国金融业中的优势地位逐渐由本国银行所代替。因而这一时期，甬商在钱业中的优势也逐渐转移至银行业中。

随着资本主义生产关系的发展，钱庄带有浓厚封建性的业务方向、经营方式与组织制度逐渐不能适应社会发展的需求，诚如钱业中人自己所承认的："钱庄之优点，原在办事不拘时间与方式，能适合商人习惯，及股东负无限责任，使往来者得无穷保障。然世界进化，人事纷繁，一切事业须有纪律及科学管理方法，始能应付裕如。办事不拘时间及方式，原为农业时代商业之特点，钱庄固守此项习惯，自蒙不利矣。又钱庄股东负无限责任，此为其本票通行无阻之最大原因，但自去年倒闭钱庄之股东不负赔偿债权人损失以来，其信用亦已成强弩之末矣。且钱庄组织，向以经理为最高职员，一切事务，均由经理管理，如经理得人，营业自能蒸蒸日上，否则，则大权独揽，倒行逆施之弊亦随之而生。"① 由此可见，造成上海钱庄业生存危机的根本原因，在于钱庄业内部的传统经营机制已不适应新的金融和经济环境。

应当看到，在1935年上海的金融恐慌中，钱庄的信用贷款业务虽使钱庄遭受惨重打击，但这种信用贷款业务也使钱庄得以继续维持其营业。法币改革给予银行发展以良好的机会，但银行的抵押放款业务对当时银行业务的初期扩张又起了一些不利的影响。由于当时中国商人的商业习惯仍以信用往来为主，且从业者大半以小资本经营，他们因无适当的抵押品，无法向银行贷款，钱庄还是他们往来的主要金融机构，因而30年代初期新式银行对商业界的放款仍屈居钱庄之下。法币改革后，甬商钱庄业虽失去许多业务，但因主动向近代化转型，仿效银行的连带业务，逐步扩大其业务与利润。这一时期，银行业日趋兴盛，但甬商除积极投资和投身新式银行的经营外，由钱庄改为银行者甚少，这种现象说明30年代的工商环境虽不如20年代，但仍存在利于钱庄营业的条件，还有钱庄的经营与盈利空间。

---

① 上海通讯社：《上海研究资料》（续集），上海书店1984年版，第694页。

20 年代末，上海钱庄的数目与资本金较前有所增加。而在 30 年代，上海的钱庄总数明显减少，但钱庄资本总额却并未有多大变化，这显示了每家钱庄平均资本额在增加。如 1930 年，钱庄总数为 72 家，资本总额为 1510 万元；1933 年，家数减至 68 家，资本总额反而增至 2179.8 万元；1935 年，家数再减至 55 家，资本总额为 1938.2 万元；1937 年，家数又减至 46 家，资本总额还有 1912 万元。与此相应，每家钱庄的平均资本数显示出不断增加的趋势，从 1930 年的 21 万元增至 1933 年的 32.1 万元、1935 年的 35.2 万元、1937 年的 41.5 万元[①]。上述上海钱庄家数和资本额的变化状态说明，上海钱庄在 30 年代金融环境转变下合并为资本规模较雄厚的钱庄。30 年代的金融风潮和法币改革以后，上海的钱庄业虽然蒙受巨大打击，但并没有消亡，而是走上了向近代金融业转型与变革的发展方向。

早在 20 年代末期，上海钱庄业已凸显走下坡路的端倪。有识见的甬商钱庄业者早已不断主张并开始改革钱庄经营方式。30 年代的经济萧条与上海"钱业大恐慌"则促进了甬商钱庄业向近代化转型，钱庄在此阶段的所有发展变化可以概括为钱庄的"银行化"趋势。所谓钱庄的"银行化"趋势，是指具有传统经济组织形式的钱庄在其运行过程中，自觉或不自觉地趋同于现代企业组织的银行。时代潮流的逼迫和来自银行方面的竞争压力，迫使钱庄自觉或不自觉地处处模仿银行的做法，在制度建设、机构设置、业务品种等方面进行一系列局部性的变革，以适应社会经济发展的需要。

"银行化"趋势以上海甬商钱庄表现得尤为突出，当时有学者对此做过如下评述："上海的商业、工业都比较的繁盛，上海钱庄的经营，便不得不逐渐地改变它原有的面目而与银行实行同化。"[②] 追溯起来，甬商钱庄的"银行化"趋势最早出现于 20 世纪 20 年代，至 30 年代以后这种趋势表现得更为普遍而持久。上海甬商钱庄始终走在这场以变革求自新的渐进式改革的最前列，充当起"领头羊"的角色，并取得了令人瞩目的成效，为整个钱庄业的转型提供了可资借鉴的样本经验。

总之，20 世纪 30 年代上半期，甬商钱庄业虽然蒙受到一连串的沉重打击，但并没有一蹶不振，从此彻底衰落下去，而是在银行业的反向激励下最

---

① 郑亦芳：《上海钱庄（1843—1937）——中国传统金融的蜕变》，"中央研究院"出版社（台北）1981 年版，第 150 页表 5。
② 吴承禧：《中国的银行》，岳麓书社出版社 2013 年版，第 122 页。

终走上了从传统金融业向现代金融业转型的新的发展道路。对于此阶段钱庄业出现的一系列革新变化，当时曾有人撰文予以了充分肯定："近年新式银行势力日增，钱庄营业不免较前逊色。不过因其历史悠远，商情熟悉，信用优良，及借贷方便之种种优点，在我国金融界中仍具有极大的潜力，并且近年以来，一般目光远大的钱庄，渐觉从前组织的畸形不善，都纷纷转换方向，采用新政策。……所以钱庄在我国金融界中，仍不失为一个重要分子，适与新式华商银行及外商银行分庭抗礼，而成为一个鼎足的局面。"[①]

第三节 甬商与上海钱业公会

与甬商在上海钱庄业的强大实力和主导地位相适应，在从钱业会馆、公所到钱业公会的漫长变迁历程中，甬商始终处于主导地位，掌控着钱庄同业组织的领导权，并发挥着重要的作用。特别是在辛亥革命之后，新式银行业实力的增长，必然会挑战钱庄业的传统优势，钱业要生存和发展，必须尽快改革业务，以增强竞争力。面对竞争激烈的新形势，甬商掌控的钱业公会一方面极力维护钱业既有的传统优势地位，掌控洋厘、银拆，完善汇划制度；另一方面，也开始领导钱业尽力改革，博采银行之长，改进钱庄的管理方式，拓展业务，并倡导采取稳健经营的策略，以维持其原有地位。

一 上海钱业公会的演变历程

史料表明，上海的钱庄远在清乾隆年间已经成为一个具有相当规模的独立的行业。根据上海钱业公所的内园碑记所载：从1776年（乾隆四十一年）到1796年（嘉庆元年）这一时期内，历年承办该公所事务的钱庄共有106家之多；1797年的碑记，公所已有董事名录。可见早在1776年，上海钱业已有钱业公所的组织。[②] 当时，上海钱业同人集资购下城隍庙的内园，作为钱业总公所，他们遇事集会商讨，掌控银钱出入，成为百业总汇。内园公所的设立，本着"情谊洽，信义立"的宗旨，让钱业同人"以时会集，寓乐群之雅，事涉闳旨，辄就谋议"。在"以时会集"中，祭祀钱业供奉的钱业神祇赵公明是一项重要的活动。据内园碑记记载，从1776—1781年入

[①] 沈参廷：《我国银行业概况及今后动向》（上），《钱业月报》第16卷第10号，1936年10月15日。

[②] 中国人民银行上海市分行：《上海钱庄史料》，上海人民出版社1960年版，"序言"第2页。

园钱庄为 18 家，1786—1796 年入园钱庄增至 88 家之多。① 总公所不定期选举 10 名钱庄主为董事，董事轮流主持会务。

开埠后，上海的钱庄有南市、北市之分。所谓南市，指开在县城里的钱庄；北市，指开在县城以北租界里的钱庄。最初，上海钱庄都设在南市内，上海开埠后，租界设立，北市钱庄日兴，经 1853 年"小刀会"及 1860 年"太平军"两次战乱后，南市商业因受其影响，骤见凋零，北市则地处租界，并未被波及，而且因县城及江浙一带绅商的大量涌入而更趋繁华，一些城内钱庄为躲避战祸，也渐迁至租界，故上海钱业的重心逐渐由南市移至北市。至 1876 年，上海汇划钱庄 105 家，其中北市 63 家，南市 42 家。南北钱庄分立后，业务往来诸多不便，遂开始筹划设立各自的同业组织。

因对上海钱业重心由南市向北市转移状况的忧虑，南市钱庄业为重振雄风决定另建南市钱庄业公所，协调南市诸钱庄业务。1883 年钱业总公所董事冯莲汀召集南市钱业购买上海大东门外土地，建立南市钱业公所，选举董事，自行议事。北市钱庄业鉴于北市钱庄家数已超越南市，"栉比鳞次无虑数十百家，发征期会，不能无所取准"，② 于 1889 年在福建北路成立北市会馆，并集资 12 万两在天妃宫桥北购地 16 多亩，历时两年，建成北市钱业会馆。另外，还在别处租赁房屋设立北市场，以别于南市同业设立之南会馆和南市场。会馆的重大事务由选举的董事主持，日常事务则由各庄每月轮流负责。上海钱庄业自此出现了南公所与北会馆并立的局面。

此后，上海南北之钱庄，各就自己市场，分别议定行市。但是，南会馆与北会馆都以内园为南北市钱业总公所，"每逢岁首，南北各庄执事，齐集内园，举行年会，商讨一年营业方针及兴革诸事，凡有决议，制为条规，无殊宪章，全体恪守。此外，凡是遇到临时发生重大事件，须南北市全体同业协议取决者，亦于内园开会"。③ 内园之经费则由南北市钱庄共同负担。如同日本学者根岸佶所说的："总公所相当于一族的祖庙，南市公所和北市会馆相当于一族两个支派的祠堂。"④

随着钱庄业的不断发展，传统会馆、公所的分散性、保守性难以满足行业发展的需求，建立新的同业组织成为必要。1902 年以后，钱庄业认识到

---

① 嘉庆二年（1797）历年承办钱业各庄碑记，现尚存内园。参见中国人民银行上海分行编《上海钱庄史料》（上编），上海人民出版社 1960 年版，第 11—12 页。
② 中国人民银行上海市分行：《上海钱庄史料》，上海人民出版社 1960 年版，第 35 页。
③ 同上书，第 645 页。
④ 转引自张仲礼《近代上海城市研究》，上海人民出版社 1990 年版，第 530 页。

需要进一步加强内部团结,以应付新的环境,也开始向同业公会转换。大约在清光绪末年,上海南北市钱庄业主,遇有要事,常在宁波路兴仁里谢纶辉经理的承裕钱庄东侧余屋开会集议,名曰钱业会商处,是为上海钱业公会之前身。此后钱业对外联系即用会商处董事名义进行,公文中也开始用"钱业会商处董事"的字样。① 钱业会商处既是钱业诸领袖集议商定业中重大事情之所,又是钱业对外联络机构。1917年2月10日,规模较大、业务众多的北市钱业在钱业会商处的基础上改组成立了沪北钱业公会,附设于上海总商会内,同日投票选举朱五楼为会长,秦润卿、魏福昌为副会长,② 1920年秦润卿就任钱业公会会长。

由于钱业分南北两市,南市钱业公所觉得"地处一隅,向分南北,遇事隔阂,诸多不便",遂与沪北钱业公会协商,南北合组公会,将北市钱业公会改为上海钱业公会,南市钱庄加入,"以便遇事互通声息"。北市钱业接受了南市钱业的建议,1917年2月23日南北同业召开了联席会议,作出了如下的决议:"本会经南市汇划各庄全体加入,应改名上海钱业公会,旧沪北二字即日取消,以符名实;本公会各种经费及关于总商会之各种义务、常年会费等,南市各庄担任十分之二,北市各庄担任十分之八;凡关于南市方面一部分之事项及南商会之各种义务常年会费等,均归南市各庄独自担任。"③ 自此南北钱业虽地区不同,实际上已处在一个团体组织之下,上海钱业有了统一的团体组织。

上海开埠以后,由于外贸的发展,外国银行资金的支撑,钱业更显发达,在相当长的一段时期内位居各业之首。进入20世纪前期,国人投资的银行业方兴未艾,而钱庄仍有势力。在这一发展过程中,传统的钱业公所、会馆逐渐转变为现代性质的钱业公会,而钱业本身的发展是促成这种转变的前提。

随着上海对外贸易和埠际贸易日渐兴盛,上海传统金融机构钱庄因资金融通需要,其经营范围和对象不断扩大。上海钱庄存、放款数量扩充十余倍,大宗商业放款日益增加,以满足工商业发展的需求。就存款而言,一般钱庄平均资本额只有2万两至4万两,存款多者数百余万两,少者数十万两,而外国银行拆款给钱庄最盛时期总数约上千万两,每庄拆进最多70万—80万两,钱庄存款数额大为扩充。④ 在放款方面,上海钱庄不仅放款给

---

① 中国人民银行上海市分行:《上海钱庄史料》,上海人民出版社1960年版,第645页。
② 同上书,第645—646、648页。
③ 同上书,第730—734、646页。
④ 同上书,第9页。

国内商业及沙船业，同时亦放款给鸦片、棉纱等进口业。据 1858 年北华捷报记载，上海就至少有 60 家钱庄，放款于沙船、棉织品及鸦片等业。① 这意味着上海的钱庄已在一定程度上适应对外开放的新形势，把业务活动范围部分地纳入了资本主义商品和货币流通。

钱庄的经营手段也发生了变化，如庄票获得了广泛的流通。由于华洋隔阂，交货、解款诸多不便，于是钱庄成为内地商人和洋商之间进行交易的桥梁，钱庄开出 5—20 天到期的庄票，各地行商可凭此与洋商交易。上海钱庄不但信用加强，业务也大为扩张，渐由功能狭小之传统金融机构，发展为资助对外贸易的金融机构。

上海钱庄越来越多地与外国资本和本国工商业进行业务往来，上海钱庄业主开始从旧式商人向新兴的工商业者转变。如上海钱业家族之一的镇海方家是以商业资本投资开设钱庄，上海开埠后，进一步投资经营对外贸易。与此同时，从事中外贸易的新式商人、洋行买办投资钱庄者也逐渐多了起来。在这一过程中，以甬商为主体的富有革新精神的钱业精英逐渐跻身上海钱业界的上层，② 他们大多以汇划钱庄股东、经理人的身份，参加同业团体，进行各种谋求同业利益和促进钱业革新改良的活动，进行了改革同业团体的努力。③

总之，从旧式行会组织向现代钱业公会的转变，既有上海开埠后适应外在环境变化的需要，也得力于钱庄本身实力不断增强。此外，华商银行成立上海银行公会之示范作用也不可忽视。

二 甬商在钱业公会中的地位

从有关史料来看，甬商在内园钱业公所创办中起了重要作用。随着租界的开设和租界地区商务的发展，上海钱业中心逐渐北移，以新型进出口贸易为主要业务的北市钱庄业已居于领先地位，不但钱庄数量和资本额超过南市，银拆、洋厘行情也以北市为据。④ "巍巍宫阙耸崇垣，会馆恢宏此独尊"⑤ 的北市钱庄业会馆成了上海钱庄业的业务协调中心和领导中心。而该会馆主要由甬商发起创立，其"创事者，余姚陈淦（笙郊）；董役者，上虞

---

① 转引自郑亦芳《上海钱庄（1843—1937）——中国传统金融业的蜕变》，台北《中研院三民主义研究所丛刊（7）》1981 年版，第 16 页。
② 中国人民银行上海市分行：《上海钱庄史料》，上海人民出版社 1960 年版，第 9 页。
③ 同上书，第 730—734、745—751 页。
④ 同上书，第 31 页。
⑤ 颐安主人：《沪江商业市景词》卷一。

屠成杰（云峰）、余姚王莞阶（冥生）、谢纶辉，慈溪罗秉衡、袁鎏（联清）、鄞县李汉绶（墨君）"①。他们始终掌握会馆的领导权，并实际上主持着上海钱庄业务。② 所以北市钱庄业会馆是业缘与地缘高度统一的同业组织，甬商在其中居于支配地位。

与钱业在近代上海经济发展中的地位相适应，钱业公会成立后成为上海最具实力和影响力的同业组织之一，而甬商钱业集团的强大实力在这一组织中得到了充分反映，它们控制着钱业公会的领导权。从 1917 年上海钱业公会创办到抗日战争爆发前的近 20 年中，在钱业公会担任正、副会长、总副董及主席职务者，甬商几乎占 50%，其中秦润卿先后任 6 届会长。钱业公会的历届董事、执行委员甬商也占了大多数，第三届占 66.7%，第四届占 77.8%，第五届占 80%，第六届占 70%，第七届占 57.1%，第八届占 80%，第九届占 40%，第十届占 30%。自 1931 年开始设立常务委员后，甬商在 4 名常委中所占比重都在 75%（除第十届外）。可以看出，钱业公会这一同业组织几乎成了甬商钱业经营商的同乡组织，成了浙江帮钱业集团的组织形式。

在钱业公会的附设机构中，甬商也居于主导地位。如 1931 年 "一·二八事变"后，钱业公会为了调剂金融，巩固全体同业基础，增强钱业整体抗风险能力，设立了上海钱业联合准备库，准备库委员会的构成人员几乎是钱业公会同一批人。它由秦润卿任主席，5 名常务委员：秦润卿、俞佐庭、傅松年、裴云卿、胡熙生，其中甬商就有 4 位，15 名委员中除上述 5 人外，还有李寿山、王鞠如、盛筱珊、何衷筱、赵文焕、谢韬甫、王怀廉、李济生、徐伯熊、王伯坝，除何衷筱、赵文焕、李济生、王伯坝外均为甬商。由此可见甬商在上海钱业公会以及其附设机构的主导地位（见表 3-12）。

表 3-12　　　　　　　　甬商在上海钱业公会中的地位

类别 届期	会长		副会长		会董（董事、委员、执委）
	姓名	籍贯	姓名	籍贯	
第一届 1917 年	朱五楼	吴兴	秦润卿 魏福吕	慈溪 余姚	无

---

① 《上海北市钱业会馆壁记碑》，《上海碑刻资料选辑》，上海人民出版社 1980 年版，第 401 页。

② 中国人民银行上海市分行：《上海钱庄史料》，上海人民出版社 1960 年版，第 35 页；秦润卿：《五十年来之中国经济（1896—1947）》，第 74—75 页；《上海北市钱业会馆壁记碑》，《上海碑刻资料选辑》，上海人民出版社 1980 年版，第 401 页。

第三章　甬商钱庄业的发展历程　　125

续表

类别 届期	会长		副会长		会董（董事、委员、执委）
	姓名	籍贯	姓名	籍贯	
第二届 1919年	朱五楼	吴兴	王鞠如 盛筱珊	余姚 慈溪	无
第三届 1920年	秦润卿	慈溪	田祈原	上虞	盛筱珊（慈溪）、叶丹庭（余姚）、王伯垠（外帮）
第四届 1922年	秦润卿	慈溪	田祈原	上虞	盛筱珊（慈溪）、叶丹庭（余姚）、王鞠如（余姚）、谢韬甫（余姚）、钟飞滨（吴兴）、李寿山（慈溪）、冯受之（慈溪）、王蔼生（余姚）、王伯垠（外帮）
第五届 1924年	田祈原	上虞	秦润卿	慈溪	盛筱珊（慈溪）、叶丹庭（余姚）、王鞠如（余姚）、谢韬甫（余姚）、钟飞滨（吴兴）、李寿山（慈溪）、冯受之（慈溪）、王蔼生（余姚）、蒋福昌（余姚）、王伯垠（外帮）
第六届 1926年	秦润卿	慈溪	谢韬甫	余姚	田祈原（上虞）、盛筱珊（慈溪）、王鞠如（余姚）、胡熙生（余姚）、李寿山（慈溪）、蒋福昌（余姚）、楼恂如（鄞县）、沈翌笙（上虞）、陈子薰（鄞县）、王伯垠（外帮）
第七届 1928年	秦润卿	慈溪	无	无	谢韬甫（余姚）、田祈原（上虞）、王鞠如（余姚）、盛筱珊（慈溪）、胡熙生（余姚）、李寿山（慈溪）、楼恂如（鄞县）、蒋福昌（余姚）、陈子薰（鄞县）、裴云卿（上虞）、赵文焕（上虞）、朱允升（外帮）、严均安（外帮）、王伯垠（外帮）
第八届 1931年	秦润卿	慈溪	裴云卿 胡熙生 俞佐庭 严均安	上虞 余姚 镇海 外帮	谢韬甫（余姚）、盛筱珊（慈溪）、王鞠如（余姚）、李寿山（慈溪）、楼恂如（鄞县）、李济生（上虞）、王怀廉（余姚）、徐伯熊（慈溪）、傅松年（鄞县）、王伯垠（外帮）
第九届 1933年	秦润卿	慈溪	裴云卿 王怀廉 俞佐庭 席季明	上虞 余姚 镇海 外帮	盛筱珊（慈溪）、胡熙生（余姚）、李寿山（慈溪）、张梦周（上虞）、邵燕山（诸暨）、刘午桥（绍兴）、陈笠珊（上虞）、郑秉权（慈溪）、严大有（上虞）、钱远声（外帮）
第十届 1935年	何衷筱	上虞	邵燕山 刘午桥 陆书臣 席季明	诸暨 绍兴 外帮 外帮	张梦周（上虞）、陈笠珊（上虞）、严大有（上虞）、郑秉权（慈溪）、张文波（上虞）、沈景梁（绍兴）、赵松源（鄞县）、徐文卿（慈溪）、张达甫（外帮）、汪介眉（外帮）

资料来源：1922年、1924年、1926年、1935年据"上海市钱商业同业公会档"，上海市档案馆藏，其他年份名单据《上海钱庄史料》第647—651页历届钱业公会委员名录，籍贯系笔者据前述钱业公会档案及《上海市钱业调查录》(1934)、《上海总商会同人录》等资料查得。

三 钱业公会的行业监管作用

自 1840 年鸦片战争之后中国步入近代社会相当长的一段时期内，商人和企业的个体力量有限，政府对市场的监管与控制又是羸弱的。然而，在由传统经济向现代经济转型的变革中，适合新的经济成分和新的中心城市功能的各项制度不可能是凭空产生的。于是商会和同业公会责无旁贷地肩负起在市场操作层面创建和完善制度秩序的责任，商会和同业公会成为制度体系的构建主体。特别是在晚清和北洋时期，政府干预经济的能力相当弱，当时的市场信用之所以得以树立，是与行业协会的作用密不可分的。而在当时所有的行业组织中，最典型的莫过于上海钱业公会。之所以说它最典型，是因为入会的汇兑钱庄信用不仅通行于上海，而且通行于全国。

1933 年"废两改元"和 1935 年"法币改革"之前，中国的货币种类繁多杂乱。币制紊乱造就了发达而复杂的内汇市场。由于缺乏中央银行制度，币制既不统一，内汇体系也多凌乱而不规范。但在杂乱纷繁之中，全国公认以申汇作为国内汇兑的标准。申汇就是上海银钱业开具的以九八规元两或银圆为货币单位的支付或结算凭证，包括上海汇划钱庄开具的本票，即庄票以及汇票、支票等。各地货币以其跟申汇的比价来确定它们相互间的比价。只有汇划钱庄及十分接近汇划庄的"元"字号小同行才能够开具庄票，其他未入会的钱庄一般不开具庄票。

上海钱庄的庄票以及汇票和支票享有崇高的信誉，在上海本地贸易和埠际贸易中通行无阻："庄票为上海商场中最有信用之票据，不特为本国商人所重视，即洋商亦以现金相待。故凡出货、订货、汇兑、贴现，莫不以获有汇划庄之庄票，以为无上之保障。"① 各地的申汇买卖是很发达的，上海钱庄发出的庄票占有很大的份额。陆兆麟在 1919 年估计，当时上海钱庄每年发出的庄票总额约为十六七亿两。② 郝延平则据此估计：如果上海庄票数额是全国出票量的一半，那么当时中国钱庄每年发出的庄票总额应为 34 亿两。③ 另据一些学者的研究，1925 年面对着本国银行业的逐渐扩张，钱庄及其庄票的地位虽有下降的趋势，但上海钱庄票据仍占全市票据流通额的

---

① 《银行周报》第 7 卷第 43 号，1923 年 11 月 6 日。
② 陆兆麟：《上海钱行办理汇划情形之正误》，《银行周报》第 3 卷第 37 期，1919 年 10 月 7 日。
③ [美] 郝延平：《中国近代商业革命》，人民出版社 1991 年版，第 92 页。

85%以上。①

在中国近代劣币盛行之际,上海钱庄庄票作为一种支付凭证,能够被"视为现款"②。在近代中国币制如此紊乱的情况下,著名的"申汇"在埠际贸易中信用度极高,流通范围最广,"就像20世纪五六十年代国际经济交往中的美元一样,成了国内各大商埠间经济交往的通用货币"③,起着埠际贸易的清算、支付工具等作用,各地汇兑行情均以申汇行情为依据。上海钱业公会的会员钱庄所开具的庄票竟有如此高的信誉度,与上海钱业公会独特的行业信用监管地位密切相关。④ 上海钱业公会发挥行业监管作用和支撑申汇信用的制度安排主要包括两个方面内容:一是行业营业规则与信用制度的制定与履行,二是行业监管与信用维护的制度保障。

其一,行业营业规则与信用制度的制定与履行。

制定业规是钱业公会的一项重要职责,"业规"即营业规则。1900年上海钱业公会制定了第一个文字的行业条规7条,之后的1906年、1907年两次修改了业规,依据钱业惯例做了一些规定。

清末民初几次金融风潮,钱业遭受打击。除了受外部影响外,钱业自身行业习俗和经营管理的弊端也是使其遭受打击的原因之一。为适应金融业发展环境的变化,修订上海钱业营业规则,矫正钱业营业弊病,提高钱庄信用度,促进同业合作及发展,上海钱业公会于1917年成立之初,开始大规模修改业规,订立了《1917年钱业营业章程》39条,⑤ 并在1917—1927年三度修改业规。

行业营业规则与信用制度既离不开维护,也离不开完善。1923年2月28日的内园年会上,全体会员一致通过了"同业股东与本庄往来案",对股东的借款行为进行限制。该议案规定:"凡为钱业股东,必皆号称殷福,其有与本庄往来,应以存款为标准。"⑥ 1923年7月15日公会常会所讨论的一个议题是如何完善托解手续,这种手续的改进可以减少差错。⑦ 1925年5月

---

① 富下忠雄:《中国银行制度史》,日本东京1943年版,第70页;转见戴建兵《上海钱庄庄票略说》,《档案与史学》2002年第2期,第29页。
② 秦润卿:《五十年来上海钱业之回顾》,《钱业月报》第18卷第4号,1947年10月15日。
③ 洪葭管、张继凤:《近代上海金融市场》,上海人民出版社1989年版,第272页。
④ 根据1863年上海钱业"同行"的规定:"钱业不入同行庄票概不收用。"所谓"入同行",就是指加入钱业同业组织;参见《上海钱庄史料》,上海人民出版社1960年版,第21页。
⑤ 中国人民银行上海市分行:《上海钱庄史料》,上海人民出版社1960年版,第682—686页。
⑥ 上海钱业公会内园年会会议录,1923年2月28日。上档S174—1—1。
⑦ 上海钱业公会第9期常会议事录,1923年7月15日。上档S174—1—1。

的一次公会会董会议上，讨论了完善银行收票盖章手续的问题。①

随着经济生活复杂性的日益展现，建立在有限理性基础上的钱业业规肯定会不断遇到新问题，需要做出明确的解释，或做出新的可操作的解决办法，使业规得以完善。1924年4月常会通过了一个加强公会内部协商、以便兴利除弊的决议，要求各入会钱庄的"经理及同事"在每天晚饭后，"公余到会逐事讨论，以期集思广益，互策进行。商业竞争已达极点，此举实为万不可缓之图"。② 这一决议在接下来的常会上得到再一次的强调。经理们天天公余集中起来讨论钱业的兴革，这对于业规的完善是大有裨益的。

在1930年7月2日公会的一次执委会议上，秦润卿提出了钱业改革的5项办法，即所谓的"同业根本问题"③：股东在本庄往来应有存无欠，即其联号往来如有欠款，其总额亦不得超过该东所占股份；各庄如因不幸而遇倒账时，除盈余公积外，其总额如超过股本半数以上，须即添加资本；经协理应以身作则，绝对禁止投机；存放款项须通盘计划，万勿迁就滥放；年终决算须登《钱业月报》公布④。秦润卿是一个思虑周密而又深谙钱业界利弊得失的行业领袖人物，他所提出的以上五条，款款切中要害，涉及根本。即使从今天金融业防范风险、加强监管的角度来看，这五款建议也都非常到位。

行业规则与信用制度制定的关键在于履行。上海钱业公会在解决相关问题、维护行业规则与信用制度上是不遗余力的。

钱业在经营的过程中经常会遇到商号拖欠款项的事情，当同业追讨欠款发生困难时，钱业公会积极出面帮助追讨，以保障和维护上海钱业信用。钱业公会对可能遭受损失的同行进行援助，尽量减少同业的损失，如与保险公司联系，讨论会员钱庄的赔偿事宜等。上海钱业公会特别注重对处于纠纷中同业的法律援助，公会常年聘请法律顾问，用法律手段解决各种纠纷与矛盾，发挥同业组织维护会员利益的作用。

对于违反行业规则与信用制度的行为进行行业惩戒，极有利于行业信用的树立，是行业规则履行和信用制度建设中不可或缺的环节。公会对入会同业及小同行的惩戒措施有：在同业中披露违规成员的信息；处以罚金；取消

---

① 上海钱业公会会董会议录，1925年5月5日。上档S174—1—2。
② 上海钱业公会第4期常会议事录，1924年4月19日。上档S174—1—1。
③ 上海钱业公会执委会议事录，1930年7月2日。上档S174—1—4。
④ 同业年终决算向不宣布，今为使外间明了各庄内容充实计，每届年终，各庄须将决算表详登《钱业月报》，俾众周知，以为改革之第一步，迨后尤须请人查账，与银行界互相提携，共策进行，庶不至贻落伍之讥矣。

钱行牌照资格；开除公会会员资格；永远驱逐丧失信用的钱庄经理和股东等。

针对那些买空卖空的投机商人，上海钱业公会制定了专门的条款予以制裁，1923年上海钱业公会议决："凡有倒欠行号，折偿庄款者，须将该股东及经理姓名报告本公会立册备考，由月报公布。其嗣后若再营业，入会同业均拒绝其往来，但事后补偿者不在此例。"①

在1921年上海出现滥设交易所的潮流时，上海钱业公会曾告诫入会同业不准组织交易所。当某报刊登"钱业公启"的文章，称乾元庄伙友夏菊侯发起组织交易所"有坏规约"时，乾元庄怕因夏菊侯牵连而受公会处罚，忙给公会写信声明夏菊侯"早已辞职"，与乾元庄已"脱离关系"，要求公会"代为更正"。公会认为："报载系南市钱业公所通告。查该公所并未发此通告，应由该公所登报，本公会毋庸代为更正。"② 这件事说明，公会成员很在乎公会的惩戒，不会轻易违背公会的规则。

上海钱业公会根据当时市场的变化而变更业规，修改的目的十分明确，即为了防止风险，维护行业利益，规范钱业市场。一些钱庄经营不规范，遇有风潮极易动摇而影响整个行业的信用，在政府对金融市场监管能力不足的情况下，上海钱业的营业规程的制定及履行监管有效地规范了钱庄营业，一定程度上矫正了钱庄间不正当竞争，增强了钱庄界的协调与合作，发挥了行业自律的作用，有利于整个行业经营的合理性和有效性。

其二，行业监管与信用维护的制度保障。

钱业对银拆、洋厘行市的决定权是"一种极大的势力"③，是上海钱业信用的集中体现。因而维护这种势力是钱业公会的重要职责。

不论是洋厘④还是银拆⑤的议定，都是在钱业市场中进行的。上海钱庄业原有南北市场各开出银拆、洋厘行市，但因北市市面较大，各业大都以北

---

① 中国人民银行上海市分行：《上海钱庄史料》，上海人民出版社1960年版，第693—703页。
② 上海钱业公会第16期常会议案录，1921年10月16日。上档S174—1—1。
③ 杜恂诚：《中国金融通史》卷3，《北洋政府时期》，中国金融出版社2002年版，第260页。
④ 上海自开埠以来，一向两、元并用，同时以九八规元两为记账本位币，所以银圆必须折成规元两方可入账。银圆与规元两的比价，称作洋厘。
⑤ 所谓银拆，就是同业的拆借利率。当时钱行的银拆，是上海金融市场的基准利率，银行业及其他金融行业在制定自己的利率时，都参考钱行的银拆。同业之间的实际拆借以及现洋的买卖，也在钱业市场中进行。各庄则在钱业市场中清算汇划公单，因为各庄之间的资金往来不是每笔都用现金收付的，而是每天将应收应付的汇划单据加以抵冲，余额则可以拆借的形式处理，也可以现金结账。

市场的洋厘为标准。① 银拆、洋厘由钱业公会每天上午议决后，在其附设的钱业市场，每日分早午两市，挂牌公布，早市于上午9时以前开出，午市于正午12时以后开出。其中，银拆又分为日拆和月拆，月拆则由钱业公会常会决定，日拆是以钱业公会议定的月拆为基础，在钱业市场中，由全体同业集会决定。每日各钱庄均派员到场公议行市，凡头寸的拆进拆出，现洋的买进卖出，以及划头的划进划出，都在市场成交。这个市场虽为钱业市场，但银行、信托公司和其他金融机构均可派员进场接洽，委托钱庄代为在场交易。"在抗日战争前的一个长时期内，事实上钱业市场的交易，也就是代表了上海金融界的全部交易，它所挂牌的行市，也就是成为上海金融市场的标准行市。"②

1922年，南北两市合二为一，迁入新建的宁波路钱业公会大厦底层，同年6月上海钱业公会设立了市场委员会管理本业市场上一切事务。"市场种种规划由本市场委员会商订先付市场通过，再交公会常会核议后发生效力"，由钱业公会常会"议决施行"。③ 7月常会议决通过了《上海钱业市场规则》。由于操纵了上海的"银拆"和"洋厘"，上海钱业公会在上海金融市场具有强大的影响力。如果遇有金融变动，由钱业公会所做出的行业决策更是直接影响到金融行情的走向。

在20世纪30年代以前很长一段时期里，钱业信用并不亚于银行信用，银行业还没有票据交换场所，通常是委托大钱庄在汇划总会为它们代理交换票据。由于钱业拥有决定洋厘、银拆之权，"银行吸收存放款之银，除自行抵押信用及各项放款外，余银多存于钱业，一切洋价、银拆进出均照街市稍打折扣"，而且"银行业不能直接至钱行互易，必须由钱业转行进出……"由此可见，在维持上海金融市场方面，上海钱业公会所起的作用是其他团体无法取代的。

上海钱业公会通过钱业市场操纵的银拆和洋厘行市在金融市场中发挥着辐射全国的重大的作用。1933年前经济界公认："各国之经济权在银行，而吾国则在钱庄也。"上海钱业市场的银洋行市一向由钱业公会一手制定，"如国币、银拆、江南小洋、广东小洋及铜圆等市价，皆由钱业公会议定而

---

① "自癸丑以后，南市大钱庄因避免战祸均避入租界，自此以后，北市之势力更超越南市，遂于其时统一银拆，南市各庄悉听北市之行情焉。"《钱业月报》第6卷第10号。

② 洪葭管、张继凤：《近代上海金融市场》，人民出版社1989年版，第27页。

③ 上海市钱业同业公会章程规划卷：《上海钱业市场委员会组织大纲》，上海市档案馆档案，全宗号S174—2—11。

后公诸社会者也",① 仅洋厘和银拆就能左右全国的钱业市场。以全国的农副产品贸易为例,上海钱业公会通过在上海钱业市场利用各地用洋高峰的季节差,调节银拆、洋厘,能将全国的金融调动起来,供应全国的农副产品贸易款项,把处于贸易淡季地区的银圆源源不断地调往贸易繁盛地区。每年5—6月是江、浙茧季,所需现洋为数巨大,其间又恰逢茶季,更增加现银的需要量,从而形成用洋高峰。在短时间内集中巨额资金供江、浙茧商使用,每年都成为上海钱业界的重要事务之一。商家公认,"江浙两省之金融,实以上海为总汇,凡银洋之进出,既以此为集散地,而茧款之调节,尤向以上海为根本之泉源"。②

除直接受上海辐射的江、浙地区外,在远离上海的华北、华中地区形成了两个最大的钱业分中心——天津和汉口,并分别成为这两个地区的金融枢纽,其银价涨落主要"视上海情形如何为转移",与上海形成指臂相连的关系,从而使上海钱业市场通过津、汉对华北、华中的初级金融市场进行间接的调控。

汇划制度是上海钱业公会掌握的另一大利器。汇划制度是一种钱庄业的票据清算制度,即钱庄之间对所签发庄票的清算,采取汇划的方法以代替现银交易,省却现银收解之繁,这是具有现代意义的票据交换制度的雏形。由于唯有汇划庄可以加入汇划总会,非汇划庄仅能委托入会钱庄代办汇划,钱业公会所附属汇划总会的职能,"其性质与各国之票据交换所相类似,功用亦同",而且公单"直接虽为各庄相互收解之凭证,而间接则足以表示金融之近势,与商业之盛衰者也"。③ 通过汇划制度,大大方便了同业之间的清算工作,钱业减少了大量的解现清结银圆,数额十分可观。如1924年4月至9月的6个月公单收付数为64.5亿元,1925年全年为112.5亿元,1926年为152.7亿元,④ 上海钱业公会代表汇划钱庄所贯彻的汇划制度为上海钱业市场乃至全国的金融流通节减了大量现银和现洋。

更为重要的是,在本国银行票据交换所成立之前,上海金融业款项的清算,牢牢地掌握在汇划钱庄所组织的汇划总会手中。因而银行与钱庄之间的

---

① 戴恩波:《钱庄在上海金融界中所占的优势》,《钱业月报》第8卷第3号,1928年5月。
② 士浩:《三年来江浙茧用之比较观》,《银行周报》第6卷第31号(总第261号),1922年8月15日。
③ 裕孙:《近年上海金融市场之一考察》,《银行周报》第12卷第4号(总第535号),1928年2月7日。
④ 中国人民银行上海分行:《上海钱庄史料》,上海人民出版社1960年版,第203页。

票据清算，甚至银行与银行间的收解亦须委托汇划钱庄代为办理。为此，本国银行还不得不存放现款于代理钱庄，以为清算划拨之用。即使在本国银行票据交换所成立以后，银行与钱庄的收解仍以委托代理方式办理。这样钱业从银行获得大量"汇划存款"。据时人估计，"钱庄有汇划总会以为票据交换之所，而银行不得加入也，于是银行之款存放于钱庄者，为数多则千余万，少则五六百万"①。这些巨额存款利息"又极轻微，大都不过三四厘左右，钱庄得此，即以之为八九厘或一分或一分半之放款，从中谋利"。汇划制度作为钱庄业的一项重要制度，对汇划钱庄业务活动体系的形成提供了极大的帮助。进入近代社会后，上海钱庄"能在长时期内维持自己的业务，并在长时期内和本国银行相抗衡"②，一定程度上与其汇划制度的建立与完善是分不开的。

汇划制度与汇划钱庄业务活动体系的形成有很大关系。因此，作为汇划钱庄同业组织的上海钱业公会积极完善汇划制度，并以此为基础建立共同防范信用风险的机制。这种信用风险防范机制的建立是分成各个层次的，既有满足日常票据交换中现金头寸的票现基金的建立，又有更高层次的"为巩固同业全体信誉"而设立的钱业联合准备库，后者履行了部分原应由中央银行所履行的职能。

综上所述，在1935年之前的中国社会经济条件下，上海钱业公会在信用制度建设与履行行业监管等方面，履行了若干后来由政府和中央银行履行的职责，如制订、修改行业规则与信用制度并监管其履行；通过操纵上海的"银拆"和"洋厘"掌控银洋行市；建立防范风险的票现基金和钱业联合准备库等。这些职能的履行显示了上海钱业公会的权威性，确立了上海钱业公会行业制度建设与履行行业监管的重要地位。

四 上海钱业公会的活动和事业

上海钱业公会从1917年成立伊始，为适应市场的需要，钱业不断调整营业方针，增加资本，革新业务，加强内部管理。同时针对不断发生的金融恐慌，采取各种应对方策，防范金融风险，提倡稳健经营。上海钱业公会在团结同业、维护行业利益和信用、平定金融风潮、致力钱业的改革方面做出

---

① 马寅初：《废两改元问题》，《银行周报》第16卷第29号，1932年8月2日。这篇文章中提供的数字与马寅初在1929年出版的《中华银行沦》一书中所说的"7000万—8000万两"有较大的出入，这里的数字似乎更可信一些。

② 吴承明、许涤新：《中国资本主义发展史（二）》，人民出版社1990年版，第712页。

了不少引人注目的成绩，特别是在推动传统金融机构向现代金融企业转型及钱庄业务方针和规章制度的变革方面发挥了十分重要的作用。

其一，厚积资本。

扩大资本额也是钱庄业改革的方向之一。进入20世纪，随着资金市场的供给状况正在发生一些前所未有的变化，钱庄自身资本的弱小已经成为阻碍其发展的一个重要因素，必须尽快加以改进。秦润卿在《钱业月报》发刊词中对钱业的发展提出五条建议，其中第一条就是要求增加资本，"为巩固信用计，为发展营业计，加增资本，不容缓图"。《钱业月报》刊登的一篇文章指出："钱业为谋现在之生存，图将来之发达，亦不可不厚集资本，增加自己势力。"① 秦润卿认为"非逐渐加至五十万两，不足以固根基"，并提议"拟将每年所获盈余支配，股东红余利，至多不逾一分五厘"。② 李寿山也多次提议增加资本，1923年，钱业公会为修改章程和营业规则征求会员意见时，李寿山再次提出"斯议寿山提出已数年，于兹同业增加资本者已居多数，然尚有少数或限于旧习惯，或难向股东启齿。敝意应订入新章，以后凡值分红之年，同事方面应得花红照派，股东所得应酌加资本，此事轻而易举，东伙两方交相有益。盖资本愈足，则信用愈坚，店基巩固于不摇之地矣"。③ 公会在审查李寿山意见时，公议"加入营业规则"，表示赞同。

1923年2月上海钱业公会召开内园年会，讨论的重要议题之一就是增资扩股，专门提出"同业盈余酌加资本案"，并一致做出决议，要求同业各钱庄顺应时代发展的潮流，增加资本，以增强防范风险的能力。决议指出："我同业营业范围近年来顺潮流而增进，是以资本一项亦逐年增长继高，有加无已"，因而要求"入会同业每于分派盈余年份，除在事职员酬金照给外，其余酌加资本以固事业而彰信用"④。钱庄少分红利，并将盈余转化为资本，这种崇尚稳健的经营方式，是对当时国内大多数企业不重视资本积累的习惯做法的否定，显示了钱庄在革新经营理念方面的巨大进步。

由于钱业公会的号召，各钱庄的增资改组行为渐渐频繁起来。进入20世纪30年代以后，钱庄业最大的转变是增加资本实力。雄厚的资本不仅能提高钱庄的信用程度，而且还能增进钱庄的业务运作能力。1927年至1937年，上海钱庄的每家平均资本额均有所增加，1927年为22.4万元，1933年

---

① 遽然：《钱业研究改进之管见》，《钱业月报》第13卷第8号，1933年8月15日。
② 秦润卿：《本报发刊缘起》，《钱业月报》第1卷第1号。
③ 1923年1月8日李寿山提议，S174—2—11。
④ 上海钱业公会档案：《民国十二年内园年会决议案》，1923年2月28日。上海市档案馆藏。

为 32 万元，1937 年为 37.5 万元，10 年间增长了 1.7 倍；资本额 50 万元以上的钱庄日益增多，甚至还有资本额超过 100 万元的大钱庄出现。①

1933 年 3 月以后，为了贯彻执行废两改元政策，上海钱庄原以银两为单位的注册资本均改为以银圆为单位重新进行登记。在此过程中，有不少钱庄趁机进行增资扩股，试图通过增强自身资本实力来迎接重大制度性变革的挑战。

其二，改进业务。

引致钱庄业实施一系列革新举措的原因是多方面的，但其中一个直接动因便是来自银行业对它的竞争压力。在此前提下，以秦润卿为核心的上海钱业公会领导层的钱庄业改革目标主要是以银行为样本设计的，其部分改革内容也与银行业务密切相关。

"应时世之需要"，1933 年 5 月上海钱业公会主席秦润卿等人倡导、策划成立了"上海钱业业务研究社"，其组织宗旨为"研究钱业学术促进钱业业务"②，参加人员达到 240 余人，多为钱庄从业人员，也吸收了部分专家、学者入会。研究社的活动经费由钱业公会赞助，通过各种方式展开如何推进钱庄改革、努力扩大业务的探讨。在开展如何推进钱庄改革、努力扩大业务探讨的同时，一些钱庄积极将改革的设想付诸实践，颇有绩效。当时有不少上海钱业公会的会员钱庄纷纷革新原有业务，如同泰、同庆、寅泰等钱庄开办"特种往来存款"便是其中的一项。该项存款无须熟人介绍，各商店、工厂、行号以及个人，均可直接开户往来，利息每月结算一次，较银行的活期往来存款更为便利。此外，为了有效地与银行竞争，上海钱庄特将各种存款的利率提高到七厘至一分二厘，并废除了实行多年的"存款利息九五折扣"的陋规，以吸引更多存户。"自前次改革支票式样，实行新式会计后，近复对业规规定之'往来存息每月由同业公会召集各会员公决之，倘无拆息时，亦以每千元二元为最低额，均以九五扣计算'一项，已忍痛牺牲废除。"③ 上述改革措施落实后，各钱庄的储蓄存款额普遍有所回升。

在改进原有业务的同时，各地钱庄还竞相添设银行业务。据《申报》报道，自 1933 年起，上海钱庄开始仿效本国银行，增设储蓄存款、抵押放款、工厂放款等业务项目，并兼营地产信托业务，推广使用承兑汇票；其中

---

① 中国人民银行上海市分行：《上海钱庄史料》，上海人民出版社 1960 年版，第 262—263 页。
② 中国人民银行上海市分行：《上海钱业业务研究社章程》，《钱业月报》第 13 卷第 6 号，1933 年 6 月 15 日。
③ 《中行月刊》第 14 卷第 4 期，1937 年 4 月。

率先仿效者为钱业公会主席秦润卿担任经理的福源钱庄，效果良好①。除了存放款等主要业务外，钱庄还模仿银行的次要业务，如保管贵重物品、代客买卖有价证券等，以扩大钱庄的营业量，增加利润额。据《中行月刊》统计，到1936年时上海钱庄中仿效银行业务者，已占钱庄总数的2/3以上②。

对推动钱庄业务的"银行化"进程产生过深远影响的改革措施，当属放款形式的改变，即将信用放款改为抵押放款。就钱庄放款形式来说，长期的习惯以信用放款为主，主要是凭经理或跑街与商家的私人关系，这种信用放款因缺乏物质保证，一旦遇到市场波动，放款呆滞或发生倒账，容易发生倒闭。1921年秦润卿建议："放款亦应有预算，假如一庄有资本十二万，公积盈余十二万，定期存款二十万，普通存款三十万，往来存款七十六万，统计一百五十万。宜信用贷款四十万，定期抵款三十万，活期地款五十万，市上多银三十万。苟能照此类推，不致受各方面之操纵。"③ 在秦润卿的积极倡导下，上海钱庄逐步收缩信用放款，改作抵押放款。如1925年年底福源钱庄放款总额274万两中，信用放款80万两，占29%，抵押放款194万两，占71%；1927年恒隆庄放款总额为305万，信用放款98万，占32%，抵押放款207万，占68%。④ 就放款对象来说，钱庄开始从商业逐步转到以工业为主。福源钱庄1927年对鸿裕等六家纱厂抵押放款总数96万两，1932年申新纱厂一家放款46万两。同业中称："秦润卿经营放款既小心谨慎，又很有魄力。"⑤

1935年年初，上海钱庄"因受不景气影响，情形较诸往年困难，近钱业公会为决定今后营业方针计，特于前日召集各会员会商"，决定了若干重要事项，其中包括："对于采办洋货商号，其中尤以销售一奢侈品之商号，不予信用借款"；"市面未复常度以前，各庄营业取最慎重态度，其对于业务之信用借款，复无限制者，尤宜力图谨慎，以原实力"⑥。钱庄经营信用放款的规模逐渐紧缩后，抵押放款随之开始盛行。福源钱庄在1926年至1935年的10年间，年终结算时其抵押放款余额在全部放款中所占比重逐年

---

① 《申报》1934年2月1日。
② 《中行月刊》第12卷第5期，1936年5月。
③ 秦润卿：《本报发刊缘起》，《钱业月报》第I卷第1号。
④ 吾新民：《旧上海钱业领袖秦润卿》，《旧上海金融界》，上海人民出版社1988年版，第262页；《上海钱庄史料》，第841页。
⑤ 吾新民：《旧上海钱业领袖秦润卿》，《旧上海金融界》，上海人民出版社1988年版，第262页。
⑥ 《银行周报》第19卷第7期，1935年2月26日。

提高，平均为信用放款额的三至四倍，1935年更是达到10倍以上①。据1937年《银行周报》报道，"近来较为开通之庄，亦已兼营丝、茶、米、粮之押款，以求放款之稳妥，公债押款亦日渐风行"。② 钱庄业的这种变革已经从根本上动摇了钱庄旧有的业务基础，预示着它未来的发展方向，促使其进一步向银行靠拢了。

至于钱庄内部组织制度的改善也有一定进展。在20世纪20年代前后上海已有极个别钱庄改组为银行的特例出现，如1919年上海的豫源钱庄曾改组为上海豫源商业储蓄银行③（次年重又改组为福源钱庄）。到了30年代，钱庄组织制度的改进已经引起同业的普遍重视。鉴于钱庄业日趋萧条而银行业日渐兴盛的现实状况，有部分钱庄尝试着转为银行，转业的方式大致有两种：一是由钱庄直接改组为银行，如1934年4月上海北市的益丰钱庄改组为正明商业储蓄银行；④ 二是由钱庄的股东、经理着手另设新银行，如上海浦东商业储蓄银行即由钱业巨子裴云卿投资开设。但是，抗日战争前上海钱庄中改组为股份公司组织或采用股份公司组织设立的仍然少见，⑤ 迟至1940年以后上海钱庄才逐渐改为股份公司组织。比较而言，当时流行的做法是，有更多的钱庄模仿银行的内部机构设置，成立营业、存款、放款、汇兑、信托等业务部门，并设立存放押品的仓库和保管公债证券的保管库等。代表钱庄之一仍为福源钱庄，由于实施的成效良好，故逐渐为各钱庄所仿行。

其三，规避风险。

20世纪20年代，强大的外国金融势力控制着中国的金融市场，左右资金的吞吐，操纵汇率涨落和金银出入，而不顾及钱庄安危。政局动荡，市面波动，更使得金融风潮不断。在时局动荡和市场盲目性而导致的几次金融危机（如1921年的信交风潮、1924年江浙战争与上海金融波动等）面前，即使钱业面临难以避免的危机时，上海钱业公会通过整合同业意志，凝聚同业

---

① 中国人民银行上海市分行：《上海钱庄史料》，上海人民出版社1960年版，第805页。
② 《银行周报》第21卷第12期，1937年3月30日。
③ 《申报》1919年2月5日。
④ 《中国经济年报（1934年）》，生活书店1934年版，第188页。
⑤ 1936年时，鄞县钱业公会曾就钱庄改组为股份有限公司一事函请宁波商会转呈财政部核示，后财政部批示："……如果悉依公司法第四章股份有限公司各规定办理，自无不可。唯该庄改组就绪，仍应遵照银行注册章程暨施行细则，备具法定文件，来部注册，以符法令。"但鄞县钱业未有进一步举动。然而事过不久，"现闻上海已有人遵照此项部批发起组织某某钱庄股份有限公司，委托立信会计事务所向经济部登记，并向财政部注册"。权时：《钱庄与股份有限公司组织》，《银行周报》第22卷第50期，1938年12月20日。

力量，在维护上海金融市场稳定和行业利益方面发挥着重要作用。

为了避免金融风险，上海钱业公会决定废除拆票制度。上海钱庄自 19 世纪 70 年代开始，为资金周转方便，常常向外商银行拆款，洋银行遇银根松动，非常欢迎拆票，一有风潮，催收拆票，异常紧逼，设有不应，立见倾倒，因而"钱庄之危险以拆票为第一"。1911 年辛亥革命和 1924 年江浙战争所引发的金融恐慌，在很大程度上是由于外商银行停止并催收拆款而导致钱庄被动的局面。尽管在辛亥革命后，洋商银行曾一度停止拆票，但后来又恢复如初。针对这种弊端，秦润卿在 1924 年 12 月 10 日的会董会议上提出废除拆票，"各庄洋银行拆票，本为一时周转起见，唯有利亦有害……远如橡皮风潮，近如本年七月，迄今回忆犹为寒心，似应将拆票设法废除，俾各庄皆趋稳步，而免倾覆，前车不远。趁此银根奇松，共策远图，同业幸甚"。① 会议决定致函洋银行公会请为注意，同时去函分登西文各报。上海钱庄 50 多年来的拆票习惯从此废除，对钱业来说，不仅减少了风险，也削弱了对外商银行的依赖。

1924 年因永春、永和、裕丰钱庄倒闭而引发的划条问题纠纷，上海钱业公会为此颇费唇舌，最后得到争议各方的谅解，相安无事。为改善方法，1925 年 2 月 5 日年会提出："将各种划条定期取消，一律改用支票。"②

票现问题一直是困扰上海钱业的一大难题，汇划总会的设立虽然解决了大批量解现的烦琐和危险，但是数目在两以下的找头仍然需要解送现银，仍然存在潜在的危险。1924 年年底，发生了厚丰钱庄栈司张润生因运送现银遇害殉职事件。再加上不足 500 元的"零头"解现的方法实在很不方便，钱庄老司务每日须带八九百元或一千多元的洋钱向各家分送。钱业公会为了避免危险，决定每家交纳基金 1 万两，共 87 家，计银 87 万两，建造公库储藏，由公会保管，以此作为保证所开公单如数收付的准备金。这就是钱庄的票现基金。同时废除每日送银及"礼拜找"，改为每月初二、十六日清算一次，"以后各庄有应解他庄之尾数额时，不必解送现款，可借此项基金而在公会用滚存办法滚至次日再说"。③ 1925 年 7 月钱业又议决成立了票现基金委员会，负责基金的运作并制定了相应的办事大纲。此后，由于 1926 年年底发生衍丰（元字号钱庄）倒闭事件，衍丰所欠"尾数银"合计超过其存

---

① 1924 年 12 月 10 日会董会议，S174—1—2。
② 1925 年 2 月 5 日年会，S174—1—2。
③ 中国人民银行上海市分行：《上海钱庄史料》，上海人民出版社 1960 年版，第 495 页。

于公会的基金 12000 余两之巨，于是钱业同业从 1927 年起将票现基金增至 2 万两。

上海钱业公会创立票现基金，方便了钱庄清算"尾数银"，保证公单如数收付，维持庄票的信用，使钱庄的汇划制度更加简便、安全、完善。汇划制度在一段时间内对于维持钱业自身的业务、抵御金融风险，以及抗衡本国银行均起过相当的作用，尤其是钱业公会成立后对改进完善这一制度也做了不懈的努力，取得了明显的效果。可以看出，上海钱业公会积极贯彻汇划制度并不断完善，使之畅行无阻，于上海商业金融周转，颇有助益。

从现代银行业的管理制度来看，法定准备金制度是作为谨慎管理银行的一种工具，其职能是以此保证银行留有最起码的准备金防止存款下降，或呆账增加等意外情况发生。上海钱庄业虽然单家钱庄成立时在其他钱庄中有存款，平时业务经营过程中也实行同业之间相互拆款，但整体行业没有实行联合准备金制度，因而一旦遇到挤兑或呆账时常常搁浅，同业中其他各庄也因资力有限爱莫能助，只能眼睁睁地任其倒闭。尽管在上海钱业公会成立后曾一度联合在会同业成功地负责清理过几家钱庄，但公会负责清理的最终结果是殃及池鱼，垫款各庄也被卷入困境。为加强同业之间的联合，提高共同防范风险的能力，上海钱业公会于 1932 年成立了上海钱业联合准备库。

上海钱业公会在金融危机面前，能够及时有力地处理出现的各种紧急情况，在减少钱庄倒闭清理带来不良后果方面发挥有效作用，体现了钱业公会为维护上海钱业信用做出的努力。在秦润卿等公会领导的倡导和监督之下，上海钱业不断矫正营业弊害，改变不良的营业作风，稳健经营，以钱业大局为重，逐渐降低了风险，因而在公会成立之后，除受环境和时局等的外界客观影响之外，很少有因内部不良营业而导致倒闭的会员钱庄，提高了行业本身的风险防范能力，在遇到风险时能沉着应付，化险为夷。钱业公会为平息金融风潮和维护金融市场秩序的稳定做出了贡献。

其四，驱逐劣币。

北洋政府统治时期，中国货币制度极端混乱，各种劣质硬币泛滥成灾，对各地金融市场造成不小的冲击。上海钱业公会采取多项措施打击劣质硬币，以维护金融市场的正常秩序，收到良好效果。

1921 年 5 月，轻质铜圆充斥沪市，而且均持有运送来沪的护照，以致铜圆的市面价格暴跌，沪上小本店铺受到影响。对此，上海钱业公会分别致电北京国务院财政部、税务处及南京省长，请其："迅电海关路局，不论何项运照一律禁止输入，以饵祸害。"① 虽然呈请官厅设法禁运，私自运送的仍源源不绝，劣质铜圆充斥上海市场日甚一日，因为劣质货币大量流通的根源就是北洋政府无力解决财政危机。鉴于劣质铜圆对上海金融市场和商民所造成的危害，上海钱业公会和其他各团体认为禁绝来路是第一要务，一再诚请北京政府通饬各省停铸铜圆，并请政府严厉下令海关路局加以查禁，严禁进口。虽然停铸令下，但政局动荡，北京政府令不出都门，不可能予以实现。

  为求有效地消除劣质铜圆，1922年5月27日，钱业公会、银行公会、总商会等召开联席会议，议决了三种办法：（1）各省停铸仍系空言无补，其扼要办法唯有禁止紫铜及铜坯转口入手，此事情应即日通电各处海关布告实行，如查私运一律充公；（2）轮船火车夹带私运如何切实稽查应通令各税关路局，各抒己见，定一严厉而有效之办法；（3）过剩之铜圆应由政府依照国币条例收受，凡人民以新旧铜圆向县署税所完漕纳税，无论数目多少许照通行行市一律上兑，县署税所以及财政所均不得有丝毫抑勒挑剔。② 并将此三种分别呈送北京交通部、财政部、税务处、币制局以及本埠沪军使，请政府予以照办。在政府采取行动压制的情况下，铜圆扰乱市场的情况有所减轻。

  轻质铜圆尚未禁绝，1922年市上又新出现成色低劣的银角，虽由海关禁运，但是私下装运的仍不少，扰乱市面。同年9月18日，亨字号益和裕记庄经理鲍梅航请求钱业公会商讨整顿办法。由于会员庄汇划庄并不经营兑现钱币业务，而元亨利贞各等不入会之小同行中，利字庄和贞字庄专门以兑换银洋、银角、铜圆为主要营业，钱业公会决定应先由市场委员会讨论解决办法再做一致决定。10月1日，市场委员会特别邀集小同行议决，"嗣后凡有低质银角来沪，各庄号一律拒绝，倘有私相买卖，一经查明，将该庄号在市场中所悬牌号，永远撤销"，并将决议办法在市场公告。钱业公会通过此决议后，通告南北入会同业"我入会同业尤应格外注意，共同禁制，以维币制"。③ 10月6日，即有贞字号同豫庄被揭发私下买卖轻质铜圆事情，此

---

  ① 上海市钱业公会致北京国务院、财政部、税务处、南京省长函，上海市档案馆档案，全宗号S174—1—53。

  ② 1921年6月5日上海总商会呈送北京交通部、财政部、税务处、币制局以及本埠沪军使电，全宗号S174—1—53。

  ③ 1922年10月2日上海钱业公会通告南北入会同业，上海市档案馆档案，全宗号S174—1—66。

案经公会公决"不依照原议办理,效尤者接踵而起贻害靡穷,准照原议撤销该庄牌号可也"。① 可以看出,上海钱业公会严格发挥行业组织的作用,对行业私营劣币的行为查究和严惩,以维护行业的信用。1924 年 5 月,安徽省造币厂所铸民国八年银币因成色不足,流入上海后引起市场交易秩序的混乱,银钱两公会立即召开联席会议讨论应对办法,结果议决由两公会联合致电北京政府财政部,严令停止铸造,并销毁该厂币模。同时还分别电告汉口、北京、天津和济南等各埠银钱业公会,要求协力进行,各埠等接到上海方面的电文后,同意给予积极配合。

为整顿劣币起见,1924 年 7 月,亨利贞小同行组织了上海钱业市场委员会稽查部,负责稽查私营成色恶劣银角及轻质铜圆。如果私下经营劣币,经稽查属实,"轻则由委员会议决撤除牌号,逐出市场,重则提请钱业公会大会议定提请起诉,严行究办,为扰乱社会经济者戒"。② 而且以后凡有新银角发现,由稽查部报告委员会,转报钱业公会再由公会请化验家,化验其成色符合法定的才能在市场上买卖。上海钱业公会不遗余力地惩办违规行为,不仅有利于本业的发展,还维护了上海金融市场的正常秩序。

1925 年,大量"民三劣币"(民国三年新币,一种正面铸有袁世凯头像的银币)充斥沪市。8 月,洋商银行公会化验此币不符合法定标准,拒绝收用该银币。钱业公会在得到洋商银行公会送交的化验结果后,决议采取一致做法,同业应一律拒收此种银币,使其没有流通市场。另请中外银行将封存在该银行的银圆开箱检视,如有该劣质银币,由封存各庄收回换取。

1926 年年初,又发现江西省铸造的劣质袁像银币,此种劣币以前多次化验成色与法定标准相差甚巨,钱业公会曾多次致电江西省当局严加制止。5 月间又有消息传来,该省为解决财政困难,准备再次开铸这种不合法定成色的银币。闻此消息后,上海钱业公会为防患于未然,迅速采取行动,致电联军总司令孙传芳、江西省督军邓如琢等,请求制止江西省造币厂铸造劣币。迫于上海工商界的压力,江西省造币厂只得放弃了原计划。

从上述分析来看,上海钱业公会在维持货币正常流通方面比较积极。不管是从维护自身利益出发,还是从整顿货币、保证上海金融稳定考虑,钱业公会都是做了不少努力的,在北洋政府力量薄弱,无力利用国家权力整理币制、统一货币的时候,钱业公会集合整体力量并在此过程中与总商会、银行

---

① 1922 年 10 月 6 日第 16 期常会,上海市档案馆档案,全宗号 S174—1—1。
② 1924 年 7 月上海市钱业市场委员会稽查部简章,上海市档案馆档案,全宗号 S174—1—53。

公会进行了合作。

其五，创办月报。

由于华资银行纷纷开设且发展迅速，对钱庄业形成挑战之势。银行业界于1917年创办了《银行周报》，为银行的发展摇旗呐喊，拥有许多读者。上海钱庄业在其富有革新精神的会长秦润卿的倡议下，1921年2月创办了钱业公会的机关刊物《钱业月报》，由钱业公会主持发行、提供经费，并推举胡熙生、刘栩生担负指导管理之责任，聘屠光甫为主编。社址本附设于钱业会馆，后迁至公会新屋。1926年屠光甫因事辞职后，秦润卿几经考虑，"若再另请外人于同业情形甚不明了，若交人包办又恐被人利用种种不便"，遂筹建了月报委员会，延请会中热心报务之士担任委员，胡叔仁当选为委员长、王楚声为调查主任、邵少白为发行主任、谢新民为广告主任，综理编辑诸务。

《钱业月报》在栏目的设置上贯彻了秦润卿在发刊词中阐述的"以联络同业之情感，维护公共利益，促进其业务上之发达，矫正其习惯上之弊端"的办报宗旨。设有传略、论说、调查、选论、新闻摘要、外埠金融及商情、本埠金融及商情、统计、小说等栏目。如论说对钱业营业方针和手续进行评议并提出各种意见和方案，传略为搜集历届董事传略，外埠金融及商情登载特约通讯员对于各地钱业概况、金融商品市场动态和行情的记载和统计，选论介绍国外金融组织及管理经验等。

鉴于钱庄本身的资力和业务一向对外保密，秦润卿曾在发刊词中敦促各钱庄破除成见："现在上海银行界每年调查统计，精确无遗，吾业若不从事调查，亦我人之羞，拟请各庄破除成见，每至年终，将资产负债表、营业损益表从实报告本会，登诸月报，以表示过去事实，决定未来方针。"① 因此月报刊发后，首先将上海各股东、经理、副经理姓名、资本金额等予以刊布，使社会了解钱庄组织的内幕。1922年起公会决议每年刊行同业录（1925年停刊一年）。"关于钱庄内部情形，向之不轻举以公开者，进乃于月报中稍可窥见其大概矣。且于种种应改良之处，亦有发为评论，有所主张，诚钱业界未有之创举也。"这对于历来对行业内情讳莫如深的钱庄业来说是一项冲破陈规陋习、改革经营习惯、变封闭为开放的重要步骤，旨在使同业能同其心志。② 月报从1924年第4卷第4号起刊载银洋进出、公单划解统计

---

① 秦润卿：《发刊词》，《钱业月报》第1卷第1号。
② 李权时、赵渭人：《上海之钱庄》，台北华世出版社1978年版，第84页。

表。统计的内容包括上海金融市场钱庄、银行两方面银洋兑换及票据交换的总数，据此数据可以看出全年银根的松紧和金融季节性的变动，实为钱业刊物有金融统计的开始。

围绕历史悠久的钱业如何齐心协力发展业务，与银行展开竞争，《钱业月报》提出了许多建议，如改革旧式簿记法；钱庄应多行抵押放款，少做传统的信用放款以增加保障；废除送现以减轻风险；改良票据以有利轧账。会长秦润卿经常在《钱业月报》上发表文章，提出了不少有创意、有价值的观点。

1917—1927 年这段时期，上海钱庄业迅速发展，在上海钱业公会的领导下，积极学习先进的经营管理经验，致力于旧金融市场的改革。所以《钱业月报》这一阶段刊发的文章主要关注钱庄业本身如何像银行业一样引进西方金融知识，改良传统的经营管理。同时，这份刊物又是公会与会员沟通的重要手段，也是社会其他行业了解钱业的重要渠道。因内容编排醒目，每期标题琳琅满目，注重反映社会经济动态，无偏枯之短，有普遍之长，订阅者颇多，读者遍及各行各业，各地钱业公会纷纷向上海钱业公会索要《钱业月报》。《钱业月报》一度与银行公会发行的刊物分庭抗礼，分别反映民族资本金融两大集团间的不同要求和意见。上海钱业公会也以此刊物向同业灌输近代金融知识和观念，指导翼助同业，使之保持耳聪目明，顺时应变，起到"灵通消息""巩固业务"的作用。

第四章

甬商与中国近代银行业

金融是货币流通的调节和信用活动的总称,只要存在商品货币经济,就必然有金融活动,它反映着经济活动中生产、分配、交换、消费的价值形式的活动,并对经济活动产生巨大的反作用,它是通过不同金融机构的不同业务方式而体现的。中国的货币产生历史悠久,但金融机构却一直落后。两千多年的封建社会,创造了举世瞩目辉煌的货币文化,而金融机构则未能发达。直到清代还仅有典当、票号、钱庄等传统的机构充当金融角色。近代社会以来,由于外国资本的刺激,中国的工商业随之发生了重大变化,货币经济也随之活跃。旧式金融机构再也无法维持落后的经济局面,从而产生了近代银行业。

1840年鸦片战争后,伴随资本主义列强商品和资本输出的增加,以及各式金融机构的设立和扩张,一直到后来整个金融业为外国银行所垄断控制,中国旧式金融机构都未能阻止外国银行进军的步伐,而这样带来的后果是极其严重的。正如毛泽东所指出的:"帝国主义列强经过借款给中国政府,并在中国开设银行,垄断了中国的金融和财政。因此,它们就不但在商品竞争上压倒了中国的民族资本主义,而且在金融上、财政上扼住了中国的咽喉。"[①] 因此,中国近代银行业的兴起不仅是复兴中国金融业的关键,甚至担负着推进近代中国经济发展的重任。中国近代之初,银行业曾长期为英、美等列强的银行所垄断把持,因此,中国银行业经历了一个先有外国银行,而后才有本国银行的发展历程。

---

① 《毛泽东选集》第二卷,人民出版社1991年版,第629页。

第一节　甬商与中国近代银行

甬商的金融业起源早，业务发展迅速，很早就形成了货币兑换、资金拆借等金融市场。随着商品流通市场的演化，甬商经营的金融业务从货币兑换拓展到全面经营存、放、汇业务；组织机构也从典当、钱庄等旧式金融机构发展为银行、保险公司、信托投资公司等新型金融机构。从1897年第一家民族资本银行——中国通商银行的创立一直到1935年，全国先后设立了544家民族银行，其后留存下来的仅为147家。在这147家银行中，除中央、中国、交通、农民4家特许银行和43家由地方当局开设的省、市、县银行外，其余100家商业银行中，由宁波籍人士独资经营的11家，为主经营的13家，参与经营的28家，合计有半数以上的银行与宁波人有关。这充分反映了当时甬商银行业发展之盛，在中国金融业发展史上具有举足轻重的地位。

一　甬商与中国通商银行

外商银行在中国的设立和发展，诱发了中国人自办银行的思想。19世纪70年代到90年代前期，要求创立新式银行的各种言论和出现于金融业活动上的某些探索，为中国民族资本银行的创立提供了思想上和实践上的准备。虽然言论主张中国人应自办银行的魏源[①]、洪仁玕[②]、郑观应[③]、梁启超[④]等都不是宁波人，但在辛亥革命前，参与银行经营实践的却多为宁波商人。这是由于在19世纪中期以后，宁波商人在经营商业和钱庄上获得巨大的成就，既为他们提供了投资银行的资本积累，也为他们提供了管理金融企业的实践经验。此外，甬商在近代化转型过程中，不仅宁波商人中的买办和

[①] 魏源在《海国图志》中介绍了英国的银行制度，并认为这是英国国家强盛的原因之一，这是在中国人的著作中最早提到西方近代的金融机构。

[②] 洪仁玕在《资政新篇》中第一次提出了要在中国建立近代货币银行制度的主张。

[③] 郑观应：《盛世危言·银行》，《戊戌变法》第1册，神州国光出版社1953年版，第106页，"为今之计，非筹集巨款，创设银行，不能以挽救商情，而维持市面也"。他总结了兴办银行的十大好处："聚通国之财，收通国之利……其便一；国家有大兴作，如造铁路，设船厂，种种工程可以代筹，其便二；……"

[④] 梁启超：《饮冰室合集·文集》（8），中华书局1932年版，以日美为例，从设立银行、发行公债有利于振兴经济的角度，论述了中国建立银行的必要性，指出日本之所以全国经济日益发达，就因取法美国。银行愈多，竞争愈盛，利率愈减，愈便利投资者，工商业就愈发达。

进出口商相当熟悉银行业务，而且宁波钱庄商人由于与外国银行往来频繁，也逐渐熟悉了银行的组织和经营方法。这都为甬商投资创办和参与经营银行提供了必要的条件。事实上，宁波商人也早就对投资银行发生浓厚的兴趣。例如，叶澄衷就曾经投资于外商中华汇理银行，成为该行的发起人和主要的股东之一。随着中国近代工业的兴起，社会对于通过银行获得大规模融资的需求越来越迫切。特别是银行业的巨额利润，强烈吸引着甬商积极投资创办和参与经营近代银行。因此，在中国第一家民族资本银行——中国通商银行创办时，就有了宁波商人的身影。也正是从那以后，一批由甬商投资创办的银行相继出现，同时也产生了一批著名的甬商金融家。

在清朝政府内部意见分歧、倾轧剧烈和外国商人插手觊觎下，几经波折，第一家华资银行——中国通商银行于1897年5月27日在上海正式开业。这是中国第一家以"银行"命名的金融机构，从此结束了我国金融业只有牌号（如账局"祥发永"、票号"日升昌"、钱庄"福康"等），而没有"银行"字样的历史。

（一）中国通商银行的资本来源及其组织管理

通商银行的额定资本为500万两，设立时先收半数250万两。盛宣怀所掌握的官督商办企业、轮船招商局和电报局的投资额占银行实收资本的42.9%，私人投资占银行实收资本的57.1%。其中盛宣怀名下包括他本人和代其他官僚如李鸿章、王文韶的投资达73万两；银行总董中如张振勋投资10万两，严信厚投资5万两[①]。叶澄衷、朱葆三、刘学询的投资额虽然目前尚不清楚，但他们既然是筹办总董，也无疑是该行首批大股东[②]。以上几笔投资合计193万两，在银行总资本中所占比例已不算低；只是一般中小商人的投资不多，所占比重也比较低。这主要是由于1896年总理衙门对设立银行的驳斥，使得一般商人有所顾忌而观望不前[③]。这样的资本构成反映出在19世纪与20世纪之交，只有少数具有维新倾向的政府官员和某些了解资本主义企业性质的新式商人才敢于对银行业进行投资。因此，从资本来源和构

---

① 中国人民银行上海市分行金融研究所：《中国第一家银行》附录，中国社会科学出版社1982年版，第10页。

② 通商银行《章程》规定："各总董认招华商股份一百万两。"中国人民银行上海市分行金融研究所：《中国第一家银行》附录，中国社会科学出版社1982年版。各总董既然大额认购股份，自然应当是大股东。

③ "因而闻者疑沮，谣议纷起，谓银行办好，官必苛勒无已，商股请退者，达六七十万。"中国通商银行编：《五十年来之中国经济（1896—1947）》，1947年，第3页。

成的角度来看,通商银行应算作是一家商办银行。但在当时的社会条件下,要使银行这一新事物能够创立起来并维持下去,也无法完全脱离与清政府的联系。这就决定了,一方面通商银行在资本构成上要尽力回避官款的加入,另一方面在业务营运上又要争取官方的维护。最后争取到户部拨存的100万两作为生息公款①,约定年息5厘,按年付息,5年后分期归还。名义上是将公款存放在银行以谋取利息,实际具有股本的性质,借以维持通商银行商办而官方保护的形象。

通商银行成立初期在管理体制上采取的是"权归总董""利归股商"②,实际上是盛宣怀一人独揽大权。通商银行共设有10个总董事③,他们是:张振勋、叶澄衷、严信厚、杨文骏、刘学询、严滢、杨廷杲、施则敬、朱葆三、陈猷。他们都是与盛宣怀有较深渊源的商界或官场的活跃人物,其中不少人是银钱业的代表,如叶澄衷、朱葆三、严信厚是浙江宁波籍大资本家,刘学询、施则敬也都是浙江的富商。所以有人说"浙江钱业资本集团是中国通商银行的后盾"④。盛宣怀期望通过他们来加强银行与钱庄的联系,以便开拓业务。在通商银行开办后的3年中,先后在汉口、北京、福州、天津、广州、镇江、烟台、香港、重庆、保定等地设立了分行。

在银行章程中,关于通商银行的业务原则和经营方针等方面,强调遵照西方银行制度,银行的内部规章制度仿照汇丰银行而设立。章程规定,银行在业务经营中"不用委员而用董事,不用关防而用图记,尽除官场习气,俱遵商务规矩"⑤。中国通商银行的第一任洋大班是英国人美德伦(A.W. Maitland)。他曾在汇丰银行任职数十年,熟悉中西银行业务。雇用他为大班,显然是为了在外国银行林立的上海,能够比较方便地为通商银行打开局面。通商银行的章程规定,所有业务经营、资金出入都由大班主政;但同时也有相应的限制,即遇到紧要之事,要由总董会议签押,然后照行;在用人方面也有相应的规定,即自买办以下人员进退需得总董核准,才能生效。章

---

① 这是盛宣怀接受严信厚的建议,仿照轮船招商局创办时的事例,即借生息官款,垫足股本,开办后陆续拨还官款。引自黄逸平《近代中国经济变迁》,上海人民出版社1992年版,第439页。

② 中国人民银行上海市分行金融研究所:《中国第一家银行》,中华书局1982年版,第77、100、104页。

③ 按照当时一般企业的惯例,应在10个董事中推举1人为总董,现在10个董事均称为总董,实际上谁也不是头儿。

④ 陈国强:《浙江金融史》,中国金融出版社1993年版,第171页。

⑤ 中国人民银行上海市分行金融研究所:《中国第一家银行》,中华书局1982年版,第100页。

程还规定洋大班应"具有荐信,立有合同","如有不合,随时可撤"①。这都表明银行总董对洋大班不是完全放任的,而是在大政方针和用人上为自己保留了最后决定权。虽然对于洋大班"如有不合,随时可撤",而且有华大班与之相互钳制,但是通商银行发行钞票须经洋大班美德伦签字方为有效,总行的账册、簿据也全都是用英文记载。虽说银行开创伊始,需要借鉴外国银行的经验,但有过度依赖之嫌。

(二) 通商银行的业务活动

中国通商银行是在外国银行控制中国金融市场之后成立的。因此,它一出现便遇到外国银行的抵制和排挤。在初期,它不得不在与外部恶劣环境做抗争中开拓局面。1898年,盛宣怀在总结银行成立以来的营业状况时,曾以汇丰银行为例指出:外籍银行在华已有数十年,"气势既盛,根底已深,不仅洋商款项往来,网罗都尽,中行决不能分其杯羹;即华商大宗贸易,亦与西行相交日久,信之素深。中国银行新造之局,势力未充,非可粉饰铺张,骤与西人争胜"②。所以在通商银行初创时,除了开展存、放款业务之外,把重点放在发行钞票、代收库款、汇兑各地拨解公款,以及作为清政府举借外债的经手机构。

就通商银行存款业务来看,1897年年底,通商银行存款总额共计262万两;之后十多年升降不定,最高时达397万两(1899年)。在这之后的多年里,存款额一直在200万两左右徘徊。这表明通商银行在吸收存款方面,虽然在不断努力,但并未取得重大进展。从通商银行的档案和会计报表来看,这为数不多的存款,主要来自两方面:一是前面提到的清政府户部拨存的生息公款100万两。从1903年起,通商银行每年归还这笔存款20万两,到1906年年底,本息全部还清。应该说这一笔生息公款在通商银行初期的业务活动上起了较大的支持作用。二是与盛宣怀关系密切的一些官督商办企业在资金上大大支持了通商银行的营运。例如,轮船招商局在1899年经营状况良好,在银行开户,提供游离资本325万两;我国自办的第一家保险公司——仁济和保险公司从通商银行创办时起,就提交存款40万两,次年又增加到70万两,最高时曾达90万两。直到1911年,这家公司一直是通商银行的主要存户之一。此外,1896年,清政府决定建造京汉铁路,在上海

---

① 中国人民银行上海市分行金融研究所:《中国第一家银行》,中华书局1982年版,第104页。

② 朱寿朋:《东华续录》,光绪朝,卷146,中华书局1958年版。

设立铁路总公司,任盛宣怀为督办,经办铁路修建和借款事宜,盛宣怀借此机会又争取到一部分铁路外债借款存入通商银行。在1898年的京汉铁路、1902年的粤汉铁路和1903年的沪宁铁路的借款合同中,都订有借款的收支和营业款项,中国通商银行都可参与经办。从1897年8月上旬铁路总公司存入银行80万两开始,一直到1911年,兴建铁路的部分款项都是通过通商银行进行收付,不曾间断。据通商银行会计报表记载:自1898年到1911年,沪宁、京汉、粤汉、华北、沪杭甬等铁路历年在通商银行的存款,合计达547万余两。其中以沪宁铁路在通商银行的存款数额最为突出,1905年末曾高达250万余两,占当年通商银行存款的2/3。此外,邮传部在通商银行也列有存款户头,最高时也曾达到248万两。至于吸收私人存款,成效并不显著。除盛宣怀本人和贵族官僚荣禄曾存入较大款额,各在几十万两外,其他私人存款户并不多见。这表明通商银行在吸收社会闲散资金方面,未取得应有的成绩。从1897年到1909年的业务统计中,通商银行的存款总额只有在1897年、1898年、1899年和1905年4个年头略超过银行的资本额,其余9年都在资本额之下①。这也表明在外资银行势力日增夜长的状况下,通商银行在一般群众的心目中还处于相对薄弱的地位。

除存款之外,钞票的发行也在一定程度上促进了通商银行事业的进展。该行在成立时,曾获得清政府户部批准,授予发行银圆和银两两种钞票的特权。因此,它是我国最早发行银行兑换券的金融机构。银圆券分一元、五元、十元、五十元、一百元五种;银两券分一两、五两、十两、五十两、百两五种。这些票券也成为中国发行最早的银圆券。通商银行的票券发行从1898年开始,截至1904年,共发行110多万两,所发票券在浙江省沿海的宁波、舟山等地流通甚广。发钞推动了银行业务的发展,通商银行的存款也因之增加。但1903年发现有日本人伪造通商银行钞票,引起挤兑风潮,钞票信用遭受相当大的损害,1904年发行额便从上一年的10.25万两下降为9.28万两。1905年,通商银行为了扩大发行业务,委托上海钱庄协助推广。至1907年时,通商银行的发行总额又逐步上升到231万两以上,为历年发行的最高数额,相当于资本额的92%。对于银行而言,发行业务既是银行资金来源的途径之一,也是银行获取高额利润的一个重要手段。从1905年到1911年的七年里,通商银行平均每年发行没有准备金的钞票约140万两,

---

① 中国人民银行上海市分行金融研究所:《中国第一家银行》,中华书局1982年版,第116页。

按照当时贷款最低利率8%计算，所获得的利润大约在80万两。

在通商银行的放款业务方面，在初创的几年中占较大比重的是对银钱业的放款。当时在上海金融市场上，钱庄仍处于优势，钱业的领袖人物还牢固地控制着上海、江浙及沿江沿海的银钱业活动。为拓展银行业务，盛宣怀特聘上海北市钱业会馆的首创人、钱业董事、上海咸康钱庄经理陈笙郊为银行的华籍经理（后来改称华大班），试图借助银钱业的力量为通商银行服务。所以在通商银行成立的最初几年，大部分的放款都是由陈笙郊以拆票方式贷放给钱庄。据1897年5月25日通商银行档案反映，当时"收户部存款100万两，商局股银80万两，以及零星收股者不下7万两……俱经淦［即陈笙郊］分存南北各钱庄，代为拆息"。① 同年9月结算钱庄拆票270余万两，获得了较好的拆息收入。12月该行总董致函盛宣怀报告，上海总行拆票仍有280余万两，这样巨额资金的注入很好地满足了社会的需求，而通商银行也从拆票业务上获得较多的收益，银行的经营损耗可以得到很好的弥补，可以说银行、钱庄均从拆票中大获利益。1905年和1906年，通商银行对钱庄的拆票通常仍在数十万至百万两以上。当年的11月下旬上海发生的贴票风潮，却让经营贴票的钱庄几乎全部陷入困境。盛宣怀深恐贷放给钱庄的资金收不回来，银行也要受牵连，所以逐步压缩了对钱庄的拆放，改作抵押贷款，即使对一向以信用贷款往来的钱庄也不例外。到1898年1月时对钱庄的拆放资金已经从前两年的二三百万两压缩至35.8万两。直到1903年以后，随着金融市场逐渐趋于正常，才又逐渐扩大对钱庄拆放，到1911年上半年，陆续增加到289.6万两。

除对钱庄放款外，通商银行也对工矿企业融通资金。上海总行从1897年到1900年先后向工矿业贷放资金累计在332.2万两②。一方面通商银行从轮船招商局、电报局等经营良好的企业吸收其盈利和间歇资金；另一方面对经营欠佳、常年亏损的企业提供大量融通资金，维持其生产和运转。有关档案反映：华盛纺织总厂1899年向通商银行押借款项达54.6万两，几乎是该厂资本的80%以上③。汉阳铁厂、萍乡煤矿在1902年借取通商银行款项达65万两。到1905年，汉阳铁厂向通商银行的借款余额更上升到75万两。对于华盛、汉阳这种长期亏损的企业，往往不能按期归还银行的贷款，有的

---

① 中国人民银行上海市分行：《上海钱庄史料》，上海人民出版社1960年版，第54页。
② 中国人民银行上海市分行金融研究所：《中国第一家银行》，中华书局1982年版，第145页。
③ 同上书，第146页。

甚至成为呆账，这对通商银行资金的周转和流通带来了隐患。通商银行上海总行1897—1899年对工矿企业放款总额占各年放款总额分别是36％、26％和45％。

通商银行对当时蓬勃兴起的私营工业企业也在一定程度上提供了资金支持。在甲午战后的五六年中，上海和江苏地区先后设立了5家民族资本纺织厂。其中，创业于1894年的裕源纱厂、1895年的大纯纱厂和1899年的大生纱厂都曾从通商银行拆借流通资金，不过通商银行提供的数额相比上面的官督商办企业要少得多。例如，大生纱厂初创时，非常欠缺流动资金，前后6次向通商银行商洽借款，几经周折，结果一共只借到7.4万两，远远不能满足大生纱厂的急切需要。但同期中，华盛纺织总厂一张口便从通商银行借得54.6万两，美商鸿源纺织厂、德商瑞记纺织厂也都能方便地从通商银行融通到20万两和10万两。据有关档案记载，辛亥革命之前，与通商银行发生贷款关系的民族资本轻纺工业还有十多家。它们所融通的款项各为：恒丰纱厂（12.5万两）、裕泰纱厂（6万两）、振华纺织厂（15万两）、大德榨油厂（1.5万两）、天津贻来牟磨粉厂（4.7万两）、华兴面粉厂（10万两）、中兴面粉厂（6万两）、北京昌顺木厂（0.4万两）和王眉伯丝厂（13.5万两）等。所以，总的来说，通商银行在资金融通方面对民族工商业的发展起到了一定的支持作用，这是不能抹杀的。

通商银行上海总行也对外国洋行放款，在有的年份贷款的数额还相当大。例如，在1900年、1901年和1905年等年份，它对洋行贷付的款项各在100万两左右，几乎占当年该行放款总额的50％到70％，通常每年融资也常在10％—40％，远在同期中贷给国内工商企业款项之上。对洋行放款的内容比较复杂，当时中国的进出口贸易是由外国洋行长期操纵，尤其是它经销的各种商品中，有相当大的部分是机器、五金零件和各种器材，与民族资本中小企业的生产发展有关，而洋行经营的日用品又往往与人民群众的生计密切相关。所以，对通商银行向洋行贷款的性质和内容，应做具体分析。与此相类似，通商银行上海总行同外国在华银行也有较多的业务往来。尤其是从1905年以后，有的铁路外债借款中的一部分直接拨存通商银行，自然使两者之间的联系更为密切。

综上所述，从1907年到1911年正是中国通商银行的初创时期，由于主客观条件的限制，通商银行在业务开展上没有收到预期的成效，但是它的产生、存在和运作，对我国资本主义经济的发展还是起了积极推动作用的。特别是在面临种种障碍和破坏的情况下，仍能顽强地存在和发展。能够根据各分行的实际表现和业绩，断然停办若干效益差的分行，为自己的进一步发展准备了良好条件，这是极其不易的，应该予以肯定。

（三）通商银行宁波分行

通商银行宁波分行于1921年建立，是该行在上海之外设立的第一家分行，其他地区的分支机构都是在1921年以后才设立的。宁波分行设立时，由余鋆任经理，地址在宁波江北岸。1936年6月28日迁入外马路23号新大楼，这是宁波在当时最高也是最雄伟的一座建筑物。当时，杜月笙担任上海总行董事长，宁波分行搬迁新址时，他还亲自来甬主持。常董傅筱庵、徐圣禅和旅沪名人王晓籁、金廷荪、俞佐庭、黄延芳、竺梅先等也专程前来致贺。此前，通商银行曾在宁波设立兑换处，从事钞券的发行与兑换工作。宁波分行建立后，1922年4月，又在定海设支行，1934年5月20日在岱山设兑换处。1935年4月，傅筱庵、徐圣禅回原籍扫墓时，曾提议设镇海支行，后因全国工商业倒闭风潮而未能实现。

通商银行宁波分行成立后，以发行钞券为主。1932年开始，办理定活期和往来存款，开拓放款、押汇、贴现等业务。1936年进行改组，由周大烈任经理，时值钱业风潮之后，乃冻结放款之时，力事收缩，业务趋于停顿，宁波沦陷时停业。抗日战争胜利后的1946年10月3日复业，由总行重新拨给营运基金400万元，仍由周大烈任经理，开展存放款业务。不久，因时局动荡、通货膨胀、物价暴涨，复处停业状态，宁波解放后停业清理。

（四）通商银行与甬商的关系

1897年成立的中国通商银行是我国第一家民族资本银行，无论是投资人还是董事、监事、经理人选，宁波人居主导地位，这使得甬商不仅在通商银行的具体筹办过程中起了重要作用，而且在今后的经营过程中也始终掌握着银行的实际经营权。

早在盛宣怀正式奏请清廷创设银行之前，宁波绅商严信厚就与盛宣怀商议过设立银行之事，严表示"愿以其独资开设之银号，归并国家之银行，使其气局宽展"，可见严信厚是中国通商银行的最早发起人之一。[①] 通商银行成立时的八位总董中，甬商有严信厚、叶澄衷、朱葆三等人，都是上海著名巨商。盛宣怀拉拢严、叶、朱三人进入通商银行，显然是想借助甬商的经济实力。拿严信厚来说，出身于宁波钱庄学徒，1882年他以100万两巨资在上海设立源丰润银号，以后逐渐在全国各地设分号，势力非常强大，几乎

---

① 盛宣怀：《请设银行片》，《皇朝经世文新篇》第2卷。

可以与山西票号相媲美，而且熟悉上海商务，在上海钱业中也是领袖人物。鉴于他在上海工商界的巨大社会影响和经济实力，盛宣怀在银行创办时，任命其为办事总董。在通商银行的股本中，严信厚也以 5 万两投资成为大股东，其他如叶澄衷、朱葆三作为首批大股东所认缴的股本，也成为通商银行商股的重要来源。辛亥革命以后，通商银行的最大股东招商局的股份全数派给股东，而严义彬（慈溪）、周金箴（慈溪）、傅筱庵（镇海）、王善存（杭州）、谢纶辉（余姚，时任通商银行华经理）都是 20 世纪初招商局大股东，这就使通商银行中甬商的股权大为增加。

通商银行首任总经理陈笙郊，也是宁波余姚人，是著名甬商钱业领袖，长期担任镇海方氏延康钱庄经理。之所以任命他当总经理，是因为当时在上海的金融市场上，仍是钱庄占主导地位，为了利用银钱业的力量为通商银行拓展业务。通商银行的章程规定：华账房"应用华人，归陈笙郊选荐，均须熟手，以专责成"①，这使一批宁波籍商人，特别是宁波籍钱业人士进入通商银行华账房。后任中国银行总经理的宋汉章，就是当时华账房的跑楼兼华、洋账房间翻译。1905 年陈笙郊去世后，另一位备受众望的上海钱业领袖人物谢纶辉继任通商银行华经理。1916 年盛宣怀去世后，傅筱庵进入董事会，1919 年又继谢纶辉任通商银行华经理（后改为总经理）。1920 年董事会决议：以后关于存款、放款、抵押及进出利息都由傅筱庵决定，傅氏遂长期控制这家银行。1934 年时，该行董事会构成是：董事长傅筱庵，常务董事徐圣禅（镇海）、谢光甫（谢纶辉之子）、孙衡甫（慈溪），已是清一色的浙江帮，特别是甬商。可见，通商银行虽然为盛宣怀发起创办，而实际上从一开始就由宁波商人经营，并逐渐被甬商所控制，演化为甬商银行。通商银行也成为甬商钱业资本向银行资本转型的开始。

通商银行的创办，标志着三种类型甬商的商人开始向新式银行投资。严信厚代表了有洋务派官员身份和背景的绅商，叶澄衷、朱葆三、傅筱庵代表了新式商人，陈笙郊作为方氏钱庄的经理，代表了钱庄商人。正因为方氏钱庄与通商银行有渊源关系，所以后来方氏家族出身的方椒伯自 1922 年起担任该行上海十六铺南市分行经理，直到 1932 年。

通商银行作为中国第一家创立的银行，影响极大，当时风气之先。至始，甬商金融家纷纷从钱庄业转入到银行里来。浙江人（包括湖州人、绍

---

① 中国人民银行上海市分行金融研究所：《中国第一家银行》，中华书局 1982 年版，第 101 页。

兴人、温州人和杭州人）在这开办银行的高潮中大显身手，而每家银行之开设，又都少不了宁波人。

二 甬商创办的四明银行

中国通商银行的创立，激发了甬商投资经营新式银行的热情。1908年（清光绪三十四年）完全由甬商投资经营的四明商业储蓄银行的创办，是甬商经营的传统金融业向近现代金融业转型的重要标志。

四明商业储蓄银行（以下简称"四明银行"），由沪、甬两地甬商工商金融界人士于1908年9月11日创办于上海。四明银行有自身的经营特色，注重地域因素，支持甬人创办的事业尤其是航运业，同时也十分重视房地产投资。它在当时属于创办较早、规模较大的一家颇具实力的民族资本银行，后来又成为上海银行公会的发起者之一。"四明"是宁波的别称，四明银行顾名思义是在沪甬商自办的私营企业，它在当时是仅次于浚川源、浙江兴业银行的中国第三家商办银行[①]。以中国新式银行（包括中外合办官办银行）而言，它是总行在上海的第五家银行[②]。

（一）四明银行的资本来源及其组织管理

19世纪后半叶，甬商的实业已遍及上海近代工矿航运及公用事业，与其相适应，新兴实业的快速发展迫切需要能为之融通资金的新式金融机构。1908年春，"由袁君鎏、朱君佩珍（朱葆三）、吴君传基、李君厚垣、方君舜年、严君义彬、叶君璋、周君晋镳、虞君和德（虞洽卿）、陈君薰十人，始议创设"[③]。议定资本为规银150万两，先收一半，具呈度支部、农工商部注册立案，遵照清政府《奏定银行则例》，设四明商业银行，兼办储蓄，奉批准予以设立，给发执照[④]。同年八月十六日（农历）在上海正式创办，以周晋镳为总董，陈薰为总理，虞洽卿为协理。四明银行位于当时上海的宁波路街口，周围地带外商银行和钱庄林立。

四明银行是一家由甬商投资的银行，汇集了各行各业、各种类型的宁波

[①] 黄兰英：《虞洽卿与四明银行》，金普森：《虞洽卿研究》，宁波出版社1997年版，第255页。

[②] 杜恂诚：《民族资本主义与旧中国政府（1840—1937）》，上海社会科学院出版社1991年版，第74页。

[③]《四明银行行史资料》，《档案与史学》2002年第6期。

[④] 四明银行沿革资料，四明商业储蓄银行档案Q279—1—119（本文所征引档案皆为上海市档案馆藏档）。

商人的资本,其中方氏、李氏、叶氏都是著名钱庄资本家家族,严氏、陈氏为票号、银号经营者,朱、虞则是著名买办商人,周金箴是著名绅商(见表4-1)。四明银行的创立具有这样广泛的基础,一方面是因为晚清新政的进行,一系列促进工商业发展的措施和法律逐渐推出,近代企业的创设出现了新的高潮,近代工业企业的兴起,要求银行也有较大的发展;另一方面是到20世纪初,甬商工商业者已经普遍认识到了银行的重要作用。方氏宗谱中记载四明银行发起人之一的方樵苓时说:"自道咸以来,与东西洋各国立约通商,凡全货之出纳,水陆之交通,大利之所在,皆为彼族垄而有之,吾人咸袖手熟视而无可如何。即如西国版克(银行)之制,金融之机关,所谓银行是也,吾国之豪于商界者,几无不抑其掴注而逐什一,然权操自彼,或往往为其所持。君慨然忧之,号召同志,招集巨资,于是创设四明银行。"

表 4-1　　　　四明银行主要发起人、投资人情况　　　股金单位:银两

姓名	籍贯	股金	占比(%)	备注
陈薰	镇海	35000	7	发起人,首任总经理
董杏生	镇海	35000	7	
蔡麦氏		30000	6	
李威如		28000	5.6	
虞洽卿	镇海	15000	3	发起人,第一任协理
卢少堂		10000	2	
厚大庄		10000	2	
苏宝善堂		10000	2	鄞县棉布商苏宝森堂号
严义彬	慈溪	9500	1.9	发起人,第一届董事
李咏裳	镇海	5100	1	发起人,第一届董事
周金箴	慈溪	5000	1	发起人,第一届董事
朱葆三	定海	5000	1	发起人,第一届董事
严渔三	慈溪	5000	1	严子均族人
朱铣伯		5000	1	
汤之庆		5000	1	
杨俊卿		5000	1	
涂严坤		5000	1	

续表

姓名	籍贯	股金	占比（%）	备注
余庆堂		5000	1	地址系义善源钱庄转
公慎堂		5000	1	地址系义善源钱庄转
四明公所		5000	1	慈善团体
三多堂		5000	1	
喻松荫记		5000	1	
袁鎏	鄞县			发起人，第一届董事
方樵苓	镇海			发起人，第一届董事
叶璋	镇海			发起人，第一届董事
李翊燕	鄞县			发起人，第一届董事
吴传基	鄞县			发起人，第一届董事
李云书	镇海			发起人

资料来源：陶水木：《浙江商帮与上海经济近代化研究》，上海三联书店2000年版。

从表4-1中可以看出：四明银行的发起人和第一届董事会、第一任协理是清一色的宁波人，他们都是当时宁波旅沪的著名工商业者，包括时任上海商务总会总理、协理和多名议董，他们多是钱业、五金业、糖业、航运业等行业的领袖人物。虽然有部分创办时的大股东的籍贯限于资料现在还无法查清，但这是一家甬商银行是可以肯定的了，该行后来被称为上海金融界"宁波系的先进"[①]。

四明银行营业按照商业银行及储蓄银行规则分两部：商业部经营存款、放款、贴现、汇兑、发行银洋各票业务；储蓄部收存零星款项。存款分定期、活期、嘱托三种，贷款分抵押、保证、外来、信用四种；贴现有本行未到期票据的贴现、各钱庄未到期票据的贴现、各国金银圆和银圆钞票的贴现；汇兑又分押汇、信汇、电汇三种。

四明银行在开业不久就向清政府度支部申请了钞票发行权，发行的兑换券面额有壹元、贰元、伍元、拾元四种，其中贰元券为其他银行所没有。据说，四明银行第一版纸币是委托上海商务印书馆和集成图书公司印制，采用当时国际上最先进技术，即铜版凹印。印出来的钞票主图案为四明山或四明银行楼外景，图纹精致，线条清晰，立体感强，很受人们的喜爱。其后各版

---

① 王承志：《中国金融资本论》，上海光明书局1936年版，第99页。

不管是在国外印制还是在国内印制都比较精美。

四明银行的钞票发行之初,遭到了企图独霸中国金融市场的外商银行的夹击,部分外资银行联手倾轧四明银行,它们将四明银行印发的钞票攒到一定程度就来挤兑现洋,造成挤兑提现风潮,给四明银行造成极大的压力。由于四明银行股东董事中有相当部分人是宁波同乡会的领导人,在他们的号召下,在沪的宁波同乡纷纷施以援手,各大商店、钱庄、银号争相代兑四明银行钞票,风潮得以平息,四明银行钞票也由此得到了人们的信任和欢迎。最初发行额20万元,以后逐年增加。① 广为流通于江浙两省和长江流域一带,如上海、汉口、宁波、温州、舟山等。根据史料,四明银行纸币自1909年发行起至1935年11月因国民政府实施法币政策停止其纸币发行和流通止,历时27年,四明银行共印钞11188万元,实际发行总额达1922万元。②

由于1910年10月上海爆发的金融大风潮(橡皮风潮)的冲击,四明银行股票大跌,营业衰退,总理、协理等被迫于1911年初辞职,时任浙江银行上海分行经理的宁波人孙衡甫投资盘进该行,出任四明银行董事长兼总经理。四明银行改组后,孙衡甫首先致力于扩大四明银行的存款业务。孙衡甫认为,"争取存款,不在存款利率高低,而在银行信用厚薄"。③ 除了吸收工商业存款外,还在南京路设立四明储蓄会,采用西方银行的经营方式吸收储蓄。四明银行因发展迅速,信誉良好,与中国通商、中国实业、中国国货三家银行合称为"小四行"。1921年9月总行迁入上海北京路240号三层新大厦,和浙江兴业银行正好对峙于江西路东西两角,成为轰动一时的盛事。

1910年,四明银行先后在汉口和宁波两地设立分行。汉口在当时是商业繁盛的城市,那里也早就有了宁波商人的足迹,四明银行较早地设分行于此,就是为了更好地推动宁波商人在上海和重庆等地所开展的洋货和农副产品的销售活动。1926年3月在南京下关设立办事处,其余分支机构都是在1930年以后设立,共设有分行7家,支行9家,办事处5家。分布在上海、宁波、汉口、成都、重庆、西安、南京、苏州、杭州、温州、郑州、兰州、香港、宝鸡、绍兴等地。宁波分行建立初期,通过天益、元益等钱庄④推广钞券发行,逐步开展以存款、汇兑为主的各项银行业务,还兼办保险业务。

---

① 陈国强:《浙江金融史》,中国金融出版社1993年版,第174页。
② 四明发钞情形,四明商业储蓄银行档案 Q279—1—272。
③ 宁波市政协文史委:《商海巨子——活跃在沪埠的宁波商人》,中国文史出版社1998年版,第134页。
④ 当时宁波实行过账制度,四明银行宁波分行也是通过这两个钱庄参与过账。

1933年时拥有各项存款100万元，居宁波各银行之首。在经营中宁波分行为了扩大与工商业的往来，还参照钱庄的做法发放部分信用贷款。特别是对由虞洽卿组织成立的"三北""宁绍"等几家轮船公司给予了大力支持。当然，其他各地的分支机构和上海总行也都是如此，对甬商自己投资经营的商业企业给予尽可能多的支持。因此，四明银行作为甬商的金融根据地，在甬商的近代化转型中发挥了重要作用。

四明银行的负责人在从事银行业务之外，还与信成银行一起以巨额资金支持辛亥革命。同盟会的机关报《民立报》曾著文对此做过评价和报道，"光复前后，九月十三、四日所发之军饷，大半由该两行所输出"①。这不仅表明甬商在经济上已取得相当地位，而且说明甬商在政治上也已有所作为。

（二）四明银行发展阶段的主要业务活动

四明银行非常重视以发行货币、吸纳存款和储蓄作为资本运作的主要来源。四明银行开办之初，即以发行钞票作为争取银行信誉和积聚资金的重要手段向清政府度支部争取了发钞权。银行以现钞、贴现期票、各种押款产业为发行准备金，发行由董事会随时监督，按月检查。1931年四明银行另设专库办理发行准备事宜，发行情况定期在报纸上公布。为了增大发行量，该行于1930年增设同业领券业务，日夜银行、明华银行等可以现金六成、租界道契及中央债券四成交付四明银行做准备，以领取四明银行钞票；四明银行还与津浦路局等机构约定，在贷款方面予以方便，该局等则将工资存入四明银行并代销四明银行钞票做交换。用此类方法，四明银行的发行范围和发行额日增。四明银行通过发行钞票，不仅积聚了大笔资金，而且通过钞票的流转扩大了在市面上的影响，成为银行发展的重要因素之一。

存款和储蓄业务是四明银行另一项重要的资金来源。孙衡甫意识到储蓄存款比较稳定，可以经常保持巨额存款，故于1933年创办了四明储蓄会，采用零存整付、整存零付、整存整付、存本付息、学费储蓄、婚嫁储金、礼券等方式吸收储蓄，四明的存款储蓄额连年上升，存款额从1913年左右的260万两增到1925年的1000万两，1933年存款总额达到最高峰4400万元，储蓄存款也从1925年的512万两增至1933年的2100余万元。

连年增长的钞票发行额与存款、储蓄额增强了四明银行的实力和周转资金，这使得四明银行得以积极从事各项放款和投资业务。四明银行的资金运作除了一般银行的信用、抵押放款、存放同业、往来透支外，主要是

---

① 《民报》1913年1月19日。

投资房地产和有价证券，并对甬籍工商业者、交通、工矿等业和政府机构放款。

经营房地产是四明银行的一个特色。董事长孙衡甫认为，投资房地产一来可获巨利，二来掌握大批道契，可据此向外资银行做抵押借款，增加流动资金，同时行屋、行产可显示银行实力，起到广告宣传的作用。因此，四明银行在同业中很早就开始投资房地产。19世纪40年代在上海金融界中房地产业务做得最大最著名的浙江兴业银行1930年才斥资50万元投资房地产，而四明银行总行房地产部投资房产额1930年就从上年的47万两猛增至203万两，当年营业用房地产额40万两，同时储蓄部也投资房地产168万两，共411万两。四明银行投资房地产早期确实为该行的经营带来一定的好处，对于吸收存款起了一定的作用，也确实带来一定收益。不过四明银行投资的资金绝大部分来源于存户的存款，这种做法极易造成资金周转不灵。从1931年至1934年，该行储蓄部房地产收益年均超过19万元，1933年最高达27万元，而储蓄部年均纯益仅约为5.4万—6.8万元，总行纯益也只有33万—42万元。① 因此在1929年上海工商业开始萧条、房地产逐渐陷入困境的时候，四明银行投资的房地产成为该行资金冻结的最大原因，周转不灵成为后来四明银行的致命伤。

四明银行经营的显著特点是为甬籍商人经营企业的发展提供金融资助。四明银行实为甬人发展商业而创设，它的创始人中很多是甬籍上海工商金融各界人士，如虞洽卿、朱葆三，他们同为洋广货业董事，虞又是航运业巨头；周晋镳则为通商银行董事和上海商务总会坐办。所以四明银行创办初期对甬籍商人特别是股东、董事在上海等地所创办的事业支持尤多，如对四明银行创办人虞洽卿、陈薰、严义彬、方舜年等合资创办的宁绍轮船公司给予的资助②；对虞洽卿接办的浙江长兴煤矿垫付资金的扶持；对董事孙衡甫、傅筱庵等创办的泰来面粉厂的资金支持；给予甬人盛丕华等创办的鸿兴袜厂的贷款③……四明银行对甬籍工商业者在上海等地的发展起到了非常重要的作用。

此外，四明银行还投资四明保险公司等金融企业。从1928年至1935年的营业报告来看，四明总行的定期抵押或信用放款押款在总资产额的比率是

---

① 四明银行1928—1935年营业报告，四明商业储蓄银行档案 Q279—1—225。
② 三北、鸿安两公司及四明银行立抵押借款契约，1937年1月，四明商业储蓄银行 Q279—1—235—8。
③ 泰来面粉厂等借款卷，四明商业储蓄银行档案 Q279—1—336。

相当高的，有时超过定期存款额①。这说明四明能充分运用资金发展业务，对于促进四明银行业务的发展起到了积极作用。1928年，该行总行盈利达历史最高，为64万余元。四明银行投资的有价证券主要为政府公债和股票，此类投资额连年增加，占到资产总额的6%，相当于当年的定期放款总额②，是相当高的。

三 甬商与其他近代华资银行

鸦片战争以后，西方外国资本侵入，甬商中新式商人迅速崛起，推动了甬商在金融业的蓬勃发展，促使中国近代银行业开始兴起，甬商的金融业开始了从传统向近现代转型的历程。在这一时期，甬商对于投资和经营新式银行表现出了极大的热情。自1897年中国通商银行以商办形式出现后，宁波商人不仅投资创办了四明商业储蓄银行，而且先后投资创办或参与经营绝大多数的上海华资银行，并且大都呈现出良好的发展前景。

（一）甬商全资创办的中国垦业银行

除四明银行外，中国垦业银行是由甬商全资创办的又一家著名的银行。该行由甬人俞佐庭与旅津甬商童今吾发起筹建，1926年4月14日在天津开业。镇海人俞佐庭任总经理，童今吾任副总经理。俞佐庭曾经担任镇海小港李氏家族开设在宁波的天益钱庄经理，当时还是宁波商会会长。通过俞的关系，垦业银行得以利用宁波本地钱庄的长期放款作为股本而开业。垦业银行成立后，原宗旨以调剂农商及垦牧业金融为目的，并借助慈溪人李思浩担任北洋政府财政总长的政治关系，取得钞票发行权，但在具体业务经营中实属商业银行性质。

1928年，垦业银行所发行的钞票发生挤兑，童今吾把自己的股份转让给俞佐庭而脱离垦业。俞佐庭通过镇海人徐圣禅（北伐战争时军需署长）呈请蒋介石投资100万元充实资本。蒋介石虽同意投入资金，却交给同乡俞飞鹏和孙衡甫来打理。俞佐庭见经营大权给了他人，不久也离开该行。银行业务在这一时期也曾停滞不前，就由甬商银行家孙衡甫出任垦业银行董事长。

1929年经孙衡甫之手，秦润卿、王伯元筹集资本250万元，接办垦业银行，并对该行进行改组，把总行由天津迁到上海，成立了新的董事会。秦

---

① 四明银行1928—1935年营业报告，四明商业储蓄银行档案Q279—1—225。
② 四明银行1928—1935年营业报告统计，四明商业储蓄银行档案Q279—1—225。

润卿担任董事长兼总经理，王伯元任常务董事兼经理，"实力颇厚"①，常务董事还有梁晨岚，董事李馥荪、周宗良、徐寄庼等。在全部 250 万元资本中，王伯元、王仲允兄弟占 58%。

王伯元和秦润卿主持垦业银行后，采取稳步发展的经营方针。董事长兼总经理秦润卿在职期间主要做了以下几方面事情。

（1）约法三章，完善银行的内部管理。秦润卿在 1929 年上任伊始，即与接办者王伯元相商，约法三章，完善内部管理，整饬纪律，对提高该行信誉无疑起了很好的作用。

（2）拓展储蓄业务，提高经营效益。秦润卿一改原先的限制，将经营范围扩充至普通商业银行类同，并着力加强储蓄业务。1929 年拨出资金 10 万元，专设储蓄部，开展储蓄业务，使当年的存款余额即达 60 万元。由于储蓄所业务进展迅速，吸收了大量存款，于是垦业银行开始利用其存款购置房地产，收取房租，增加银行的收入。

（3）1931 年又拨出专款设立地产部，办理以地产作押贷款的业务。1931 年垦业银行又添设地产部，专门经营房地产押款业务，并兼营代收房租业务。后来还开设信托部，经营信托业务，放款对象为农林垦牧等业。

（4）投资有价证券，扩展经营品种。秦润卿上任以后，在 1929 年拨专款 50 万元，设立信托部，发行各种有价证券。当时先后投资的证券达 20 种之多，其中主要有津浦铁路购车债券、甲丙丁戊四种统一公债、江苏省财政厅水利建设公债及中国水泥厂、祥泰木行、长城保险公司股票等。

（5）发行钞票，并顶住挤兑风潮。1933 年秦润卿、王伯元因为不愿花钱与恶势力结交，竟也被人制造挤兑事件。一时间垦业银行门前排起了长龙。秦润卿闻悉，一方面动员福康、福源、同润、元发等钱庄调来大批现银予以支援，并有意安排用汽车将一箱箱银圆从大门口运进；另一方面同附近钱庄及烟纸店（兼营小额兑换）联系，张贴承兑纸条，并言明一元垦业钞票换一元银圆，另给持票人一枚铜圆作贴水。如此，汹涌一时的挤兑风波被逐渐平息下去。

在秦润卿、王伯元的稳健经营下，垦业银行的业务蒸蒸日上，到 1934 年，除上海总行和 5 家支行外，已拥有天津、宁波、南京、北京等 5 家分行，成为上海银行业中的著名银行。

---

① 徐寄庼：《最近上海金融史》，华丰印刷所 1932 年版，第 270 页。

(二) 甬商参与经营的知名银行

甬商参与经营或者有一定数量投资的知名银行主要有中国银行、交通银行、浙江兴业银行、浙江实业银行等。

1. 甬商参与经营的官商合办银行

户部银行（1906年改名大清银行）1905年8月设立于北京，开办时额定资本400万两，官商认购各半。到1908年3月，度支部尚书载泽将户部银行改为大清银行，并制定了《大清银行则例》24条，将其定位于行使中央银行职权与兼办商业银行业务的复合型银行。不久，全额由度支部（相当于今财政部）拨给、资本总额为库平银10万两的北京储蓄银行于1908年7月28日在北京正式营业，首任经理为宋汉章，总办钱琴西，均由清政府国家银行大清银行委派。北京储蓄银行是我国最早设立的国家储蓄银行。1911年辛亥革命后宣告停业。

1905年10月设立大清银行上海分行，最初由候补四品京堂陈宗妫任首任总办，但总行对沪行业务和经协理不甚满意，因而在1909年改由宋汉章、胡善登出任沪行经协理，宋、胡二人均为余姚人。宋汉章1900年入通商银行任跑街兼华、洋两账房间翻译，1906年进北京大清银行任职，1908年任该行附设的北京储蓄银行经理。胡善登任绍帮兆丰钱庄经理、钱业董事。他们的这种经历，对大清银行业务的发展产生了长期影响。在清末最后几年，大清银行上海分行"商化"① 日益明显，其中浙江股东占很大比重，如叶揆初（杭州，大清银行总行署理监督）、项兰生（杭州，大清银行总行书记长）、吴鼎昌（吴兴，大清银行南昌分行经理）、宋汉章、蒋抑卮（杭州）、胡藻青（杭州）、沈新三（嘉兴）、蒋梦萍（吴兴）、周湘龄（吴兴）、张澹如（湖州）等都是较大股东。

武昌起义爆发后，叶揆初、吴鼎昌、宋汉章为了保全商股利益，在上海发起成立大清银行商股联合会，并于1912年1月3日呈请南京临时政府，要求"将大清银行改设中国银行"获得批准。2月5日中国银行上海分行早于北京总行6个月先行成立，仍由宋汉章任经理。此后，宋氏长期担任该职，副经理一职也长期由他的余姚同乡担任②。而上海分行是中国银行业务发展的重要基地，至1925年沪行发行的兑换券达6000万元，占中国银行全

---

① 1908年，大清银行资本增为1000万两，新增600万两仍为官商各半，商股由旧股东认购。北洋政府时期，商股增至1971万元，官股陆续出卖，只余5万元。

② 1913年至1917年江苏宝山的张嘉璈任副经理，从1918年起一直由余姚人胡善登、严成德、冯泳青、史久鳌任副经理。其中冯泳青担任副经理达26年（1921—1947）。

行发行额的一半，这种业绩也决定了沪行甬商在中国银行总行中的地位。甬商周宗良、叶琢堂等人曾经担任中国银行总行董事。1928年中国银行总行迁沪，李馥荪自此长期任董事长，宋汉章改任常务董事。1935年宋汉章再度出任中国银行总经理，直至1948年5月。

中国银行的业务发展是与宋汉章的全心投入密切相关的。中国银行成立之时，上海银钱业竞争激烈，而中行资本微薄，银行信用也尚未确立，不易吸收存款，进而影响了银行其他业务的发展，因而宋汉章首先考虑扩大储蓄存款。当时上海的外国银行和钱庄只对银两存款付息，居民手中的银圆是无法生息的。为了吸引顾客，银行决定，凡以银圆存款的视同银两，照给利息。而且，存款不计多少，开户期限不计长短，即使当日存款、当日全部提取也不计较。为此银行的经营成本虽有所上升，但只要是有利于存户的，抱着服务客户的态度，中国银行也在所不计。在这样的努力之下，中行上海分行在存款业务上克服了种种不利条件，走上了稳步发展的道路。

在贷款业务方面，上海分行在宋汉章的领导下，尽量贯彻稳健方针。自1917年始，中行上海分行的贷款对象由政府逐渐转向工商业，开始购买或贴现商业票据，承做新兴工业贷款。1921年7月，宋汉章以上海中行的名义倡议与上海银钱业合作，承购通泰盐垦公司发行的债券500万元，以地租收入为担保，用以扶助垦殖，发展棉花种植业。此外，宋汉章还与欧美各国著名银行签订代理合同，积极开拓中国银行的外汇业务。初期，代顾客经收国外票据，签发小额国外汇票等。1919年以后，中行上海分行的外汇业务种类增加很多。到1927年，中行上海分行在国外的通汇地点已达90多处，遍及欧洲、南北美洲及南洋各地。

另外宋汉章还在中国银行内首创了基金检查制度，每月由中国银行邀请上海总商会、钱业公会等机构，会同检查中国银行的基金储备情况，并将检查结果登报公布，以彰显其信用。以后，中国银行的经理虽然不断更换，但这一制度却从未废弃。

交通银行成立于1908年，总行设在北京。该行上海分行设立于1908年5月，第一任总办就是著名甬商李云书[①]，顺康钱庄经理李寿山也是该行重要董事。1917年初吴兴人钱新之出任沪行副经理，次年即升任经理。1921年钱氏引进胡孟嘉（鄞县）开创国际汇兑业，并努力扩大在金融和工商界

---

① 浙江省政协文史委：《浙江籍资本家的兴起》，浙江人民出版社1986年版，第204页。

的影响，使上海分行业务蒸蒸日上，成为交行业务的龙头。1922年盛竹书（镇海）继任沪行经理。1927年盛氏病故后，胡孟嘉升任经理。1928年交行总行迁沪，胡孟嘉即升任总行经理。所遗沪行经理一度由唐寿民（镇江）担任，但不久即由胡孟嘉兼任，后又由钱业领袖秦润卿继任。此外，鄞县卢鸿沧曾经担任汉口分行经理。

2. 甬商参与经营的著名商办银行

中国第一家商办银行是1906年4月28日，湖州商人王一亭与苏籍周延弼、沈缦云等在上海创办的信成银行。该行经营商业银行业务兼办储蓄，额定资本50万元，先实收半数，周延弼任经理，但不久即由甬商人士周金箴任经理，王一亭是首届董事（辛亥革命后任董事长）。该行创办后业务颇为发达，信用卓著，至辛亥革命前夕资本已增至110万元。

中国通商银行建立前后，正是浙江近代工业崛起之时，交通成了经济发展的命脉。1898年8月，英驻华使节窦纳乐向清政府提出由英商承造五条铁路之权①。10月15日，当时任铁路总公司督办的盛宣怀，不顾浙江人民的反对，与英商怡和洋行公司代理人订立苏杭路合同四条草约。浙江的一些著名人士一致认为，如果我们自己再不动手修建铁路，国内的筑路权会被外国商人全部垄断，于是在1905年7月集议于上海，成立了浙江铁路公司，支持铁路建设。公司先后共收到全省各府、县及旅沪同乡等认股款项达2200多万元之巨。1906年10月浙江铁路公司召开了第一次股东会议，决定由公司附设铁路银行，定名为"浙江铁路银行"，以保管和运用这笔巨额资金。后来股东们认为，铁路银行范围太窄，建造铁路是为振兴实业、振兴经济，于是更名为浙江兴业银行，于1907年5月27日开始营业，同时向清政府的邮传部、农工商部、度支部呈报，同年10月正式批准，铁路公司股东会再次开会决定银行与公司分设。10月13日，兴业银行召开第一次股东会议，并在杭州保佑坊正式营业（后迁总行于上海）。至此，浙江第一家以实业为基础的商业银行正式宣告诞生（见表4-2）。

初创时浙江兴业银行的主要投资人和董事大都为浙江人，其中鄞县苏宝森认购了1%的股份，也是该行创办时的主要大股东之一。1908年在上海设立分行，甬商樊芬（时勋）任经理，该分行一直是浙江兴业银行的业务轴心。

---

① 五条铁路是天津—镇海；山西—河南—长江沿岸；九龙—广州；浦江—信阳；苏州—杭州—宁波。

表 4-2　　　　　　　　　浙江兴业银行创办时大股东情况

姓名	籍贯	股数（股）	占%	备注
周德毓		500	5	
刘澄如	湖州	200	2	
蒋海筹	杭州	100	1	创立时董事
蒋抑卮	杭州	100	1	
张澹如	湖州	100	1	
苏宝森	鄞县	100	1	
郑岱生		100	1	
章振之	杭州	100	1	创立时董事
胡藻青	杭州	100	1	第一任总经理
沈新三	嘉兴	100	1	创立时董事

资料来源：陶水木：《浙江商帮与上海经济近代化研究》，上海三联书店 2000 年版。

1915 年浙江铁路收归国有后，该行另招商股 100 万元，其中蒋海筹、蒋抑卮父子购入近半数，使其持股数从创立时的 2% 上升到 18.80%，后又增加到 23.2%，成为浙江兴业银行最大股东。1914 年蒋抑卮对浙江兴业银行进行了重大改革，该上海分行为总行。随即选举叶揆初为董事长，樊时勋任总经理（不久盛竹书任总经理），蒋抑卮为常务董事。在叶揆初、蒋抑卮、樊时勋的合力经营下该行业务迅速发展，分支机构达 30 处以上。从表 4-3 可以看出，1914 年实收资本仅为 50 万元，1917 年为 100 万元，1921 年增至 250 万元，1931 年达 400 万元，16 年增长 7 倍。从 1915 年到 1933 年，浙江兴业银行存款额直线上升，从 397 万元增加到 8362 万元，增长 20 倍。其间其存款额曾连续多年在商办银行中居第一位①。其资本盈利率也居商办银行前列，据统计，1912 年到 1926 年纯利润累计 371 万元，超过资本平均额 1.36 倍，平均年盈利率为 15.8%，成为全国商办银行中的佼佼者。1929 年镇海黄延芳任该行董事兼地产部经理。

---

① 上海文史委：《旧上海的金融业》，上海人民出版社 1988 年版，第 122 页："从 1919 年到 1926 年，（浙兴）连续几年存款额占全国大银行的第一位。"

表 4-3　　　　浙江兴业银行迁沪后至 1933 年营业概况　　　单位：千元

年份	实收资本	公积金	年底存款	放款
1914	500	不详	3978	3582
1915	750	不详	3522	2676
1917	1000	231	8213	4556
1919	1000	297	10951	6554
1921	2500	615	16148	10773
1923	2500	921	20773	15367
1925	2500	1198	29782	19506
1927	2500	1529	35008	26083
1931	4000	2198	71480	54716
1933	4000	2563	83628	66758

资料来源：陶水木：《浙江商帮与上海经济近代化研究》，上海三联书店 2000 年版。

浙江实业银行的前身是原浙江省银行上海分行。辛亥革命后，浙江军政府派李馥荪（绍兴）、陈朵如（萧山）接管浙江银行，经清理后改组为中华民国浙江银行，为官商合办体制，拥有发钞权，额定资本 300 万元，但实收仅 73 万元，以朱葆三为杭州总经理，内拨 30 万元作为上海分行资本，李馥荪为分行经理。由于经理省库，该行在 1912 年、1913 年营业状况颇为繁盛。1915 年该行改组为浙江地方实业银行，取消省库代理权，这虽对业务有所影响，但该行提出"扶助生产，发展事业"的经营方针，业务随着中国工商业的发展而蒸蒸日上，而且商股逐渐增加，商化日益浓厚。第一次大战结束后，仅上海分行李馥荪、周宗良（宁波）、卢学溥（桐乡）三人的股份就超过 30 万元。1923 年李馥荪在商股力量的支持下策划官、商拆伙，上海、汉口分行由商股接办。在上海设立浙江实业银行，额定资本 200 万元，实收 180 万元，李馥荪任常务董事兼总经理（后兼董事长），陈朵如为副总经理，大股东几乎是清一色的浙江人①。从表 4-4 可以看出，在 1923 年至 1933 年间，该行资本虽然仅增加 20 万元，但反映银行信用能力的重要标志公积金、存款额等有较大增长，分别增长 5.4 倍和 3.8 倍，年资本收益率在 20%左右，成为上海商办银行的后起之秀。

---

① 1932 年时李馥荪、钱新之、周宗良的股份占 50%以上，以后李馥荪个人股份曾占 60%左右。见《浙江籍资本家的兴起》，浙江人民出版社 1986 年版，第 153 页。

表 4-4　　　　　　浙江实业银行营业概况（1923—1933）　　　　单位：千元

年份	股本	公积金	存款	放款	纯益	资本收益率%
1923	1800	441	9299	9736	327	18.2
1925	1800	599	15670	14930	397	22.1
1927	1800	989	23385	17989	358	19.9
1931	2000	2486	38668	26949	528	26.4
1933	2000	2833	44362	30887	524	26.2

资料来源：陶水木：《浙江商帮与上海经济近代化研究》，上海三联书店 2000 年版。

(三) 其他与甬商有关的银行

与甬商有关系的银行很多，既有与甬商有一定关系的大银行，如南京政府中央银行，叶琢堂、周宗良、虞洽卿、秦润卿等曾担任该行的理监事、常务董事、副总裁、代理总裁等职；在 1935 年改组而成的中国农民银行中，徐继庄、叶琢堂、李叔明先后担任总经理，历届监事中还有徐圣禅、朱孔阳、王澄滢等人。还有一些是与甬商关系密切的小银行，这类银行数量颇多，主要是在华资银行内部逐渐形成初步分工、体系日趋完备的情况下，近代甬商工商业者中，一些著名资本家家族创办的分业银行及特殊银行。

1. 与甬商有一定关系的银行

甬商除创建和参与多家银行经营外，在银行业中还形成了广泛的银行业人员相互兼职关系。如中央银行监理事会中有叶琢堂、秦润卿、虞洽卿；而叶琢堂又是上海市银行理事、中国国货银行董事；虞洽卿又是四明银行董事。中国银行董监事和经理人员中有宋汉章、冯仲卿（余姚，副经理）、史久鳌（余姚，副经理）、潘寿恒（余姚，副经理），而宋汉章又是新华储蓄银行及中和商业储蓄银行、永亨银行[①]董事，至中银行董事长；冯仲卿又兼任中和商业储蓄银行常务董事，上海绸业银行、上海至中商业储蓄银行董事；史久鳌又是惠中商业储蓄银行、上海至中银行董事，信通商业储蓄银行监察人。中华商业储蓄银行董事会中有甬商傅筱庵，而傅筱庵又是通商银行董事长。通商银行常务董事还有徐圣禅、孙衡甫、谢光甫，而徐圣禅同时任上海市银行理事兼总经理，大来商业储蓄银行董事，辛泰银行常董、董事长、总经理，汉口农民银行常董，福建省银行总经理，浙江省银行董事长；孙衡甫又是四明银行董事长兼总经理，谢光甫兼任信通商业银行董事。

---

① 发起人朱五楼，镇海人，叶澄衷姻亲。曾任上海钱业公会第一、二届会长。

四明银行董事李咏裳同时又是中华劝工银行、恒利银行董事长。上海至中商业储蓄银行董事会中有宋汉章、俞佐庭、冯仲卿、史久鳌，而俞佐庭同时任四明银行、大来银行、江海银行、惠中商业储蓄银行、统原商业储蓄银行、国泰商业储蓄银行董事。在刘鸿生创办的中国企业银行董事会中，除刘鸿生任董事长外，还有宁波籍刘吉生、胡孟嘉、吴启鼎（慈溪）、戴耕莘（镇海），而刘鸿生、刘吉生兄弟又是中国煤业银行董事，刘吉生还任江浙商业储蓄银行董事；胡孟嘉又任交通银行常务董事、上海市银行理事、新华储蓄银行董事、国华银行监察人；吴启鼎也曾担任上海大来银行、宁波浙东商业银行董事，上海中汇银行常务董事，江浙商业储蓄银行董事长，四明银行常董、董事长。

中国垦业银行常务董事兼总经理王伯元，同时又是国泰银行董事长，上海通和商业储蓄银行、宁波实业银行董事。

通过这种相互兼职，不但使完全由甬商投资和主要由甬商投资经营的银行形成业务彼此联系、资金互为抱注、利益共享、风险共担的集团群体，而且与主要由外省籍人士投资经营的银行也密切了联系，在更广泛的意义上对上海银行业产生影响（见表4-5）。

表 4-5　　　　　　　　甬商与近代银行创建关系情况

创办年代	银行名称	甬商与其关系简况
1897	中国通商银行	创办之初严信厚、叶澄衷、朱葆三等任为总董，第三任经理为傅筱庵，镇海方氏家族的方椒伯曾任其上海十六铺南市分行经理，是甬商控制的银行
1905	信用银行	镇海人宋炜臣为股东，设在厦门
1907	浙江兴业银行	镇海人樊芬是创办者之一，盛竹书曾任该行总经理，1929年镇海人黄延芳任董事兼地产部经理，该行为南三行之一
1907	交通银行	李寿山为董事，1928年以后甬商胡孟嘉任总经理，王正廷为董事长，慈溪人梁晨岚曾任该行副总经理，鄞县卢鸿沧曾任驻汉口分行经理，镇海人盛竹书、慈溪人秦润卿曾任该行上海分行经理
1908	北京储蓄银行	1908年7月28日在北京正式营业，首任经理为宋汉章，总办钱琴西，1911年辛亥革命后宣告停业
1908	四明商业储蓄银行	发起人为虞洽卿、李云书、袁鎏、周金箴、朱葆三、方舜年等甬商工商人士，第一任总经理为慈溪人陈薰，此后慈溪籍银行家孙衡甫长时间担任该行总经理，是甬商的一家有名银行

续表

创办年代	银行名称	甬商与其关系简况
1911	中华银行	行长为赵家荪，朱葆三、李云书、周金箴、傅筱庵等宁波人为董事
1912	中华商业银行	1915年朱葆三任董事长，傅筱庵曾任董事
1912	中国银行	周宗良、叶琢堂为董事
1914	殖边银行	慈溪人秦润卿曾任职于该银行
1916	中孚银行	慈溪人秦润卿曾任汉口分行经理
1917	杭州商业银行	1917年9月，原指挥起义、光复杭州的总司令（宁海人）童保暄，发起成立杭州商业银行
1917	通惠商业银行	虞洽卿、盛冠中
1918	华孚银行	慈溪人洪念祖创办
1918	利华商业银行	定海人朱葆三创办
1919	豫源商业银行	慈溪人秦润卿创办
1919	东陆银行	甬商贺德邻、童今吾等创设，镇海人方椒伯担任该行上海分行经理
1919	大中银行	俞佐庭任董事
1919	正明银行	豫源钱庄于1919年改组
1919	新华储蓄银行	常务董事宋汉章
1920	明华商业储蓄银行	慈溪人童今吾创办，童文甲曾任该行总经理，1923年甬商张炯伯任青岛分行经理，1927年任总经理兼青岛分行经理
1920	劝业银行	甬商虞洽卿、靳鸣皋、李云书、李思浩等发起组织，行长为宁波人张寿镛
1920	民新银行	李云书等创办，并担任董事长，1922年停业。慈溪人冯其汀为行长，冯中鑫为副行长
1920	民信银行	李云书、张申之
1920	中华懋业银行	中美合资，虞洽卿为大股东
1921	中华劝工银行	奉化人王正廷发起创办，自任董事长，刘聘之曾任经理，李咏裳为董事
1921	悖叙商业储蓄银行	鄞县蔡氏家族创设，蔡松甫为经理
1921	中国煤业银行	刘鸿生为发起人兼董事，经理人盛安孙
1921	上宝农工银行	奉化人乌挺生、乌志豪和宁波人赵晋卿创办
1921	日夜银行	余姚人黄楚九等创办
1921	上海百货商业银行	奉化人乌挺生等创办
1921	信通商业银行	余姚人孙铁卿、胡涤生等创办
1921	上海棉业银行	镇海人薛文泰、慈溪人秦润卿创办

续表

创办年代	银行名称	甬商与其关系简况
1921	民通银行	慈溪人孙衡甫、吴兴人钱新之、镇海人盛丕华创办
1922	大同银行	慈溪人徐季凤、孙衡甫和盛丕华、周仰山（定海）创办
1922	江南银行	朱葆三、徐乾麟（余姚）、胡方锦（鄞县）、王一亭（吴兴）创办
1922	华一银行	镇海人徐圣禅等创办
1922	上海百汇商业银行	慈溪人孙衡甫、徐季凤和鄞县人葛虞臣创办
1922	上海国民银行	冯积明、吴翰康、李士升
1923	浙江实业银行	朱葆三、周宗良为董事，卢学溥为常务董事，南三行之一
1923	浙江地方银行	方济川任经理
1923	美华银行	宁波人黄和卿任经理
1923	济东实业银行	定海人朱佩珍、镇海人傅筱庵创办
1924	中汇银行	徐懋棠为经理
1924	上海女子商业储蓄银行	鄞县人严叔和任经理
1924	中华劳动银行	奉化人陈忠皋等创办
1925	上海通和商业储蓄银行	慈溪人胡访鹤为董事，王伯元任董事长
1925	正华银行	镇海人李咏裳创办
1926	中国垦业银行	慈溪人童今吾发起创办，宁波俞佐庭为总经理，周宗良为董事之一。后来孙衡甫、秦润卿、王伯元、梁文臣等银行金融家先后任该行总经理，该行是甬商的又一家著名银行
1928	中央银行	秦润卿、虞洽卿为监事，周宗良为董事
1928	江西裕民银行	林联琛为经理
1928	恒利银行	镇海李咏裳为董事长，王竹屏、禾嘉祥为经理
1929	中国国货银行	王伯元、张竹屿任经理
1929	辛泰银行	镇海人徐圣禅筹组，车植庭曾任经理
1929	中汇银行	金廷荪、朱如山
1930	大来商业储蓄银行	竺梅先为经理兼董事长
1930	上海市银行	秦润卿为理事
1930	中和商业储蓄银行	盛竹书、秦润卿任董事
1930	宁波实业银行	项松茂、邬志豪等发起创办
1931	惠中商业储蓄银行	俞佐庭任董事长、经理

续表

创办年代	银行名称	甬商与其关系简况
1931	中国企业银行	刘鸿生等创办,自任董事长
1931	上海绸业银行	王延松、俞佐庭、王伯元、孙鹤皋
1932	大沪商业储蓄银行	1935年金润庠任监察
1932	江浙商业储蓄银行	金润泉、俞佐宸、吴启鼎
1932	华安商业储蓄银行	余姚人胡莼芗任总经理
1933	至中商业储蓄银行	俞佐庭任董事
1933	浙江建业银行	俞佐庭任董事
1933	农业银行	叶琢堂为总行行长
1933	统原银行	陈润水为经理,秦善福为董事,俞佐庭任董事
1933	民孚商业银行	杜月笙、傅品圭、王时新
1934	大康银行	张芹伯、张佩珍
1934	国泰商业储蓄银行	王伯元、郑秉权
1934	江海银行	张谵如、张肇元、徐仲麟、徐伯熊、俞佐庭、吴蕴齐、洪苓西、洪吟蓉
1934	光华商业储蓄银行	严成德、丁厚卿、陈光照
1934	浙东商业银行	金廷荪、杜月笙、金润泉、王文翰、俞佐宸
1934	江东商业银行	金廷荪、杜月笙、金润泉、俞佐宸、王文翰
1934	亚洲银行	徐伯熊、叶荫三
1935	国信银行	杜月笙、张慰如、郑筱丹、张啸林、林楚雄为经理
1935	两浙商业银行	俞佐衰为董事,俞佐宸为监察人
1935	建华银行	竺芝珊、林荣生、张慰如筹组创办,经理人林楚雄
1935	中国农民银行	叶琢堂、竺芝珊
1936	中国农民银行宁波支行	毛懋卿
1937	天津市市民银行	沈日新
1940	中亚银行	盛幼珊、徐懋棠
1941	兴中银行	1947年金润庠任董事
1941	谦泰商业银行	董事章德基、周敬宝,经理章正华(均鄞县人),副理周汉桢(慈溪人)
1941	中庸商业银行	金宗城、秦润卿、裴云卿
1941	横滨正金银行宁波营业所	井上寿夫
1941	光中商业储蓄银行	徐大统、王国祯
1941	安利商业储蓄银行	王时新、王伯元、林荣生
1941	大元商业储蓄银行	石补成、傅隆才、严成德(余姚)、邵大宝(定海)

续表

创办年代	银行名称	甬商与其关系简况
1941	国孚银行	童显庭、傅炳章、徐昭侯、傅廷绪
1941	上海工业商业储蓄银行	陈滋堂、傅隆才、裘云卿、李祖莱、钟夏生
1941	五洲商业储蓄银行	金宗城、王宽诚
1941	中贸银行	虞洽卿、虞顺懋、李济生
1942	华威银行	1947年金润庠任董事
1942	中国国药业银行	鲍国昌为董事
1942	长城商业储蓄银行	刘敏齐、沈莱舟、葛维庵
1942	正泰商业银行	宋复庭、方庆咸
1942	中国烟业银行	丁厚卿、沈星德、沈维挺、金采生、洪祯良
1942	中国国药业银行	鲍昌国为董事
1942	中国渔业银行	虞洽卿、章恩祥
1942	阜通商业银行	宋之瑗、姜苇航、宋树五
1942	华泰商业银行	张莲舫、郭耕余、黄振成
1942	通华商业储蓄银行	金润庠
1942	大华银行	袁履登
1943	新汇银行	虞鲁伯、张光宁、王宽诚、金宗城、李康年、徐士浩、宋以信、潘志衡、叶慎之9人发起
1943	中国瓷业银行	秦润生
1943	民生商业储蓄银行	李莩候、沈果能
1943	宁绍商业银行	张佩绅、李祖莱、殷纪常、高怀良、金古朴、荣鸿元
1943	孚实银行	李祖超、严季林等
1943	金康商业储蓄银行	李祖莱
1943	昌兴银行	陈梅芳、王厚甫、洪辅元、童双扬
1943	上海棉布商业银行	乌崖琴、乌林森、于寿椿
1943	中国汇丰银行	章人伟、吴国璋、方椒伯
1943	中业信托银行	张彬人、裘方卿
1943	中国纸业银行	詹沛霖、徐大统、刘敏齐
1944	国光银行	陈豫野、金古朴
1945	浙东银行（抗币）	张光、邢佐贤
1945	一大银公司	慈溪人胡访鹤为董事

资料来源：根据《上海研究资料续集》、《超越传统——甬商的近代化历程》（张守广，西南师范，2000年）、《浙江商帮与上海经济近代化研究：1840—1936》等资料整理而得。

从表4-5中可以清楚地看到，甬商大规模投资于近代银行业，与很多大银行有千丝万缕的关系，同时也反映出甬商对于近代上海金融中心的形成，起到了巨大的推动作用。

2. 与甬商关系密切的专业特色银行

鄞县蔡氏家族在五口通商后有多人充任外商洋行、银行的买办，并从事洋靛业、五金玻璃业等进口贸易，蔡氏家族经营的蔡同德国药号是上海四大国药号之一。在这种商业资本的支持下，蔡氏家族的蔡仁初、蔡芳卿、蔡同滋于 1921 年 8 月 31 日在上海天潼路创办惇叙储蓄银行，额定资本 10 万元，实收 5 万元，经理是蔡同滋，专营储蓄业务，规模较小。后来业务逐渐发展，资本扩充到 50 万元，并迁到上海乍浦路口营业。在 1930 年该行改组为惇叙商业储蓄银行。由蔡荣传任董事长，常务董事蔡吉利、蔡钦生、吴达卿，董事蔡芳卿、蔡玉琪、蔡升初、蔡同源、蔡同滋，经理仍由蔡同滋担任。1933 年时共有存款 43.2 万元，放款 64.1 万元。并另开设储蓄处，吸收各类储蓄存款 49.8 万元。

煤炭大王刘鸿生发起组织的上海煤业银行、秦润卿等创办的上海棉业银行等就具有鲜明的行业性质，奉化人邬挺生等组织的中华劝工银行、鄞县人项松茂等创设的宁波实业银行则属于农工银行类型；而余姚人黄楚九设立的日夜银行，在时间上颇有特色，余姚人严叔和与鄞县人张寿镛参与创办管理的上海女子商业储蓄银行在组织上颇具特色，属于特殊银行类型（见表 4-6）。

其中宁波实业银行成立于 1931 年 6 月，由项松茂、王才运、邬志豪等联合宁波金融、实业两界人士共同创建，股东成员广泛，资本总额 50 万元，由邬志豪任董事长兼总经理，董事会成员和监事大多为鄞县和奉化两地人士，总行设在上海南京路。银行成立后，以面向实业，支援工商，帮助农渔，服务平民和同乡为宗旨。同年在宁波沈家门设分行，除经营一般存、放、汇业务外，办理米、麦、耕牛贷款，国货流动押汇，沪甬汇款则免收汇费。后来又在苏州、昆山、青浦等地设立分行。在昆山设有堆栈，办理农民质押放款。

日夜银行的创立，可以说在时间上填补了其他银行的空白。当时上海所有的银行都是从早上九点开始营业一直到下午四点结束，在这个时间外的资金借贷需求无法得到满足。正是看到了这一点，黄楚九于 1919 年在上海云南路创设了昼夜 24 小时营业的"日夜银行"。该银行可以随时借贷，但利息却大大高于其他银行。由于日夜银行满足了一批特殊客户的需求，所以开业后经营相当红火，利润也直线上升，为黄楚九的资金积累做了很大贡献，成为黄楚九的后备金库。

表4-6　宁波人参与创办的上海专业特色银行（迄止 1937 年）

银行名	创办年份	创办者（或经营者）	附注
中华劝工银行	1919 年	王正廷、楼恂如等创办，李泳裳为董事长，刘聘三为总经理	1921 年 10 月正式开业，资本定额 100 万元，实收 51 万元
上海煤业银行	1921 年 8 月	刘鸿生等创办	资本总额原定 80 万元，实收 40 万元，行址北京路 40 号
日夜银行	1921 年 8 月	黄楚九创办并任总经理	行址爱多亚路，集资 50 万元，经理孙慎钦
上海棉业银行	1921 年 9 月	秦润卿、薛文泰等创办，秦任董事长	资本总额 100 万元，收足 50 万元，行址汉口路河南路转角
上海百货商业银行	1921 年 10 月	邬挺生等人创办，邬挺生任董事长，邬志豪任经理	系百货交易所改组而成，行址广东路
上海女子商业储蓄银行	1924 年 5 月	严叔和创办并任总经理，张寿镛任董事	资本 20 万元，行址南京路直隶路转角
中国垦业银行	1929 年	王伯元、秦润卿等接办，秦任总经理	资本总额 250 万元
中国国货银行	1929 年 10 月	刘鸿生任监察人	资本额 2000 万元，实收 500 万元
宁波实业银行	1932 年	项松茂、邬志豪等创办，项为董事长，邬为首席董事	股本 50 万元，行址河南路 500 号

资料来源：根据《上海研究资料》（续集）、《上海金融业概览》、《现代上海大事记》等整理。

这类专业银行的相继出现，说明上海华资银行业内部已形成初步分工，体系日趋完备，有力地推动了近代银行业的发展。

四　甬商钱庄与华资银行的关系

在中国近代华资银行的兴起过程中，宁波籍钱庄主在资金、管理、经营方式等各个方面都与之有着不解之缘。如在资金方面，华资银行的兴起在很大程度上利用了钱业资本，当然也有一部分政府及官僚、地主的财力，但主要是商业资本和钱业资本。由于宁波商业和钱庄业的长期兴旺发达，因而在近代银行兴起时，蓄有巨资的宁波籍钱庄主在资金投入上占了很大比重。如四明银行 50 万两开办资本中，与钱业有关的资本计 55000 两，占 11%，后来钱业出身的孙衡甫的股份逐渐增加，最多时达 5258 股，金额为 2621900

两，一人便占该行资本总额的 35%。①

甬商不仅大量投资、创办新式银行，许多深孚众望的钱业领袖、钱庄经理也在银行中担任重要职务，钱庄业主及经营者在长期实践中积累的专业知识及很多有用的经验，颇为新式银行所殷鉴。

(一) 人事上的相互关系

当时上海新兴银行的专业人才主要来自两个方面：一个是留学日本、美国的留学生；另一个是来自钱业。由于宁波人在钱庄业中所占的绝对优势，加之对新事物的敏感，使其在新式银行的经营管理中应付裕如，故而宁波人身跨上海银钱两业的现象并不乏见。

其一，钱庄经理同时兼任银行经理。

辛亥革命前，宁波籍钱庄经理兼任银行经理的主要有：陈笙郊（余姚）系咸康钱庄经理、钱业董事、承裕钱庄合伙人，担任中国通商银行第一任华经理；谢纶辉（余姚）系承裕钱庄经理、钱业董事，恒祥、怡大、同余、汇康、聚康等钱庄合伙人，担任中国通商银行第二任华经理。

辛亥革命后，宁波籍钱庄经理兼任银行经理的主要有：秦润卿（慈溪）系福源钱庄经理、钱业公会会长、鸿祥钱庄合伙人、福康钱庄总经理，同时是福源、福康、顺康、鸿祥四钱庄董事，担任中国垦业银行董事长兼总经理，交通银行经理，中和、辛泰银行董事，上海市银行理事，中央银行监事，上海兴业信托社经理；楼询如（鄞县）系敦余泰记钱庄经理、钱业董事，担任中华劝工银行经理。

其二，先任钱庄经理，后任银行经理。

先任钱庄经理，后任银行经理的主要有：余丰、立余钱庄经理，钱业董事林莲荪（慈溪），后任大中银行上海分行副经理，中华银行第一任经理；恒大钱庄经理洪吟蓉（慈溪），后任江海银行董事兼经理；恒巽钱庄经理陈绳武（鄞县），后任统原银行经理，国泰、惠中银行董事。

其三，钱庄出身，任银行经理后投资钱庄。

如钱庄出身的四明银行总经理、中国通商银行常务董事、浙江商业银行董事孙衡甫（慈溪）投资钱庄，是益昌、成丰、恒隆、恒贵、信裕等钱庄合伙人。

---

① 四明商业储蓄银行档案，转引自洪葭管《从借贷资本的兴起看中国资产阶级的形成及其完整形态》，复旦大学历史系等编《近代中国资产阶级研究》（续），复旦大学出版社 1986 年版，第 314—315 页。

其四，同时为钱庄及银行投资人。

如刘鸿生（定海）既是五丰、志裕、义昌等钱庄合伙人，又任中国企业银行董事长；宁波人秦善富、秦善福既是恒巽、恒兴、恒隆、同庆等钱庄合伙人，又是统原银行董事；渭源、敦余等钱庄合伙人李泳裳（镇海），同时任恒利银行董事长、劝工银行董事。

其五，钱庄经理兼职银行，仍以钱庄为主。

兼职银行，仍以钱庄为主的宁波籍钱庄经理主要有：承裕钱庄经理、钱业董事谢韬甫（余姚），兼任中和银行董事长；顺康钱庄经理、钱业董事李寿山（慈溪），兼任交通银行董事、永亨银行董事；恒巽钱庄合伙人兼经理、钱业委员俞佐庭（镇海），兼任大中、至中、两浙、浙江建业、惠中、四明、大来、江海、国泰、统原等银行董事，同时是中国通商银行监察人；怡大钱庄经理、钱业董事胡熙生（余姚），兼任绸业银行董事；赓裕钱庄经理、钱业董事盛筱珊（慈溪），兼任中和银行董事；益昌钱庄经理徐伯熊（慈溪），兼任民孚、江海、江浙、国泰等银行董事，同时是统原银行监察人；志诚钱庄经理秦贞甫（慈溪），兼任江海银行监察人；信孚钱庄经理胡涤生（余姚），兼任信通银行董事；大成钱庄经理沈晋镛（余姚），兼任亚东银行董事长。

其他如谢纶辉之子，聚康、同余等钱庄合伙人谢光甫，担任中国通商银行经理等。[1]

(二) 业务经营方式的影响

甬商主持的钱庄业的发达，为银行业务的开展积累了丰富的经验，提供了许多便利的条件。如华资银行创办伊始，一度采取通过对钱庄拆借生息以立足的办法，而且银行钞票的发行要借助钱庄来推广，银行未设分支机构之地区的汇兑业务也要委托钱庄代理。最重要的是宁波钱业的过账制度对上海金融业的影响。

宁波过账制度究竟始于何时，众说不一，但甬地浩繁的商品交易促进了过账制度的施行则是不争的事实。据光绪《鄞县志》载："市中交易，诸路皆用银钱，唯宁波凭计簿日书其出入之数，夜持簿向钱肆堂录之，次日互对，谓之过账。"[2] 过账制度在清朝初期的宁波已普遍通行，宁波因之被人

---

[1] 中国人民银行上海市分行：《上海钱庄史料》，上海人民出版社1960年版，第149—151页；《上海钱业公会会员名册》（1929），《宁波金融志》（第一卷）。

[2] 光绪《鄞县志》第6—7页。

们称为"过账码头"。所谓过账，就是划账，它实际上是与后来银行业所实行的"票据交换"相类似的一种制度，只是它不用票据，而是以"过账簿"代替。"过账簿"是往来存折的变形，它虽然与现代票据交换制度不同，但由于手续极其简便，又相当严密，在当时确已发挥了票据交换制度的作用，因而长期成为宁波钱业通行之法。宁波人的发展重心移至上海后，"过账制度"也随之行于沪上而衍变为汇划制度。

汇划制度的形成，是钱庄经营方式开始资本主义化的重要标志之一。19世纪80年代末期，沪上各钱庄的结算方式还只是分头轧账，以后随着钱庄的不断增设、业务的日益繁忙，日渐为公单制度所取代。1890年宁波籍钱庄主占主体的上海北市钱业成立汇划总会，首创"公单制度"①。汇划总会是上海最早成立之清算所，它的设立及公单制度的实行，"实为中国清算方法之滥觞，即外滩方面（设在外滩的外资银行）之汇划，亦多脱胎于此"②。汇划制度的实行，进一步避免了大量的现金搬运，成为我国票据交换的雏形。此制一直沿用到20世纪30年代，1937年上海钱业联合准备库内才正式成立了票据交换所，而上海银行业也自1933年起，在上海银行同业公会联合准备委员会内附设上海票据交换所。可见，在上海钱业的运营清算方式由分头轧账—汇划清算—票据交换的发展历程中，宁波人所起的重要作用是不言而喻的。

第二节　甬商与上海银行公会

一　银行同业公会的设立

随着金融实力的增强，宁波籍金融商人步入了有独立发展要求的成熟阶段，而且有联合一致行动与政府抗争的实力。中国银行上海分行经理宋汉章等联合江浙金融家坚决而有效地抵制北京政府的"停兑令"就是其中的典型。

进入民国时期后，中国银行成为政府最重要的财政工具之一，与交通银

---

① "公单制度"的具体办法是，每天下午各汇划庄将应收庄票送到原出票钱庄换取公单，然后交汇划总会汇总，由该会将各庄公单互相轧抵，轧抵结果，各庄实应解现或收解多少，由总会出具"划条"，诸照各庄互为收解。各庄收付在500两以上者（后来放宽到1000两），凭公单在汇划总会轧差，余额才收付现金。此外，汇划总会还代理非会员钱庄和外商银行的清算业务。

② 中国人民银行上海市分行：《上海钱庄史料》，上海人民出版社1960年版，第500页。

行一起被迫为北京政府大量垫款,从而引发钞票的滥发。1916年时两行向北京政府的垫款达6000万元,发钞达8300万元,而准备金只有2300万元。中、交两行现金库存不足的消息传出,挤兑风潮从北京、天津两地的交行和广东、浙江中行开始向全国蔓延。北京政府于1916年5月12日发布停兑命令,强迫中、交两行停止兑现兑换券和存款。宋汉章接到命令后,认为:"如遵照命令执行,则中国银行从此信用扫地,永无恢复之望。"① 因此,以"宁可刑戮及身,不忍苟且从命","愿尽一切力量,将库中现金兑至最后一元"② 的胆略和勇气毅然决定抗拒停兑,并为此做了卓有成效的努力。他先是与浙江兴业银行董事长叶揆初及常务董事蒋抑卮、浙江地方实业银行经理李馥荪和上海商业储蓄银行总经理陈光甫商议,由蒋、李、陈以中行股东的名义向会审公廨起诉分行经协理有损害股东权益行为;然后又与汇丰、德华两家外商银行约定押借200万元;又借助副经理胡睦芗钱业领袖的地位取得钱庄必要时提供100万元予以支持的承诺。因此,中行经受住了数千人挤兑的严峻考验,随后挤兑人数逐渐减少,至5月19日风潮完全平息。

这当中浙江兴业银行与浙江地方实业银行作为中行上海分行的大股东和领券银行,照常收兑中行兑换券,而且浙江兴业银行集中资产向钱庄押款做中行的后盾,都有力地支持了中行抗停兑斗争。因此,最终的胜利是江浙银行家联合抗争的结果。在抗停兑斗争中他们也深切地感到:只有联合才能摆脱政府控制,获得独立自由发展,因而加强各行之间联系,成立同业组织逐渐被提上日程。

上海银行公会正式成立于1918年,是20世纪中国最活跃也最富实力的商人团体之一。早在1905年,即上海商务总会成立不久,上海信成储蓄银行周延弼、沈缦云曾出面邀约大清银行、交通银行、信义银行的头面人物共同商议成立银行公会之事。由于当时中国银行业还处于萌芽阶段,新兴银行家的数量与力量十分有限,周延弼、沈缦云等人的提议只能停留于纸面。辛亥革命后,中国银行业得以迅速发展,但在中国金融市场,尤其是上海金融市场,占据控制地位的依然是外商银行,就是钱庄的势力也盖过本国银行业。张嘉璈及其同人认识到在各国银行林立的上海,处于相当涣散而又十分幼稚的中国银行要想立于不败之地并有所发展,就必须使本国银行业成为

---

① 《中华民国货币史资料》第1辑,上海人民出版社1986年版,第222页。
② 冯仲卿:《关于上海中行1916年抗令回忆》,《文史资料选辑》(全国) 第49辑,上海古籍出版社2001年版,第108页。

"全国金融枢纽,克保独立自尊之风,不受政治潮流之影响"①。因此,1915年春他们就开始倡议组织公会,"以为彼此联络维持之机关"②,谋银行同业之团结。适逢当年,上海大清银行清理处计划出售苏州河畔的栈房,中国、交通、浙江兴业、浙江地方事业、上海及盐业等 6 家银行"鉴于上海无适宜之堆栈,商贾寄存货物,诸多不便,为推广货物押款起见,极力主张此项栈房由中国银行承购,再由六银行租用,合组公栈"③。组建上海银行公栈是近代上海银行业合办公共事业的开始,由此增进了各银行间的了解,密切了各银行间的联系。

同年 7 月,上述六行为了谋求上海银行同业的团结,发起正副经理聚餐会。由上海银行在其宁波路行址内预备午餐,于聚餐时彼此交换有关金融信息并发表意见,同时商议公栈及押款事项。但是,这一松散的、非正式的组织不仅难以满足当时银行业迅速发展的需要,也无法实现新兴银行家们的共同追求。因此,他们渴望成立合法的、正规的同业团体,为银行业的规范化发展和防范金融风险提供组织基础。

1915 年 8 月,北京政府颁布了《银行公会章程》,对银行公会的组织形式、职能、入会条件等做了详细规定。1917 年 11 月,农商部致函各地商会,指出"公会系为联络同行,改良业务起见,亟应遵照组织,以资研究而维同业之利益"④。政府的倡导,加速了上海银行公会的诞生。《银行公会章程》颁布之后,上述参加聚会的 6 家银行"即拟正式组织公会,而因无适当之会所,悬而未决"⑤。1918 年 7 月 8 日,上述银行发起召开上海银行公会成立大会,订立章程、选举董事会。明确规定公会的进行方针是"以联络同业之感情,维持公共之利益为前提,而促进银行业之发达,矫正营业上之弊害,尤为其重大之天职,故其拟办之事项为筹设票据交换所以便交换银行各种票据,组织银行俱乐部以为银行员工公暇游戏之所,订立同业规约使各银行尊重信用,有互相扶助、互相策励之益"⑥。上海银行公会的成立,为上海各银行的交流与合作提供了一个崭新的平台,加强了相互团结,推动

---

① 《发刊词》,《银行周报》第 1 卷第 1 号,1917 年 5 月 29 日。
② 《上海银行公会开会志盛》,《银行周报》第 2 卷第 41 号,1918 年 10 月 22 日。
③ 徐沧水:《上海银行公会事业史》,台湾文海影印本 1925 年版,第 39 页。
④ 天津市档案馆等:《天津商会档案汇编(1912—1928)》(1),天津人民出版社 1992 年版,第 192 页。
⑤ 徐沧水:《上海银行公会事业史》,台湾文海影印本 1925 年版,第 39 页。
⑥ 同上书,第 141 页。

了各银行的业务发展,对促进上海金融市场的发育,乃至近代中国金融业和社会经济的发展都起了不容忽视的作用(见表 4-7)。

表 4-7　　　　　　　　上海银行公会主要发起者之简况

姓名	字号	籍贯	任职银行	学历
宋鲁	汉章	浙江余姚	中国银行	上海中西书院学习英文
张嘉璈	公权	上海宝山	中国银行	北京高等工业学堂、日本东京庆应大学
陈辉德	光甫	江苏镇江	上海银行	美国宾夕法尼亚大学
钱永铭	新之	浙江吴兴	交通银行	天津北洋大学堂、日本神户高等商业学校
盛炳纪	竹书	浙江镇海	浙江兴业银行	前清廪生
徐新六	振飞	浙江余杭	浙江兴业银行	英国伯明翰大学、法国巴黎国立政治学院
叶景葵	揆初	浙江杭州	浙江兴业银行	前清进士
李铭	馥荪	浙江绍兴	浙江地方实业银行	日本山口高等商业学校
孙元方	景西	安徽	中孚银行	在美留学经历

资料来源:姚会元:《江浙金融财团研究》,中国财政经济出版社 1998 年版,第 120—121 页。

随后,在本国银行比较集中的地区也陆续设立了银行公会。截至 1923 年,全国共有银行公会 10 家,分设于上海、北京、天津、汉口、杭州、南京、南昌、济南、哈尔滨和蚌埠等地。与上海商务总会的成立一样,上海银行公会的兴起与政府的倡导、中国社会经济(尤其是银行业)的快速发展等有着密不可分的关系。但随着新兴行业——银行业形成和发展而兴起的银行公会,最主要应归因于新兴银行家阶层的思想意识。新兴银行家阶层的崛起不仅为银行公会的组建提供了深厚的阶层基础,而且银行公会的成立还是他们自我认识提高和迫切需要的产物,与他们对团体重要性的清楚认识与时代使命感的萌发也密不可分。当然,在这一群体中也有甬商银行家的身影。

二　银行同业公会的作用

上海银行公会是近代上海银行家为平衡和协调银行间的利益,为银行业务拓展提供信息和咨询服务、加强本行业的自律管理和维护银行业合法权益而组织的同业团体。因此,维护金融市场秩序和促进同业现代化是其主要职能。

辛亥革命后,中国银行业得以迅速发展,可是不同地区和不同银行之间技术标准和操作规程不一,不仅阻碍着银行之间业务的往来和银行业的进一步发展，而且给顾客和社会也带来诸多不便。为了提高会员银行的市场竞争力和加强银行业与外界的往来，上海银行公会及其网络体系在调查各地银行业务习惯的基础上，根据银行业经营的需要不仅统一了银行会计科目名词，而且重新构建了上海银钱票据汇划体制。此外，上海银行公会还常常委托银行学会对各类银行票据及业务经营过程中的利弊进行研究，以期各银行经营行为得以统一。由此可见，相比单个银行，联合起来的同业体系不仅有着更为充足的财力、物力和人力，而且还提供了一种集体的记忆。将以往缔造公共物品的成功经验积累传递下去以促进技术创新，通过集体行动，增进会员银行之间及其与外界的往来，节省交易费用，提高经营效率。

在20世纪二三十年代，是上海银行业的高速发展期。政府无力对金融市场与活动做出有效的干预与调节，不仅一些必要的管理法规和管理机构乏力，就是一些必要的管理金融业和市场的筹划也多停留于纸面。应时而兴的上海银行公会在一定范围和程度上承担起了银行业监督与约束的责任。为规范银行业营业，上海银行公会制定了银行同业营业规则，营业规则的内容包括银行营业时间、营业种类、各种利率及行市等银行营业的各个方面，要求全体会员均应遵守。金融业是彼此间有密切联系的行业，常因为某些银行的非正当经营而动摇整个行业的信用，引发金融风潮。在中央政府对金融市场监管不足的情况下，银行业自身的监管就显得更为重要，这就要求对全体银行都有统一的约束标准。1921年银行公会制定"上海市银行业同业营业规程"以规范银行营业。此后，为适应金融业发展环境的变化，在1931年、1933年、1935年对营业规程几度修订。随着银行业经营活动的发展，银行公会又先后组织小组委员会专门研究制定出保管箱租用规程、仓库营业规则等以作为同业从事此类营业之规范。在政府的支持下，上海银行公会拟定的有关制度规范对会外银行也有一定约束力。这些营业规程的制定和推行对整个行业起着表率作用，有利于规范银行营业，校正银行间不正当竞争，增强银行间的协调与合作，发挥了行业自律的作用。

为了加强会员银行间的联系和密切银行公会与商人、工商企业、其他组织团体和政府的接触，除了完善内部组织机构的建设外，银行公会还采用通信、出版商业资讯资料和报刊、举办会议、组建或参加其他组织等措施来构建和维持内外的联系。如为了建立适应近代中国国情的银行组织和发展银行业务，《银行周报》大力地介绍和宣传资本主义国家先进的银行制度和业务情况，发表了一系列中国银行业亟待研究探讨的文章，尤其刊文探讨了行员的任用、培养和管理等。鉴于银行业务的操作实践不是一成不变，而是随着社会经济环境的变化而呈现出阶段性的收缩与扩张，上海银行公会通过银行学会对随着银行业务不断创新而衍生出来的问题进行研究，以保障银行业安全、健康和规范的运营。上海银行公会采取的上述措施不仅传播了银行知识，增强了"银行人"适应社会经济和银行业发展的需要，而且使其明白了自己所处的社会地位与权责。上海银行公会也正是通过这种方式，不断拓展自身的功能，逐渐成为近代中国市场经济发展，尤其是金融业发展不可缺少的宏观调控中枢。

为了促进中国金融业的现代化和国家社会经济的发展，一方面，上海银行公会通过各种方式集中会员银行的意见，及时向政府及有关部门反映，提出建议，必要时乃至提出交涉和抗议；另一方面，办理政府委托的有关事项，随时向银行界传达政府的金融和经济政策，增进银行与政府间的理解和支持。简言之，银行公会"上有辅助国家推行政策之职，下有调剂民生发展实业之机能"。

中国银行业是在外国列强势力扩展的刺激下，因政府的财政需要产生的。因此，中国近代银行业的基础极不稳固，与政府也结下了不解之缘，还在一定程度上需要依附外商银行之势力。银行公会诞生之前，银行业无共同的统一组织机构，与政府交涉时只能以单家银行出面，其力量和影响十分有限。当然，极个别银行加入了商会，是希望借助这个"大家庭"表达自己的意愿。但是，作为"众商业之代表"的商会，难以充分表达和维护银行业的利益。因此，银行公会的产生，第一次将分散的各家银行凝聚为一个相对统一的整体。各地银行公会进而相互联结和渗透，跨省联合召开全国银行公会联合会议，进而改变了各地银行业分散孤立的状况。由于银行公会是依法成立，享有合法的社会地位，银行业者从此即可通过银行公会以"社团法人"的姿态斡旋于官商之间，从此改变了过去势单力薄的形象。正因为如此，银行公会成立后，即成为银行业利益的代表，通过各种渠道以各种方式参与或影响政府经济政策，尤其是财政政策和金融政策的制定。

为了促进政府财政改革，造就有利于银行业发展的社会环境，上海银行公会于1920年发起召开首届全国银行公会联合会议。联合会宣布"当此内外债未经整理实行以前，各与会银行不得单独或联合承募及购买或抵押政府发行之新债，以及其他类似公债之证券等项……倘有违反此约者，各与会银行一致与该行断绝往来，以示坚决"。以此督促政府早日整理财政。近代中国经济生活中不确定性因素较多、经济风险较大，市场动荡不宁，为了稳定市面和保证金融市场机制的正常运行，上海银行公会不仅通过《银行周报》

以欧美银行界联合救济同业的方法为例,宣传本国银行界应群策群力以应付突然袭来的危机,而且还先后设置公共准备金和组建上海银行联合准备委员会。上海银行公会还与各地银行公会、商会和政府密切合作,采取各种措施稳固金融,尤其保障会员银行的稳健经营,如平息金融风潮、抵制外资在华设立银行、参与赈灾救援等。此外,上海银行公会还为会员银行商事纠纷的处理提供了制度保障和方便,不仅有助于预防会员银行的失信和维护会员银行的声誉,而且对违约、拖欠债款商家的追究,对破坏经济秩序行为的制裁,在一定程度上起到了很好的调整作用。

当然,上海银行公会的活动并不仅仅限于金融财政方面,如果上海银行公会的社会活动仅仅限于金融财政方面,则不仅难以拓展自身活动空间与扩大社会影响,而且还势必在一定程度上制约自身功能的发挥。对 1931—1936 年历届会员大会的议案(见表 4-8)略加浏览,不难发现除了金融财政方面的活动外,上海银行公会还在慈善事业、商业考察、民族主义运动和外交活动等方面有所拓展,进一步增强了公会的社会影响,提升了公会的吸引力和凝聚力,也增进了公会在地方政府政治结构中的地位和作用。如 1935 年,上海市政府与沪西电力公司签订经营电气事业合约时,为了保护华商利益和避免涉外事项产生,就决定委托上海银行公会主席担任中方最后仲裁人①。

表 4-8　　　　　　1931—1936 年上海银行公会历届会员大会议案

届别	时间	主要会务
1	1931.12.30	对时局发表宣言并建议财政方针、致电国际联盟会呈请主持和平、呈请中央维持公债信用、呈请财政部将收益发行两税提交全国经济委员会讨论、加入国际贸易协会
2	1932.6.28	沪变事件、组织上海市银行业联合准备委员会、提议银洋并用、沪战代收各方捐款及慰劳品、阻止各省禁现出口、发起组织废止内战大同盟会
3	1932.12.28	修改本会营业规程、联合准备委员会兼办票据交换事宜、订定银行保管箱租用规则、废两改元问题、征收兑换券发行税、举办救济东北难民月捐、参加陕西实业考察团
4	1933.6.28	废两改元、呈请财政部制定铸造十进银辅币、成立农村金融调剂委员会、认缴飞机及东北难民捐
5	1933.12.28	讨论储蓄银行法、订定仓库营业规则、统一银行例假日期、订定收兑破损兑换券办法、研究票据法修改意见、郑州豫丰纱厂工人强提花纱案

① 上海市银行业公会第八届会员大会会务报告,1935 年 6 月 28 日,上海银行公会档案 S173—1—67。

续表

届别	时间	主要会务
6	1934.6.30	储蓄银行法案、票据法修改意见案、印花税修改意见案、银价问题案、订立管理汇兑经纪员章程案、建议行政当局检查银行存款股款办法案
7	1934.12.29	修改储蓄银行法、修改银行法案、现银出口征税经过案、财政部取缔国外汇兑投机交易案、筹议各银行运送钞券统一办法案
8	1935.6.28	呈请变通内地运银办法案、本会主席担任上海市政府与沪西电力公司纠纷之最后仲裁人之推选人案、保管工业银行存款提供法院处分案、救济工商业信用小放款案、订定商业承兑票据贴现办法、更改汇划银圆办法
9	1935.12.28	修正本会章程、呈请修改新印花税率、广东银行及香港国民银行停业案、政府改革新货币政策案、赞助推行商业承兑票据及贴现业务案
10	1936.6.27	执行委员更替案、支票免贴印花税案、组织银行票据承兑所、降低存放款利率、组织银行业务联谊会、编印本会通函要编
11	1936.12.29	废除现行银行保证制度、统一国外汇兑业务规则

资料来源：上海档案馆藏S173—1—67（S173代表上海银行公会档案全宗号，1表示目录号，17表示案卷号）。

综上所述，上海银行公会在商业活动中为不同行业、组织和地区扮演着中介的角色，大致可以划分为四种类型。首先是与中央政府，主要是财政部和农工商部等部门的联系。上海银行公会在这个层面处于从属地位，负责接收和传达政府部门的声明和相关政策法规，受这些部门的影响较大。相反，这些机构很少受银行公会的影响，处于银行公会网络的边缘层次。其次是联系各地商会、同业公会等商人团体。这一层次，银行公会主要负责收集和传达商业信息，着重介绍上海与全国各地乃至海外的金融资讯，但银行公会与这些组织不存在实际隶属关系，只是在活动中通过功能互补、信息共享而形成相互协作的关系，是银行公会网络的协作层次。再次是联系上海钱业公会、外国银行公会和其他地方的银行公会。上海银行公会在处理与各种银行业相关事务的过程中，对其他地方银行公会起着引导和规范作用，同时扮演着政府与其他地方银行公会之间的中介角色。这一层次是上海银行公会网络结构的亚核心层次。最后是与下属和附属组织的联系，也就是上海银行公会网络的核心层次。通过经费交叉、人员交叉、行政参与，上海银行公会与其附属组织之间形成了对以银行公会为核心组织系统的整合，并在此基础上而生发的向心力和凝聚力，把它们黏合在一起，同时把银行公会网络体系拓展到其他领域。

进入上海银行公会管理层的银行家对公会的决策及运作产生了重大的影响。正是在这些银行家的领导下，上海银行积极借鉴外商银行管理经验、建立信用制度、设立华商银行业票据交换所等一系列金融辅助机构，推进了银行业向现代化方向发展。从表 4-9 可以看出，上海银行公会历任会长宁波籍占多数，表明甬商银行家对推动银行业发展功不可没。

表 4-9　　1918—1926 年上海银行公会正副会长及董事简况

类别 届期	会长		副会长		董事
	姓名	籍贯	姓名	籍贯	姓名（籍贯）
第一届 1918.7	宋汉章	浙江余姚	陈光甫	江苏镇江	盛竹书（镇海）[①]、李馥荪、倪远甫、孙景西、陶蓝泉
第二届 1920.9	盛竹书	浙江镇海	钱新之	浙江吴兴	孙衡甫（慈溪）、倪远甫、孙景西、江少峰、葛绳武
第三届 1922.9	盛竹书	浙江镇海	孙景西	安徽寿县	宋汉章（余姚）、钱新之、李馥荪、倪远甫、叶扶宵、林康侯、田少瀛
第四届 1924.9	倪远甫	江苏	孙景西	安徽寿县	宋汉章（余姚）、李馥荪、陈光甫、叶扶宵、吴蔚如、吴蕴斋、郑鲁成
第五届 1926.9	盛竹书	浙江镇海	吴蕴斋	江苏镇江	宋汉章（余姚）、李馥荪、徐新六、胡孟嘉（鄞县）、陈光甫、倪远甫、叶扶宵

资料来源：徐沧水：《上海银行公会事业史》"附录"；徐寄庼：《最近上海金融史》，第 112—114 页。

作为华商银行业利益的代表，上海银行公会与政府及其职能机构之间建立了密切互动关系，成为沟通政府与银行之间的桥梁和纽带。因此，政府对于上海银行公会的立场和态度给予了关注，希望银行公会在国家和社会建设中发挥重要作用。在这种背景下，上海银行公会得以利用其强有力的组织和个人的联系网络，争取政府和银行界的支持，从而带动市场和促进经济发展。与此同时，上海银行公会充分利用其资源和人力来建设、维持和拓展银行业务网络，逐渐将其扩充为跨业界、跨地区的多边组织。当然，这种组织体系的构建并非一蹴而就，而是通过多种社会机制和随着上海银行业的发展逐步建立的。总之，上海银行公会最突出的功能就在于构筑了一个供其成员共享的高层平台，即制度化的组织体系。

在其构筑的平台上，上海银行公会通过自身的努力，尤其是制定了一系列体现会员银行共同意识和利益的规则和章程，约束了市场主体行为，加强了会员银行间以及会员银行与非会员银行间的联系和合作，并通过业务交流、相互启发以及共同指导，共同进步。在这个平台上的不断交往，唤起了同业间一些有益的合作，加强了群体身份和意识的认同，尤其是在各项规则

[①]　这里只对甬商注明籍贯。

约束下的平等交换，提高了同业间进行合作的可能性。随着上海票据交换所和银行票据承兑所的成立，业内各银行之间以及同业与外界的交往更是建立了一系列"义务—期望"关系，交易主体往往与多个对象和事件相联系。如果有一家银行不合作，势必引起其他交易对象的报复，而且还可能引发上海银行公会及其网络体系的惩罚，这样被制裁者所付出的代价就远远超出了制裁者所付出的代价。如此，交换双方均清楚自己的责任和义务，而且可预期其他人也将做相同的贡献，这使得这一体系内的成员倾向考虑长远而非短期的利益。

由于近代中国法制不健全，而且许多立法严重滞后，商人团体及其所构建组织体系的制裁与压力在一定程度上起到了法律的威慑作用。市场交易双方作为独立利益主体决定了双方在合作关系中利益冲突和决策争端的不可避免，进而导致信用失范和合作的破裂。上海银行公会利用日益密切的网络体系，对会员银行之间以及会员与非会员之间的纠纷调解，有助于维持交易双方的合作，确保商业信用和合约能够得以执行和延续。上海银行公会对违约、拖欠债款商家的追究，对破坏经济秩序行为的制裁，在一定程度上规范了商品生产、经营、流通和消费领域的经济活动，为会员银行行使诉讼权提供了支持与协助，充分重视和保护会员银行的合法权益，同时也体现了法律维持不了"体制化的信用"时，上海银行公会及其构筑的平台在一定程度上还可以充当体制信用的监护者。

这个平台，还为会员银行获取社会承认提供了一个重要途径。上海银行公会的组建是为了更好地维护银行业的利益和促进社会经济的发展，一些银行加入公会也主要在于其所提供的服务。不过，有些银行加入公会还期望借上海银行公会之名声帮助自身在更大范围内、更高层次上得到社会承认。如前所述，会员银行在登载广告时，实施会员标志制度，不仅可以与非会员银行区别开来，而且还可以提高自身的声誉和竞争力。

第五章

甬商与中国近代保险业、证券业及信托业

甬商以善于经营金融业著称。无论是旧式钱庄业还是新式银行业，他们都是主要开创者。进入民国后，他们又参与保险业、证券业、信托业的开拓，并在整个金融业一直保持着发展优势。

1920年，虞洽卿、盛丕华等创办上海第一家华人自办的交易所——上海证券物品交易所；1921年中国第一家信托公司中易信托公司成立，朱葆三担任董事长，俞佐庭等人亦任显职；1936年慈溪人孔颂馨创立东南信托公司。保险业中，宋汉章出任中国保险公司董事长近20年，堪称保险业的元老；其他由宁波商人创办或经营的华兴保险公司、宁绍人寿保险公司、四明保险公司、中国天一保险公司等，在中国保险史上均占有一席之地。据有关资料统计，从上海开埠至1937年，宁波商人在沪地先后开设或出任经理的重要钱庄、银行、保险公司、交易所就有105家。直到上海沦陷后的1941年，宁波人在上海经营的钱庄仍有11家，银行17家，证券14家，保险5家。

第一节 甬商与中国近代保险业

保险是为应付自然灾害或意外事故所造成的财产损失或人身伤亡而采用的一种社会互助性质的经济补偿方法，是社会保障体制的重要组成部分，人类社会的灾害和意外事故的客观存在是保险产生的前提条件。近代保险是资本主义经济发展的产物，商品经济是近代保险业产生的社会必要条件，保险则是商品经济的一种特殊表现形式。作为近代商品经济的产物，中国具有近代意义的保险业是随着西方资本主义的入侵而产生的。

一 中国近代保险业的兴起

保险公司最早产生于欧洲，起源最早的是 14 世纪意大利的海上保险。15 世纪由于海上贸易区域的不断扩展，海上保险业就由意大利经葡萄牙、西班牙，于 16 世纪传入荷兰、英国及德国。同样，保险是在对外贸易和外海航运事业发展过程中由西方传入中国的。中国具有近代意义的保险业产生于 19 世纪初期，中国在清朝统治时期长期实行闭关锁国政策，后随着商品经济的发展和对外贸易的需要，实行部分开禁政策，在广州设立粤海关，进出口贸易则由清政府的特许商人——行商垄断经营。直到 1840 年鸦片战争爆发，广州是清政府对外贸易的唯一出口，所以广州就成为外国近代保险业进入中国的桥头堡。1801 年广州尚没有任何形式的保险机构，仅由几个外国商人组织了一个临时的保险协会，对每艘船所载货物保险，承保限额为 1.2 万元。① 这是外商在华经营海上保险的开始。随着中外贸易的发展，清嘉庆十年（1805），英、印私商在广州设立谏当保安行（Canton Insurance Society），也称广州保险社，这是西方国家在中国设立的第一家具有近代意义的保险业，从此西方保险进入中国。但是，在 19 世纪 40 年代以前，外商保险公司的业务主要是委托在华洋行代理。

鸦片战争后，随着中国半殖民地半封建社会的形成，各西方国家在华取得更多特权，中外贸易额也逐年增加，中外贸易的中心也由广州转向上海。特别是进入 19 世纪 60 年代，由于贸易的增长、往来于新辟港口的短程货运的经常化以及战乱的危险等，沿海货运已经变得十分危险，货物非有保险以转嫁风险不可。在这种形势下，原以洋行贸易为主，兼营码头、仓库、船舶修理及银行和保险等业融为一体的洋行机构模式，显然已经不能适宜形势发展的需要，保险从洋行的母体中分离出来已成为不可避免的趋势。1836 年怡和洋行设立谏当保险公司，并于 1857 年在上海设立分公司。宝顺洋行于 1835 年在广州设立裕仁洋面保险行，并于 1868 年在上海设立分公司。1842 年《南京条约》签订之后，外商在华纷纷设立保险机构，1862 年美商旗昌洋行在上海设立扬子保险公司，1863 年以祥泰、履泰、太平、沙逊 4 家英商洋行和汇隆银行为主，在上海设立保安行。此外尚有保宁保险公司、香港火烛保险公司、宝裕保险公司、中华保险公司等多家外商保险公司在中国成立。1875 年外商在华设立的具有影响力的保险公司就达 7 家，其实际资本

---

① 中国保险学会：《中国保险史》，中国金融出版社 1998 年版，第 18 页。

总额已达 57 万镑，① 外商保险公司垄断中国保险市场直到 1865 年由华商设立义和公司保险行为止，达 60 年之久。

义和公司保险行的设立标志着中国近代意义上的民族保险业的开始。该行于 1865 年 5 月 25 日创设于上海，是我国第一家自办的保险机构，该行设在上海与英商怡和洋行关系密切的华商德盛商号内，其规模甚小，并未开展船舶保险业务，只经营船货运输保险业务。但该行的创办开始打破外商保险公司独占中国保险市场的局面，为以后民族保险业的兴起开辟了先河。

19 世纪中叶，外商轮船公司凭借政治特权和先进现代化机器装备的现代轮船，在中国的沿海和内河畅行无阻，使中国的旧式沙船业面临崩溃的境地。面临运输迅速安全、收费低的新式轮船，原有的沙船业逐渐衰落，中国的航运业很快就被外商轮运所取代。1873 年，中国第一家近代大型轮船运输公司——轮船招商局正式成立，随着轮船招商局的发展，要求有保险公司为其提供分担风险的经济保障。为了避免"数年积累，亦成巨款，尽流洋人之手"局面的继续，1875 年，在总办唐廷枢、会办徐润的极力倡导下，招商局决定自办保险。1875 年 11 月 4 日成立的保险招商局，是中国人自办船舶保险的最初尝试，标志着中国较大规模近代保险企业的诞生，在中国保险业发展史上具有重要的地位。1876 年 7 月，徐润、唐廷枢、陈树堂等在保险招商局的基础上创办仁和保险公司，中国人自办的第一家船舶保险公司宣告成立。招集股本 25 万两，于次年再添股 25 万两，资本总额达 50 万两，保险业务非常兴旺，年利润率达 30%—40%。由于仁和保险公司只承保船舶险和运输险，不保码头、栈房和货物的火灾保险，而这些保险业务每年仍需向外商保险，数额巨大，保险费甚巨，为了挽回利权，在徐润等人的主持下，续招股本 50 万两，于 1878 年 3 月成立济和船栈保险局，后改名为济和水火险公司。② 1886 年 2 月，仁和、济和两公司合并成立"仁济和水火险公司"。

甲午战争后是中国民族保险业的进一步发展壮大时期。特别是进入 19 世纪下半期，中国掀起了一个维新运动和兴办近代工业的浪潮，新式工商业纷纷涌现，商办工业资本在甲午战争前为 470 万元，到 1913 年的时候即达到 9082 万元，增加了 19.31 倍，资本在万元以上的商办厂矿就达 463 家。

---

① 李必樟：《上海近代贸易经济发展概况：1854—1898 年英国驻上海领事贸易报告汇编》，上海社会科学院出版社 1993 年版，第 384—385 页。

② 《徐润年谱》，1927 年版，第 19、25、37 页。

近代新式工商业的发展在客观上需要为其提供一种风险转移的经济保障,这就为中国近代保险业的发展创造了有利的条件。继上海保险招商局成立之后,1912年前在上海陆续成立了一批保险公司。

从1865年至1911年中华民国成立以前,在上海成立的水火保险公司和人寿保险公司共计37家,表明近代上海的民族保险业已初步形成。在这段时间内,对中国民族保险业做出重大贡献的是甬商资本家朱葆三创办的华兴、华安、华成三家保险公司,它说明在近代中国民族保险业的兴起与发展过程中,甬商起了举足轻重的作用。

二 甬商较早兴办保险业

鸦片战争之前,宁波已是著名港口,对外贸易和航海业相当发达。海上航行风险大,不仅自然灾害频繁,而且海盗猖獗,商人深受其害。鸦片战争后,宁波曾出现类似船运保险业的机构,帆船保险由在甬各帮行会经营,并雇船护航。船员被盗贼扣押时出金赎回,如被害则给死者亲属一笔款子,以作赔偿。对自然灾害造成的海损事故,则不负其责。山东帮行会以轮船护航,费用高,每条进港船只需交纳护航费白银100两;两广、福建帮行会以帆船护航,护航费则较低。早在清咸丰八年(1858),宁波商人李容、费纶志、盛植琯就提议,筹银7万两,由杨坊、张斯臧、俞斌经办,向英国购置轮船一艘,命名"宝顺号",聘张斯桂督船勇,贝锦泉司炮舵,全船官兵79人,呈报督抚,咨会海疆文武官员,列诸档册,是为全国所置办的第一艘铁壳轮船。所耗费用,官商各负其半。按年运量在船商总收入中抽成,共同负担,以期共保航海安全。此举,颇有成效,并合乎保险宗旨,为上海船商所仿效,次年亦购置轮船一艘,在南槎山一带与"宝顺号"联防,这是宁波民族保险业的萌芽。

清道光二十二年(1842),宁波被列为五口通商口岸之一,道光二十四年(1844)正式对外开埠。英、美等国在江北岸设立领事署,外商洋行相随而来,经营贸易,倾销洋货,兼设码头、货栈,办理轮船运输,代理银行和保险等业务。清同治三年(1864)在甬洋行达24家之多。怡和、恒顺、广元、宝顺、悦来等洋行代理英商海上保险公司、"中国的"保险公司、联合保险公司、利物浦承保人协会和广州保险公司的保险业务。同治年间,外商"於仁洋面"保安行在宁波直接办理保险,其他如同孚、逊昌、泰和、太古等洋行亦代理西方各国保险公司的水火险业务。至宣统年间,日商三井、美商柏森、长利,德商华德、禅臣、协和,法商永兴等洋行陆续来宁波开展保险业务活动，其中多数代理本国公司经营贸易货物保险。一些成立较早的英商公裕、扬子、太阳、巴勒，美商美亚、花旗合群、新大陆、普益、美丰、信孚、全球、友邦水火、友邦人寿等保险公司，在宁波均设有分支公司或代理处。1930年新开设的有12家，次年在甬公司共37家。其中英商19家，美商10家，德商2家，法商2家，国籍不明者4家。当时，宁波保险市场完全为外商所控制。

宁波华商保险业开办虽亦较早，但进展缓慢。清光绪元年（1875），上海保险招商局在宁波设立分局，开办船舶和货运保险，由宁波轮船招商局代理，此为由国人集资在甬开办的第一家保险机构。

甬商是中国商办保险公司的开拓者。清光绪三十年（1904），周金箴投资近15万元设立华洋人寿保险公司，是甬商较早创办的保险公司之一。清光绪三十一年二月三日（1905年3月8日），由朱葆三发起并任总董在上海创办的华安水火保险公司，也是较早的民办保险公司之一。后为股份有限公司，资本金60万元，分4万股，每股15元。董事长沈联芳，总经理傅其霜，经营水险、火险、汽车险业务。还有华兴保险公司，由朱葆三、严信厚、傅筱庵等投资创办，于清光绪三十一年（1905）设立，资本金50万元，为股份有限公司，主要经营火险、汽车险业务。总公司设上海黄浦滩路7号中国通商银行二楼，总董朱葆三。宣统元年（1909）总经理傅筱庵，后任董事长，由励树雄继任总经理。励树雄还曾担任泰山保险公司的董事，1925年当选上海保险业联合会会长。除上述两家保险公司外，朱葆三还组织筹建了华安合群人寿保险公司、华成保险公司。1907年王一亭、李云书（镇海）参与创办华通水火保险公司。1909年镇海人李厚祚与人创办延年人寿保险公司。

宁绍轮船公司于清光绪三十四年（1908），由甬商虞洽卿、严信厚等联络绍兴帮人士在沪创建，虞洽卿任总经理，所属之宁绍、甬兴两轮行驶甬申航线，并设保险部，兼营保险业务。保险部首任经理乌人尧，1929年由胡永骐继任，1935年改建为宁绍水火保险股份有限公司，资本金150万元，共6万股，每股25元，经营水险、船壳险、汽车险等业务。董事长乐振葆，总经理胡永骐，后来由袁履登继任，他们均为宁波人。

宁绍人寿保险公司由旅沪甬籍人士胡永骐筹资创办，于1931年11月成立。总公司设上海江西路59号，董事长乐振葆，总经理胡永骐。资本25万元，经营终身保险、限期缴费终身保险、储蓄保险、薪资储蓄养老保险、子女教育保险、子女婚嫁金保险、团体保险、意外伤害保险等业务，为家乡商人服务。

四明保险公司由甬商孙衡甫、俞佐庭等发起，资本金 100 万元，系股份有限公司，共 1 万股，每股 100 元，创建于 1933 年 4 月 2 日，董事长孙衡甫，董事俞佐庭、范松夫、陈卿和、徐季威、胡锡安、谢瑞森；监察人葛昌政、徐仲麟，总经理谢瑞森，后为金瑞麟，总公司设上海南京路 390 号。经营火险、水险、汽车险、邮包险、船壳险等业务。同年在宁波设分公司，经营火险、水险等业务。在甬同行中信誉卓著，营业甚佳，保费收入为每年 15000 元左右。1941 年 4 月，宁波沦陷后，四明银行迁移上海，四明保险公司随之停业。抗日战争胜利后，于 1946 年 5 月在甬复业，经理俞佐庭，1949 年 5 月歇业。

1934 年 2 月 1 日，甬商秦润卿、王伯元和梁晨岚发起组织中国天一保险公司，由中国垦业银行投资，于同年 4 月 2 日在沪创建，资本金 500 万元，共 5 万股，每股 100 元。秦润卿任董事长，梁晨岚任总经理，中国天一保险公司的总公司设上海，地址南京路 256 号，经营水、火、汽车等险。①

此外，李云书曾在厦门组建华通水火保险公司。黄延芳曾独资开设信平保险公司，并在同行中首开保险业中转保业务的先例。1927 年刘鸿生与人筹资 12 万元，设立了大华保险公司，以解决自己不断增加的企业财产的投保问题，在全部资本中刘鸿生占 50%。1932 年刘鸿生又参与创设泰山保险公司，并任这家公司的董事。

据史料记载，1911 年前创办于上海的、资本在 1 万元以上的商办保险公司共 7 家，其中就包括了甬商创办的华洋人寿、华兴水火、华安人寿 3 家公司，占 43%。1907 年，同时任华安、华兴、华成 3 家保险公司总董的朱葆三发起组织华商火险公会，以联络感情及讨论同业间偶发的保价事件，朱葆三任第一任会长，这是华商保险业同业组织之发轫。②

在保险业后续的发展过程中，甬商仍然占据了优势。据统计，1934 年，总公司设在上海的保险公司共有 22 家③（见表 5-1），其中甬商经营的大约有 11 家，占了半壁江山。这 11 家保险公司是：华兴、中国天一、四明、华安水火、宁绍人寿、宁绍轮船公司保险部以及中央信托公司保险部（总经理严成德，余姚）、安平（总经理董汉槎，余姚）、泰山（董事刘鸿生、胡

---

① 《宁波金融志》（第一卷），中华书局 1996 年版，整理得到。
② 《保险业年鉴》（下），中华人寿保险协进社 1935 年版，第 2 页。
③ 不包括永安人寿、永安水火、先施人寿、先施置业、太平、上海联保水火 6 家分公司，见《保险业年鉴》，中华人寿保险协进社 1935 年版。

孟嘉)、肇泰（经理徐可陛，宁波）、丰盛（经理李祖超，宁波）。这还不包括宋汉章任董事长的中国保险公司及原由朱葆三等甬商创办的华成保险公司等。

表 5-1　甬商在上海创办的部分保险企业情况（迄止 1935 年）

时间	企业名称	资本（千元）	性质	创办（主要投资）人或企业代表
1904	华洋人寿保险公司	1499	商办	周金箴
1905	华兴水火保险公司	100	商办	严信厚、周金箴、朱葆三、傅筱庵
1906	华安水火保险公司	700	商办	沈敦和、朱葆三
1907	华通人寿保险	1400	商办	李云书、王一亭
1907	华成保险公司	600	商办	朱葆三
1909	延年人寿保险公司	1000	商办	李厚祚
1912	华安合群保险公司	500	商办	徐绍桢、沈敦和、朱葆三
1915	上海联保水火险公司	1430	商办	朱葆三
1921	中央信托公司保险部	3000	商办	田祁原、严成德
1926	安平水火保险公司	500	商办	卢学溥、董汉槎
1927	大华保险公司	120	商办	刘鸿生、刘吉生
1931	宁绍人寿保险公司	250	商办	胡泳琪
1931	中国保险公司		商办	宋汉章
1933	四明保险公司	1000	商办	孙衡甫、俞佐庭
1934	中国天一保险公司	2500	商办	秦润卿、王伯元、胡文虎、梁晨岚

资料来源：根据《浙江商帮与上海经济近代化研究：1840—1936》《上海词典》《上海金融业概览》《现代上海大事记》等整理。

天津最早出现的华商保险公司，也是由老慎记代理的华兴、华安保险公司。

宋汉章于 1931 年 11 月在上海创设了中国保险公司，目的是保障中国银行财产和贷款的安全，同时也可收取保费增加财源。中国保险公司总股本的 90% 是由中国银行投入的，保险公司的经理处也设在上海仁记路中国银行内，宋汉章自任董事长。他还聘请国内外专家担任顾问，以提高保险技术。同时，把在经营银行业务上的经验灵活运用在保险事业上，注重资金积累，稳步发展。中国保险公司的主要业务有一般保险业务、再保险业务和人寿保险业务。一般保险业务在初期主要是火灾保险，承办中国银行本身的财产及投资保险以及有贷款关系的工商企业和财产火险，后来又扩充银钞险、运输险等。为求稳妥，公司对每笔保险业务都进行审查勘察，实行再保险业务。1933 年又拨出 50 万元作为人寿保险部的基金，经营终身人寿保险、人身意外保险、劳工保险、雇主责任保险等人寿保险业务。创办初期，虽然整个市场凋敝，保险费率也一再下调，但中国保险公司的营业情况却日益进步。1934 年，实收火险保费 32.6 万元，水险保费 3.1 万元，人寿保险 12.6 万元，每年都有一定盈余。

为了谋求中国人自营保险事业的发展，宋汉章与各华商保险公司的负责人共同创立了中国保险学会，宋汉章任该会会长。此后，宋汉章又带领中国保险公司参加了华商保险业同业公会，进一步扩大了保险同业公会的影响力。

保险是契约行为，保险人与被保险人签约后，保险才能生效。保险公司在经营业务中多数委托经纪人挪保，达成合约，保险公司付给佣金，俗称经理员和保险捐客。宁波保险业同业公会曾规定：凡保险经纪人须大学或商业、经济专科毕业，或从事保险业经纪人、代理人三年以上，始可登记担任。经纪人介绍保险业务，收取一定比例的佣金，并代表投保人选择保险人，代办保险手续，在保险公司和投保人之间进行斡旋，促使保险合同成立。除设在宁波的洋行自身经营运输货物等保险外，其余中外保险公司基本上都通过经纪人招揽业务。当时，上门投保者极少，保险公司所付佣金一般为保费的 10%—15%。

为稳定经营，分散风险，对保额较大的水险、火险业务，如超过公司规定的最高限额，则根据本身经营能力的大小，将超过自己财力所能承担的风险责任溢额分保给其他一个或几个公司。20 世纪 30 年代以前，资力薄弱的华商保险公司为分担风险，每当承担大宗水火险业务时，都以其中大部分分保于实力雄厚的外商保险公司，致使部分权益外溢。1933 年浙江帮通易信托公司保险部、宁绍水火保险公司（甬）、华安水火保险公司（甬）、华兴水火保险公司（甬）联合永宁、永安、先施共计 7 家公司成立华商联合保险公司（Unite Insurance Co., Of China Ltd.），黄溯初为董事长，不久又兼任总经理。本着互助合作原则，试图以华商保险公司群体的力量来挽回部分利权，达到华商保险业共存共荣的目的。这是近代中国"专营再保险业务的第一个公司"①，设立后发展极为迅速。

三 朱葆三与近代上海保险业同业组织

朱葆三（1848—1926），字佩珍，浙江定海人，从1890年开始长期担任英商平和洋行买办，历任上海总商会会长、副会长，参与投资和兴办了众多的工商实业，在当时社会工商界具有举足轻重的影响，曾有"上海道台一颗印，不及朱葆三一封信"之说。从19世纪末到20世纪20年代，朱葆三投资领域之广、参与创办企业之多、投资额之大，在当时的新式资本家中是极少见的。据史料记载，"他所营企业属诸银行者五、属诸保险公司者四、属诸航运者六"②，"其他如自来水、水泥、煤矿、电气、面粉、造纸、榨油、化铁、毛绒、纺织、新闻事业，无所不办"③。

朱葆三与近代许多著名实业家一样，出身贫寒，从经商和担任洋行买办起家。14岁时到上海一家五金店做学徒，后得到买办、五金巨商叶澄衷的帮助与提携，19世纪末20世纪初，他就已成为上海五金洋货业的头面人物。1890年起，凭借其在上海商界的重要地位，他开始担任英商平和洋行的买办。在自营进出口贸易和充当洋行买办的过程中，朱葆三积聚起巨额财富，从19世纪90年代开始大规模投资于中国近代金融、航运、工矿等业。其中金融业是其投资的重点，曾投资、参与创办了多家近代银行。与此同时，朱葆三也是上海保险业的开拓者。

朱葆三多年来目睹外商携资来华，利用种种政治特权在中国进行经济侵略，认为中国只有自设银行、航运、保险等业，才能同外资企业相抗衡，以挽回民族利权。于是联合上海著名绅商王一亭、李平书、陈辉庭、沈仲礼、沈联芳、顾馨一、严莜舫等于1905年4月在上海组织成立华兴保险公司，以曾少卿、朱葆三、严莜舫为总董。1906年集资70万两创办华安水火保险公司，1907年集资60万两创办华成保险公司。朱葆三作为主要发起人与投资人而担任这三家保险公司的总董，④ 这三家保险公司都是上海民族保险业发轫时期的几家主要保险公司。1912年，朱葆三与王人文、徐绍桢等集现

---

① 罗北辰：《民国以来我国之保险业》；朱斯煌：《民国经济史》，第94页，银行学会1947年编印。

② 陶水木：《浙江商帮与上海经济近代化研究（1840—1936）》，上海三联书店2000年版，第172页。

③ "朱葆三追悼会之盛况"，载《申报》1926年10月2日。

④ 上海档案馆藏：上海保险业同业公会档。

银20万两创办华安合群人寿保险公司,① 1915年还担任上海联保水火险公司的名誉董事。②

20世纪初,华资保险公司资金薄弱,承保的金额不大,处处受到外商保险公司的制约。此时,在上海的外商保险公司已有40多家,且在1899年前就成立了外商保险业公会——上海火险公会,已形成外商对中国保险市场的垄断势力,多方遏制中国民族保险业的发展。它们采取跌价和放佣的手段与华商保险公司竞争业务,争夺保险市场,从而使华商保险公司处境艰难,难以开展业务,尤其是大宗保险业务更显棘手。恰在此时,华商同益水火保险公司上海分公司经营失败,宣告停业,外商便以此为借口,诋毁华商保险公司信誉,不与华商保险公司办理分保和业务交换。在此情况下,如果华商保险公司不走向联合就难以与外商保险公司进行竞争,民族保险业就必定被扼杀在襁褓之中。朱葆三审时度势,率先发起成立华商火险公会。

1907年,身任华兴、华成、华安3家保险公司总董的朱葆三联合华通、源安、源盛、合众、万丰、福安6家保险公司组织成立华商火险公会,它是上海市保险同业公会的前身,是中国的第一家保险团体。华商火险公司采取会长负责制,公推朱葆三为会长。该会成立的宗旨正如其章程中声明的那样:"联络同业感情以及讨论同业间偶尔发生之保价纠纷事项。"公会成立之初,事务极为单纯,参加公会的成员多资本微薄、势单力弱。但由于公会的成立,香港的诸多保险公司纷纷在上海设立分公司,并加入公会,壮大了上海保险业的力量。到1917年6月,火险公会的成员已达27家。华商火险公会的成立,成为与外商保险公司的"上海火险公会"相抗衡的组织和力量,是外商保险业与华商保险业之间控制与反控制、操纵与反操纵斗争的产物,反映出民族保险业在与外商相斗争的过程中迈出了联合团结的第一步,为以后民族保险业的不断发展和同业公会组织章程的完善打下了良好的基础。

1917年6月7日,由华兴保险公司倡议,因各保险公司大都已兼营水火险保险业务,建议将华商火险公会改名为华商水火险公会。10月1日,公会正式召开会议更名为华商水火险公会,并通过新修订的会章。公会改名后,内部更加趋于团结,积极开拓保险业务,并以集体的名义承揽生意,会务与办事机构日趋完善。1928年,上海水火险公会更名为上海保险公会,

---

① 上海档案馆编:《旧中国的股份制》,中国档案出版社1996年版,第157页。
② 《申报》1915年8月29日。

以便上海经营各种保险业务的公司都能参加，使公会真正成为名副其实的整个保险行业的组织。1928年10月1日召开成立大会，通过新的会章8章23条，推举厉树雄为会长，共有会员27家，1931年额定资本总额约为34万元。上海保险同业公会逐渐成为华商保险公司的代言人，其作用日益重要，到抗日战争前夕，已有会员30多家。

第二节　甬商与近代中国证券业及信托业

交易所、信托公司的出现是市场经济趋向近代化的标志之一。世界各国经济发展的历史都表明，发达的交易所，特别是为近代工业筹集资金的证券交易所，是一国或一地区工业化和经济现代化的重要条件。上海是近代中国产业资本最为集中的城市，在近代上海企业发展、经济成长的过程中，产业证券具有特殊的地位和作用。甬商作为较早接触西方政治、经济、文化的新式商人群体，为近代上海交易所的发轫及信托公司的产生做出了重要贡献。中国资本主义性质的综合性交易所始于1920年7月的上海证券物品交易所，与交易所证券业务关联的信托公司也随之在1921年兴起。

一　近代中国证券交易所的发轫

证券市场是买卖有价证券（政府债券、公司债券及股票）的场所，它是信用制度和商品经济发展到一定历史阶段的产物。中国近代的交易所是从证券交易所开始的。在证券交易中主要以产业证券为主，是相对于政府所发行的债券——财政证券而言，指的是工商产业界为筹集资本所发行的有价证券凭证，主要包括公司股票和企业债券两大类。

近代上海最早的产业证券是五口通商后外商在华企业发行的股票。19世纪五六十年代，那些在上海设立的外国洋行及外国航运企业、保险企业已大多采用公司组织形式。因而，证券交易在中国出现于19世纪五六十年代，最初流通的都是外国公司发行的股票。19世纪70年代以后，伴随着西方股份制企业在华的成立，货币资本渐趋集中，股份公司获得了长足发展，资本主义企业的股票债券逐渐成为证券市场的主要交易对象。企业通过发行股票、公司债券把短期资金筹集起来，转化为可供企业运用的长期资金，特别是股份制组织形式的外国在华的银行和企业中。有价证券的出现和进一步发展，必然导致证券交易和证券交易市场的形成。但是，直到19世纪末20世纪初，中国还没有形成自己真正的证券交易机构。1869年，上海出现了从事外商企业股票买卖的外国商号。1891年，由外商组织的上海股份公所（The Shanghai Share Brokers' Association）成立，这是近代中国证券市场的雏形。1905年，该所改组，华名称上海众业公所（The Shanghai Stock Exchange）。该所成立不久，会员扩充为100人，其中西人87名，华人13名，经营重点是外商股票和橡皮股票。

近代中国企业的证券，产生于19世纪70年代的官督商办企业。随着洋务活动的深入展开，官商合办、官督商办的工业企业中广大商人的踊跃投资，商股的地位越来越重要，股票交易也应运而生，很快就成为商人、地主的追逐对象。1872年创办的轮船招商局成为近代中国第一家以股票形式募集资本的新式股份制企业。当时主要是采用"因友及友，辗转邀集"的办法招募股份。1876年创办成立的上海机器织布局，在《申报》上刊登《集股章程》和《招股启事》，首开本国证券公开向社会公众招股之先例。拟募商股40万两，承办人认购20万两，其余公开招募。招募活动声势浩大，商、民认股踊跃，不到一个月即认购30万两，超过了原定计划。① 其后开平煤矿、荆门煤铁矿、鹤峰铜矿、平泉铜矿等官督商办企业陆续成立。这些企业均将募股集资的重心放在上海，它们发行的股票逐渐成为市场交易的对象。继轮船招商局之后，相继设立的各华商保险公司也纷纷以发行股票的形式募集资本。经过短暂的发展，到1882年上海中资股票市场渐渐呈现出阶段性繁荣。中资股票市场的发展速度远远超过了早期外商股票市场。

随着早期设立的新式股份制企业较好的经营业绩以及对股东的良好回报，例如轮船招商局面值100两的股票，1876年其市价为40—50两，1882年升值为200两以上，股份制在上海商、民中已不再是陌生的舶来品，人们纷纷投资购买股票，这样在19世纪80年代初，上海出现了近代中国历史上对本国证券——公司股票的首次投资热潮。1882年的上海《申报》有这样一条记载：当时上海"股份风气大开，每一新公司起，千百人争购之，以得股为幸"。全国各地创办的新式工矿企业也都纷纷在上海以股份公司的形式，向社会大量集资。"凡属公司，自刊发章程设局招股之后，不须一两月而股份全行卖完。"② 得风气之先的上海已成为全国各地股份制企业募集资本、发行证券的主要场所。正是由于19世纪80年代初，上海股票交易市场

---

① 经元善：《居易初集》（卷二），第36、38页。
② "矿务论上"，载《申报》1883年8月31日；"论买卖股票之弊"，《申报》1883年11月1日；"中西公司异同续说"，《申报》1883年12月31日。

的发展，1882年10月24日在上海诞生了类似于证券交易所的上海平准股票公司。凡买进卖出股票，都由该公司给予发票一张，三个月后凭发票到公司扣还回佣20%。所买股票的名称、价格都通过合同议定，如期履行，不得毁约。当时的股票交易，不仅对于股票行市有严密的议定，就是对于佣金，也有规定。该公司成为上海最早公开买卖华商股票的机构。

不过，在近代上海证券的首次投资热潮中，众多参与者认购公司股票，其意并不在于对公司做长期投资，大多只是贪图买进后等待市价上涨即抛出获利。另外，一些公司的创办者之所以招募股份、设立股份公司，真正意图也并不在于发展实业，而只是企图借助股票发行一夜暴富。这种状况在当时各地大量出现的矿业公司中尤为显见。正因为如此，1883年末，当金融风潮来临之际，风靡一时的公司股票刹那间又跌入几乎无人问津的境地。营业不到一年的上海平准股票公司，也在"金融风潮"①的冲击下倒闭。市场冷落之状如时人所称："中国自仿效泰西集股以来，就上海一隅而论，设公司数十家，鲜克有终，而矿为尤甚。承办者往往荡产倾家犹有余累。公司二字久为人所厌闻，官项竭蹶，所不待言。"②

时隔十余年，甲午战争后，中国再次出现投资设厂热潮。特别是1895年以后，中国的各类公司纷纷涌现，大都采用招股集资的方式。又有裕源纱厂、大纯纱厂、大生纱厂、商务印书馆、江浙铁路公司等民族工商企业的股票进入市场。当时，通商、交通等银行和既济水电③等公司，都发行股票上市交易。据统计，1904—1908年，仅上海一地向清政府农工商部注册的各类公司即达32家，其中发行公司股票的就有23家，注册资本约合1200万银圆。到辛亥革命前，上海本国股份公司发行的证券估计已达到2000万元。1929年2月至1933年年底，上海注册登记公司达655家，实缴资本2.17亿元，其中股份有限公司494家，实缴资本总额2.02亿元。1931年秋有人对近代中国的工业中心上海的工厂进行了调查：在1883家工厂中，公司形式的330家，只占工厂数的17.53%，但却占了全部资本数的71.48%，其中股

---

① 中国新式厂矿的集股活动，除了轮船招商局、开平矿务局规模较大，已卓有成效地投入了生产和经营之外，其余各矿均是各省兴办的中小型企业，它们还处于筹备阶段，利润还没有保障，但发行的股票却在上海被人们争相购买，市价哄抬大大超过面额。而且很多人是靠向钱庄借贷购买，当金融风潮兴起，钱庄大批倒闭，借款购股只能抛售股票，股票价格低到无以复加的地步，几乎形同废纸，投资者损失惨重。

② 汪敬虞：《中国近代工业史资料》（第1辑，下册），科学出版社1957年版，第719页。

③ 由镇海巨商宋炜臣创办。

份有限公司281家，只占工厂数的14.92%，但其资本却占了全部资本总额的63.11%。① 这说明通过信用制度建立起来的新式资本组织已开始在资本主义企业中占据主要的位置，而这些资金的筹集大都是通过发行股票的形式完成的。据近代银行业巨子陈光甫的估计，到1933年为止，除了外商股票外，上海至少已发行有1亿元以上的股票。② 1934—1936年，上海新注册登记的公司又增加了480家，据此估计，到抗日战争之前上海本国企业历年所发行的证券，包括公司股票、企业债券在内至少已在3亿元以上。这一时期，公司制度朝更为规范的方向发展，证券市场也相应随之形成。

1895—1913年，随着中国资本主义发展黄金时期的到来，中国的资本主义性质的工商业异军突起，股份公司大量设立，股票发行量扩大，股票流通渐广，进行股票交易的人逐渐增多。于是在上海就出现了华商股票掮客，以洋行的买办居多，他们人数不多，却与洋商有密切的关系，对股票了解较多。他们大都另营他业，而以证券为副业。"为茶商者有之；为钱商者有之；为皮货商者有之；为古董商者有之；为杂货商者亦有之。"③ 起初，由于没有专门的股票交易场所，股票交易常常因为买主找不到卖主，或卖主找不到买主变得十分困难。于是，有些商人就利用在茶馆喝茶品茗、人员比较集中之机洽谈交易，相沿成习，形成固定在茶馆的聚会，俗称"茶会"。"宣统二年（1910），他们的茶会设在四马路（今福州路）大新街（今湖北路）口惠芳茶馆。"④ 其活动惯例是：每天上午聚会以通消息，所有买卖就于品茶时口头成交；下午则奔走于银行帮及客帮，以兜揽生意，间或也有顾客携带证券来茶会求售。茶会是自发形成的，没有专门的组织，也没有人管理，完全是自由交易。一切交易均为现货，价格也是偶然形成的，只要双方愿意便可成交，手续极为简便。⑤ 买卖的股票有：轮船招商局、汉冶萍煤铁公司、商务印书馆、南通大生纱厂、浙江铁路公司、江苏铁路公司、粤汉及川汉铁路公司等发行的股票。⑥

辛亥革命以后，由于南京临时政府发布了一系列保护和奖励工商业的政

---

① 刘佛丁：《我国民族资本企业资本集中问题初探》，《南开经济研究所季刊》，南开大学出版社1984年版，第225页。
② 陈光甫："怎样打开中国经济的出路"，《新中华》创刊号1933年1月10日。
③ 杨荫薄：《中国交易所论》，商务印书馆1932年版，第132页。
④ 邓华生：《旧上海的证券交易所》，《上海文史资料选辑》第60辑，第322页。
⑤ 杨荫薄：《中国交易所论》，商务印书馆1932年版，第36页。
⑥ 龚彦孙：《民国初期上海的证券交易》，《民国春秋》1992年第6期，第15页。

策措施，以及第一次世界大战期间中国资本主义的进一步发展，股份制企业增多，为上海证券市场的发展提供了产业基础和物质条件。不仅如此，公债发行也在增多。再加上苏、浙各铁路收归国有，铁路债券也加入到证券交易的行列，证券交易渐盛，参与证券买卖的商人队伍扩大。1914年夏间，有人提出组织股票商业公会之建议，同年秋，经农商部批准上海股票商业公会正式成立。自此上海证券交易遂由"茶会时代"进入"公会时代"。

上海股票商业公会成立时有会员13家。会所设于上海九江路渭水坊，并在会所内附设股票买卖市场。[①] 其格局仍因袭茶会时代的制度形式，会员谈生意时照样有茶水供应。每日集会时间为上午9时至11时，进行股票信息的交流与买卖。同业互议规约，会员各推重要职员为代表。创立时每家捐银12两，经常费每家每月2两。买卖标的分政府公债、铁路债券、公司股票、外国货币等。买卖佣金也定有标准：凡记名式证券，如公司股票等，票面每百元征收佣金1元或0.5元；不记名证券，如公债等，则票面每百元征收佣金0.25元。股票交易均为现货，其另有约定的，从其约定（实际现货交易亦往往迟至8天、10天交割）；推举会董一人管理会务，失信或犯规者，公议出会。每日开场后，公会即将当天买卖成交价格编制行情单，分送在会同业。根据1917年的情况，上海股票商业公会买卖的证券不下20余种，有中国、交通、中国通商等银行的股票；有仁济和、轮船招商局、汉冶萍煤铁公司、中华书局、南通大生一厂及三厂、南洋兄弟烟草公司、既济水公司等公司股票；有江苏、浙江等铁路公司的铁路债券；政府发行的公债有爱国公债元年六厘、元年八厘、三年六厘、四年六厘、五年六厘等，以及新华银行发行的新华储蓄券等。[②]

由于公会业务的发展，原来的茶会交易方式已不能适应日益频繁的买卖和供求关系，乃重新拟定交易规章制度，并公开成交价格。这些办法的实行，提高了公会的信用，促进了公会的发展。到1918年冬，会员人数已发展至40余家。商业公会初具证券交易所规模，并在经营实践和竞争中总结出一套交易方法和规章制度，提高了从业人员的业务知识，从而为该会逐步向正规化的交易所过渡打下了基础。民族工业的发展呼唤着证券交易所的诞生，有识之士以言论或行动为实现这一目标做出了不懈的努力。

我国的交易所从有创办的动机开始直到真正的成立，其间经过了漫长曲

---

① 杨荫薄：《中国交易所论》，商务印书馆1932年版，第133页。
② 邓华生：《旧上海的证券交易所》，《上海文史资料选辑》第60辑，第320—321页。

折的历程。1904年,梁启超撰文倡办交易所性质的"股份懋迁公司",认为证券交易所是"消纳公债之大尾闾"。① 1907年,袁子壮、周舜卿、周金箴、叶又新等重议创办交易所,预定组织仿照日本取引所,因种种原因未果。1912年,北洋政府工商部长刘揆一召全国工商界巨头云集北京商讨设立交易所的问题。大会认为,设立交易所之利甚多,为商业中不可缓之机关,乃"议决于通商大埠,酌量分设,以为之倡"。② 1913年康有为在《理财救国论》中热情洋溢地介绍了他参观纽约股票交易所的观感,指出无法发行股票,进而也无法壮大我们的工商业。1914年,财政部又倡议官商合办交易所,设定资本100万元,但因国内政局动荡、意见分歧,遂搁置未行。1914年12月,在时任农商部长的著名实业家张謇的大力推动下,我国第一部证券交易所法出台。12月29日,《证券交易所法》颁布,紧接着在1915年5月公布了《证券交易所法施行细则》和《证券交易所法附属规则》,初步明确了证券交易所的性质、经营的范围及方法,为在中国境内设立证券交易所提供了法律依据。从民间到政府,继而形成法律条文,足见当时创办交易所市场愿望之迫切。

1916年孙中山与虞洽卿等人积极倡议创办中国自己的交易所。历时四年,历经坎坷,上海证券物品交易所于1920年7月1日宣告成立,虞洽卿为理事长。同年,上海华商证券交易所也正式开业。甬籍商人虞洽卿作为近代上海交易所的创始人之一,成为甬商参与交易所事业的杰出代表。

《证券交易所法》的颁布施行与上海证券物品交易所和上海华商证券交易所的先后成立,标志着上海证券交易市场结束了自发、零星、分散的原始阶段,进入了有组织、有管理、集中交易的新阶段——交易所时代,从此,上海的证券交易市场开始向规范化发展。

二 甬商率先涉足证券业

上海证券物品交易所是近代上海的第一家交易所,也是我国第一家综合性的大型交易所,其成立有力地推动了上海交易所市场的发展。然而,它的建立却经历了一个漫长而复杂的过程。史料显示,甬商无论是在该所的创办抑或是以后的经营管理中都发挥了重要的作用,在中国近代金融史上留下光辉的一页。

---

① 崔书文、吴娟:《梁启超倡设交易所》,《经济日报》1994年10月20日。
② 杨荫薄:《中国交易所论》,商务印书馆1932年版,第7页。

1916年，孙中山先生感到创设交易所可以为革命事业提供巨额经费，于是积极联络上海工商界头面人物，广为倡导，决定在上海区域内组设包括证券物品在内的综合性交易所，由虞洽卿等人具体策划，从速筹办。1917年1月，虞洽卿邀约志同道合者，拟具申请开办交易所的呈文，上报农商部，该呈文署名者是孙中山、虞洽卿、戴季陶、赵家蕃、张鉴、赵家艺、盛丕华和洪承祁等9人，其具体操办者实为虞洽卿一人。在该所的筹办过程中，虞起着举足轻重的作用。同年2月，农商部批复："查所拟营业目的，除物品交易一项，应咨请江苏省长查复到部，再行核办。其证券一项，系为流通证券起见，应准先行备案。唯呈请手续核与《证券交易所法施行细则》第二条规定未符，应即遵照办理。"虞洽卿等人接到农商部批复之后，即着手积极备齐"与规定未符"的有关文件及各项附件，准备再次上报申请。但不久北京发生"府院之争"，总统府与国务院因发生权力之争，造成政局动荡。不久，张勋复辟，北京政局一片混乱。孙中山先生匆匆南下主持国事。面对如此情势，虞洽卿申办交易所的事项不得不中途搁浅，第一次申办宣告失败。

1918年初，农商部根据《证券交易所法施行细则》第六条"自暂行立案后满一年并不禀请批准设立者其立案无效"之规定，令虞洽卿迅速筹办，"如逾期未能开办，应即准由他商设立"。于是，虞洽卿联合上海的米业、棉花业、纱业、金业、洋布业等重新发起，再次呈请农商部，以物品交易所之设立为事实上的需要，请准予与证券交易所一并立案，开办兼容证券与物品的交易所。上海总商会亦为之呼吁，催促农商部予以批准。但由于在分办与合办问题上一直未能解决，筹备工作又搁置下来。

1918年上半年，日商在上海创设上海取引所股份有限公司，系日本政府特许设立，以经营证券纱花等商品的期货或现货买卖为主要业务，总行在日本大阪，分行在上海租界，股本定为1000万元。日商取引所成立之后，生意十分火爆，获利丰厚。一大批中国投机商人在巨额利润的驱使下，也钻营其间，推波助澜，日本取引所有垄断上海市场之虞。这一切再次激活虞洽卿创办自己的交易所的强烈欲望，遂大声疾呼："我华商之自办交易所早一日开业，得早一日挽回漏卮，保商权即所以保国权。"[①] 再次联络上海闻人李云书、闻兰亭、张静如等，筹办上海证券物品交易

---

① 邢建榕：《虞洽卿与上海证券物品交易所》，见金普森《虞洽卿研究》，宁波出版社1997年版，第85页。

所。虞洽卿等一面具呈上海县知事公署,"缘外人已有上海交易所之组织,我不自办,彼将反客为主,代我而办,则商业实权,实操外人之手,华商命脉不绝如缕……转咨农商部核准,证券物品,一并立案,俾得依法集资,迅速开办,以保主权而维商业,临呈不胜迫切待命之至";另一面由总商会具呈农商部立案,"上海交易所之设议而未行,诚恐外人夺我立权,追踪无及,现据虞董等以孙文已脱离此案,米业等董事愿意加入发起,证券物品一并办理,其立论均属切当,理合据情转呈,仰祈钧部府赐查核,准予立案,并乞批示只遵,实为公便"。① 农商部则以为,证券与物品各国交易所通例,大的分别经营,即就物品一项,以一交易所兼营多种,事实上亦多窒碍,要求分为三个交易所办理,使证券交易与物品交易个别经营。

1918年6月5日,北京证券交易所开业,资本额为100万元,经纪人60名,王小宋为理事长。北京证券交易所的成立对上海证券物品交易所筹办工作是一个有力的推动。尽管未得到农商部明确批准,但虞洽卿等还是积极行动。1918年7月14日,虞洽卿联络各方召开预备会,确定股本500万元,共10万股,先由各业自行筹认,若有不敷,再行登报招集,同时建立事务所,结果各业认股异常踊跃。上海交易所发起者共20余人,每人派认股联单一本,到9月中旬已缴有3万余股,所缴股款,每日均存入中国银行。10月,认股即告完成。然而,由于上海商界与北京政府之间在分业与合业上的分歧,迟迟不能开张。

在争执不下之时,农商部只得令上海总商会召集各商帮就交易所是采取分办还是合办问题进行再研究,上海总商会根据部令分函各业领袖研究商议,最终一致赞成合办,定为议案,并函请上海总商会据情呈报农商部。虞洽卿又赴京亲向主管部门交涉,农商部才核准"查此案既据查明上海证券物品交易所除金业、股票两业外,多数均以合办为宜,自应准予先行开办"。1919年6月28日由上海县知事公署转令上海交易所。上海交易所经过准备,收足第一期股银125万元(总额1/4),于1920年2月1日在上海总商会开创立会,股东总数572户,公推虞洽卿为议长,当场选任理事17人,监察3人。6月1日,上海交易所备具手续,致函上海县知事,定1920年7月1日为公司正式开业日期,请求转江苏省及农商部批准。6月23日,经沪海道尹、江苏省长及实业厅的指令,准其如期开办,并将意见咨送农商

---

① "上海交易所之组织概况",《银行周报》第58号。

部备案。经过筹备，修订章程，决定将上海交易所改名为上海证券物品交易所，1920年7月1日正式开业，地址设在四川路与爱多亚路（今延安东路）转角处，额定资本仍为500万元，先收1/4，分10万股。理事会推举虞洽卿为理事长，闻兰亭、赵士林、郭外峰、沈润挹、盛丕华、周佩箴等为常务理事，还聘请朱葆三为名誉议董。理事会以下设场务科、计算科、会计科、总务科、文书室等机构。经营范围广泛，交易的标的物包括有价证券、棉花、棉纱、布匹、金银、粮食油类、皮毛七种。因而交易市场分为七个部：证券部、棉花部、棉纱部、布匹部、金银部、粮油部、皮毛部，各部分别专设市场。每一部有经纪人55名。于是几经周折，上海第一个由华资创办的上海证券物品交易所终于成立了。这在当时成为引人关注的大事，在上海的外文报纸《远东时报》即以"中国第一家证券物品交易所"为题，并配上大量的图片，盛赞其整个交易系统与组织管理完全拷贝于"华尔街"，而中国人的思想也正沿着这条实际的路径向前迈进。

交易所在经营初期，生意十分火爆，从1920年7月开业以来的半年时间内，该所获纯利50万元，每股的分红为2.5元。上海证券物品交易所的股价也持续上涨，最高时达到100元以上。在上海证券物品交易所的巨大成功影响之下，各种各样的交易所在上海如雨后春笋般涌现出来，在其开办后的一年时间内，上海的交易所就达140家左右，这些交易所都以证券物品交易所为样板，"组织固然效法物品，各种技术也都要向物品学习甚至借用人员"。虞洽卿下面的一个科长，曾兼任十几家交易所的场务科长，5家以上训练所的教务主任。可见，上海证券物品交易所的巨大辐射作用。

上海证券物品交易所是近代上海第一家综合性的交易所，称得上是上海最早的正式证券交易所，实为近代上海交易所事业之开端，在中国近代经济史上占有十分重要的地位。而随即开业的上海华商证券交易所则是近代上海唯一专门经营证券的交易所，它们的相继成立标志着近代上海华商证券市场的正式形成。

上海华商证券交易所主要由浙商孙铁卿（余姚）、冯仲卿（余姚）、周守良（永嘉）、张慰如（嘉兴）等发起创设。[①] 由于上海华商证券交易所为当时上海股票公会同业所组织，因而议定上海股票商业公会全体会员均为证

[①]《申报》1920年5月21日；引自《旧上海的证券交易所》，上海古籍出版社1991年版，第341页。

券交易所的发起人，证券交易所的资本亦由会员分认。由于该会会员财力有限，乃根据会员的经济力量，决定把证券交易所资本额定为25万元，分12500股，每股20元，先收1/4。定经纪人名额为40人，全部由会员担任。这样，股票商业公会的会员，既是证券交易所的发起人，又是股东兼经纪人，"这种三位一体的组织，乃是上海华商证券交易所不同于其他各交易所的特点"。① 筹备工作完成后，1920年5月，在上海汉口路会所举行证券交易所创立大会，通过章程，推举范季美为理事长，并成立经纪人公会，推定何世葆为会长。随即向北京农商部申请营业执照，很快就取得了北洋政府财政、农商两部的核准。1921年1月，上海华商证券交易所正式开业。该所虽然比上海证券物品交易所成立稍迟，但由于它继承了股票商业公会的全部业务，客户较多，生意兴隆。当时上海最大的两家报纸《申报》和《新闻报》刊载每日证券行情，也都以华商证券交易所的交易行市为准。② 该所的经营方法，采取继续买卖方式，上下午各做一盘（即二市）交易，既做现货，也做期货，现货隔日交割，期货按月到日交割，交割日期由交易所预先公告。

就行业系统而论，上海华商证券交易所为当时上海股票公会同业所组织，为专营证券机构，属上海证券市场的重心；从营业范围及实际力量来看，由于仅经营证券一项，确属执证券交易之牛耳。

1920年，甬商黄楚九、叶山涛等人集资开办上海夜市物券交易所。该交易所由黄楚九自任经理。1921年甬商励树雄和其亲戚赵士林、赵掬椒合伙开设物品证券交易所，营业额也相当可观。镇海方家的后代方稼荪还独资开设乾丰证券号。此外，宁波商人在上海经营证券业的还有裕兴、辛泰、永祥、勤益、通利、贸信、原丰等多家。

宁波商人从事证券买卖、组织证券交易所为时甚早，1892年，上海成立股份公司时，甬籍商人率先参与。光绪二十四年（1898），清廷发行政府公债"昭信股票"，至十月间奉令停办，宁波太守府对已认款项晓谕照缴，市上即有证券流通。随后，各种公债、证券续有发行。

1927年，北洋军阀政府垮台，南京国民政府成立，因财政窘迫，不仅对承诺下来的北洋政府所发债券无力偿还，而且还于当年发行了"江海关附属债券"3000万元，次年，又发行善后短期公债4000万元和金融短期公

---

① 邓华生：《旧上海的证券交易所》，《上海文史资料选辑》第60辑，第332—333页。
② 许念晖：《上海证券交易所概况》，《文史资料选辑》第24辑，第155页。

债 4500 万元。至 1929 年 10 月 3 日，国民政府公布《交易所法》，并先后推出为期 5 年又 2 个月的关税库券 4000 万元，为期 4 年的裁兵公债 5000 万元；为期 8 年又 4 个月的编遣库券 7000 万元等长期债券。至 1931 年不到 5 年的时间里，共发行各类债券 105800 万元，超过北洋军阀政府统治 16 年来所发行债券总和的 70% 以上。

上述债券的发行，主要依靠金融业的支持与配合，并与金融业本身的利益密切联系在一起，往往以六至七折的折扣由政府向银行抵押，取得现款，然后由银行向交易所拍卖，再按低于卖价 10%—15% 进行结算，结清银行与政府间的债权债务关系。这样在转手之间，使银行能获得巨大收益，并且又能以持一定比例的债券向发行纸币的银行抵作领券保证金和向中央银行充当存款准备金，因而金融界争相承销认购。其间，也有通过地方政府按各业资本大小进行摊募的，全国各地一度出现了一股债券热。当时，宁波承销和认购的有浙江省地方建设债券、公路债券，南京和北洋政府发行的关税、善后、卷烟、编遣、裁兵、赈灾等债券，不下十五六种，数额约在四五千万元，其中钱庄业约 1500 万—2000 万元。银行业约 500 万元，其他各业亦 500 万元左右，殷实富户为 1.5 万元。以个人身份认购债券的数额如此之巨，为全国各地所罕有。

盖以宁波商人积有丰厚财富，平时多存款于银行、钱庄，在金属货币流通情况下，物价稳定，债券利率优厚，又折扣售卖，因而乐于认购。以 1931 年经募的浙江省建设公债和中央关税短期库券为例，两者共 141050 元，其中银行业 20200 元，占 14.3%；钱庄业 35000 万元，占 24.8%；其他各业 30850 元，占 21.9%；个人部分 55000 万元，共 32 人，占 39%。这段时间在宁波承募的债券约占全国总数的 3% 左右。

1921 年，通商银行在宁波设立分行后，经向社会集股筹设"宁波通商金洋证券物品交易所"，因上海信交风潮影响，于次年发还股本，停业清理。至 1923 年 5 月，"宁波证券花纱交易所股份有限公司"成立，随后又一分为二，分别设立"宁波证券物品交易所"和"宁波棉业交易所"。前者主要从事公债、库券和其他有价证券买卖交易，由银行、钱庄等参与组成，并充当经纪人。

1933 年设立"四明证券交易所股份有限公司"，实收资本 20 万元，分为 1 万股，每股股金 20 元，股息长年一分。全年利润除支付股息外，提存公积金 20%，发起人报酬 5%，其余由股东大会议定分派，作为股东红利以及理监事和交易所工作人员之报酬。交易所地址在棋杆弄应家房子，理监事由中国、交通、四明等银行和一些钱庄组成，理事长由中国银行经理陈南琴兼任，内设场务、总务、会计、计算4科，工作人员亦由银行、钱庄调派，共有经纪人约30名，统一办理现货交易和期货交易，以期货交易为大宗。先由交易所按照前一日行情挂牌标价，称为继续板，然后逐笔拍卖成交，称为竞争板。当市场行情涨跌超过一定幅度时，停止交易，称为涨停板和跌停板。1934年这一年成交总额15304万元，盈利4.2万元，各经纪人多有收益。当时，全国证券交易所屈指可数。

近代中国期货市场的发生和发展也与证券市场相类似。据考证，我国最早的金融期货市场，至迟产生于1870年的宁波，那是因为中国各地所用银两标准不同，相互间的汇率一直处于波动之中，一部分人出于套期保值的需要，另一部分人出于投机的需要，在宁波开始了"买空卖空"的期货交易。各地政府曾数次"勒令"禁止，但收效甚微。

三 甬商与近代中国信托业

"信托"二字就字义而言，即信任而委托的意思。作为近代的一种经济行为，信托是指委托人为了自己或者第三者的利益，把财产交给所信任的人或组织，委托其予以管理和处理的经济活动。近代信托18世纪源于英国，19世纪中期兴于美国，19世纪末传入日本，20世纪20年代前后传入中国。①

近代中国最早出现的专业信托机构是日本在1913年成立的大连取引所信托株式会社。1911年，为控制中国东北地区的黄豆贸易，日本在大连的关东都督府设立了大连取引所。作为统一的黄豆交易市场，在交易买卖中，"对于附属的买卖契约之保证及清算机关，殊为必要，因此日本人发起大连取引所信托株式会社"，该信托社的事务包括：强制保证、保证买卖契约的履行、办理清算等。成立后短短三年之内，其面值50元的股票，市价上升到190元，获利相当可观。②

受日本大连取引所信托株式会社的影响，较早出现的华商信托机构是吉林滨江农产和货币信托交易所（1914年设立），其"历年获利甚丰"，尤其滨江农产信托交易所"每年获利之厚，实足骇人听闻"。③ 在上海，华资较

---

① 何旭艳：《信托业在中国的兴起》，《近代史研究》2005年第4期，第187—188页。
② 徐沧水：《大连取引所信托株式会社之概况》，《银行周报》第3卷第25号，1919年7月15日，第43页。
③ 《滨江通讯信托交易所改组之经过》，《申报》1921年12月1日第10版。

早涉足信托业务的是银行兼营的保管业务。1917年,上海商业储蓄银行成立了保管部,先后设置了140多只木质保管箱和200多只钢质保管箱,除自用外,大部分用来出租给客户保管财物。1921年,保管部改称信托部,保管箱增加到了1142只。鉴于当时"国人对于信托事业,尚无相当认识",因此仅把总行原有的银行业务中的特别存款、教育和婚嫁储金、复利存款等业务改归信托部办理。代客买卖证券,代收房租、证券股息,代出职务上及商业上的保证书等业务也开始办理。① 1918年,浙江兴业银行开始经办出租保管箱业务,保管箱分为六等,租用费从每月三元到九角不等②;1919年12月,聚兴诚银行上海分行成立信托部,经办报关、运输、仓库和代客买卖证券等业务。交通银行办理信托业务,"以民国初年筹设仓库为嚆矢,但尔时仓库之设只谋货物押款之便利,尚未含有信托事业之意义"。③

  1917年前后,欧美、日本等国信托公司的信息和信托学说开始传播至中国。1917年至1921年前后,新创立的《银行周报》陆续发表了潘士浩、徐沧水等人介绍美国、日本、英国等国信托业发展状况的系列文章以及介绍信托实务和学理的文章。在这些文章中,作者对信托事业的前景无不看好。如《银行周报》主编徐沧水认为,"在我国存款不发达之际,如利用信托存款之方法,以为人民开资金利殖之途,殊甚善也"。④ 潘士浩则推崇美国银行与信托公司可以相互兼营业务的制度:"信托公司之营业范围,既若斯之广,其为金融界之重要金融机关也,乃以庶民的而兼事业的,其关系于金融界之大,便利于社会之切,且有非一般普通银行所能及者也。"他提议中国各银行应该关注这项新事业,另外设立一部,专门办理信托业务。⑤

  信托作为金融业中一个相对独立的分业,兴起于1921年的上海。20世纪20年代前后,国内经济的发展达到一定的水平,已经有必要建立专门的长期资本市场来解决一系列问题。1921年年底,上海一地已有交易所112家,与交易所股票业务关联的信托公司也随之在1921年兴起。"数月之间,

---

① 中国人民银行上海市分行金融研究所编:《上海商业储蓄银行史料》,上海人民出版社1990年版,第107页。
② 潘士浩:《银行之保管业务》,《银行周报》第3卷第18号,1919年5月27日,第44页。
③ 交通银行总行、中国第二历史档案馆编:《交通银行史料》第1卷下册,中国金融出版社1995年版,第1209页。
④ 徐沧水:《信托存款之说明》,《银行周报》第3卷第38号,1919年10月14日,第30页。
⑤ 潘士浩:《说信托之受托机关及信托公司》,《银行周报》第5卷第2号,1921年1月18日,第27—28页。

宣告成立者达 12 家之多。"① 1920 年 7 月 1 日，虞洽卿等人酝酿已久的上海证券物品交易所正式开业，由于确实存在一定的社会需求，开业仅半年，就已实收股款 125 万元，获得纯利 50 余万元②，年收益率接近 100%。1921 年春天，华商证券交易所、面粉交易所、杂粮油饼交易所、华商棉业交易所相继成立，开业后"莫不获利倍蓰"③。交易所巨额利润的刺激，使游资迅速注入与交易所有密切联系的信托公司。

甬商经营信托投资业，为时较早，1921 年在上海成立的中央信托公司，即以甬商人士为主创办。中央信托公司于 1921 年 10 月 15 日开业，额定资本 1200 万元，实收 300 万元，分为信托、银行、储蓄、保险四部，严成德任总经理，宋汉章主动担任检查顾问一职。中央信托公司发起人基本上以钱业人士居多，48 位发起人中有 15 位是各钱庄的经理或副理。当时中国银行上海分行总经理宋汉章、副经理严成德都参与发起筹备工作，因某些不便因素，宋汉章由其子宋美扬出面，严成德则由其兄严仲渔出面。④

由于公司的发起人和主要负责人以甬商银钱业人士为主，因而在经营中"取稳健之主义作营业之方针"。⑤ 中央信托公司的营运资金除了自有资本 300 万元以外，吸收各项存款接近 70 万元，接受信托金有 2 万余元。从资金流向来看，最大项目为抵押放款，占总营业资金的 46%，其次是现金和存放其他银行钱庄的存款，约占 35%，投资有价证券仅占 8%。从 10 月 15 日开业到 12 月底，实际营业时间仅两个半月，获纯利 173066.46 元，股本利润率为 17%。

1920—1921 年，由于交易所巨额利润的刺激，社会上视交易所为致富捷径，当时许多信托公司的成立，是因为"做交易所不成，弄交易所股票不到手，降格以求，就来办信托公司"⑥。其真正目的是与交易所联手，从事股票投机，"其志不在信托，而在投机"。此类信托公司"计划既鲜远谋，经营又不稳妥，筹设未竣，即以本公司之股票，投机买卖，从中渔利，实大

---

① 黄溯初：《信托业之过去与将来》，《上海市商会商业统计·金融业》，第 203 页。
② 中国人民银行上海市分行编：《上海钱庄史料》，上海人民出版社 1960 年版，第 118 页。
③ 冯子明：《民元来上海之交易所》，《民国经济史》，银行周报社 1947 年版，第 148 页。
④ 参考《上海钱庄史料》第 122 页表格；《中央信托公司发起人筹备会会议记录》（1921 年 6 月 5 日、8 日），中一信托公司档案，Q329—1—1。
⑤ 《中央信托股份有限公司历年账略》，中一信托公司档案，Q329—1—32。以下有关中央信托公司营业数据均来自这一出处。
⑥ 俞寰澄：《民元来我国之证券交易》，《民国经济史》，银行学会编印 1948 年版，第 142 页。

谬信托公司之本旨"。① 中央信托公司则与上述情形不同。由于公司的发起人和经营者主要是银钱界资深人士，对投机保持着警惕，因此在经营中并不以股票投机为主业。中央信托公司的设立动机在于抵制其他信托公司套取资金。当时银钱界有识之士认为，既然有那么多从事投机之辈以套取资金为目的成立信托公司，那么为了将银钱业"固有之存款，加意保留，以防其拨充其他信托公司之资本"②，所以有必要设立信托公司。

从理论上说，银行的基本功能是通过存储贷放行为，作为信用中介来融通社会资金；信托公司属于非银行性的金融机构，其"本业"是接收、管理和处置财产信托。中央信托公司主要发挥商业银行融通资金的功能，公司的资金来源除了资本金就是吸收各项存款，接受信托金较少，资产项目则主要由放款、现金与存放其他行庄、投资有价证券三项内容组成，利润收入主要来自利息和汇兑等银行业务收入。中央信托公司1921年度总利润中76%来自利息和汇兑收入，买卖有价证券收入占17%，保证费、保管费和保险费三项收入合计仅占7%。

由于众多信托公司在经营中基本上以与交易所联手从事股票投机为唯一业务，"一面既以本公司之股票，作交易所之投机品，一面以交易所之股票，向公司质借款项，又难免交易所之操纵"。所以从设立伊始，就决定了这些信托公司的命运只能随交易所的盛衰而随波逐流，"交易所一经失败，信托公司焉有不随之以俱逝？"③ 交易所与信托公司联手投机的信交狂热终于酿成了"民十信交风潮"，影响所及，"不仅普通商业受其影响，即国际金融，亦将因而动摇"。④ 金融风潮过后，交易所能继续营业的仅上海证券物品交易所等6家，⑤ 甬商为主经营的中央信托公司则以银行化的经营方式得以生存发展，所以有人称之"诚信托公司之岁寒松柏也"⑥。中央信托公司在风潮过后"信用卓著，营业发达"，1927年资产已达811.4万元，1931

---

① 朱斯煌：《民元来我国之信托业》，《民国经济史》，银行学会编印1948年版，第63页。
② 马寅初：《吾国信托公司前途之推测》，《马寅初全集》第1卷，浙江人民出版社1999年版，第497页。
③ 朱斯煌：《民元来我国之信托业》，《民国经济史》，银行学会编印1948年版，第63页。
④ 《论说金融界之隐忧》，《钱业月报》第1卷第11号，1921年11月，第13页。
⑤ 冯子民：《民元来上海之交易所》，朱斯煌主编：《民国经济史》，银行学会编印1947年版，第151页。
⑥ 徐寄庼：《最近上海金融史》，华丰印刷所1926年版，第127页。

年增至 1106 万元，① 在全国信托业"足称为翘楚"②。1936 年元旦因中央信托局成立，中央信托公司改名中一信托公司。

1921 年 7 月，中国通商银行在宁波设立分行时，曾兼营代理保管贵重物品等受信业务，所建保管库结构坚实，设施齐全，在当时堪称全省之最。1922 年，又设四明信托股份有限公司，于次年初召开股东会商议发展金融信托事宜。

1931 年，政府公布银行法，规定"非经财政部核准，不得经营信托业务，此前已兼营信托业务之银行，非经财政部核准，不得继续其业务"。然在规定银行附属业务中，则包括仓库业、保管贵重物品及代理收付款项等。由于上述银行法未明定实施日期，各项信托业务仍有发展。1920 年至 1933 年这段时间内，设在宁波的交通银行、浙江地方银行、垦业银行等都分设信托部，开展信托业务。1935 年 10 月，中央银行宁波分行内部附设中央信托局宁波代理处（后改分局），办理储蓄、采办、信托、存款、保险、保管产物等业务。信托业务分为企业信托、存款信托、基金信托、投资信托、特约信托和证券买卖等。

1936 年 1 月，原由宁属姚帮人士为主创办的中央信托股份有限公司改称中一信托公司。次年 6 月，在余姚设立分公司，地址新建路，内设营业、会计、出纳、庶务、文书 5 组，共有员工 13 人。是年，农民、四明、中国实业等银行亦设信托部，开展信托业务。不久抗日战争爆发，业务受阻。1941 年，浙东一带沦陷，随同银行撤离。继之而出现的则是敌伪所拼凑的各县合作社附设的信托部。除代办运销外，办理社员储蓄和放款。宁波水产合作社亦设渔业信托科，办理信托存放款及保险业务（见表 5-2）。

表 5-2　甬商在上海创办的部分交易所、信托企业情况（迄止 1937 年）

时间	企业名称	资本（千元）	性质	创办（主要投资）人或企业代表
1920	上海证券物品交易所	5000	商办	虞洽卿、郭外峰、盛丕华、赵家艺等
1920	华商证券交易所	1000	商办	孙铁卿、冯仲卿
1920	上海棉业交易所		商办	徐庆云、邵声涛
1921	纱布交易所		商办	薛文泰、朱葆三、沈志方

---

① 同上书，第 642—651 页。
② 《上海市商会商业统计·金融业》，第 222 页。

续表

时间	企业名称	资本（千元）	性质	创办（主要投资）人或企业代表
1921	上海夜市物券交易所	1000	商办	黄楚九
1921	中央信托公司	12000	商办	严成德、田时霖、宋汉章等
1921	上海内地证券交易所		商办	李咏裳
1921	上海丝茧交易所		商办	王正廷、杨奎侯
1921	上海信托公司	10000	商办	乐振葆、王正廷、陈文鉴、陈蓉馆、张延钟、张云江、邵尔康
1921	中易信托公司	2000	商办	朱葆三、洪承祈、俞佐庭等
1921	上海五金交易所		商办	项如松、薛耕莘
1921	中外证券物品交易所		商办	林嵩寿、邬志豪、汪幼安
1922	中国商业信托公司		商办	陈德培、孙天孙、郑筱舟、虞洽卿、傅品圭、乌志豪、陈良玉、孙衡甫
1936	东南信托公司	1000	商办	孔颂馨等

资料来源：根据《浙江商帮与上海经济近代化研究：1840—1936》《上海词典》《上海金融业概览》《现代上海大事记》等整理。

上述史实表明，近代甬商率先涉足证券业，较早创办信托公司，为中国近代证券业蓬勃兴起及与之关联的中国近代信托业健康发展做出了重要贡献，为近代中国证券市场的形成与完善起到了积极的作用。而近代证券市场对近代中国经济及中国近代化历程产生了不可忽视的积极影响。首先，股市的兴起推动中国近代经济向前发展。表现在：第一，股市促进了人们的投资热情，从而掀起了近代中国创办工矿企业的第一次高潮，近代民营企业资金的成功筹集，股市起了决定性的作用，股市成为一种外在压力，促使企业改善经营管理；第二，股价的高低以及人们对股票的态度，直接影响到股份制企业之声望及资金之筹集以至企业之前途命运。其次，股市也改变了人们的心理状态，增强了人们的风险意识，从而促进了人们心理的近代化。

证券业的产生和发展，为近现代中国提供了发展近现代经济的一种国际通用模式——股份有限公司，即通过证券市场筹集社会闲散资金，创办发展个人独自难以承担的现代化大企业；又通过证券市场公开的优胜劣汰，促进产业、产品结构的合理流动和社会资源的合理配置，从而促进社会经济健康发展。这种股份经济模式的逐渐推广运用，为近现代中国经济摆脱传统结构的桎梏迈向现代化做出了重大贡献，发挥了不可替代的作用。当时上海之所以成为中国最发达、最繁荣的近现代工商业大都市，并成为远东国际金融中心，与其证券业的发展分不开。

当然，中国近代股市也存在一些消极因素，存在许多舞弊行为，如它自发而生、缺乏必要管理、不完善等。[①] 证券市场本身具有二重性，有其利也有其弊。其利在于：证券市场作为国家重要的资本市场，立足于企业与金融业之间，发挥融通资金，引导投资，调节银根松紧，缓解市场物资供应压力等积极作用。其弊在于：如果管理不当，也确有造成过度投机，从而产生泡沫经济，引发金融危机和社会动荡的巨大风险。[②] 对此，应当有清醒而深刻的认识。

[①] 田永秀：《1862—1883 年中国的股票市场》，《中国经济史研究》1995 年第 2 期。
[②] 郑仁木：《民国时期证券业的历史考察》，《史学月刊》1998 年第 3 期。

第六章

甬商与晋商的金融创新及历史地位

甬商在中国近代这个"数千年未有之变局"中，凭借自身特殊的有利条件，迅速介入新兴的对外贸易领域，并且在传统金融业——钱庄业中获得了巨大发展，有实力进行大规模的近代企业投资。19世纪80年代以后，甬商将商业利润投资于新式银行、轮船航运、近代工业等新兴领域，形成实力雄厚的甬商金融资本和工业资本，产生了一大批影响广泛的近代企业家、金融家，形成了甬商近代企业家群体。至19世纪末20世纪初，甬商在经营形态和商帮性质上已由一个传统意义上的商帮，转变成为一个近代资本主义工商业集团，并成为以上海为中心、江浙金融资本家为核心的中国近代第一大商帮。成为近代中国经济生活中极为重要的金融力量，在中国近代金融业发展中发挥其历史作用，在近代中国金融制度变迁中居重要地位。

在步入近代的大门之际，晋商已完成从物贸商人向货币商人的转型，这对当时和后来经济社会最为直接的贡献就是在金融领域，可以说山西票号的产生和发展开创了中国金融创新之先河，具体表现在：第一，开创了中国历史上金融汇兑业的新时代；第二，对于近代中国金融制度的变迁，特别是近代银行的建立和发展奠定了坚实的基础；第三，在技术层面奠定了中国银行业发展的基础。

第一节 晋商在金融上的创新

晋商在其经营活动过程中，曾在经营形式和管理方法上积累了一些经验，当他们将其资本转向金融事业后，为了发展壮大自己的事业，又在此基础上，不仅对资本的组成和管理机制进行了新的尝试，而且在防范金融风险和内部管理经营制度上，也做了不少积极探索。其中，有一些不乏创新之意。创新是晋商能够在相当长的一段时间内称雄于金融界,并为中国近代金融制度变迁做出一定贡献的主要原因。

一 晋商实行的股份制

(一) 晋商经营形式的演变

晋商在经营形式上,基本上是一直沿用独资经营这一形式,这种独资主要又是以家族集团为主。当明廷实行开中法后,山西商人即乘机而起,将其活动范围逐渐由黄河流域扩展到江淮一带。但有些独资经营的商人,由于其资本尚不充裕,因而不得不向他人借资,这便是当时较为流行的贷金制。贷金就是向别人立字据借钱做买卖。贷金制的实行表明了资金所有者和使用者的分离,它对于促进资金的流通,无疑有着积极的意义。但同时却也增加了资金所有者与使用者的风险。因为资金所有者把资金贷给使用者后,有一个使用者是否能够如期如数偿还的问题,而资金使用者则存在能否把它用好并获利的问题,事实上也正是这样,有关史料中就有"蒲商某,假资贸易,被盗,惧不敢归。绅曰:全躯足矣,资何足云"的记载。①

贷金制只是资金所有者和使用者双方之间的一种契约关系,而非合伙经商。在此期间,还出现了一种经营上的合伙制,这种形式自然要在资金的筹措、经营规模的扩大等方面胜于独资经营,可是,却也有因异地合伙者在利益分配上发生的摩擦和矛盾而不能善终的问题。因此,到明代后期,又有一种建立在地域或血缘关系基础上,以讲信义、重承诺为前提的伙计制这一新型组织形式出现,并且为晋商普遍欢迎。伙计制中出资者与伙计之间是以信义为本,联结东家与伙计的纽带是血缘与地域这些因素。这种形式,要比贷金制与合伙制在组织上较为牢固紧密。它除了资本与劳动力结合外,还增添了劳动力的素质(讲信义)这一积极因素。因此,这种形式的出现,说明商业形式的社会化、多样化又向前进了一步。同时,从中也可以看出,晋商在这方面已处于领先的地位。

入清以后,国家的统一、疆域的扩大和经济的繁荣,为商品经济的发展提供了有利的环境和条件。已往那种合伙制和伙计制,受其经营规模、范围和区域的局限,显然已远不能适应大规模商业经营和流通的需要。为了集中资本和改善经营管理,山西商人在上述经营方式的基础上,于清乾隆、嘉庆之际,逐渐产生了股份制经营方式。这种股份制,亦称股俸制,即有股亦有

---

① 光绪《山西通志》卷142,《义行录》。

俸之谓，俸便是红利或利息。股份制是将现号内已有资本或者是将要成立的商号预期资本划成若干份，按各自的情况予以分配额数，它有正本、副本之分和银股、身股之分。所谓正本，即财东的合约投资，它可按股分红，但无股息。副本又称护本，它有两种，一种是财东除己本以外又存放于商号的资本；另一种是东家、经理及顶身股伙计在结账期，从其所分到的红利中，提留一部分存入号内，此种护本，一般称之为"统事"或"获本"，它只得利息，而不分红。曾有日本学者将其称之为辅股。银股是财东出资并按一定的单位额分红利的股份，银股的多少决定着投资者将来在红利中的份额，故又叫财力股。身股又称顶生股，即不出资本而以人力所顶的一定数量的股份，按股额参加分红。清人徐珂将它归之为"出资者为银股，出力者为身股"①。

银股、身股每股的数额，各商号并不一致，而是按各自的具体情况规定。一般而言，资力雄厚、规模较大之商号，每股的数额相对要多，反之则要少。多的有每股达上万两者，少的则每股为几千两。每股之下又以厘计，10厘为1股。若投资者所出资本数不足1股者，则按出资之数计为若干厘。身股则不但在数额上有所限制，而且对顶身股者还有严格的要求。顶身股的数额，一般来讲经理可顶1股，但也有顶一股二三厘的。伙友顶身股者，一般须在号内工作达3个账期的时间，工作勤奋，无过失者，才由经理向股东推荐，经各股东认可，将姓名、所顶身股数额载入"万金账"后，才算正式顶上身股。顶身股后，若有违规行为，除赌博、宿娼等重大问题要被开除出号和赔偿损失外，如属小情节可原谅者，则酌情处分，减少其身股额数。伙友顶身股者，其数额最初不过2厘，以后每遇账期可增一二厘，增至1股为止，称全份。顶上身股，每年就可按所顶数额分到一定数量的"支使银"，应支额每股的多寡不同，均分四季支付。到账期分红时，概由各人应得红利内扣除，上至经理，下至伙友，一视同仁。倘营业不好，无红利可分则顶身股者除每年"应支银"由号内出账外，毫无所得，没有顶身股的伙友则按年支给薪俸。

出股者的身份、地位不同，其权利和义务也就不同。银股所有者，在商号享有永久利益，可以父死子继，夫死妻承，但对商号的盈亏负有无限责任。银股可以在一定的时间内抽出、补进或增添新的股份。身股只参加分红，不承担商号的亏赔责任，顶身股者死后，商号一股给予一定优惠，即在一定时间内照旧参加分红，称"故股"，大致经理故后享受8年，伙友则按

---

① 徐珂：《清稗类钞》，农商类。

顶身股的多少享受不同年限的分红，顶六七厘者5年，四五厘者4年，一二厘者2年，对商号立有特大功劳者，还可再增一两个账期的分红。

商号股俸的建立，始由财东出面聘请经理，再由财东、经理共邀中人三五人，书写合同，内容包括商号名址、经营项目、资本数额、结账期限、按股分红等。各商号、票号每逢账期，一经获利，皆按股分红。营业愈盛，赢利愈多，分红愈丰。分红一般按银六身四比例，即银股分红利的60%，身股分红利的40%。

为了充分调动各方面的积极性，晋商还实行了"倍本""厚成""公座厚利""顶提护本"等办法。"倍本"是股东分红时，提留一定比例的红利，充作流动资金；"厚成"是折扣部分资产，使商号实际财产超过账面资产；"公座厚利"则是对银股、身股分配之前提取部分利润，参加流通周转；"预提护本"为商号分配之前提取的风险资金，以防止亏赔倒账，因而保证了商号有充足的流动资金，也避免了分光吃尽、不留后劲的短期行为。[①] 有的商号，还根据本商号特有的创业经历设立股俸。例如著名的旅蒙商大盛魁商号的股本就很特殊，除银股、身股外，还专门另设财神股[②]和狗股[③]。

(二) 晋商票号股份制的普遍实行

晋商经营的票号，大都是在其商号发展的基础上建立起来的，其中，有些原来是以经营货物为主，后来也兼营票号，以至发展到专营票汇业务；有些则是当商号经营达到一定规模且积累了相当资本后，另外设立票号，独立营业；还有的是虽已经营票号，但仍兼营商号。如前述志诚信所订合同中虽未有经营借贷的字样，但实际上，它在道光二十四年（1844）就已经替蔚泰厚票号北京和苏州的分号代购货物和运销，开始经营票号事业了。正由于晋商经营之商号和票号之间有着这样的关系，而股份制的实行，又确实在集

[①] 张海瀛、张正明、黄鉴晖、高春平：《山西商帮》，香港中华书局1995年版，第115页。

[②] 财神股的来历是：该商号在初创时，营业很不顺利。在过大年时，王相卿、史大学、张杰三人已揭不开锅，只能喝米汤过年。正在这时，来了一位身穿蒙古袍，背着一个包裹的壮汉，要吃饭充饥。他三人见是过路人，便热情接待，把自己仅有的米汤让给壮汉喝，这个壮汉喝完米汤后说是出去办点事，便留下包裹走了。此后，这个壮汉再未返回。3人开包一看，原来是一包白银。以后多次查访壮汉，亦无下落。他三人商量后，决定暂挪用壮汉的银子作为商号资本，扩大经营。此后，生意十分顺利，赚下不少银两。他三人觉得在他们最困难的时候，是财神变化成壮汉给他们送来了资本，便把原来壮汉包里的银数留过，作为财神股，把此股所分红利记入"万金账"作为护本。

[③] 据说，一次库伦（今乌兰巴托）发生灾情，粮价膨胀，库伦分号为把情况报告总号，便让一只狗带信到归化（今呼和浩特），当总号收到狗带来的信后，立即大量购粮食，囤积居奇，获得了巨额利润，为了纪念这次生意的成功，特别给狗也顶了股份。

中资金、扩大业务,以及使企业职工与财东的利益结合在一起等方面,发挥了积极的作用,因此,票号创立后,也就顺理成章地将股份制应用到票号之中。1882年3月12日的《申报》中就说道:"各省钱业唯山西汇号流通最广,生意亦最久,其资本系合股而成,而所以能广其久者,则在号中用人之法。窃谓此虽不如银行,而银行实可以参用其规矩。"

第一,各票号的资本,因其基础薄厚而多少不同,但大多都在10万两以上或几十万两左右,如百川通票号原始资本为16万两,宝丰隆票号资本有26万两,至于每家票号资本的确数,则"很难知道详细,旧式的营业秘密,资本不肯公开,又喜夸大其说。有十万的,说几十万,有二三十万的,说百万,以资号召,除了这两种旧习惯外,还有几种特殊原因,使票庄的资本不易了解……票庄有的是由颜料商、绸缎庄或茶行改组的,资本的确数有多少,连财东也不知其详"。第二,票庄的资本是与年俱进,随着营业的兴盛而增加的,有时后增的资本比原先的额数还要多几倍。第三,票庄的财东,既负无限的责任,即从广义来说,他个人的财产,都是后备的资本,也无不可。① 虽然如此,但每家创办时都有固定的款额。

由于票号的资本都为数不少,而这些资本除旧有者外,又大多是通过与他人的合资筹集而来,并且随着票号业务的发展,其所得利润又相当可观,因此,各票号对股份制更为重视,并且在已有的基础上,根据实际,从内容和形式上不断予以改进完善。其中,有两方面比较突出,一个就是合资者都订有合同,"票号的组织系独资或合资性质,凡股东访得大掌柜(又称正掌柜,即票号总经理),彼此心意相投,订立合同,由股东将资本一次拨足,议定共同遵守的号章,以后即可开设"。② 同时,对资本划分多少股、多少数额作一股,以及"几年合算大账一次"、盈余按股如何均分、银股和身股各占多少,也都书立合同,订有详细规定。

晋商在股份制中实行的身股,重视了身股的培养发展,确实使商号在收罗人才、凝聚企业人心上,发挥了重要作用。而票号业兴起之后,它比起商号来所得利润要多,但其承担的风险也大,晋商为了使企业的财东与伙友同舟共济,福祸同当,在原有的基础上,对身股采取了更为开放的姿态。其表现主要是,对身股分红的数额有了比较明确的规定,并且扩大了身股在整个股份中的比例。在票号有身股的人员,并不实缴股金,但都与实缴资本的股

---

① 陈其田:《山西票庄考略》,商务印书馆1937年版,第81页。
② 《上海通志馆未刊稿》(丙)金融机关,(一)上海的旧式金融机关,第4页。

东均分红利，分配的办法，各号不尽一致。但有一点则是基本相同的，就是票号成立时，红利分配方式便由大掌柜和股东议定下来。"如百川通票号的办法，系将实缴资本额分为10股，又将总分号经理和伙友分为20股，计每隔4年结账，红利即按30股平均分配。"①

晋商票号股份制，是商业资本向金融资本转化过程中的社会产物，说明了随着商品经济的发展，晋商在资本的组织形式上也在不断演进。由于股份制把人与财密切地结合在了一起，有力地调动起了企业员工爱岗、敬业的积极性，同时也使财东与伙友的利益融为了一体，二者成为了利益的共享者和风险的共担者。晋商的票号在后来的一段时期中，之所以能够称雄中国金融界，自然有着其他方面的诸多因素，而其实行的股份制，应当说是一个重要的原因。因此，这种股份制在票号的实行，在中国金融企业发展史上是值得称道的。

二 两权分离制的建立

(一) 两权分离的理念和意义

两权分离是晋商在经营上的又一独到之处。所谓两权分离，是指资本所有权与资本经营权二者的分离。这种分离不是将二者截然割裂开来或对立起来，各行其是，而是二者之间的有机结合，它是资本所有者与经营者相互配合，以使资本产生更大效益所采取的一种经营之道。晋商采取的这种经营方式，在其未经营票号之前早已有之。但其经营票号后，则更对此予以了强化。究其原因，主要就是票号多为合资而非独资。票号的资本数额一般都相当之大。票号的资本，既有本族至亲者所出，也有志同道合者所出，而后者，在票号发展的全盛时期，所占比重更大。由于合作者作为票号的股东之一，他只拥有资本的一部分，因此，经营票号可以获取厚利，却也具有相当的金融风险。在金融市场竞争激烈的情况下，对资本经营的好坏，直接关系到资本所有者的利益。这样，物色一个能多谋善断、驾驭全局的经营者由其经营企业，便成为资本所有者的祈盼，所以，资本所有权与经营权的分离，它既是晋商的商业资本转向金融资本后资本的组成方式发生重大变化的必然产物，也是商品经济条件下资本运作的必然趋势。

从传统的角度来讲，祖产家业历来都是父死子承，代代相沿，世世相袭的。历史上晋商中的不少大户望族，就是以这种方式延续下来的。然

---

① 《上海通志馆未刊稿》，（丙）金融机关，（一）上海的旧式金融机关，第4页。

而，在看到这一传统的同时也要注意到晋商经营理念中一个很重要的东西，这就是恪守信义。无论是对合伙经营者，还是对同行同业者，都把能否恪守信义视为取舍的一个重要标准。这一商德虽然并没有触动世袭的传统，但它却在一定程度上为资本的所有者与经营者之间的合作奠定了思想感情方面的基础。晋商奉行的"用人不疑，疑人不用"，即是其在用人上的信条。实际上，在票号业兴起之前，晋商中便有不少的商号，其财东即聘请经理、副经理，将号中的财务、经营，乃至聘人用人等权力交给他们，不再过问号事而把自己"解脱"出来，当上了"甩手掌柜"。晋商中不少人之所以将经营权交给他人来掌，除了用人上的这个信条之外，最根本的原因还在于财产上的得失。因为经商要比务农容易致富，并且由于经济的充裕，再加上商人们走南闯北，见多识广，极易导致生活上的奢侈挥霍。因此，其家业"其兴也勃，其衰也忽"，有些商人，经过终生辛劳，才挣得一份家业，因知其来之不易，故还能克勤克俭，兢兢业业，而他们的子孙们则不尽然，有一些能继承父业，再接再厉，有的则躺在财富堆里，无所事事，尽情享乐，很快把祖上的遗产挥霍殆尽。对此，有的商人对后辈采取了消极的防范措施，即不让自己的子弟经营号事，并在其开销上予以限制；或者将那些不成器的纨绔子弟圈在家中，满足其嗜好。如有的子弟染上吸食鸦片的嗜好，商人就供给其鸦片，因为在家吸食鸦片，毕竟数量有限，而如果让他们跑出去嫖赌起来，就可能把家产很快销蚀于这个无底之窟中。有的商人则采取了积极的态度，他们经过物色，聘请德才兼备者，给予权力，经营号事，"将资本交付于管事（即大掌柜）一人，而管事于营业上一切事项，如何办理，财东均不闻问，既不预定方针于事前，又不施其监督于事后，此项营业实为东方之特异之点"。[①]

当然，这种聘请不是任意而为，而是有一定的程序和规范的。聘用者与被聘用者之间也是订有契约要履行各自的权利和义务的。据史料记载："财东起意经营，聘请经理，由介绍之人说项，或自己注意察访，确实认定此人有谋有为，能守能攻……则以礼招聘，委以全权。""被委之经理，事前须与财东面谈，侦察财东有否信赖之决心，始陈述进行业务及驾驭人员之主张。如果双方主见相同，即算成功。"而后"财东自将资金全权委诸经理，系负无限责任，静候经理年终报告。平素经营方针，一切措施，毫不过问"。"经理既受财东信赖与委托，得以经理全号事务……领导同人，崎岖

---

① 《山西票商盛衰之调查》，《中外经济周刊》1925年7月4日，第119页。

前进，其权限尽乎独裁，而非独裁，实即集权制也。"① 经理若经营有方，使商号赢利，财东还予以加股、加俸，若遇年终亏赔，只要不是决策失误、人为失职或能力欠缺造成的，财东不仅不责怪经理，反而多加勉励，补足资金，令其重整旗鼓，振作经营。而当票号业兴起之后，双方在各自权利和义务方面的规定就更加明确具体了。

晋商在经营上实行的两权分离制，是有其一定的历史渊源的，它有着一个演化发展的过程，同时，它也不是偶然的，而是由多方面的因素促成的。其中，商品经济的发展，市场规律的支配，以及晋商的与时俱进，则是几个主要的方面。它说明，在商品经济日益发展的新形势下，那种传统的资本所有权与经营权一体化，且具有世袭性的经营方式，已经并正在窒息着企业的活力，而把这两种权力分离开来，资本所有者才能够更好地从宏观上把握资本的运用，不致陷入繁杂的事务之中，得之一隅而失之全局；从经营者来说，也才能不为资本所有者的主观意志所约束，而是按照经济规律和市场变化采取应有的对策，从而使资本最大效益化。同时，两权分离的产生和发展，也揭示了这样一个不争的事实，即只有商品经济的发展，才能更有效地打破企业封闭自守的藩篱和封建世袭的传统，加快企业改革并走向社会的步伐，因此，从这个意义上讲，晋商实行的两权分离，对于现实无疑有着积极的启示作用。

（二）两权分离制的具体实施

两权分离制作为一种经营机制，其内容和形式都有着一套较为系统而严密的具体规定，因而，具有很强的针对性和可操作性。

搞好两权分离的关键是明确财东即资本所有者的责任与职权，以及经理即管事或掌柜的职权与义务，财东与经理虽然互相信赖，但其所处的地位和所担负的责任毕竟不同，因此，除了思想感情上的志同道合之外，还须将各自应当具有的权利职责明确下来。对此，晋商各商号、票号所规定的具体内容尽管有所差异，但总的来看，财东的责任与职权，主要就是"财东自将资金全权委诸经理，系负无限责任，静候经理年终报告。平素营业方针，一切措施，毫不过问。每到例定账期（或三年，或四年，即决算期），由经理谒请，约日聚会，办理决算，凡扩充业务，赏罚同人，处置红利，全由财东裁定执行。经理为建议首席，听其咨询"。由此可见，"甩手掌柜"并非完

---

① 中国人民银行山西省分行、山西财经学院编写组：《山西票号史料》，山西经济出版社1990年版，第598页。

全甩手,他不仅对本号负无限责任,而且有对扩充业务、赏罚号内人员和红利分配的裁定之权,因而实际上财东掌握着企业的人、财大权,但是,当企业经营失败,经济上遭受损失时,财东则要负全部责任。至于经理或管事,他虽然"经理全号事务",在号内"有无上之权力,凡用人之标准、事业之进行,各伙友皆须听命于管事",并且也不对非人力所能制止而造成之经济损失负有赔偿责任,可是,其应尽之义务并不轻松。每年年终要汇集各分号营业报告表,造具清册,报告财东一次,此外,还要每年例行巡视各分号两次或一次。有时经理因有事另派大员代理,但一般情况下,都是经理亲自下去巡视。这一方面是要对同人品行不端、手续不合等问题进行处置;另一方面也是为了了解市场情况,并根据市面变化形势,调整企业的经营方略。至于每个账期的决算,由于它牵涉企业的盈亏以及股份的分红问题,作为经理,更是谨慎从事,不敢有丝毫马虎。这其中,号内伙友虽然要听命于经理,但经理并不能独裁,而是也让同人或伙友发表建议,一些小事要由同人便宜行事。但大事则须决之经理。倘有较大之事项,经理则须报告财东①。作为经理,他权力不小,但其义务也不轻,他既需"忧勤惕厉",为企业的发展而操心运筹,又要深入实际巡视调查;既要与同人、伙友和睦相处,以领导他们同舟共济,崎岖前进,又要向财东负责。因此,要想当好经理,确非易事。财东对经理人员的遴选特别重视,择一经理,犹如古之点将选帅。

从财东与经理各自的这种权力与职责来看,可以清楚地看到,晋商的票号在资本所有权和经营权这两权的分离上是比较彻底的。财东作为资产所有者一方,将资本委托于经理之后,即基本上不再干涉企业的运营,也就是不再对经理如何进行运作加以干预,而是由经理全权领导,负责经营管理。这样,经理由于实际上掌握着财权和人事权,因此他便少了很多制约,可以放心大胆地去进行自己认为可行的事情,从而在实践中更好地发挥其才能。对于财东而言,他把资本交予自己依赖的经理后,将会有更多的精力和时间,从长远和全局上考虑资本的最佳投向以及整体结构的调整等重大问题,而经理为报答财东对自己的知遇之恩,也会对企业的发展殚精竭虑,尽心尽职,从而使企业进入一种规范有序的良性循环状态。票号成立后的百余年间内,能够盛而不衰,与其两权分离的经营机制有着极大的关系。

---

① 《山西票号盛衰之调查》,《中外经济周刊》1925年7月4日,第119页。

三 防范金融风险的举措

(一) 预提护本、严防底空

谨慎稳重是晋商经营上的一个特点。在防御金融风险方面，这一特点也有明显地反映。预提护本就是晋商在防御金融风险上所采取的重要措施之一。如前所述，所谓"护本"，就是股本副本中的一种。它是财东和经理为巩固资本和应付不测所立的一种名目。其他还有积金、备赔、伙友护身等。这种护本即是东家、经理及顶身股伙计遇到账期，由所分之红利中提留一部分，存入号内，一般称作护本或统事，它不分红，只得利息，专提专储，不能随意抽取。这种护本，也称"撤除疲账"，或"预提倒款"，一旦发生意外，即从此款中作为补偿。晋商此举的目的，主要在于防患于未然，即防止拖欠倒累，亏折资本，出现"底空"，以确保有充足的底本资金做后盾，从而巩固票号的信誉，在竞争中立于不败之地。因而，把它看作是晋商建立风险基金的一种积极稳妥、目光深远的经营方略，并不为过。

提留护本，无论是财东、经理，还是有顶身股的伙友，都乐意为之，因为票号的兴衰，都与他们特别是财东有着直接的利害关系，只有把老本保护好，才可以生出新利来，否则，老本赔光了，大家也就只好散伙。况且，护本只是从所分红利中抽取的一部分，对个人分得的红利并无多大影响，因此也都能够接受。然而，集腋成裘，这种护本经过长期积累，为数也确实相当可观。虽然各票号护本分红的多寡以及提留比例的大小各有不同，但它对巩固和扩大资本却都发挥了不小的作用。如"蔚泰厚报资本老号三万两，各庄一万两，共十七八处庄口，统计资本三十万两以上。其实不止此数，兼有逐年所提积金，何止此数"。① 天成亨原本为10万两，护本就有28000两。

除预提护本外，晋商还实行了倍本、厚成、公座厚利等制度，用以扩充资本规模和企业实力，所谓"倍本"，是指在账期分红时，按股东份额比例所提留的一部分红利。所谓"厚成"，是指每逢年终结算时，将应收账款、现存商品及其他资产，予以折扣，从而使企业实际拥有的资产超过账面资产，以增加自身积累。所谓"公座厚利"，是在职工身股和财东银股的红利未分配之前就提取一部分利润，作为公座。它有点类似于后来的公益金、公积金。它与倍本的区别在于，倍本是由股东分红中提取，公座是从身股和财东银股应分红中提取，亦即从劳资双方应得红利中扣除。相对而言，倍本所

---

① 王之淦：《票庄实事论》，未刊稿。

取比例较大。一些票号，原来的资本并不甚多，如志成信为 34000 两，协同庆为 36000 两，大德通为 10 万两。但由于提取倍本较多，所以经过积累，到后来比原本还要多出几倍。如大德通票号，由在中堂、保和堂、保元堂、既翁堂、九德堂这 5 家股东投资的原本仅为 10 万两，但由于每股提取的倍本数额历年来都比较多，除过光绪二十二年（1896）每股倍本 500 两外，其他账期最少每股倍本也有 1000 两，光绪三十四年（1908），每股倍本就高达 2000 两。因此这一年的倍本有 4 万两，比起上一个账期来，倍本增加了 2 万两，资本总数也由 18 万两增加到了 22 万两，再加上身股公积金 23000 多两，大德通票号的资本便从光绪十年（1884）的原本 10 万两，到光绪三十四年（1908），20 多年，其资本就达到了 25 万多两。①

（二）密押制度的创立与其他防范手段

票号用以汇兑款项的主要凭据是汇票，亦名汇券。普通汇款，以庄票使用最多，其手续是汇款人将款交给票号，由票号开具汇票，交给汇款人，汇款人将此汇票交给收款人，收款人即可持此票向汇票中指定的票号取款。晋商的票号遍布全国各地，所以对汇票的使用数量相当之大，也正因为如此，晋商为了保证异地汇款所用汇票真实可信而不致被造假汇票者冒领汇款，经过不断摸索，创造了一种密押制度，在形式和内容上，都做了精心设计。

从汇票的形式上看，各票号大致相同，它多用特制的纸张来做汇票，这种汇票表面上看甚为简单，似乎容易制造，但特制的纸是不容易作伪的。如平遥县蔚泰厚的汇票纸，以绿线红格，由平遥县一处印制，各分号均用总号之纸，若坏了一张，必须寄到总号备数，其汇票纸夹印"蔚泰厚"三字，各处书票必须出于一人之手，并将笔迹报告总号通知各分号，以备查考。协同庆票号的汇票是在湖南订印的，拿上看，不过是个折纸，也无花纹格式，可是纸里暗印有"协同庆"三字，有时印错字，也是为了防止造假，因为汇票全凭写的字体，会写票的人，各号都知道，一看字体就能辨出真伪，所以，造假也不容易。

除了汇票用纸在字体上的别出心裁外，一些票号还在汇票所记之文语上匠心独运，使用种种不为外人所知的暗号，并且怕日久天长难有疏漏，这种暗号隔数年还要更改一次。如日升昌票号的汇票，其后面就有月日及银数的书写暗号，月对暗号是"谨防假票冒取，勿忘细视书章"，这 12 个字就分

---

① 中国人民银行山西省分行、山西财经学院编写组：《山西票号史料》，山西经济出版社 1990 年版，第 589 页。

别是 1—12 月的代号；日对暗号是"堪笑世情薄，天道最公平，昧心图自利，阴谋害他人，善恶终有报，到头必分明"，这 30 个字，分别代表了初一至三十的日期。银总暗号是"生客多察达，斟酌而后行"，大德恒票号的银总暗号是"赵氏连城璧，由来天下传"，它们这 10 个字分别代表大写壹贰叁肆伍陆柒捌玖拾 10 个数字。"周密流通"则代表"万千百两"。如"三月五日汇银伍千两"，即写"假薄璧宝通"。为了万无一失，有时还在暗号之外再加一层防伪暗号，叫对自暗号。日升昌的暗号是"盘查奸诈智，庶几保安宁"。①

此外，票号按商家的要求，为保证商家汇款不至遗失，还采取了"讨保交付"和"面生讨保"的办法。凡商家要求票号必须保证其汇款不遗失时，票号即在其汇票上盖有"讨保交付"的戳记。此种汇款，交付时必须取得商保。"面生讨保"则是在取款人生疏的情况下才要保。对于遗失的汇票，票号也采取了一些相应的办法。有些地方如在京师、保定，多为"登报声明"，谓"日后此票复出，俱作废纸，不得为凭……特此布知"，"望中外绅商，切勿使用"；在天津则报知商会局，"乞商会局宪大人恩准存案，无论华洋人等拾去作为废纸，以恤商艰，而免后患"，并在海关边署、巡警总局、商务总会备案。在汉口、重庆则通知当地分号料理，并报告当地政府、商会总会，同时照会驻当地各国领事。

在办理公款的汇兑上，尽管晋商一般相信官场不会有诈，但也不敢掉以轻心。为防万一，采取了领汇票要具过结的措施，即除另立汇票外，还要以票号名义与汇款单位写下有汇款性质、数量、汇费等内容的字据，如福州源丰润票号与闽海关的一份具甘结中就写着"闽海关汇解度支部福厦二口光绪二十八年八月二十六日起至七月二十五日止，连闽计十二个月洋税支销项下扣减六两平银一千零八十九两三钱六分四厘，三都口自光绪二十八年八月二十九日起至二十九年七月二十八日止，连闽计十二个月洋税支销项下扣减六两平银一百六十四两六钱二分二厘二，共和平银一千二百五十三两九钱八分六厘五，系遵照部砝兑交，不敢丝毫短少，除另立汇票外，合具甘结是实，光绪三十三年六月十六日，具甘结号商福州源丰润记"。②

(三) 加强金融监管

随着货币经营资本的发展，各种金融机构大量涌现，在鸦片战争后的

---

① 卫聚贤：《山西票号史》，说文社 1944 年版，第 109 页。
② 度支部档，卷号 316。

10年内,即1840—1850年(道光末年),仅日升昌、蔚丰厚、日新中三家山西票号在北京、天津、张家口、济南、南京、苏州、扬州、汉口、重庆、成都、广州、长沙、西安等23个城市设立的分支机构就达35处。其他非山西商人经营的印局、账局、钱庄也都迅速增加。其间难免会出现同业间的无序竞争,以及倾轧、欺诈等行为。与此同时,清朝后期货币极为混乱,由于市场上流通的银两、银圆、铜钱、宝钞、银票并行,而银钱的成色分量又不统一,因此,给一些不法之徒私造沙板钱,冒充法定制钱流通,造成了可乘之机,假冒伪劣货币的泛滥,也严重地扰乱了金融秩序。凡此,都给经营货币资本的企业,带来了很大的金融风险。

面对这一现状,山西商人为防范金融风险,采取了相应的对策,主要有:(1)金融机构自发地组织一些同业行会,或建立以地域、乡谊为纽带的会馆。如归化城的山西货币商组织的银钱行会"宝丰社",包头城的"裕丰社"。史称:"清代归化城商贾有十二行……其时市面现银现钱充实流通,不穷于用,银钱两业遂占全市之重心,而探其计盈,总握其权,为百业周转之枢纽者,厥为宝丰社,社之组设起于何时,今无可考,在有清一代始终为商业金融之兑汇","社内执副,统称总领,各钱商轮流担任"。① 这些同业行会,凭借在当地的实力和影响,可以负责商定市场规程,协调各商号,组织钱市交易和同业拆借,如宝丰社,它作为钱业之行会,大有辅佐各商之力,行商坐贾都与它有须臾不可分离的密切关系。平常行市松紧,各商号毫无把握,遇有银钱涨落,宝丰社具有垄断和调节行市的权力。这样,就比较有力地防止了金融市场无序的混乱局面,给金融业的正常营运创造了一个有利的环境。(2)严厉打击假冒伪劣货币。这主要还是由当地行会出面,积极配合当局进行。如在归化城,在整理货币中,就曾由各行会负责人与当地有威望的乡绅共同协商,决定在三贤庙内设立交换所,让人们以同等重量的沙钱兑换制钱,并于光绪十五年(1889)将熔毁之沙钱,铸成铜碑一块,上书"严禁沙钱碑",立于三贤庙内。碑文告诫不法之徒:如不思悔改,仍蹈故辙,禀官究治,决无宽恕。立碑人为归化城十五社与外十五社。诸如此类的还有海窟龙王庙内《重整四农民社碑记》和南茶坊关帝庙内《整立钱法序》。碑文都如实地记述了如何处理商人使用短百钱问题及钱业行会宝丰社短百钱抽板整治等情况,可见,晋商为维护正常的货币流通秩序,防范金融风险,确实是进行了不懈的努力的。

---

① 《绥远通志稿》,民国年间抄本。

（四）严格规章，加强内部管理

晋商在经营中，十分重视企业内部各种规章制度的建立健全，并把它作为号规，要求上下一体遵照执行。各家的号规虽然繁简不一，但在几个主要方面却是基本一致的。这就是对人财物的管理，对员工品行操守和道德的要求与规范，以及从业人员在业务程序和遵循守则方面的规定。

如在对人的管理上，几乎所有企业都规定有：号内人员一律不得携带家眷；不准长借短欠；不得挪用号内一切财物；不得兼营其他业务；严禁嫖赌和吸食鸦片；不准接待个人亲属朋友；非因号事不准到小号串门；回家探亲时不得到财东和掌柜家闲坐，更不准向财东和掌柜送礼；如遇号内有婚丧喜庆之事，伙友之间不准互相送礼，也不得互相借钱或在外惹是生非；如有过失不得互相推诿包庇；凡打架斗殴、拨弄是非、结伙营私、不听调遣者，一律开除；员工中成绩突出者，予以奖励；等等。对于学徒则要求3年内不得回家，出师后每3年（后改为1年）探亲一次；从业人员不得在从业地结婚；作坊工匠和饲养放牧工人属雇用性质，不属号内从业人员。有的通事行的号规还规定，学徒入号的头10年内除头3年在总号学做生意的一般知识外，还必须到蒙古前营柜、后营柜分别学习3年，学会蒙语和当地生活习惯，然后学习与蒙古人做生意的方法、熟记经营线路和宿息地点等。

在所有规章制度中，值得一提的是对财东行为的一些限制和对从业人员职业道德的要求。如规定，财东只能在结账时行使权力，平时不得在号内食宿、借钱或指使号内人员为自己办事，不得干预号内人事。大德通票号《1904年合账众东添条规五条》中，就明确规定"各连号不准东家荐举人位，如实在有情面难推者，准其往别号推荐，现下在号人位，无论与东家以及伙等有何亲故，务必以公论公，不准徇情庇护"。在业务方面，有关隶属关系，规定"分号一切统属总号"，"分号经理由总号选派资格优秀者担任，携带总号图章砝码等各种要件，以资凭信，资本皆存总号，设立分号时，不另发资本，只给川资及开办费若干"。资本存储总号，获利也归总号计算。分号开办之后，营业需款时，由其他分号接济，全局统筹，不分畛域，坚持"酌盈济虚，抽疲转快"八字原则。在人员的配备上，以"不碍业务上之进行为主旨"，企业人员之编制，坚持"因事用人，决不因人用事"。总号的编制，一般设总经理（即大掌柜）1人，副经理（即二掌柜）1人，总营业（即管内事掌柜）1人，另设营业（跑街）、司账、司信、练习生以及交际、庶务等职，人数不等，视情而定。总经理统管全号事务，副经理辅助总经理办理全号事务，以下分营业、文书、账务、外交等组。对于各职人员除对其业务范围和任务予以明确规定之外，特别强调要以"诚信不欺、求真务实"作为职业的重要道德守则。如大德通票号《1884年新号议定规》中，就明确指示"各码头勿论票贷、货务，虽以结利痞账定功过，原以激励人才起见，容之其间，大有分别，总以实事求是，果尔本处多利，他方未受其害者为功。倘有只顾自己结利，不虑别路受害者，殊乘通盘筹划，大公至正之意"。"各码头凡诸物钱盘，买空卖空诸事，大干号禁，倘有犯者，立刻出号。"①

从上述这些规章中，可以看出，晋商对企业内部的管理是相当严格的。有的规定似嫌苛刻，不尽常理，甚至带有比较浓重的管制色彩，但大多数都是符合票号这一企业的性质及其特殊要求的。就其总体而言，它贯穿了晋商信奉的儒家思想，也体现了晋商的特点及其经营风格。它所坚持的"因事用人，决不因人用事"的原则，它所提倡的实事求是、讲究信义、反对欺诈、同业者之间应当平等竞争、利益均享等思想和作为，以及重视学徒业务能力的培养，并在培养中要求理论与实际相结合的做法等，都充分说明了这一点。这些规定和要求，在当时就对晋商事业的兴旺发达，起到了有力的保证和促进作用。即使用今天的眼光来审视它，也不过时。

四　拓展金融业务的创举

（一）创设"标期"信用制度

标期为商场交解现款之期限，即赊购货物之结账期。它对于避免和防范债权债务纠纷，活跃商贸市场，有着重要的作用。"标期"制度最早是由资力雄厚、规模宏大的大盛魁商号创立。

大盛魁由山西祁县张杰、史大学于清雍正至乾隆年间创立，其总号设在乌里雅苏台，在归化城、张家口和科布多等地设有分庄，它所处的这一地理位置，为其商业的发展提供了有利条件。商号经营者知道蒙古牧民手中未必有大量现金购买货物，于是他们采用赊销办法，规定期限，到时清还。到期若无现金，亦可以牧民的畜产品折价偿还，然后再将收购的畜产品运经内地销售，从中获取双重商业利润。至于赊销债务是否能够全部按时收回，大盛魁并非全部凭个人信用，而是使用一种"印票"。凡欲赊购商品者，须持有地方官吏负责担保的约据，上盖地方政府印章，俗称"印票"，交给大盛魁，印票上写明"父债子还，夫债妻还，死亡绝后，由旗公还"。这是大盛

---

①　山西财经学院图书馆收藏：《大德通设立时号规——光绪十年新号议定号规录》。

魁清理拖欠债务的一种票据约束办法。牧民赊购有旗公担保，这实际上是一种以政府信用为底质和后盾的制度。

与此同时，由于大盛魁总号和各大分号，处于内地与漠北的交通要冲，又是货物集散之地，它从内地采买的日用百货、绸缎、茶叶、布匹等，通过张家口，集中到归化城，缴纳税款后领上票照，以骆驼为运载工具，运到前营（乌里雅苏台）和后营（科布多），再分路向蒙古等地销售；从蒙古等地贩来的牲畜、皮毛、药材等产品也都经过归化城，再转运到全国各地销售。据史料记载，大盛魁每年运往蒙古的砖茶达3万箱，生烟有2000多囤（18万多公斤），从蒙古赶回的活羊一般在100万只，活马在2万匹左右。[①] 归化城市场上的许多重要商品，也都由大盛魁来做开盘行市，如果大盛魁的货物未运到，就须推迟开盘。商人们在这里购置货物后，或外销或内售，因路途遥远，所需时日甚多，所以资金的周转期也长。有些商人想要购进所需货物，却又现金不足，只好赊账。与大盛魁的交易是这样，与其他商人的交易中也有类似情况，因而难免出现债权债务问题。有鉴于此，大盛魁在归化城创设了一种专为商号之间清理债务的办法——"过骡子"（每月清理债务日期），明确"过标"日期即清理债务的期限。规定每年分春夏秋冬4标，大致每标相距3个月，正月过"春标"，四月过"夏标"，七月过"秋标"，十月过"冬标"，至于每标的具体时间，并不固定。各商号之间在业务往来中的赊欠款项必须在"骡期"（标期）用现金清理完毕。每月的骡期要等待南路由祁县、太谷商人和货物北来后才见分晓，而每季的标期则要等待西路的现银和库伦、乌里雅苏台一带的皮毛牲畜运到后，方可过标。过标期间，市面银根往往紧缺，而大盛魁由于资力雄厚，自然成了商人们最大的借贷商号。大盛魁此举既有效地缓解了商家之间的债务矛盾，促进了商品和资金流通周转的速度，又提高了自己的信誉，增加了利润。因此，"标期"一法，很快得到其他商号的认可，并迅速推广开来。平遥、祁县、太谷等地的商帮纷纷在本县订立自己的标期。例如平遥的春标期为农历三月二十五日，夏标期为六月二十八日，秋标期为九月二十九日，冬标期为十二月十日。祁县、太谷的标期，开始也如此，后来太谷商人自订"太谷标"：春标在二月、夏标在五月、秋标在八月、冬标在十一月。具体日期，每年冬标时由各商家代表共同商定，然后通知各地商家。凡各来往商家客户均须于标期以前结账，

---

① 内蒙古商业经济学会：《内蒙古民族贸易简史》，内蒙古自治区商业经济学会出版社1984年版，第31页。

并在标期前 3 天办理交款。凡是批发商品，多属赊购赊销，等到标期结算，在赊货时就订明结算期。一般是近者定为下一标，较远者隔两标，再远者隔三标，最迟者也必须冬标结算，不能拖搁过年。票号、钱庄的汇款和贷款项的支付收回也遵循标期的约定。凡赊购标期货物的商号，如果标期付不了款，叫作"顶标"。顶标的商号经理人姓名，要在汇票行业登记。一经注册登记，各商家便与其断绝业务往来关系，此后就不能或很难买标期赊购货物。"顶标"对于票庄和商号来说，关系到信用问题，各商家都极为看重，但有三分奈何是轻易不去"顶标"亮相的。因为它直接关系到商号的信誉乃至生存与发展。

"标期"制度的创立，除上述的积极意义之外，它对金融放贷业务的扩展，也起到了重要作用。商人向商号、票号借贷款，要出一定的利息，而这种利息的利率，四个标期，并不一致。"四者之中，以满加利最为普通。所谓满加利，乃满标加利之谓。可分动静两面申论之。"就静态论，四标依此循环，"决定由此橱至下标归款期内之满加利率。但每标期之前半月，钱业即行预开下标之利率，以衡按下标。其利率大致每千元满加利二十元上下……但就动态而论，则市场金融松紧日有变化。一称三月之内，每日有每日满加利行市，甚且每日有早、午、晚三次之行市，满加利之决定，每日由钱业公所交易定之，即随标期之远近而伸缩，复凭银市紧松而涨落。秋季粮食上市，需款孔亟，银市较紧，归标时期虽近，满加利并不因之而低，春季银市甚松，用款极少，票期虽远，而满加利率反低"。① 这种满加利的利率看起来并不太高，大致为 2%，但因借贷者并不在少数，所以由此而获得的利润也就相当可观。借贷的方便，反过来又促进了商品的流通、运输的繁忙。因此，晋商创立的"标期"信用制度，其意义不仅在于它防范债务纠纷，对于活跃金融的重要作用也是值得重视的。

(二) 实行票据贴现与旅行支票

票据在中国历史上起源较早，唐宋时就有了票据的雏形。唐代的"飞钱""贴"，宋代的"便钱"，都具有票据的性质和功能。但由于当时商品经济发展的规模有限，这些所谓的"票据"还不够完善，在社会上也未能大量地使用起来。清中叶票号崛起后，晋商最早使用了商业票据和银行票据。晋商将这种票据称之为"贴子"，如属于本票性质的叫凭贴，属于汇票性质的叫兑贴、上贴，属于商业票据性质的叫上票，属于融通票据性质的叫壶瓶

---

① 蒋学楷：《山西省之金融业》，《银行商报》第 20 卷第 21 期。

贴，属于远期汇票性质的叫期票，等等。票据上有三个基本关系人，即出票人、付款人和收款人。此外，还有背书人、承兑人、持票人、保证人等。每个关系人在票据上签名后，都要对正当持票人的票据承担相应的责任。

汇票作为一种票据，在汇兑过程中，有见票即付和见票隔几日再付两种规定。见票即付就是票号见到持票人所交之汇票后，当即付款兑现，一般用于汇款额数小者。见票隔几日再付，是票号汇款还付的一种规定，主要是为了便于票号的经营，避免汇款大，见票付款的困难，不致因一时付款困难，影响票号的信誉，因而票汇上明白地写有"见票迟×天交款"的字样。持票人必须按规定等×日才能提款，如果持票人因某种原因需要提前取款，这势必要影响票号的正常安排，增加票号的负担，所以，持票者就要交纳一定的费用，票号将这种费用称为期票贴现。与此同时，为了防止出票之家荒闭，或任意推诿，不能按时付款等现象，当地钱行业规定照票注明某日照交，添盖戳记，其文曰某字号照票图章，永远遵守，以昭公示，从而也为汇款者提供了一定的保证。

另外，旅行支票也是晋商常用的一种票据，如客商外出旅行，假设由汉口到上海办货，可将一定数额的款项，如将1万两白银交给票号在汉口的分号，汉口分号开出一张汇票，当即说明途中经南京、杭州，需要提取部分现银，到上海后全部提出购货，汉口分号即通知南京、杭州分号，说明汇款人（亦是提款人）的姓名、汇票密码，待汇款人到南京后，可到指定分号提款若干，南京分号在提款人手执的汇票上加注已提款若干、下余若干，到杭州也如此，直到上海一次提完，并由上海分号收回汇票。这种办法，如同现在的旅行支票或银行的信用卡，不同之处是现在的信用卡可以透支少数款项，票号汇票一般不许透支，尽管这样，仍说明当时山西货币商人的信誉和服务技术已达到了相当高的水平。

（三）金融与商业等企业密切合作

晋商的钱庄、当铺、账局、票号等金融企业，大多数是在商品经营资本积累和发展的基础上兴办起来的。当其金融企业发展起来后，他们不仅没有放弃原来经营的商号、货栈、店铺，反而还在某些方面予以加强，有的还多少地将一些资本投入了纺织、面粉、火柴、酿造以及采矿、冶炼等轻重工业，从而形成了金融资本与工商业资本的有机结合与互促互动。因此，可以说，晋商称雄中国商界的基础在商业资本，而其命脉则在金融。这是因为工商业资本的调拨周转，必须凭借金融机构的汇兑和筹措，而金融机构的放借贷款，又必须要以工商业为主要对象。山西商人正是由于把货币资本与工商业资本紧密结合起来,相互渗透,才使其各种企业互相促进。在这一点上,它与西方国家原始资本积累时期商业与金融业的密切融合有着共同之处。所不同的是,晋商这种资本积累主要是靠自己的努力而来的,而不像西方国家是靠殖民掠夺而获,表现得十分野蛮血腥。从晋商发展的历史轨迹来看,正是其商品经营资本范围的不断扩大和数量的迅速增长,才促成其金融企业的日益发展,这种发展反过来又进一步增强了工商企业的实力。当初,如果没有晋商在内地和俄蒙、中亚、东南亚的商品经营,那么,就不可能有其票号后来在全国各地乃至恰克图、乌里雅苏台、新西伯利亚、莫斯科、新加坡、加尔各答、东京、大阪、横滨、仁川等地的生存与发展。

晋商金融资本与工商业资本的结合,尽管由于受种种局限,以及还被囿于自己经营的企业范围之内,带有很大的封闭保守性,并且在规模上也还有限,但它所走的金融业与其他企业密切合作的道路,其理论意义和实践价值,却是值得肯定并应予以深入研究的。

第二节　近代甬商的金融创新

一　经营管理的变革

近代中国发生了一场由传统经济向现代经济转型的巨大变革,在相当长的一段时间内,中国社会的各方面出现一种传统与现代并存的状态,在金融领域就表现为传统的钱庄与现代的银行长期并存。在新兴的转型经济变革中,作为旧式金融机构的钱庄由于较早与年轻的资本主义经济成分有了联系,导致其性质出现变化,部分地完成自我改造,从而获得了新的发展空间,钱庄已逐步向近代意义的银行转化,在某种程度上已完全具备近代银行的功能。与此相适应,甬商企业家们必须与时俱进,更新经营管理的方式方法,实现经营管理的现代化变革。

(一) 注重制度化管理

商场如战场,随着竞争观念的强化,甬商的企业家们以深远的眼光在本行业或本企业的范围内着手进行整顿改革,兴利除弊,改善企业经营管理手段,实施制度化运作,使企业获得生机。在这一点上,甬商在经营早期的钱庄时,就表现得较为突出。钱庄业是中国较早的金融机构,与票号、典当等组织是我国金融业发展的早期代表机构。在明清时代,得到长足发展。但是,在这一时期,这些早期的金融组织还是停留在旧式的管理方式。而甬商的金融家们，在投身金融事业的发展中，不断积累经验和教训，逐渐形成了自己所特有的一些管理方法，其中在当时影响比较大的是在经营中重视制度化管理。这对于以后甬商在新式银行的经营与管理中，提供了宝贵的经验。

钱庄业原是甬商经营的传统行业。上海开埠后，钱庄业被纳入新的市场体系中，在对外贸易中发挥了巨大的作用。当时上海钱庄市场中活跃着绍兴帮、苏州帮、镇扬帮、上海帮、广东帮和甬商，其中以甬商实力最为雄厚。1883年上海发生金融危机，各帮钱庄的力量消长发生变异，而甬商钱庄抓住机遇加快进展，确保其独占的地位。在19世纪末，上海9家有名气的钱庄中，甬商就占了6家，即镇海方家、镇海李家、慈溪董家、镇海叶家、宁波秦家和有姻亲关系的湖州许家①。其实，湖州许家的祖籍也是宁波镇海。为什么甬商的钱庄业会迅速发展，一个不能忽视的原因是与甬商在其经营管理中的制度化运作有着密切的关系。

以甬商经营传统金融业的商人秦润卿为典型，可以看到甬商在早期的金融业经营活动中已经有制度化管理的雏形。秦润卿担任福源钱庄经理后，改革钱庄业旧的规章制度，不仅吸收银行之长，不断扩大资本额，而且采用新式簿记制作资产负债表，改变旧式仅凭个人信用贷款的方式，实行抵押贷款。福源钱庄还率先在同业中公布营业报告。同时秦润卿还对钱庄的宕账制度进行革新（宕账即职工预支款，实际上是挪用款）。旧时钱庄职工薪俸甚为菲薄，因而规定除学徒外，经理及以下职员皆得陆续透支若干，名为宕账，不计利息，年终分红时扣还，或每3年分派盈余1次，作为结算。尤为甚者，经理在庄东默认下，可预支宕账，少则数万两，多则10万两，划为私款，存入钱庄生息或从事投机生意，一旦经营失败，往往累及钱庄，后果严重，而且影响极坏。秦润卿任经理后，先从自己做起，取消经理宕账，同时适当调整职工工资，并与庄东商定，改3年1次分派盈余为1年小结1次，预先分派部分盈余，扣还宕账，然后3年届期合并进行结算。此外，福源钱庄还明确规定，股东和经理不得向钱庄借款或宕账，不得进行投机买卖，钱庄本身也不从事此类活动，如有盈余则购置房地产或存放同业生息。

此制度实施后，庄内资金既不因宕账而减少，庄内同人也得以安心工作，深为同业和社会人士称许。同时，秦润卿改变了一般钱庄只做信用放款的成规，扩大抵押放款，压缩信用放款，向银行经营方式靠拢。钱庄过去的放款，多凭经理人员或跑街与企业的私人关系，以商业为主要对象，以信用

---

① 宁波文史委编纂委员会：《甬商研究》，中国文史出版社2004年版，第93—94页。

放款为主要形式,这种方式缺乏物质保证,每遇市场波动,则发生倒账或放款呆滞,钱庄就要受到牵连。秦润卿主持钱庄以后,逐步收缩信用放款,改为抵押放款。如1932年5月底该庄放款总额405万两中,信用放款减少为46万两,占11%;抵押放款则增加到359万两,占89%。[①]一系列的改革,使秦润卿所经营的钱庄迅速发展,在资本额、存放额、经营方式的先进性上名列同业前茅,取得卓越成绩,逐渐成为上海钱庄业领袖。许多业主利用钱庄业的金融基础和管理经验,纷纷投资,创办银行,这对上海金融中心和金融资本家集团的形成起到举足轻重的作用。

(二) 体现公司治理思想

鸦片战争前,宁波商人还只能算是旧式商帮,甬商实业家所经营的企业在其存在形式上主要有独资、合伙、委托、借贷等形式。鸦片战争后,西方列强用炮舰迫使清王朝对外开放,广州、厦门、福州、宁波、上海被辟为通商口岸。宁波商人抓住这难得的历史机遇,审时度势,奋力开拓,领先一步,纷纷涉足新兴行业,特别是较早涉足了我国早期的银行、保险、证券等机构的组建和经营,这在当时是颇有风险的活动。由于他们在早期的对外贸易活动中,或充当买办代理洋商经营而起家,或经销洋货、附股洋商企业而获利,或从事对外贸易而发迹。这不仅使大批宁波商人掘得第一桶金,而且使宁波商人成为近代中国最早接触与熟悉西方资本主义经营方式的人士,由此获得了许多管理近代企业、开发市场的经验和知识,而他们在后来银行业的经营中也借鉴了这些先进的管理经验。

甬商参与经营的银行在管理中大都实行的是董事会下的总经理负责制,这与现在的公司治理模式非常接近,在当时是比较先进的。在这种两权分离的管理形式下,总经理的工作范围和责任规定得很清楚,"总经理对外办理事务得代表本行","总经理对于全行营业及任免职员,除有特别规定须报告董事会外,得处决一切事务"。也就是说,总经理受董事会委托,则努力做到接受董事会的监督,尊重董事会的决定,充分注意股东的利益并保证付给优厚的股息和红利。

银行重视做到所有权、经营权分离,做好董事会与总经理的协调,这样就既发挥了董事会的监督决策作用,又得以使经理人员充分施展自己的韬略、才干,减少不必要的摩擦和内耗。董事会与总经理之间的关系处理得好,实际上就是正确处理了所有权与经营权的问题,它直接涉及银行的利润

[①] 《旧上海的金融界》,《上海文史资料选辑》第60辑,第262页。

及股东的切身利益。以甬商实业家于 1908 年创办的四明商业银行为例，四明商业银行就是一家公司制企业①。四明银行开办时，资本额定为 150 万两，先收半数。当时投资在 5000 两以上的股东就有 22 位，这些人凭借其所有权取得利润，而经营权就交给企业自身，使企业能支配自己的一切，按照市场竞争规律从事经营活动，在市场竞争中追求企业的最大利益。最初投资人是孙衡甫，后来他的股份逐渐增大，最多时拥有 558 股，股份金额达 262900 两，占该行资本总额 35%。

四明银行在法人治理结构上设有总董 1 人，董事 8 人，总经理和协理各 1 人，类似于股份有限公司的组织机构：股东大会、董事会、经理、监事会。在股份公司内部，所有权被分解了，股东凭借其出资（股票）拥有对企业财产的终极所有权，具体体现在通过股东大会选举董事会和监事会及监督公司事务，有权按股份取红利，由股东投资形成的股份有限公司财产由董事会支配，形成法人财产权，经理则负责公司的日常经营管理事务。杨荫溥先生认为，四明银行是中国最早以股份有限公司形式组建的新式银行。②

由于四明银行实行了股份制，其业务发展很快。四明银行在北洋时期还取得钞票发行权，存款总额也不断上升，1926 年四明银行存款 2000 余万元，1930 年达到 4000 余万元。与此同时，四明银行的资本额也在不断上升（见表 6-1）。在钱庄逐渐走向衰落的过程中，四明商业银行发展迅速，信誉良好，成为上海 14 家著名银行之一，被视为甬商的金融根据地，在甬商的近代化中发挥了重要的作用。

表 6-1　　　　　　　　　　四明银行历年资本额一览

年份	资本总额	实收资本额
1918—1923 年	750000 两	649825 两
1924—1926 年	750000 两	750000 两
1927—1930 年	1500000 两	1500000 两
1931—1935 年	2250000 元	2250000 元

资料来源：《上海研究资料》（续集），第 264 页。

（三）明确的职责分工

作为近代甬商旧式金融主体的钱庄业产生于封建社会，发展于半殖民地

---

① 洪葭管：《金融话旧》，中国金融出版社 1991 年版，第 56—58 页。
② 杨荫溥：《上海金融组织概要》，商务印书馆 1930 年版，第 116—118 页。

半封建社会，因而具有极为错综复杂的情况和特点。它们在管理体制、组织形式及一些规章制度方面难免带有封建的色彩，但业务经营上以资本主义经营方式为主，基本上适应了近代资本主义经济发展的需要，甬商钱庄业和一般商业银行一样，在其内部组织及管理中对不同职务的职责都有明确的划分，体现了专业化分工的管理原则，对于提高钱庄的整体工作效率有很大的促进作用。通过考证甬商在上海的钱庄经营管理，我们可以看到钱庄特殊的管理模式。在此主要分三点来说明：一是股东责任，二是经理人选，三是职务分配。

1. 股东责任

钱庄大都采用合资公司的经营模式，独立经营的极少。参与合资开办的钱庄，股东人数从二人至十人不等，其中合资人数以四人、五人或六人最为普通。从当时上海金融机构发展状况的统计数据来看，参与钱庄经营的四人合资者有 27 家，五人合资者有 23 家，六人合资者有 18 家，合计一共 68 家，占到当时统计调查的 112 家钱庄的 60%。

从股东的责任来看，钱庄不论是独资还是合资经营，股东都负有无限责任。因此，通常在遇到市面紧急的情况时，股东往往需要垫付巨额款项，避免市场动荡给本钱庄带来影响。当时的钱庄经营中，股东对钱庄所负的责任不仅仅是以实收费本为限，上海的钱庄业同业对各钱庄股东的责任也有严格的规定：凡在钱庄停业时对于自己所负责任不完全清楚的股东，如日后重新参与经营钱庄业的，同业将不承认其经营钱庄的资格，用意实至深远。

2. 经理人选

负责掌握钱庄经营权的是经理，同时还设有协理和一二位襄理辅助经理管理钱庄。有时钱庄在经理以上还设督理一职，督理大都是由股东委派任命，并没有什么实权，主要负责监察经理的日常工作，以及参与钱庄经营中的重要事件。有必要时，督理会将钱庄内的具体情形及时向股东报告。一般情况下，督理大都设置在独资经营的钱庄，或二位股东合资的钱庄里，尤其是股东对经理不是特别信任时，才会派一位信任的人担任督理。在四五人以上的合资钱庄中，很少会设督理之职。通常钱庄经理都富有经验，对于钱庄经营也是谨慎尽力。在当时的钱庄经营中，经常会有如下情形，有的钱庄虽然股东资力稍薄，但是由于经理经营得当，往往会使钱庄业务蒸蒸日上；相反，如果钱庄的经理不能尽心尽力，又缺乏经验，往往钱庄前途不容乐观。

可以看出，凡钱庄采用经理独裁制的，经理的责任最重。也由此民国十六年二月（1927 年 2 月）钱庄业同会举行年会，曾经有人提议进一步明确钱庄经理人职责权利。其原文云"公决自后无论入会同业，及元字同行经理人，其经理庄家倘有倒欠人款，折偿未清者，该经理如日后重营钱庄业，我同业概不认其为同业"。[①] 此项决议的提出可使现任的各钱庄的经理了解到自己的职责所在，有利于钱庄的营业方针日趋稳健；也可以使无能力胜任经理之职的人，不敢轻易尝试；同时也会使股东在以后对经理人选的选择上格外慎重。有时候经理一职也有从股东之中的一人充当担任的，在当时的上海钱庄中就有很多，如北市的信裕、恒隆、寅泰、鸿祥，南市的源升、怡春、宝隆、裕和等20余家钱庄，经理都是由股东之一担任的。

3. 职务分配

在钱庄的人员组织设置上，经理之下职员很多，通常达到四五十人。这些职员中有的直接由股东聘请而来，也有由经理聘请来的，每人都有自己明确的职责，由经理来分配职务个人各负其责。其中主要包括八大职责：一是"清账"，专门负责清理账目事务，凡一切编制月结算年结算，以及决算盈亏、计算利息等事务都划归"清账"负责。此外另设"帮清"一职负责辅助工作，有时业务比较多时也会加设"对账"及"开清单"等职者。二是"汇划"，主要是掌理会计事务，专门考核存款借出款，记录账目，管理出纳，查核票据等。还设有"副汇划"一职辅助其工作，帮助管理当日的收解票据。有时还另设"帮汇划"一职，专门负责出票。三是"信房"，主要职务是专门负责书面往来文件及接洽客路代理收解。另外设有"帮信房"，辅助其工作，专门负责抄留信底等事务。四是"洋房"（或称"洋务"），专门负责银洋钞票的出纳，以及记录洋款账目等事务，有时也会设"帮洋房"一职辅助其工作。五是"钱行"（又称"市场员"），专门负责在市场拆借银圆、买卖银圆等事务。有时业务繁忙时还需要另设"副钱行"一职辅助其工作。六是"跑街"，专门负责在外面承揽生意，为钱庄客户的借贷往来充当中间人，同时还兼负信用调查的职责，如探询客户的家庭出身、经营业务以及财产状况等。有时当"跑街"来不及负责有些业务时，钱庄会设置"跟跑"一职。"跟跑"与"跑街"相比，责任较轻，一般要听从"跑街"指挥。七是"客堂"，专门负责钱庄内接应宾客等杂务。八是"栈司"，专门负责送银钱、送票据、打回单等事。

此外，钱庄还有许多学徒或练习生，一般主要负责收票、抄录、传递等杂务。对于钱庄经营中需要的人员多少，通常没有固定的制度安排，一般是

---

① 中国人民银行上海市分行：《上海钱庄史料》，上海人民出版社1960年版，第127—135页。

根据钱庄规模的大小来决定。

二 组织形式的创新

明中叶以来,甬商商人创立了一种以血缘家族为核心,以地缘关系为纽带的经济组织形式。这种家族同乡关系与现代经济活动有机结合的组织形式,具有强大的团体力量和群体互助意识,非常适合半殖民地半封建中国社会的国情。而从甬商经营以及整个经济活动来看,突出表现为集团化的鲜明特点。从甬商经营的金融业来看,也呈现了相同的趋势。

本文前述内容中已经说明:无论是旧式钱庄业还是新式银行业、保险业,甬商都是主要的开创者。进入民国后,他们又参与上海证券业、信托业的开拓,并在整个金融业一直保持发展优势。甬商经营的金融业之所以能够取得这些辉煌的成就,离不开甬商这种特殊的组织形式,不仅加强了内部的紧密联系,同时也造就了自身在金融界的优势地位。主要表现为:甬商钱庄业的集团化和甬商所经营的银行、保险、证券等金融机构的相互渗透。

(一)钱庄业的集团化

以经理的籍贯为依据,划分钱庄业的帮别,在钱庄业经营活动中由来已久。而甬商钱庄业的集团化是指由宁波籍人经理的,以地缘、血缘和业缘为纽带结成的钱庄金融势力。在19世纪末期至20世纪初的上海钱庄中,甬商钱庄业已经有了集团化的雏形,并且不断发展壮大,最终形成实力雄居同业之势。从上海钱庄业界的历史进程中,可以清楚看到甬商钱庄业集团化的形成趋势。

1. 产生了一批钱庄业界领袖人物

甬商钱庄业集团在北洋时期,发展迅速。清王朝结束后,民国政府比较注重振兴实业,制定了一系列旨在推动农工商矿牧渔各业全面发展的政策法令,加以第一次世界大战期间西方资本主义国家输华商品大量减少,民族工商业获得了持续快速发展。与此相应,上海钱庄业也从辛亥革命后的低谷得到迅速恢复和发展。1912年,上海汇划钱庄只有28家,1917年增至49家,1920年为71家,1926年达87家。① 辛亥革命后至抗日战争前夕,甬商钱庄在上海钱庄业中始终占据重要地位。

在这一时期,有相当数量的一批宁波籍钱庄业主成为上海钱庄业界中叱咤风云的人物。如经芳洲(上虞)、赵朴斋(宁波)、胡小松(余姚)、屠

---

① 中国人民银行上海市分行:《上海钱庄史料》,上海人民出版社1960年版,第188页。

云峰（上虞）、陈笙郊（上虞）、谢纶辉（余姚）、王冥生（余姚）、李墨君（鄞县）、庄尔芗（宁波）、罗秉衡（慈溪）、冯泽夫（宁波）、陈一斋（上虞）、袁联清（慈溪）、张宝楚（宁波）、刘杏林（上虞）等。他们是上海钱庄业界"备受众望"的杰出代表，"举凡安定市面，救济工商，团结内部，改进业务，或福被社会，或泽遗后人……而宁绍两帮人士，在上海钱庄业之根基，于焉确立"。① 他们又都是上海南北市钱庄业组织的董事，其中不少人因对钱庄业及上海工商业"功绩尤著"，后来成为钱庄业界公祭的先董。②

2. 始终掌控上海钱庄业同业组织

上海钱庄业原在内园设有同业组织钱庄业公所，19世纪60年代钱庄业重心由南市移至北市后，南市钱庄业为重振雄风于1883年另建南市钱庄业公所，协调南市诸钱庄业务。北市钱庄业则筹资12万两于1889年创设占地16亩的北市钱庄业会馆。上海钱庄业自此出现了南公所与北会馆并立的局面，但以新型进出口贸易为主要业务的北市钱庄业已居于领先地位，不但钱庄数量和资本额超过南市，银拆、洋厘行情也以北市为据。③ 北市钱庄业会馆也是上海钱庄业界的业务协调中心和领导中心。在北会馆24名历任董事中，其中浙江籍至少16人④。所以北市钱庄业会馆成立，是业缘与地缘高度统一的同业组织，甬商在其中居支配地位，是甬商钱庄业集团出现的主要标志。据《上海钱庄史料》记载："钱庄业之进用人才，首重介绍，父子相承，传为世业，旁及戚娅，故以同乡人为多，至于进用陌生之人，苟非真有才识，甚不多见也。"⑤ 因而上海钱庄业多为宁波人所把持，同乡相连而成帮别是为重要原因。

3. 母地钱庄与异地钱庄互为扶持

浙江宁绍地区钱庄业素来发达，五口通商后商机敏锐的甬商钱商即转向上海谋发展，浙江钱庄特别是甬商钱庄的业务重心移至上海。而浙江本地的钱庄发展并没有向近代工商业那样因上海崛起而受到影响，而是仍然迅速发

---

① 前揭秦润卿文，《五十年来之中国经济（1896—1947）》，第71页。
② 前揭秦润卿文，《五十年来之中国经济（1896—1947）》，第74—75页。秦氏该文所列被公祭的12位先董几乎是清一色的浙江人。
③ 中国人民银行上海市分行：《上海钱庄史料》，上海人民出版社1960年版，第31页。
④ 中国人民银行上海市分行：《上海钱庄史料》，上海人民出版社1960年版，第35页；秦润卿：《五十年来之中国经济（1896—1947）》，第74—75页；《上海北市钱业会馆壁记碑》，《上海碑刻资料选辑》，上海人民出版社1980年版，第401页。
⑤ 中国人民银行上海市分行：《上海钱庄史料》第11章，上海人民出版社1960年版。

展。第一次世界大战期间，浙江钱庄最多达 889 家①，即使 30 年代初受经济危机及"九一八"等事变的影响，浙江钱庄仍有 632 家②，其中宁波有 160 家，资本约 390 万元，比 1930 年上海钱庄业中除浙江籍钱庄外的其他外帮钱庄的正附资本总额还多 18%。③ 可以从两方面看到甬商母地钱庄与异地，尤其是与主要发展地上海的钱庄往来密切：第一，大批在上海等异地经商致富的商贾回寄的赡家款、支援故乡亲友及家乡建设等款项较为充裕。加上由于本地商业比较发达，人民生活相对较为富裕，本地钱庄的资金一直较为宽裕。第二，本地钱庄或因资本关系与上海等地钱庄互为连号，或因经理人员血缘亲族关系而与上海的钱庄"呼吸"相通。

因宁绍等地近代工业发展相对落后，钱庄业资本出路狭小，所以宁绍母地钱庄就将资本大量拆放于有连号关系或血缘亲属关系的上海钱庄，其数据之高每年竟达二三千万两。④ 就个别钱庄而论，1919 年仅恒隆庄就有宁波钱庄的放款 37 万两，宁波钱庄业托该庄代放的款项多时达二三百万两⑤。这还仅是平时的生息拆放，一旦上海出现金融风潮，宁绍母地的钱庄更是全力予以资金融通。所以，宁绍母地被称为上海的"多单码头"。⑥ 上海的甬商工商企业，实力雄厚，多是甬商钱庄的忠实股东，它们是钱庄、银行抵御金融风潮的可靠后盾。比如，民国初，四明银行发生挤兑时，宁波人开设的各家银号和钱庄以及各大商店都会主动收兑四明银行的钞票，使四明银行渡过难关。正如《民国上海县志》曾这样说："辛亥光复，国内银行兑现提存，几同一辙，而该行赖以平定者，甬商之力也。"⑦ 母地钱庄与上海等异地的甬商钱庄互为挹注，也是甬商钱庄业集团化的一个特征。

(二) 银行、保险、证券等机构的相互渗透

甬商不仅在传统钱庄业经营中发挥了自身的组织形式优势，在同业经营中，也表现卓越。同时，在近代新型金融机构中也充分利用甬商的组织形

---

① 人民银行浙江省分行金融研究所：《浙江近代金融史》（初稿、油印本）中篇，第 98 页。
② 俞佐庭：《钱业与工商业之关系》，见上海市商会商务科《上海市商业统计——金融业》，台湾文海影印本，第 137—139 页。
③ 中国人民银行上海市分行：《上海钱庄史料》，上海人民出版社 1960 年版，第 190—205 页；《浙江籍资本家的兴起》，第 200—208 页。
④ 《浙江商务》第一卷，第一期，第 20 页；民国《鄞县通志》，乙编，金融，见《中国地方志集成》，第 17 册，上海书店 1993 年版，第 1056 页。
⑤ 中国人民银行上海市分行：《上海钱庄史料》，上海人民出版社 1960 年版，第 839 页。
⑥ 宁波金融志编纂委员会：《宁波金融志》第一卷，中华书局 1996 年版，第 207 页。
⑦ 民国《鄞县通志》，《政教志丑编·党部团体》，第 1500—1590 页。

式，使甬商所经营的现代银行、保险、证券等行业也处于优势地位。

1. 甬商银行资本迅速发展，经营趋于集团化

如前所述，甬商在上海近代金融业产生阶段具有十分重要的地位。在辛亥革命以后至20世纪20年代中期中国民族资本发展的"黄金时期"，甬商银行资本获得迅速发展。这种发展首先表现在数量上，根据迄今为止收录较全的杜恂诚《民族资本主义与旧中国政府》一书附录，从1912年到1927年创办于上海的银行共56家，① 知道创办人或企业代表籍贯的有49家，其中宁绍人创办的或为企业代表的银行有29家，占59%。

甬商银行不仅在数量上占据优势，而且资本趋于集中。以甬商主要发展地上海为例，这种集中既表现为若干家甬商银行资本的迅速积累、扩大，成为上海银行中的佼佼者，也表现为甬商银行以"南五行"和宁波系三行为核心联合起来，经营趋于集团化。所谓"南五行"即中国银行上海分行（1928年总行迁至上海）、交通银行上海分行（1928年总行迁至上海）、浙江兴业银行、浙江实业银行和上海商业储蓄银行。②

中国银行的基础是大清银行，在清末最后几年，由甬商为主的浙江商人经营的大清银行上海分行"商化"日益明显，其中浙江籍股东占很大比重。③

交通银行上海分行原并非由甬商经营，1917年初吴兴人钱新之出任副经理，次年即出任经理。④ 钱氏迁行址于外滩，1921年引进胡孟嘉（鄞县）开创国际汇兑业，并努力扩大在金融和工商界的影响，使银行业务蒸蒸日上，成为交行业务的"龙头"。1922年钱新之北上交行总行任协理后，由原浙江兴业银行经理盛竹书（镇海）继任上海行经理。1927年盛氏病故后，胡孟嘉升任经理。1928年交行总行迁至上海后，胡即升任总行经理。⑤

浙江兴业银行经营素抱稳健主义，在民初动荡的政局中，银行界虽"迭起波澜，而该行累遭变乱处之泰然"⑥。自1914年改革和总行迁至上

---

① 中国人民银行上海市分行：《上海钱庄史料》，上海人民出版社1960年版，第503—522页。
② 王承志：《中国金融资本论》，光明书局1936年版，第98页。
③ 中国银行史编委会：《中国银行史》，中国金融出版社1995年版，第88页。
④ 中国银行史编委会：《中国银行行史》附录六，中国金融出版社1995年版，第889—897页。
⑤ 徐寄庼：《最近上海金融史》，上海书店出版社1932年版，第54—55页。
⑥ 周葆銮：《中华银行史》第六篇，台湾文海影印本1919年版，第5页。

海后，该行在叶景葵、蒋抑卮、盛竹书的合力经营下业务迅速发展。① 从1915年到1933年，浙江兴业银行存款额直线上升，从379万元增加到8362万元，增长21倍。其间资本盈利率也居商办银行前茅，据统计，1912年到1926年纯利润累计371万元，超过资本平均额1.36倍，平均年盈利率为15.8%，1923年资本盈利率高达39%，成为全国商办银行中的佼佼者。

浙江实业银行的基础是原浙江省银行上海分行。在"一战"爆发后，该行提出"扶助生产，发展事业"的经营方针，业务随着中国工商业的发展而蒸蒸日上，而且商股逐渐增加，"商化"日益浓厚。大战结束后，仅上海分行李馥荪、周宗良（宁波）、卢学溥（桐乡）3人的股份就超过30万元。②

成立于1915年的上海商业储蓄银行，虽然主要由苏籍的庄得之、陈光甫创办，但浙江实业银行的总经理李馥荪也是主要发起人，并在创办时投资2万元，占该行7万元创业实收资本的28%，以后他长期是这家银行的董事③。而且该行与浙江兴业银行、浙江实业银行业务联系十分密切。

所谓宁波系三行即四明银行、中国通商银行、中国垦业银行④。四明银行在辛亥革命期间凭借甬商之力平息了挤兑。进入民国后，创办时投资不大的孙衡甫（慈溪）拥有的股份逐渐增大，最多时占总额35%，孙氏遂于1912年任总经理（后兼任董事长）。中国通商银行在进入民国后也逐渐演变为甬商银行。辛亥革命后，通商银行的最大股东招商局的股份全数派给股东，这使通商银行中甬商的股权大为增加。1916年盛宣怀去世后，傅筱庵（镇海）进入通商银行董事会，1919年又继谢纶辉任通商华经理（后改为总经理）。中国垦业银行原设于天津，1929年由王伯元（慈溪）、秦润卿（慈溪）、梁晨岚（宁波）等接办后设总行于上海，天津改设分行，秦润卿任董事长兼总经理，王伯元为常务董事兼经理，"实力颇厚"⑤。

这些都是以实力雄厚、营业发达著称的银行。从表6-2可以看出，南

---

① 中国人民银行上海市分行：《上海钱庄史料》，上海人民出版社1960年版，第190—202页。
② 徐矛等编：《中国十银行家》，上海人民出版社1997年版，第195页。
③ 《上海商业储蓄银行史料》，上海人民出版社1990年版，第36页。
④ 王承志：《中国金融资本论》，光明书局1936年版，第98页。
⑤ 徐寄庼：《最近上海金融史》，上海书店出版社1932年版，第270页。

五行和宁波系三行在 28 家重要银行中占的重要地位①。

表 6-2　　　1933 年南五行和宁波系三行在 28 家重要银行中的地位　　单位：万元

类别	实收资本		存款额		公积金		放款额		发放兑换券		该年盈余	
	数额	%	数额	%	数额	%	数额	%	数额	%	数额	%
28 行	17386	100	241689	100	6088	100	20232	100	49406	100	26812	100
8 行	5268	30.3	131875	54.5	2083	34	11606	57.4	33591	68	5708	21.3

资料来源：据中国银行总管理处经济研究室：《民国二十二年度中国重要银行营业概况研究》的"各行历年资产总表""各行历年负债总表""二十二年度各行资产比较表""二十二年度各行负债比较表"编制。公积金项包括历年滚存盈余。

2. 银行、保险、证券交易所、信托公司形成一体

如前所述，甬商是我国早期保险业的开创者。19 世纪晚期到 20 世纪初，甬商在上海保险业占据优势。1934 年，总公司设在上海的保险公司共有 22 家②，其中以甬商为主的浙江籍经理的至少有 13 家，占总数的 59%。而此时上海保险业资本也出现向甬商集中的趋势。其一，若干家甬商保险公司由于经营得法，资本快速积累，成为同业中的翘楚。如 1931 年由宋汉章等创设并由宋任董事长的中国保险公司，额定资本 500 万元，实收资本 250 万元③，与天一保险公司组成上海保险业的第二阵营。其二，出现了以甬商为主的联合保险组织。30 年代以前，资力薄弱的华商保险公司为分担风险，每承担大宗水火险业务，都以其中大半分保于实力雄厚的外商保险公司，致使利权外溢。④《鄞县通志》说，甬人"团结自治之力，素著闻于寰宇"⑤。1933 年，甬商通易信托公司保险部、宁绍水火保险公司、华安水火保险公司、华兴保险公司联合永宁、永安、先施共计 7 家公司成立了华商联合保险公司，这是我国"专营再保险业务的第一公司"，设立后"营业极为发达"。

三　建章立制的举措

随着货币经营资本的发展，各种金融机构大量涌现，嘉庆初年，上海钱

---

① 陈曾年：《论 20 世纪初华资银行的崛起》，《上海经济研究》1990 年第 1 期。
② 不包括永安人寿、永安水火、先施人寿、先施置业、太平、上海联保水火 6 家分公司，见《保险年鉴》，中华人寿协进社 1935 年版。
③ 《保险年鉴》（下），中华人寿协进社 1935 年版，第 33 页。
④ 《保险年鉴》，中华人寿协进社 1935 年版，第 12 页。
⑤ 浙江省政协文史资料委员会：《宁波帮企业家的崛起》，浙江人民出版社 1989 年版，第 13 页。

庄已发展到 124 家，其间难免会出现同业间的无序竞争，以及倾轧、欺诈等行为。与此同时，清朝后期货币极为混乱，由于市场上流通的银两、银圆、铜钱、宝钞、银票并行，而银钱的成色分量又不统一，因此，给一些不法之徒私造沙板钱，冒充法定制钱流通，造成了可乘之机，假冒伪劣货币的泛滥，也严重地扰乱了金融秩序。凡此，都给经营货币资本的企业，带来了很大的金融风险。面对这一现状，甬商为防范金融风险，积极采用各种办法自救，同时也增强了整个金融业防范风险的意识。

(一) 总结金融恐慌，制定应对措施

甬商经营传统钱庄业时，先后制定了一些策略以应对金融恐慌。民国十三年八月（1924 年 8 月），以江浙战争而发生之金融恐慌为例。当时谣言四起，全市震动，银拆连开顶盘。厘价飞涨至七钱四分，公债花纱、标金等无不暴落，英日等汇划商有囤积者无不纷纷脱手。钱庄业更是破绽迭出。永春、永昶两个小钱庄最先停业，裕丰大同行随后也面临困境，大量问题等待清理。当时钱庄业举动最为上海金融商界所瞩目，恐慌局势能否有转机，全由钱庄业来决定。为能够渡过金融恐慌，钱庄业于当月二十日共同商议，议决临时自卫办法数条，以十日为有效期间。内容大致如下：(1) 呼吁各往来商号，素来只存不欠之户，如来掉票，无论所来之票是汇划庄票或殷实可靠的挑打庄票，如欲以远期票抵近期款，一概不理。(2) 对于巨额存项往来，如需远期票，可以照付；如要近期或即期票的，必须董事会通告施行。(3) 对各殷实的往来商号，一概不能对其信用放款，放款必须有代用品作抵押，而且只能使三天左右较短期限，而且出票必须在十天期限内。若打算即期的，则一概不准。综其用意，无非是对于近期中需用之款项，严抱收缩主义，以期减少同行紧急之程度。此项决定虽不能绝对达到镇定人心之效果，但实具强制镇定人心之力量。由于此期间不过 10 日，遵守行为对全体钱庄业信用上没有影响。加上钱庄业于二十一日做出的通力合作的议决，要求凡入会同业中有轧缺银单的，可报告同业公会会长，经会长查清是非曲直，所缺之银可由全体入会同业公共分拆。一方面，收缩放款以防患于未然；另一方面，济困扶危，以合作的方式达到人心一定的收效，恐慌也自然平息①。

(二) 密切同业联系，加强金融监管

钱庄业先后经历了几次经济风潮、政治风波后，甬商为防范金融风险，

---

① 中国人民银行上海市分行：《上海钱庄史料》，上海人民出版社 1960 年版，第 135—140 页。

加强了同业之间的联系，其中以上海钱庄同业间组织最为完善，设立了固定的公会组织形式，主要有钱庄业公会和汇划总会。这些组织，凭借在当地的实力和影响，可以负责商定市场规程，协调各商号，组织钱市交易和同业拆借。这样，就比较有力地防止了金融市场无序的混乱局面，给金融业的正常营运创造了一个有利的环境。

1. 钱庄业公会组织

钱庄业有公共团体，最先为内园。内园在城内邑庙，为南北钱庄业之总公所。其后为便利集会，又在南市施家弄设南市公所。光绪十七年（1890）北市之钱庄业公所，由北闸路迁至文监师路。以后议事集会除大事乃至内园外，其余各在南北市公所举行。当时钱庄业公会规模粗泛，组织简单。后几年来，钱庄业营业日益发达，于民国十二年一月（1923年1月）修正章程，重新改组，自此日臻完美①。

钱庄业公会设立主要以保证金融流通以及交易安全为目的②。其职务可分为七项：（一）联合公会的同业研究业务以及促进经济事项的进步；（二）促进同业之发展；（三）矫正营业之弊害；（四）提倡合群及讲求信义；（五）评议入会同业之争执、和解争执纠纷；（六）同业因商事行为有必要请求则转函商会陈请官听或转函各埠商会；（七）处理其他关于同业而公会得处理之事项。

上海钱庄业营业规则，由公会同业所公订。公会每年于旧历正月十三日开年会一次，在内园举行。常会则每月二次，日期定为旧历初二及十六。③

2. 汇划总会

汇划总会即汇划各钱庄每日互相对轧，并算清应收应解款项之所，相当于上海钱庄业之票据交换所。上海钱庄业营业规则第二十条丙项有云"入会同业，收付银两在五百两以上，银圆在五百元以上，均取公单当晚至总会汇总，多凭总会划条向收，缺凭总会划条照解"。照此条解释则凡钱庄业公会会员均为汇划总会会员④。其汇划方法大致如下：第一步，各庄间先有票据与公单之直接交换；第二步，赴总会汇总，为公单之轧算。依次释明如下：

---

① 杨荫：《上海金融组织概要》，商务印书馆1930年版，整理而得。
② 洪葭管：《金融话旧》，中国金融出版社1991年版，整理得到。
③ 同上。
④ 中国人民银行上海市分行：《上海钱庄史料》，上海人民出版社1960年版，第701页。

（1）领公单　假设某日安裕收入福康票据如下列数目
第一次收票　元　　三三，五六八·九九两
第二次收票　元　　　四，七〇六·八八两
第三次收票　元　　　　　四〇三·〇〇两
客路汇划　　元　　五五，五〇〇·〇〇两
共计　　　　元　　九四，一七八·八七两

则安裕于当日下午二点后，可将以上票据着人送交福康。福康于此时并不须付现，不过需履行一种照票手续，须出九万四千两之公单，交付来人，为当晚轧账之依据。其余额一百七十八两八钱七分，因未满五百之数不能列入公单只得暂时登账，等到与福康收入安裕票据余额相轧。假设同日福康收入安裕票据，如下列数目：

第一次收票　元　　三〇，〇六六·五九两
第二次收票　元　　　四，七八八·〇三两
第三次收票　元　　一五，六〇〇·四四两
客路汇划　　元　　　五，〇〇〇·〇〇两
拆票　　　　元　　六〇，〇〇〇·〇〇两
南庄汇划　　元　　　二，五〇〇·〇〇两
共计　　　　元　　一一七，九五五·〇六两

则于当日二点后，福康会遣人将上列票据直送安裕，由安裕出还公单十万七千五百两。余额四百五十五两零六分，则与安裕收福康余额一百七十八两八钱七分相轧，安裕应解福康规元二百七十六两七钱九分。此项未满五百两的尾数银，于民国十三年十二月（1924年12月）以前，一概须当日解现、收付清讫。当时由于永丰钱庄"栈司"送银被劫，所以由钱庄业公会共同决议，凡入会同业及元字号小同行每家提出现银一万两送交公会。由公会分别寄给中外各银行，作为票现基金，以资金保障。自后凡不满五百两的尾数银，只需核对图章，无误后再解现银，以省手续而免危险。不料民国十五年（1926）底，衍丰庄倏然倒闭，累及各庄之票现找银，超出原存基金一万二千两之多。民国十六年二月（1927年2月），钱庄业年会提案讨论，议决对于尾数银此后仍旧记账，不解现银，只有阴历每月初二、十六两日须各解现清讫一次，以防日积月累，积成巨款，致超出万两基金之保障。自后公会两度增加各庄应缴基金银数，至十七年（1928），已添至每庄三万两。此项基金总数已达二百四十九万两了。但是公单处置尾数银仍未能清理，于是有第二步之轧公单。

（2）轧公单　每日自下午二时起，各钱庄互送票据，互领公单。至下午七时各庄公单大都均已打出，甲庄已收到乙、丙、丁等数十庄家之公单，乙庄已收到甲、丙、丁等数十庄家之公单。则各钱庄能就其发出收入公单，就知道当日应收应解之款额。① 若解多于收，则应解付现款或先向同行拆进其应解之数。收多于解，则可收入现款或先向同行拆出其应收之数目。当日，多银者可以拆出，缺银者则拆进，则各庄之间的公单可以完全平衡抵销。公单齐备之后，各庄即可全部交给汇划总会，注明应解应收之数。如果各庄中有拆进拆出的，其应收应解之额因应与拆借额相等。其余则由汇划总会，出划条给收多解少的钱庄，指定其向各解多收少的钱庄，自行收款。故总会除出划条外并不负收付款项责任，实质上只是一个公单清理处。上海每日汇划款项银两约达三千万两，洋元亦达四百万元之多，平时每当阴历月底汇割收付数目较多。②

（三）严格制度规章，加强内部管理

甬商在经营中，十分重视企业内部各种规章制度的建立健全，并把它作为基本规范，要求上下一体遵照执行。各家钱庄或票号的规定虽然繁简不一，但在几个主要方面却是基本一致的。这就是对人财物的管理，对员工品行操守和道德的要求与规范，以及从业人员在业务程序和遵循守则方面的规定。

甬商参与投资和经营的银行各项管理制度比较健全，各家银行的总行均订有翔实的章程和制度办法，几家主要商业银行亦莫不如此。在机构设置、业务方针、经营管理、财务会计以及员工福利等方面，概按总行规定执行。内部一般分设文书、营业、会计、出纳四科（系），除敦叙等几家小银行外，另有信托、储蓄两部之分设，对内则统一为信储科。个别如鄞县县银行还专设汇兑科。商业银行的经理人选多聘请当地著名人士担任，其余则以私人引荐为主，并须觅具妥保，签订合同和保证书。

在行员福利待遇上，几家大银行均有养老退休、医疗保健、子女教育补助等制度，对行员提供宿舍，待遇优厚，平时强调行纪、行规，订有行员信约和守则，实行年度考核和奖惩。工作成绩显著、有较大贡献者，另有年功加薪，一般人员定期给予晋升。具体考核内容一般分为工作成绩、办事纪律、品行学识三个方面，以中央银行为例，工作成绩为 40 分，办事纪律、

---

① 中国人民银行上海市分行：《上海钱庄史料》，上海人民出版社 1960 年版，第 503 页。
② 杨荫：《上海金融组织概要》，商务印书馆 1930 年版，整理而得。

品行学识各30分。90分以上为甲等，80分以上为乙等，70分以上为丙等，60分以上为丁等，60分以下为戊等。不满70分或进行时间不久，全年请假满一个月，曾受行政处分的，不予晋升加俸。一般可加一级，最多以四级为限，不满60分的，经查明呈报，予以惩处。在月薪支付上，几家大银行远比小银行为高。

抗日战争初的民国二十六年（1937），总、分行员工月俸保持一定对应关系，经理比照总行科主任办理，每月300元左右，系主任比照总行办事员办理，每月60—220元，助员30—55元，练习生15—25元。至于宁波实业、敦叙商业等规模狭小的商业银行，其员工待遇则与钱庄相伯仲，副经理约50—60元，一般职员20—30元。

抗日战争时期和抗日战争胜利后，通货膨胀，物价上涨，原有工资制度废弃，彼此各自为政，总、分行不相统一，多以津贴、福利费等名义给付，有的在膳食、水电等费用项下列支，或通过借支，提前发放。为此，各银行费用开支激增。因此，银行对员工工资多通过其他途径进行弥补，诸如允许借支和提前发放工资，增加福利费、膳宿费等补贴，有的通过水电、灯油费等列支，各行名义工薪支出极不一致。

财务会计制度方面，初期采用单式现金记账法，19世纪30年代前后才逐步改进，采用权责发生制，借贷复式记账，建立半年结算、全年决算制度。但敦叙等个别商业银行参加钱庄业过账，比照钱庄做法，采用旧式簿记。各银行科目、账户设置不一。一直到抗日战争胜利后，才统一设置会计科目，普遍实行借贷复式记账，一体编制资产负债表、损益计算书、营业实际状况报告表，逐一编写财产目录。会计科目由粗到细，增设转贴现、承兑汇票、保证款项、交换票据、存款准备金、通知存款、证券期货买卖等科目。以浙江地方银行为例，会计科目从原有的43个增至90个，增加一倍以上。

从上述这些规章中，可以看出，甬商对企业内部的管理是相当严格的。有的规定似嫌苛刻，不尽常理，甚至带有比较浓重的管制色彩，但大多数都是符合票号这一企业的性质及其特殊要求的。就其总体而言，它贯穿了甬商诚信的经商思想，也体现了甬商的特点及其经营风格。它所坚持的"因事用人，决不因人用事"的原则，它所提倡的实事求是、讲究信义、反对欺诈、同业者之间应当平等竞争、利益均享等思想和作为，以及重视学徒业务能力的培养，并在培养中要求理论与实际相结合的做法，等等，都充分说明了这一点。这些规定和要求，在当时就对甬商事业的兴旺发达起到了有力的保证和促进作用。即使用今天的眼光来审视它，也不过时。

四　业务拓展的创举

（一）钱庄的过账制度

过账制度是钱庄的创新，而宁波的钱庄业又最早实行过账（转账）制度。① 过账制度产生的时间，在1925年所立的《宁波钱庄业会馆碑记》碑文中说已"行之百余年"，从1925年上推一百多年，则至迟应在嘉庆年间。但碑文是否作者得自传闻，无从考证，因此创始时间不一定准确。据说宁波钱庄过账制度的产生时间为宁波开埠之初的1843年、1844年之间。

过账制度是一种十分独特的社会会计结算制度，与后来银行业所实行的"票据交换"相类似，只是它没有票据，而是采用一种叫"过账簿"的本子代替票据，手续极其简便，制度又相当严密。过账以大同行钱庄为范围，在大同行钱庄开户的客户，可以直接过账。在小同行钱庄和现兑庄开户的客户，过账时要由开户的小同行或现兑庄认定一家大同行的牌号，并以此认定的大同行名义进行过账。各客户之间有款项往来，只要收付双方各自把过进过出账款登入过账簿内、各自送交自己开户的钱庄，不必再收付现款。19世纪50年代初的记载称：宁波殷实富户开设的钱庄拥有雄厚的资本，它们所发的钱票，都有较高的信用。各业商贾与钱庄大都建立信贷关系。所以，当地商人"向客买货，只到钱庄过账，无论银洋自1万以至数万、十余万，钱庄只将银洋登记客人名下，不必银洋过手"。民间称这种交易方法为"过账"。《宁波钱庄业会馆碑记》中，对过账制度有如下介绍："其法，钱肆凡若干，互通声气，掌银钱出入之成。群商各以计簿书所出入，出畀某肆，入由某肆，就肆中汇记之。明日，诸肆出一纸，互为简稽，数符即准以行，应输应纳，如亲授受。都一日中所输纳之数为日成，彼此赢绌相通，转而计息焉。次日复如之。或用券掣取，曰畀某肆，司计者以墨围之，则为承诺，如所期不爽。无运输之劳，无要约之烦，行之百余年，未闻有用此为欺绐者。"意思是说，市场上的银钱收付，由几家互通声气的钱庄负责。商人每天在账簿上写明应收和应付的全额及其商号，隔日将账单交给钱庄，由钱庄负责过账，并计算利息。如要向某店取银钱，只要将单据交给钱庄，由付款方负责财务的人认可，就会按时交付。实行过账制度，节省了银钱的使用和搬运之劳。

---

① 叶世昌：《中国古近代金融史》，复旦大学出版社2002年版，第189页。

例如，某甲在元益钱庄开户，某乙在恒孚钱庄开户，元益、恒孚都是大同行钱庄。甲要付钱 100 元给乙时，双方说明各自开户的大同行钱庄牌号名称后，甲即在元益钱庄的过账簿中登上过出给恒孚 100 元，乙则在恒孚钱庄的过账簿中登上向元益钱庄过入 100 元，然后各自把过账簿送开户钱庄即可。各钱庄每天在当晚把客户过账簿所记载过进过出账款，分别按对方钱庄逐笔摘入"摘抄单"：摘抄单中间写对方钱庄庄名，上半部摘过出账款，下半部摘过进账款，每笔账款旁注明客户账号。摘抄单登齐后，按每一钱庄合计应收应付总数，求出收付差额。次日早晨，由收差方钱庄持单去付差方钱庄核对，核对相符约算属实。如托收款项收不到，钱庄就在过账簿中这笔账上盖个"查"字图章，同时用墨笔把这笔账圈掉，要客户自己追查。如托解款对方未来收，钱庄在过账簿上不做处理，而是暂时挂起来，等待对方钱庄下次来收，或者由客户撤销解付。遇托收的有两笔，而解付的只有一笔，应归谁属，无从判断，钱庄就在两家过账簿上都盖上一个"查下家"图章，待客户把对方付款单位查明告诉钱庄再去查对清楚才能入账。各钱庄应收应付账款逐笔核对后，轧出准确的应收应付差额，由轮值的钱庄进行汇总清算。每一钱庄每日差额不得超过 5000 元（初创时为 500 元），超过的要事先相互拆借轧平，5000 元以下尾数轧入次日结算。①

当时宁波市内的工商业相互经济往来，都可以不付现金，而是通过钱庄划账。长期从事金融业的专家曾根据清咸丰二年（1852）鄞县县令段光清所发出的布告内容，证明当时宁波的银价、米价都已以"过账钱"作为计价单位。当时宁波被称为"过账码头"。早期"过账"的记载单位以钱计，19 世纪 70 年代以后则以"番银"计。由于宁波各钱庄的实力都比较雄厚，很早就向省内外各埠开展放款业务。同时该制度手续方便，在资金流通和结算上给商人提供了很大便利，促进了宁波商业的较大发展，使得"宁波之码头日见兴旺，宁波之富名甲于一省"。

过账制度，以"过账簿"代替票据，把客户相互之间的款项往来通过"过账簿"由钱庄进行结算，实际上同时起着"票据结算"和"票据交换"两种制度的作用。它虽尚不是近代化的票据交换制度，但它在当时确已发挥了票据交换制度的作用。而银行的票据交换制度是银行业发展到一定水平时才能出现的。当时宁波市内的银行还没有办理票据交换，它们为了要与本市一般工商业往来也不得不在钱庄开立账户（一般情况都是钱庄在银行开立

---

① 陈国强：《浙江金融史》，中国金融出版社 1993 年版，第 109—111 页。

账户，在宁波却相反），以便通过钱庄过账在同业中开展金融业务。宁波钱庄业的过账制度的最大缺点是它没能应用"票据"这一更有效的信用工具，使它的发展受到很大限制。后来上海、杭州、绍兴等地实行的划账制度虽都是参照宁波过账制度的办法，但它们都没有采用宁波"过账簿"的办法。其次是过账制度实行后，因过账簿只能划账，不能支现，导致信用膨胀。同时大量现银外流，在现银供应紧张时，就出现支现大幅度升水的现象，客观上就使过账洋与现洋成为两种不同的货币。

宁波钱庄业在1843—1844年就开始实行过账制度，比上海钱庄业成立汇划总会的时间要早40多年。与西方著名城市票据交换所的成立时间比较，除英国伦敦在1833年就正式成立票据交换所，比宁波实行过账制度时间早10年外，其余纽约、巴黎、大阪、柏林等城市正式成立票据交换所的时间都在宁波实行过账制度之后。这说明宁波钱庄业的发展，不但在国内是最早的，就是世界而言，也是比较早的。因此，这种制度施行后，曾长期成为全市通行的制度。近代银行兴起后，这种制度在宁波还是继续盛行。抗日战争开始后，宁波沦陷，钱庄全部停业，这种制度才被迫停止。

（二）采用拆票制度

由于上海迅速发展成为全国商业和对外贸易中心，钱庄业的发展最为突出。19世纪60年代末，买办采用了拆票制度，即外商银行通过买办向钱庄提供短期贷款，从而使钱庄与对外贸易的关系日益密切。钱庄庄票全市通行，视同现金，凡向洋行出货、银行买汇，以及各种交易之交割莫不规定须以汇划庄庄票为之[①]。这样，钱庄很快被纳入新的市场体系中，并发挥着巨大的经济作用。甬商和绍兴帮钱庄是上海钱庄业中最重要的部分，因为甬商在上海开埠后就展开对外进出口贸易，从而积累了雄厚的资财，并开设钱庄以取利，通常一家钱庄每年可以获利1.2—1.3万元。因为获利可观，所以有许多从事买办和对外贸易发家致富的商人也纷纷投资于钱庄业或扩大钱庄业的经营，如镇海方氏、叶氏、秦氏等家族，都以洋货、买办发家而投资钱庄。

一些宁波商人经营钱庄，甚至不求资本多少，"但有店东招牌即可向场上答应"，因而"骤然获利"。钱庄还参与银洋买卖，"买空卖空，皆宁波人为之，俗呼之滩先生"。在上海开埠后，经营钱庄业的有宁绍帮、苏州帮、镇江帮等。但1883年上海出现的金融危机，钱庄业各帮的格局发生了更加

---

① 中国人民银行上海市分行：《上海钱庄史料》，上海人民出版社1960年版，第544页。

有利于宁绍帮的变化，苏州、镇江等江苏钱庄乡帮集团，被宁波绍兴帮为主体的浙江钱庄商人压倒，自此以后，宁绍帮钱庄"着重进展，而确保其独占的地位"。近代上海有9家最大的钱庄资本家家族，甬商就有5家。与绍兴商人一起，宁绍帮长期牢牢地控制着上海的钱庄业，钱庄业中的领袖人物，也基本上是清一色的宁绍帮商人，秦润卿曾说，"在清季叶，钱庄中之宁帮领袖，初有赵朴斋，辛墨君诸君，皆一时人选，备孚人望"。赵朴斋名立诚，号唯一，鄞县人，自幼学商，1840年以前就到上海经商，经营钱庄业，是上海钱庄业董事，"商界推为巨擘"。同治间，他还参与了海运漕粮的沿海航运业，是钱庄业和沙船业中的有名人物。张宝楚任钱庄业董事时，与当时上海宝顺洋行副买办徐润关系较多，曾为同业钱庄向徐筹付款项，冯泽天曾改革上海钱庄业。他鉴于当时钱庄业往来，现金的授受没有凭证，只靠信用，易于引起纠纷，"首创回单制度，以便勾稽，同业称便"。

袁联清与谢纶辉于1900年与西商成功地议定了对外商银行的往来汇划庄票隔日付现的方法，对于保护同业有重要意义，钱庄可以利用隔日的便利，迅速调动资金，以免倒闭。民国时期秦润卿任上海钱庄业公会主席、副主席近20年，率领钱庄业向近代资本主义转化，是钱庄业最著名的领袖人物之一，也是宁波人。到20世纪20—30年代，宁绍帮"握上海钱庄业之牛耳"的地位仍牢不可破，如1921年上海的69个汇划钱庄中，宁绍帮就有54个，1933年的72个汇划钱庄中，宁绍帮占53个。在宁绍帮中，甬商也以财力雄厚而著称，当时绍帮诸庄，大都为别帮资本家所投资，而甬商则本帮资本家投资者居多。甬商在上海的钱庄还通过各种方法将影响扩展到杭州、汉口甚至江南市镇上。

(三) 与其他企业密切合作

随着对外贸易和商业的需要而兴起的甬商钱庄业，与贸易和商业之间存在十分密切的关系。当近代工业和新式银行兴起后，钱庄又适应时势，扩大业务，一定程度上促进了工业和银行业的发展。这主要表现在如下两点：

首先，钱庄对商业实施信用放款①。"过账制度"使得钱庄不仅放款于全市各个大小商号店家，而且附近各县及绍兴、杭州、上海、汉口、天津等地亦皆有大量放款。因此，商人本钱虽小，有了钱庄的贷款，便可以将生意做得很大。一万元本钱往往可以做十万元，甚至更多的生意，宁波几个较大的商业行业，如南北货业、药业、鱼行业、丝茶业等，无不依赖钱庄的资本

---

① 中国人民银行上海市分行：《上海钱庄史料》，上海人民出版社1960年版，第165页。

做活和做大了生意。如药行业,利用钱庄资本做后盾,所做生意极为兴隆、庞大。著名的德昌药行,自有资本仅5万元,利用钱庄贷款及吸收私人存款约50万元。在正常情况下,全年营业额可达70万元,毛利达10万元。可见,近代宁波发展成为全国最大的药材市场,药行药号林立,并产生了一条著名的"药行街",是与得到钱庄的支持分不开的。又如鱼行,向生产渔民发放成本,并对专门向海洋渔场收购鲜鱼的"冰鲜船"放本,不收利息之习惯,只是规定收来鱼货必须通过放本鱼行出售,而鱼行放本的本钱就是凭钱庄贷给。

其次,钱庄还在异地款项划拨过程中提供商业信用和商业票据[①]。19世纪70年代,进入宁波海关的货物,大多从上海转口而来,它们除了销于宁波及附近各地外,凭着钱庄提供的商业信用,远销到整个浙西市场及赣东、皖南一带。宁波药业中,有了钱庄在贷款汇兑上所据有的优势,即使边远地区,亦可与宁波通汇,因此远自甘肃、陕西、河南、山东、河北、广东、广西等地的药材商帮,都纷纷集中到宁波贩卖药材。鱼行与渔帮交易时结算贷款,一般皆付给行票,俗称"咸单"或"鸟头票",这种票据可以在舟山、沈家门等地市场上充当现洋使用,这也与取得钱庄的支持及其钱庄所提供的商业信用分不开。而且,宁波的钱庄随时都可向远在外埠的宁波商人提供资金上的支援,促进他们的事业在各地蓬勃发展。

五 经营特色的呈现

近代化是指传统农业社会向近代资本主义工商业社会的演进,中国近代银行业在1897—1927年经历了一个从诞生初期的艰苦创业、自求规范到与资本主义民族工商业相互扶持、共同发展的过程,符合资本主义经济客观规律的发展模式及经营特色已见端倪。甬商的金融家们在长期的金融活动中,摸索和积累了丰富的经营管理经验。他们符合客观经济规律且具有一定程度科学性的经营特色,应该加以总结,为现代金融业的发展服务。因为,金融事业发展要求继承全人类包括资产阶级创造和积累的经营管理经验。

(一)"独立化"的商办倾向

在1897—1927年这30年间,中国近代银行业与政府的关系经历了一个"由官代为维持"到"独立化"成为时尚的演变过程。辛亥革命后,中国资本主义工商业和近代银行业进入发展的"黄金时期"。伴随着银行业实力及

---

① 中国人民银行上海市分行:《上海钱庄史料》,上海人民出版社1960年版,第177—181页。

其在国民经济中地位的增强,西方银行理论与银行制度在中国进一步传播,推动了银行制度建设思想的发展。时人对银行作用和体系的认识更加全面,把握也更加准确。民国第二任财政总长周学熙认为中央银行资本的完全民有是世界潮流,反映了以甬商为代表的民族资产阶级利益倾向,甬商对其有巨大影响的中国银行就是在这一思想指导下逐步实现了独立目标。中国银行成立之初,资本全由北洋政府认垫,加之中行章程规定其总裁、副总裁均由政府任命,并随财政总长的进退而进退,致使其成立不久,就被北洋政府控制,失去了独立性,沦为北洋政府的外府,被迫不断向政府垫款,继之于滥发纸币,结果导致1916年的停兑风潮。上海中行在甬商金融家宋汉章的主持下,召开股东会,宣布为保护股东利益,维持银行信誉,拒受政府的停兑令,照常兑现。浙江兴业、上海商业等民营商业银行同声赞许,汇丰、麦加利等外资银行也给予融资支持。上海中行安度风潮,信誉大增。1917年11月,《中国银行章程》公布,对旧章程做了重大变动,突出强化了股东会的权威。如取消官股的控股地位,提倡官股可随时售于民众;废除正副总裁政府任命制;董事监事由股东大会选任等。1919年段祺瑞执政后,图谋重新控制中行,遭到各地中行商股股东联合会的斥责,不得不放弃图谋。中行积极吸收商股替代官股,商股比例不断上升,1915年为17.01%,1917年为59.29%,1921年为72.64%,到1923年已达97.47%,1924年官股只剩5万元,仅占总股本2000万元的0.25%,中行几乎已成纯粹的民营银行,中行业务也从为政府服务逐渐转向为工商企业服务,从中取得了可观的效益,1915—1922年年盈利率多在15%以上。

  这一时期,要求独立发展的并非中国银行一家,独立化已成为汹涌的民族金融发展潮流。比中行晚些,作为北京政府国家银行的交行也出现了与中行相类似的发展趋势。1922年6月,交通银行召开股东会,确定了"发行独立、准备公开"及营业上着重汇兑等商业服务的经营新方针。同时,该行还对人事做出重大调整安排,对北京政府采取若即若离的疏远态度,力图保持独立发展。1925年北京政府交通部以60万元交行股票作抵分别向金城、盐业、大陆、中国实业四家银行贷款30万元,3个月后因交通部无力归还借款,60万元交行股票因此转为商股,从而加快了交通银行的商办化进程,1925年官股占全部股份的比重只剩下1/10。中交两行商办化倾向尚如此明显,一般商业银行就更不待言。

  浙江兴业银行也是如此,采取对官府疏远的态度。浙江兴业银行创办于1907年,由浙江铁路公司发起成立,总行设在杭州。初创时的主要投资人和董事大都为浙江人,其中鄞县苏宝森认购了1%的股份,也是该行创办时的主要大股东之一。在浙江银行的总资本额中,浙江铁路公司认股3841股,占43.1%;中小商人认股1270股,占14.3%;其他类认股1823股,占20.4%,三者合计占77.8%,而官僚的认股投资仅占6.8%,实力资本只占1.8%。该行资本构成明显呈现出产业股、商业股的优势。

(二) 经营中重诚信

甬商从事金融业的商人们普遍重视稳固和提高银行信誉。在一个相当时期中,浙江兴业银行吸收的存款数额居于全国重要商业银行的首位(见表6-3)。这是一件金融史上了不起的事情,它从根本上标志着该行在社会各界中有着较高信誉。这信誉并非凭空而降,而是来自脚踏实地、日积月累的信誉培植。

表6-3　　　浙江兴业银行在11家商业银行存款中所占百分比情况　　单位:%

银行名称	1922年	1923年	1925年	1926年
中国通商银行	1.37	1.26	1.36	0.85
浙江兴业银行	4.05	4.35	4.54	4.53
四明银行	1.87	2.42	2.67	3.00
浙江实业银行	1.89	1.72	2.10	2.59
新华银行	0.93	0.89	0.81	0.70
上海银行	2.40	3.09	3.02	3.21
盐业银行	3.85	3.69	4.06	4.18
金城银行	3.78	4.08	4.44	4.35
大陆银行	2.04	2.49	3.18	2.66
中国实业银行	1.54	1.53	2.00	1.82
中南银行	1.27	2.51	2.98	3.46

资料来源:姚会元:《江浙金融财团研究》,中国财政经济出版社1998年版。

此外,浙江兴业银行在发钞方面非常慎重,注重保有充足的准备金。该行所发银行券一般为六成保证金准备,甚至有时候是十成准备发行。如发出"领用之兑换券,总数为190万元,而缴存中国银行现金准备共计有95万元,保证准备金共计有475000元,而自储兑换的现金准备共计有475000元,合计各项准备金共计约190万元。与发出券相较,则发行数目与准备数目,彼此对照,存发相等"[①]。这样做的目的,当然是为"取信于社会"[②]。

[①] 中国人民银行总行金融研究所:《近代中国金融业的管理》,人民出版社1990年版,第200页。

[②] 同上。

因为该行及其领导者们抱着稳固和提高银行信誉的宗旨，该行在经营上便眼光远大。在具体业务的处理上，宁可暂时少利甚至无利，也要保全银行信誉。这样做，有时"暗中虽不免受耗"，但却换来长久的"营业稳固，准备充足，社会信用因之更形昭著，存款亦较上年增加"①。上面提及的浙江兴业银行在长时期中吸收社会存款额独占鳌头的情况就是"较高信誉"的最好证明。

商办时期的中国银行也十分重视维护和不断提高本行的信誉。这些银行都视"信誉为生命"。"九一八"事变后，因为东北沦陷造成的政局动荡及许多地方的关税收入落入日本人手上，上海证券交易所的公债价格普遍下跌，特别是以关税、盐税担保的各种债券价格下跌更猛烈。而当时，中国银行发行银行券的准备金中就有部分这种公债券。为了巩固银行券的信誉，中国银行上海分行决定从发行保证准备金中将这部分债券剔除。1932年1月，中国银行上海分行公告："本行准备金，向取稳健宗旨，除了现金六成外，其余保证准备四成内，除国内外金债、道契及商业押汇票据外，其他关余、盐余及各种税收担保之公债库券不及半数。"决定"从本月14日公开检查起，在上项公债库券行市未稳定以前，一律抽换，另将道契、金公债（国民政府在国内发行的以英镑、美元为本位的公债。——作者姚注）及德、俄赔款担保之内债暨押汇票据等加入，以期稳固，而昭信用"②。可见，为了巩固和提高信誉，中国银行上海分行是不厌其烦、不遗余力地。因此，中国银行发行的钞票能在严重的金融形势下及市场大幅波动的情况下，保持较高的信誉。从1929—1934年，中国银行的发行额一直保持在2亿元左右的高纪录上。

（三）艰苦创业、注重节俭

这些甬商的银行家们不是全部但也确有相当一部分人在创业乃至以后的经营活动中始终保持着艰苦奋斗、节俭经营的习惯。例如，王伯元在1929年接办中国垦业银行时，个人投资占该行当时实收资本250万元的58%，为了银行有更高的形象，他恭请金融界中德高望重的秦润卿做该行的董事长兼总经理，不惜自己出任较低的常务董事和经理职务。银行家们往往将银行的信用看得比性命还重要。有一次，不知为何缘故在垦业银行门前排成长龙挤

---

① 中国人民银行总行金融研究所：《近代中国金融业的管理》，人民出版社1990年版，第200页。

② 陈炳熙：《中国银行上海分行史》，经济科学出版社1991年版，第66页。

兑，长龙愈排愈长，形势十分险恶。为了平息挤兑，王伯元登报声明并广设兑换点，连"钱庄和烟纸店都可兑换，并且实际上除一元垦业钞票可兑硬币一元外，再赠以铜圆一枚"①，不久便平息了谣言和挤兑。刘鸿生在创办中国企业银行之时，就强调该行要有好牌子、好房子、好班子，实际上也是为银行一开始就在社会上有一个好形象。

在注重节俭方面，这些甬商的金融家们也保持着相同的良好习惯。王伯元是浙江宁波慈溪人，曾被上海金融界誉称为"黄金大王"，他从小在金店当学徒。后来，他在上海大作银圆银两拆兑外汇、现货与期货交易致富。1929年，他与浙江金融资本家秦润卿、李铭、徐寄庼等人联手接办改组了"中国垦业银行"。就是这样一个当时上海银行界中名噪一时的"热门人物"②，在私人生活的某些方面却是相当节俭、"吝啬"的。在"富有的时代，他就有惜物的习惯，即一张旧日历、一张废纸，也要尽可能利用，不轻易丢掷。年逾80岁之日，他为两个孙女写的两幅屏条，虽有框架修饰，却是写在两张旧挂历的背面"③。甬商的金融家们精明、尖刻加上节俭、吝啬的作风是他们事业成功乃至辉煌的因素之一。

银行家们所具有的较土财主的开明与进步性，使得一些江浙财团的银行家在创办与银行经营管理中眼光较为远大，思路较为开阔，他们不是过于计较个人名利，而是着眼于事业的成功、银行的进退。为了银行的信誉及发展，他们有时能做到选贤荐能甚至是让贤，使人们从中看到民族资本家相对于土财主的历史进步性。上面提到，王伯元并不以自己股本巨大及年轻而自傲，为了中国垦业银行的前途，他请素以经营稳健著称的秦润卿做该行的董事长与总经理，自己却仅担任常务董事及经理。甬商的银行家就是这样用自己的礼让、敬贤用贤的姿态为自己的银行树立了良好的企业形象。

为了在社会上树立银行完美的企业形象，提高信誉，扩大业务，扩大吸收储蓄，许多银行在不断扩充资本的同时，并建筑恢宏壮美的营业大楼。金城银行就是如此，它在各地如北京、天津、上海、汉口等地的分行都自建大楼，这些大楼建筑讲究，装饰美观。总经理周作民要求各地分行经理要尽可能多参加有影响的社会活动，争取多担任社会兼职。拿出必要的交际费经常招待和宴请有关人士，这些，都是为了树立和提高银行在社会上、顾客中的

---

① 文史资料工作委员会：《旧上海的金融界》，上海人民出版社1988年版，第225页。
② 石丹林：《金融家的足迹》，西南财经大学1990年版，第77页。
③ 同上书，第84页。

形象。

（四）注重社会经济的调查和研究

以最少的投资获取最大的利润是实业家们共同追逐的目标，这些又都是通过市场竞争实现的。为了在金融市场的竞争中立于不败之地，甬商的金融家们对银行开展社会经济调查研究有深入的认识，他们在这方面有着共同的看法："凡事均宜刻意研究，从不知而求知。本行既为商业银行，所办之事皆为商业之事，则一举一动皆应与商业合拍，方不愧商业二字。现将聘请对于丝、布、纱、糖、棉花以及其他种商品富有经验者为顾问，一一研究其来源出处，工本若干，售价若干。举凡涨落之比较，销路之淡旺，时间之关系，市面之需要，无不加以彻底之研究。"很多银行为了广泛调查商情，在总行和各分支行处专门设置了调查部门，并视之为"银行之最重要部门"。一般来讲，这些调查部门广泛收集调查社会经济情报信息，包括：

——国内外政治经济形势如各种重要会议、国内政府的各项经济政策、国际黄金市场价格升降以及金融、币制、汇兑、证券发行等情况；

——国内各地主要产品的产销情况、进出口价格、季节性变化的影响等；

——各工业企业的经营情况如资本结构、产品产量、生产成本、原料供给、产品销路等；

——国内各主要商号的资本、信用、营业状况等。

各银行调查机构除广泛调查收集社会经济情报信息外，还要不断研究和改进调查方法，制定调查规划，接受其他部门和行业委托调查。调查机构不仅要对调查所得资料进行分类整理，依次归档，而且要根据所得资料研究分析编制出诸如放款统计、商品丛刊、专题报告等成果，提供给总经理及各部门作为决策参考用。

除各级机构设置专职调查部门外，有些银行还特别规定了各级领导的考察视察制度，每年都要到外地考察。为了使收集的资料、信息进一步发挥作用，上海商业银行还编辑出版了《海光》月刊，以专门介绍国内外银行的先进管理方法、国内外重大的金融事件与动态、各埠经济状态及行内各部门各机构的工作情况等。《海光》刊登的许多文章、商情报告等都是由该行的经理、副理、襄理、各业务部主任及有资历经验高级行员所撰写。

中国银行更是重视经济调研工作，1930年设立的经济研究室在该行被置于重要地位而予以重视。该室特聘英国银行协会副秘书长格雷（F. W. Gray）主持该研究室工作，国内一流的经济学家如马寅初等先后在该室从事研究工作。中行经济研究室编辑出版过《中行月报》《中行生活》《金融统计月报》，从1934年起又连续四年编辑出版《全国银行年鉴》，从1929年起连续7年出版《中国银行报告》，此外并出版《中国外债汇编》《最近中国对外贸易统计图解》等资料专辑。这些书刊，在当时起了重要作用，至今，仍是学者进行研究的主要历史资料。

而浙江兴业银行的社会调查则有两个突出特点。一是调查机构健全。该行在全国各重要城市的分支行内部配置有调研室，在各地广泛调查当地风土人情、政局时态、市场趋势、消费心理、工商实况等。二是以重金礼聘社会上有造诣的专家兼任调研室顾问，以便加强银行进行社会和经济调研时的理论指导。

第三节　晋商在中国近代金融中的作用

曾称雄于中国商界的晋商，进入近代之后，又以其善营票号而辉煌了半个多世纪。虽然由于种种原因，晋商最终无可奈何地衰落了下来，但是，它却因在中国近代金融体系的形成及其在国家财政金融上发挥的重要作用，而成为中国近代金融活动中的重要角色，在中国近代金融制度变迁过程中留下了不可磨灭的一页。

一　晋商在中国近代金融体系形成中的作用

（一）货币资本经营方式上的承前启后

在货币资本经营上，与其他商帮一样，晋商也曾有着悠久的历史。货币资本经营的方式，它的发展变化及其变化的大小快慢，都要取决于社会经济的发展程度以及在此基础上商品市场的发育状况。而这种经营方式的变化，又对金融体系的结构及其形成有着导向性的重要作用。近代以来中国虽然以自然经济为主的社会经济基础并未发生大的变化，但是，在帝国主义经济侵略的刺激和国内国防军事与生产的要求下，商品经济却较前有了较快的发展。在这中间，晋商凭借其所处地理位置上的优势，以及他自身的开拓进取精神，更加发展壮大，称雄于中国商界。

在商品经济日益发展的情况下，随着商品流通的加快，其活动范围的扩大，以往那种传统的印局、账局、钱庄等货币经营方式，已远不能适应形势的要求。晋商虽然在过去也沿袭着这些方式，然而，由于它无论是在经营范围的广阔程度上，还是在其一些主要货物的购销数量上，都要强于其他商帮，况且，他们经营的当铺、印局、账局、钱庄已有雄厚基础，并在全国的同行业中处于领先的地位，因此，他们为了适应自己经营活动的需要，对旧有的货币资本经营方式，予以了改进，在原来账局、钱庄的基础上，创立并发展了票号这一新的货币经营方式。票号的创立，充分说明，这种新的货币资本经营方式所具有的优越性，已经把货币自身应当发挥的功能很好地体现了出来。

晋商在货币资本经营方式上的这种承前启后、与时俱进，对它在中国商界的安身立命、继续发展，以及促进中国的内外贸易和其他方面的经济建设的发展，都发挥了重要作用。尤为重要的是，这种新的货币资本经营方式，对于中国近代金融而言，它有力地改变了中国货币资本经营的格局，使旧有的货币资本经营方式不得不逐渐退让，以致被淘汰出局，或者改弦易辙，起而效尤。经过竞争较量，票号则迅速在金融界独占鳌头。这样就使中国近代金融市场在经营方式上，在近代意义上的国家银行出现之前，基本上趋于统一，并日益走向规范，从而为中国近代金融结构上的改变，经营方式上的更新，奠定了基础，也为中国近代金融体系的形成创造了必要的条件。对此，梁启超曾说过：日、英、美研究中国商业者，对山西之金融业"何一不加称道要之"。自己在海外十余年，"对于外人批评吾国商业能力，常无辞以对。独至以有历史有基础能继续发达之山西票业，鄙人常以此自夸于世界人之前"。同时，他还对票号与意大利之自由都府、英国之金钱商进行比较，其中对票号与意大利都府和英国金钱商的比较，他认为，二者有4个相似之处：(1) 意商"大抵与帝王贵族往来者居多"，票号虽然"与商家通有无之处固属不少，然大抵以官场存款为大宗"；(2) 意商从各国币制不一中取利，票号则从秤色不同中取盈；(3) 两家信用都颇厚，并且是意商当强其出票者"彼常有所惮而不敢为，与吾山西票号慎于出票，及当金融紧急之时，每将所出之票收回其事正相同"；(4) 山西票号"在明末清初已极发达，则与南意大利钱商之萌芽于三百年前者时代相等"。梁启超的这番话，是1912年11月6日在山西票商欢迎会上所致演说词中讲的。他演说的中心意思是"以进取精神期望诸君者，即望诸君默观世界潮流，而为应时势之改革也"。[①] 呼吁票商们在旧有之基础上加以改革，尽快组织银行。从他的演说中，可以清楚地反映出两个问题：一是票号在国内的名望和地位自不待

[①] 中国人民银行山西省分行、山西财经学院编写组：《山西票号史料》，山西人民出版社1990年版，第511—512页。

言，它在世界上也颇有影响。二是票号的历史悠久，根基深厚，它与西方一些钱商相比，无论在哪一方面，都毫不逊色，它有能力有条件成立金融业的高级组织形式——银行。这就进一步说明，票号的创立与发展，对中国近代货币资本经营方式的变革，和中国近代金融体系的形成起到了承前启后和奠基的积极作用。甲午战争后，虽然票号的地位迅速下落，但直到1905年，日本有关人士还说：就"资本厚薄、汇划地处之广狭及办理之数之多寡"而言，"票号可为大银行"，而钱庄则只"可谓之小银行"。① 从这个结论中也更有力地说明了票号的创立与发展在中国近代金融制度变迁中的地位和作用。

（二）组织形式上的潜在功能

晋商与其他商帮一样，也成立有地方行会和专业行会。只是由于晋商崛起较早，进入清朝之后又乘势发展，其活动范围日益扩大，同时，晋商的乡土观念极强，所以，在康、雍、乾时期，晋商即在许多地方建立了地方性行会和各种专业行会。并且这些行会因其组织严密、活动能力强，具有很高的权威性和影响力。

在晋商组织的行会中，值得一提的是它在乾嘉时期建立的银钱行的行会。票号兴起之前，晋商经营的钱庄便已遍布全国各地，并且都具有较强的实力。晋商在全国各地到底开设了多少钱庄，详不可考。据现有史料知道，北京、天津、张家口、归化、包头、西宁、兰州、河南、汉口等地的钱业势力均以晋商为强。像"山西祥字号钱铺，京师已开四十余座，俱有票存，彼此融通"②，凡是有晋商钱庄的地方，都建有银钱业同行公会。这样的公会，其分布区域之广、规模之大，及管理协调同业的业务活动能力和社会的影响，可以说在其他商帮中都是少见的。如归化城的宣丰社、包头城的裕丰社，即是由当地晋商各钱庄组成的合作社，社内执事，称为总领，各钱商轮流担任。这种钱商的联合机构，既负责组织各钱商制定金融法规章则及钱庄的票据交换，规定"钱币"汇兑价格，也仲裁各商纠纷，它操奇计赢，调剂各商，与一切行商大贾都有密切交往，因此成为了当地商业金融之总汇。"宝丰社在有清一代，始终为商业金融之总汇，其能调剂各行商而运用不窘者，在现款、凭贴之外，大宗过付，有拨兑之一法。"③

---

① 日本驻苏州领事白须直1905年9月25日报告，见史若民《票商兴衰史》，中国经济出版社1992年版，第255页。
② 清档，咸丰三年四月初三日，鸿寺卿祥泰为拟变通章程的奏折。
③ 《绥远通志稿》卷48，民国年间抄本。

1875年，上海的24家山西票号为了联合对外，协调内部，合组了"山西汇业公所"，数年之后，在上海的山西票号又增加到40多家，其"公所"的作为与其他行会一样。这种钱业同业行会，由于它已经具有现代意义的银行的某些功能，实际上俨然是一个地方银行，而晋商建立的这种行会，又遍布于国内各大商埠。当票号业兴起后，各大票商为扩大影响，发展业务，更加强了对钱业行会的领导管理，其功能和经济与社会效益愈益显著。因此，晋商开创的钱业同业行会在组织上为中国近代金融体系的形成，起到了不可替代的保证作用。

(三) 业务内容上的向深拓展

晋商在金融业上实行的兑拨、谱银、客钱、订卯等制度早在清乾嘉时期就已基本形成。按照山西内地钱行习惯兴办起来的归化城宝丰社及其同业清算，要比19世纪80年代末90年代初上海钱庄"大同行"早一个世纪。当时，归化城的数十家钱庄商号相互往来拨账，以资周转时，就已多使用"谱银"和"拨兑"之法。这种谱银"类似货币"，并无实银，它要求与商品流通相联系，否则不可互相转账。小额交易用制钱，一吊以下，现钱买卖，数至一吊即可拨兑，并在银行过账。这种业务，与现代的转账结算相同。各商号之间的债权债务经钱庄转账后，形成了各钱庄之间的债权债务关系，通过各钱庄组合的宝丰社进行清算，期限定为3个月，每期下月第一日过拨钱项，第二日过拨银项，第三日各钱商齐集社内，会同总领，举行总核对，称为订卯，相互间进行轧差过拨，即对账目款项核对无误后，再将差余部分从账面上予以拨划。这种办法如同现在的票据交换。如若本钱庄无款可拨，可向别号拆进，犹如现在的同行业拆借。晋商在转账和清算中实行的这些制度，构成了它在金融业务活动方面的主要内容。而这也正是中国近代金融业务范畴内不可或缺的重要组成部分。虽然这种转账和清算，还仅局限于一定的范围和地区之内，但从现代金融的角度来审视，它的这些行为实际上已经具备了现代银行的某些业务功能。

晋商在印局、账局和钱庄基础上创办和发展起来的票号，它对于异地款项的汇兑调拨，是其商品货币资本经营进一步发展的一个重要标志。汇兑作为票号的一项主要业务，兴起之后，即在很大程度上免除了以往运送现银全赖镖局武装押运所导致的种种苦累耗费，使款项的周转流通更为安全便捷，省时省费。更重要的是，汇兑业务的开展，不但突破了商界和金融界的樊篱，而且把触角伸向了官方、民间乃至社会各个层面，从而使这种金融活动的范围大为扩展。票号在方便社会的同时，也为自己的发展争得了更多的空间；而且它也有力地打破了金融活动在地域上的界限，将以往那些以某个地域为中心进行的商业和金融活动，基本上纳入了自己的活动和运行轨道，使款项"汇通天下"。因此，晋商另辟蹊径开展的汇兑业务，使金融活动自身存在的规律及其所应具有的功能，得到了很好的反映和进一步的发展完善。由当初实行的兑拨、谱银等转账结算制度，到后来汇兑业务的开展，晋商在如何使商品货币更加活跃流通上，孜孜以求，不断探索，并迭有创新。他们的这些业务活动，亦步亦趋，更上层楼，从现代意义的银行角度来看，已基本上包括了银行业务活动的主要方面，所以它对于中国近代金融在业务体系的形成上，贡献是非常之大的。

二 票号在中国近代财政金融中的重要地位

（一）垄断了国内汇兑和存放款业务

成立于道光初年的山西票号，凭借其比较雄厚的资金和卓著的信誉，在南方一些城市已经相当活跃，如苏州，当时为江南"百货聚集之区，银钱交易全藉商贾流通，向来山东、山西、河南、陕西等处每年来苏办货，约可到银数百万两……自上年秋至今，各省商贾具系汇票往来，并无现银运到"。① 这说明山西票号的汇兑业务已有很大开展。

票号之所以在当时全国的汇兑业上表现得十分活跃，除了资金和信誉两方面的原因之外，还有重要的一点，就是当一个票号成立后，即根据情况，很快在一些大商埠设立自己的分支机构，而不是像徽商、湖商那样多采用单独经营或同业往来的方式。以苏州论，到鸦片战争前夕，晋商即有日升昌、蔚泰厚、日新中、广泰兴、承光庆、合盛元等几家票号在此营业。鸦片战争后的10年内，即1840年至1850年（道光末年），随着票号的发展，其分支机构也日益增多，活动范围不断扩大。如日升昌、蔚泰厚、日新中3家票号，1850年在各地设立的分支机构就已有35处，分布于北京、天津、盛京（沈阳）、张家口、济南、南京、苏州、扬州、汉口、沙市、重庆、长沙、广州、西安、河口、汴梁（开封）、芜湖、清江浦、三原、常德、屯溪等23个城市。大略统计，一个分号一年可做汇兑业务50万—120万两，存放款业务有20余万两。之后，各新老票号为扩大业务，不仅在国内各大城镇纷纷增设分支机构，而且把自己的触角伸向了蒙古、新疆、云贵、东北等边陲地区，甚至在一些人迹罕至的少数民族地区如打箭炉、巴塘、里塘等处，也

---

① 《陶之汀先生奏疏》卷22，道光八年四月初八日折。

建立了自己的据点。其分支机构达上百个之多,几乎覆盖了大江南北、黄河上下、长城内外、白山黑水、大漠戈壁的一切地方,形成了一个庞大的票号网络。到光绪年间,山西票号在全国80个大中城市设有分号,分号家数共470家,[①] 对此,政论家冯桂芬在咸丰二年(1853)就说道:"今山西钱贾……散布各省,会(汇)票出入,处处可通。"[②] 晋商之所以如此作为,是因为汇兑业务的开展,给他们带来了巨额利润。特别是咸丰以后,票号将其业务活动又逐渐由专门从事汇兑开始兼营存款、放款,其利润更为可观。这一点,从前文所述一些票号年期每股分红的数量之巨上,足已证明。而票号自咸丰以来能够大行其道,从汇兑一般私款,进而发展到汇兑大量公款,另一个重要的原因,就是清政府的被迫认可。以往,上缴公款,为户部解送税收,均为鞘装,这是朝廷定制,不可更改。在道光末年,浙江省因将解往京师内务府银两托票号汇兑,而受到清廷的处罚。但是自1850年以后,由于农民运动此起彼伏,道路不靖,用鞘装运送现银已很不安全,解现费用昂贵,除了运送工具人力的消耗外,南省款项由水运解天津入京还须支海运保险费用。再加上地方税款所收银两成色大多不佳,不便上解,而就地加工熔炼,既增开支,又亏银两。同时,地方税款往往不能如期收讫,要保证款项按时上缴,不得不向票号借贷,但票号只同意借垫汇兑,不同意借给现银。面对这种情况,在公款上解是押运现银还是请山西票号汇兑的问题上,清廷内部先后经过4次较大的争论后,主张用票号汇兑者取得胜利,于是清廷迫于无奈,只好默许由票号包揽公款汇兑,因此,咸丰同治年以后,装鞘现解日少,通过山西票号汇兑之公款日增。

据不完全统计,从1865年到1893年的28年中,鲁、赣、湘、鄂、川、晋、浙、苏、皖、滇、黔各省及江海、粤海、闽海、浙海、瓯海、江汉、淮安各海关,通过票号汇兑的公款就达15870余万两。1862年仅有10万两,1892年即达711.6万两。甲午战争后,票号对公款的汇兑更急剧增加。据统计,从1894年到1903年的10年中,清政府的财政收入,年平均一般在4800万—5000万两,而票号在这10年中就共汇兑近1.03亿两,[③] 年均1029.7万多两,要占到清政府年均财政收入的21.45%。在票号的汇兑中,当然并非都是公款,也还有私款,但其中公款的数量要占绝大部分则是肯定

---

① 陈其田:《山西票庄考略》,商务印书馆1937年版,第98页。
② 《显志堂稿》卷Ⅱ。
③ 杨端六:《清代货币金融史稿》,生活·读书·新知三联书店1962年版,第133、134页。

的。因为仅1893年山西票号汇兑的各省关公款就达525万两。而甲午战争后"四国借款"每年的还本付息和每年财政支出增加的部分就有2000多万两,这些款项都由户部按省分摊后,由各省将所筹款项汇往上海的山西票号。而在上海的协同庆、天顺祥、百川通、合盛元、蔚泰厚、日升昌、协成乾、源丰润、杨源丰等十几家山西票号,又分别包揽了四川、云南、广东、广西、浙江、安徽、江西、湖南、福建、陕西、河南、山西这12个省的政府偿债款项汇兑业务,所以,票号的汇兑款项数量大为增加,并在对公款的汇兑上基本处于垄断的地位。

在存放款方面,鸦片战争以后,票号逐渐由专门从事汇兑而开始兼营存放款业务,如蔚泰厚苏州的分号,在道光二十七年(1847)已有存款3.6万两,放款8万两;道光三十年(1850)末,日升昌北京分号有存款近3.7万两,放款近7万两,并且把存款、放款与汇兑相结合,利用承汇期,占用客户款项,放贷生息。咸丰以来,票号成为公款汇兑的主要承办者,由于手中经常川流大量资金,便可利用收汇交汇的时间差距,占有大量存款和在途款项。清政府为了增加财政收入,虽然于光绪三十年(1904)制定了公款发商生息的办法,但仍然漏洞不少,利率也不过年息4—5厘,因此各票号依旧存放有大量公款,并用以牟利。据光绪三十二年(1906)度支部在京各金融机构存款的统计,仅存于大德通、大德恒、义善源、存义公几家票号的款项即达206.4万多两,占度支部在外存款的30%,而存入国家银行——大清银行的占61%,外国银行为8%。票号吸收的生息银量也不在少数,工商部在上海合盛元票号就有53万余两。正因为票号占有如此巨大的存款,所以,它能够承办巨额汇兑和垫汇,并对政府放款,此种放款到底有多少,无法稽考。但从宣统三年(1911)农历十月经度支部大臣绍英向内阁大臣袁世凯请示批准,"向京师各西票庄借银五百万两,当外款(外债)议定后再行发还",而当政府要员赴票号议商时,各票号均因"前欠各号之款已愈七百余万,归还而无着落",故均裹足不前这一事实上来看,① 即可清楚票号存款的数量是相当可观的。

综上所述,可以清楚地看到,清朝后期,山西票号之所以能对以京协各饷为主的公款汇兑处于垄断的地位,同时还进行着大笔的存款放款业务,其原因是相当复杂的,票号汇兑的方便安全不能不是一个方面的原因。但更重

---

① 孔祥毅:《近代史上的山西商人和商业资本》,见江地《近代的山西》,山西人民出版社1988年版,第309页。

要的则是清朝政府为了适应国内军事政治斗争形势的需要，在不得不把军队权力下放的同时，也把财政权力予以下放，这就使各省关大员能够"便宜行事"，而捐纳制度推行后所导致的吏治严重失控和各级官员日益膨胀的贪欲，则更为票号大行其道创造了条件。票号的汇兑、存放款业务，由于大都是公款，因此这两项主要业务，其实是一而二、二而一的事情，大宗汇兑给大笔存放款提供了契机，大笔存放款又为大宗汇兑、汇垫创造了条件。票号开展的这两项主要业务，对于解决清政府的财政危机，确实起到了调剂、救急的主要作用，然而，说到底它毕竟是一种金融流通活动，在发展经济开辟财源上并没有什么作为，所以也就不可能帮助清政府从根本上来克服财政困难。

(二) 支持了中央政府的军政费用

晋商对中央政权军政费用的支持，主要有借垫军、协各饷，踊跃捐输、捐纳几个方面。

在借垫军、协各饷上，清道光至光绪时期，连年不断的农民起义加上新疆用兵、中法战争、洋务运动，使勇饷、关局费（指新设海关及各省各种局、所经费）、洋款（向列强的赔款和借债）三项费用大量增加，而财政收入却日趋困难。清政府在沿袭以往的田赋、盐课、关税和杂赋、捐输等款项的征收的基础上，虽然又新增加了厘金、洋税（海关税）等项收入，并且此两项收入为数也不少，厘金收数，"光绪时期每年有一千几百万两，仅次于地丁和洋税，占到岁入总数的近五分之一"，海关税收数，同治十年（1871）"为1121万余两，光绪中期增加到2000余万两"，[①]几乎与地丁收数相当，可是仍财政拮据，入不敷出。从清前期延续下来的兵饷、俸廉（即官俸和俸外津贴）、地方行政费（即中央各衙署公费、役食），以及河工工程费等所谓的"常例支出"中，到清后期的咸、同两朝经常支不足额，尤以兵饷和俸廉最为突出。按清朝定例，中央政府经费及各项专用款项，诸如西征薪饷（镇压西北起义费用）、伊犁协饷、乌鲁木齐月饷、奉省捕盗经费等，均由户部指派各省关将税款直接解送用款地点。可是，由于各省关收入困难，而用款单位又"急如星火""催逼立提"，因此，各省关不得不向票号借款汇解，这种现象并非个别，也非短期，且有日趋加重之势。这样，票号便成了解救中央和地方财政困难的"救世观音"。而票号为了报效朝

[①] 汪敬虞：《中国近代经济史（1895—1927）》（中册），人民出版社2000年版，第1299、1300页。

廷，并从中得利，也乐此不疲，尽力而为。据有关清档统计，粤海关从同治三年（1864）到光绪十五年（1889），就先后请协成乾、志诚信、谦吉升、元丰玖、新泰厚票号借垫清廷指派"西征"军费、洋务军费等款项 142 万两。其他如闽海、浙海、淮海各关与广东、福建、四川等省，也都大量由票号借垫财政款项，几乎到了无票号借垫就无法上解饷款的地步。对此，光绪十年（1884）福州将军兼闽海关负责人穆图善在给皇帝的奏折中曾说道："历年所以无误饷款者，全赖各号商通挪汇解。"在这种财政危机中，不仅其他各派助协饷的省份频频向票号告借，如"晋省欠解西征粮台银十余万两，前任乌里雅苏台将军金顺军饷银二十余万两，加以绥远城将军完安拟撤马步各队与晋省应交水路十一营欠饷，又共需银三十余万两，统计需银六七十万两之多。本应下忙所收之款拨解已空……因思平遥、祁县、太谷等处……票号，令其暂行设法通融"，就是一些用款单位由于协款不济，或不能按时收到，也往往不得不向票号借款支饷，如云南省在历年镇压乌索、景东、开化、永昌等各处少数民族起义的用兵中，因"紧急军需，刻不容缓，先后向各商号借用银 398100 两，填给库收，令付各省分拨归还"。"滇省库藏空虚，仅恃此商号二三家（指天顺祥、云丰泰、乾盛亨票号）随时通融，稍免哗溃之忧。"甚至军队调防途中的经费，也得临时向票号告借，如光绪十一年（1885），甘军两营由京撤防回甘，行经山西汾州，檄令"将东南各勇，即在晋境遣归"，但无川资，只得向平遥票号借银数千两以充遣返川资。至于军队向票号借贷款项，更是常事，据左宗棠奏稿统计，从同治五年（1866）到光绪六年（1880）的 14 年中，左军在湖北、上海、陕西向票号就借款 832 万多两，支付这借款的利息高达 49.9 万多两。①

再从票号 1865—1893 年汇兑部分省关款项的情况来看，广东省、浙江省、福建省 3 省和粤海、闽海、浙海、淮海 4 海关，通过票号汇兑的款项共有 28058736 两，其中票号垫汇者就达 12896753 两，占到汇兑总数的 45.96%，几近 46%。这就是说，票号汇兑这些省关的汇款中，有将近 1/2 的是由自己垫汇的。一般情况下，省关上缴款项主要用于军饷和俸廉，其中有些也用于中央政府经费和其他专项用款，但这部分的数量较少，况且，所谓专项用款，也大多用于军事费用。因此，仅从票号对这些省关垫汇款项数额之巨上，也可以清楚地说明票号对国家军政费用支持的力度了。

---

① 孔祥毅：《近代史上的山西商人和商业资本》，见江地《近代的山西》，山西人民出版社1988 年版，第 298—300 页。

除此之外，晋商通过捐输、捐纳对于中央财政也予以了很大支持。这种捐输、捐纳，有些是直接的，有些是间接的。所谓直接的，就是晋商直接向朝廷捐献，或用以军事国防，或给自己换取官衔，咸丰以来，太平天国、捻军起义等农民运动接连不断，在财政已很吃紧的情况下，清政府为了筹措镇压农民运动的经费，即把捐纳制度作为了敛财的一种手段。即按虚实官衔，"文官可至道台，武职可待为游击，京堂二品，各部郎中，捐实官并卖虚衔，加花翎而宽封典"。在这一活动中，晋商表现得相当踊跃。如咸丰初，当清廷劝谕票商捐饷捐炮以镇压太平军时，平遥乾盛亨、其昌德票号的财东介休北辛武村冀家当家人马太夫人即积极响应，说："此吾家报国之时也。"令寄信各分号，竭力捐输助饷，前后共捐白银数十万两。咸丰三年（1853）五月初三日至十月初十日，山西各票号和账局捐资以"铸炮"共白银34万两，钱70000吊。同年十月下旬，日升昌、天成亨等13家票号又捐银60000多两。1852—1853年，山西票号商人捐款达160万两，占到其时全国捐输总数224万两的71.4%。咸丰六年（1856），又捐输白银201万两。几年来，山西商人先后捐输白银"数逾千万"。由于报效朝廷有功，捐输者大都换得了各种封典。如果说这是为"公"之义举，朝廷加以封典，也无可厚非的话，那么，许多人的捐输，则纯属从私利出发。如日升昌经理程清泮咸丰三年（1853）已捐得俊秀，为再高升，又"报效"750两，赏监生并布政司理问。蔚字号经协理11人，为加捐高衔，一次"报效"银两近2000两。票号的财东、经理、协理们，在这种捐纳的浪潮中，几乎都给自己捐得了各种大小功名，甚至为他们的祖父、曾祖父、父亲、孙子也捐得了各种官衔和封号。

所谓间接的，就是在捐纳中，票号从中推波助澜，"乘机居间揽办"。一方面代各省捐生从当地向京中汇票，对于贫寒者甚至给予借贷；另一方面，对于已捐虚衔而想取得实官者，通过票号在京中与朝廷大员的密切关系，打通关节，或是为已放实官而想取得更高一级职务者，代办"印结"。捐官谋缺者，如若他们直接向户部交款，库内必有若干挑剔，层层关卡，层层盘剥，而票号上结尚书、郎中，下交门房、库兵，手续娴熟，交款无阻。之所以如此，是因为票号在平时已按等级对这些官吏、衙役进行了贿赂。票号愿为捐官谋缺者代办"印结"，自有其目的，这就是报捐者取得实缺，或已有实缺后又高升者，除了对票号为他们的奔走活动感激不尽外，还往往在走马上任后，将其所管公款或私积存于票号。票号通过自己的这些活动，到底使多少捐官谋缺者得其所愿，这些捐官谋缺者又向朝廷捐纳了多少银两，很难统计出来，但从晋商自身的情况来推断，人数肯定不少，其捐纳银两也为数颇巨，确实为解决清政府的财政困难帮了大忙。值得一提的是，自咸丰以来，由于清政府的财政日趋恶化，通过捐纳来筹饷，也就成了一条扩大财政收入的重要渠道。当时规定捐款人纳银，在省则交省库，在京则交京户部，而省库解缴户部或其他用款地点，则均由票号办理，久而久之票号便成了清政府财政体系中不可或缺的一个环节——捐纳筹款的办事机构。

不仅如此，票号还大力为清政府承借、承汇"商款"，以供财政之需。如倭韩事起后，朝廷征兵购械，需款浩繁。1894年经户部派员"向京城银号、票号借银一百万两，备充军饷"。接着，户部又要各省息借商款，解部备用，并订有《息借商款章程》。应此要求，汉口日升昌票号就曾为湖北省提供借款14万两，广州源丰润票号也为政府提供借款10万两，在江西，这种借款，"随收随交蔚泰厚、天顺祥两汇票号汇数存储，另立清折计数，听候藩台文批，发交该二号汇解"。①

（三）起到了国家金库和银行的职能

藩库、户部金库、国库是行省和中央的财政金库。这些国家金库存放现银的盈虚，能够从一个侧面反映国家财政状况的好坏。在同治以前，地方"公项之银，纵存数千百万，不出库门之外"，而在同治以后，由于政府财政日益困难，京协各饷，常常需要票号垫支，"当事者推表其功，加倍信任，以公款与之出入，凡库入应领者，饬兑交于铺号，若有放给，亦令铺号解入，然后兑发，或垫或存，取其妥便"，再加上捐纳制度所促成的票号与官吏的勾结，互相利用，官僚将公款存于票号，以便上解不足时，请票号垫汇。于是，公款之银，"库中现存无几，而大半皆交付庄号"，②这样，票号实际上代理了地方的财政金库。此种做法，最初仅是少数省关，以后互相效尤，以致上解京师的款项，"无论交部库，交内务府，督抚委员起解，皆改现银为汇票，到京之后，实银上兑或嫌不便，或银未备足，亦只以汇票交纳，几令商人掌握库藏之盈亏矣"。③再从前述票号为不少省关垫汇款占应汇款近一半的事实上，以及票号对捐纳的包揽上，都可以清楚地说明票号在很大程度上，已经在发挥着国家金库的职能。

---

① 徐继畬：《松龛先生全集》卷下，《洛盐刍议致王雁汀中丞》。

② 孔祥毅：《近代史上的山西商人和商业资本》，见江地《近代的山西》，山西人民出版社1988年版，第301页。

③ 《论官商相维之道》，《申报》1883年12月3日。

与此同时，票号还发挥着国家银行的职能。这主要表现在它对"四国借款，还本付息"一事的承办，以及对"昭信股票"的认购推销。甲午战争失败后，清政府对日赔款和赎辽费高达2.3亿两。而当时清政府的年财政总收入也才仅有八九千万两，并且财政开支又不断增加。在此情况下，清政府不得不向俄、法、英、德4国大举借款，3次借款共计合白银3.07亿两，以苏州、淞沪、九江、浙东货厘及宜昌、鄂岸盐厘担保。按常规，这4国借款，是应当由国家银行负责偿还的，虽然其时清政府还没有成立起国家银行，那也应由户部国库来办理。可是，由于国库空虚，户部根本无力来办，而票号却因存有相当的公私款项，有此能力较好地保证对外债的清还，所以，户部便按省分摊，由各省筹款。不管是盐斤加价，还是地丁货厘附加等，必须按时将白银汇往上海还债，并由票号负责各省汇款，于是，在上海的协同庆等十几家票号便包揽了四川等12省的偿债汇兑，实际上替代了国家银行的职能。

此后不久，光绪二十四年（1898），清政府为偿付到期的对日赔款，但又不愿再多借外债致被勒拿，遂决定发行"昭信股票"，在户部设昭信局，各省设昭信分局主持其事，拟发债额为库平银1亿两，年息5厘，以田赋、盐税担保，分20年偿还本息。发行这种实际上是公债的股票，必须有银行做担保。可是，中国第一家银行，即名曰"商办"而实质上是"官督"的由清政府控制的中国通商银行，于1897年成立不久，到1898年其额定资本仅收足250万两，资力远远不够，而户部更无力承办。于是，朝廷将推销股票业务的任务交给了在京的百川通、新泰厚、志一堂（志诚信）、存义公、永隆泰5家山西票号和满族人开办的恒和、恒典、恒利、恒源这4家钱店。清廷还要求在京自王公以下，外省自将军督抚以下，大小文武、现任候补候选官员，"均领票缴银，以为商民之倡"。当时，在京的山西票号倒很积极响应，48家每家认购了昭信股票1万两，共计48万两，① 而民间应者却寥寥无几，后来，因募债中各地强逼硬派、勒索苛扰等流弊太多，屡遭社会抨击，到戊戌维新中停办时，实发额只有"一千数百万两"，② 也有说是1000万两左右，或不足500万两的。无论具体数目是多少，票号实际上已经在代理国库和国家银行职能这一事实是肯定的。

---

① 《户部昭信股票章程》，《认领股票》，《申报》1889年4月13日。
② 千家驹：《旧中国公债史料（1894—1949）》，中华书局1984年版，第366页附表。

第四节　近代甬商金融业的历史地位

鸦片战争前夕，以英国为首的几个主要资本主义国家，先后完成了产业革命，资本主义制度在世界上显示出其旺盛的生命力，确立了其在世界上的统治地位。世界资本主义的发展潮流，迫使一切落后民族走向资本主义化，亦即近代化。中国当然也不能例外，英国发动的鸦片战争迅速地用大炮轰开中国封闭的大门，五口被迫通商，西方资本主义文明陆续输入，封建主义的坚冰渐次突破，无论是在政治上、经济上抑或是思想文化上，中国都面临千年未有之变局，已开始由封建社会向资本主义近代化迈进，不再是一个原封不动的封建社会了。正是在这个意义上我们说：西方资本主义列强不自觉地充当了用武力强迫中国走向近代化的工具，也就是说，中国的近代化是鸦片战争的直接产物。

在中国近代化的进程中，宁波商人的身影随处可见，可以说遍布各行各业，甬商是中国近代化的开创者与推动者。从一定意义上来讲，宁波商人创立的近代新式企业奠定了中国近代民族工业的基础，实力雄厚的甬商金融资本和工业资本推动了近代中国金融业的近代化进程，促进了近代中国金融体系的形成与发展。

一　推动了中国金融业近代化进程

"金融近代化"亦即金融系统的资本主义化。它包括两方面的内容：一是传统金融组织的资本主义化，二是遵循资本主义发展规律和内在要求而设立的金融组织以及经营管理方式和金融制度建设等。具体来说，上海金融近代化应包括下列内容：金融组织成员的资本主义化；其业务经营对象、管理、制度建设的近代化；金融市场的近代化，包括拆借市场、票据交换市场、证券市场、外汇市场以及内汇市场的形成；金融部门的进一步完善，包括钱庄、银行、证券交易所、保险公司的设立；等等。

在中国的金融近代化的进程中，亦即中国金融告别传统走向近代的过程中，甬商发挥了巨大的作用。宁波商人不仅大规模投资于近代金融业，而且还广泛引进西方先进的现代金融理念与经验，积极投身于近代金融事业的经营与管理，在很大程度上促进了中国金融的近代化。

第一，甬商将钱庄与外国银行、钱庄与中外贸易、钱庄与近代资本主义企业联在一起，从而促使钱庄资本向近代金融资本转型，其经营活动与近代资本主义密不可分。此时的钱庄资本完全不同于旧式的典当、钱庄、票号资本,已成为近代中国金融资本的有机构成部分。甬商在钱庄向具有资本主义性质的近代银行转型这一过程中起着至关重要的作用。

首先是大量甬商买办渗入钱庄业,促进了上海钱庄业组成成员的资本主义化,因为在某种程度上可以说近代买办是资本主义的化身。这种变化主要通过如下两种途径进行:一是大量买办通过开设钱庄进入钱庄业,二是大量钱庄经营者充当买办。这样买办要么将钱庄带进近代意义的中外贸易,要么把钱庄带进具有资本主义性质的近代新式企业,在中国旧式金融组织——钱庄的内部注入了一股新鲜的血液,促进了钱庄成员的资本主义化,进而促进钱庄整个行业的资本主义化。

其次是甬商促使上海钱庄经营手段的近代化,其主要标志为信贷的扩展与制度化。近代化的信贷手段体现为汇票、拆票和庄票的广泛使用。在19世纪初,上海钱庄的经营对象仍以银钱兑换为主,但"到了19世纪20年代,由于使用汇票或票据而不用现金,中国对外贸易便日益以信贷为基础","到1860年,沿海不凭借某种信贷,就简直不可能做大生意"。① 所以说上海钱庄的近代化首先是以信贷手段的扩大为基础的,信贷手段的扩大又是外商银行、洋行参与交易的结果,而外商参与交易却是以买办的媒介为前提的。例如,钱庄出具的庄票如果得不到买办的保证就很难取得银行的承认,只要买办认为可靠,洋行就不需其他保证。洋行买办对外商银行与中国钱庄、银号之间的一切交易负有完全责任,"外国银行一般不直接与钱庄往来,而是通过买办进行,它对中国钱庄的信用,也随买办的意见而转移"。② 由此可见,买办扩大了钱庄的信贷手段。甬商钱庄信贷的制度化主要表现在采用近代意义上的汇划制度与公单制度以及开始办理票据贴现业务,在钱庄经营手段向近代转型的这一革命性过程中,甬商买办是其中的关键因素。买办将外商洋行、钱庄与中国商人联结起来,起到中外贸易的润滑剂作用。在外商银行兴起之后,又将外商银行、洋行、钱庄、中国商人联结起来。买办主要通过钱庄发行的庄票作为联系的纽带,因为只有得到买办认可的钱庄庄票才可能得到外商的承认。外商银行在华兴起之后,洋行开立的支票与钱庄出具的庄票在外商银行那里可以直接轧抵冲销,从而简化了手续,但是这一

---

① 郝延平:《中国近代商业革命》,上海人民出版社1991年版,第81页。
② 高海燕:《外国在华洋行、银行与中国钱庄的近代化》,《浙江大学学报》(人文社会科学版)2003年第1期,第18页。

功能是以买办的保证为前提的。在此基础上才形成后来近似于票据交换的"公单制度",避免了大量的现金搬运,从而便利了钱庄与钱庄之间以及洋行、银行与钱庄之间的业务清算,钱庄向近代迈出了关键性的一步。

最后是甬商促进了钱庄业务经营的近代化,为钱庄开拓了广阔的金融市场。这主要表现在两方面:一是钱庄经营对象的变化;二是信贷方式的变化。上海钱庄的传统经营对象为旧式沙船业主及旧式商人,在旧式沙船业与外商新式轮运业的竞争之下,旧式沙船业迅速全面崩溃。这样就迫使甬商钱庄将目光转向新的社会群体,寻求新的业务增长点。随着甬商商人在中外贸易中的作用越来越大以及旧式商人向新式商人的转变,钱庄的经营对象也发生了前所未有的变化。与此同时,宁波商人自己大量开设钱庄,使钱庄与中外贸易联系起来,特别是甬商买办投资创办了大量的新式企业,由于甬商钱庄与买办的特殊关系,使旧式钱庄与近代资本主义企业联系在一起。开始时是钱庄给近代新式企业提供资金支持,继而钱庄自己开设新式企业,从而促使钱庄的经营对象较之以前发生了根本性的变化。这种变化主要表现在:(1) 甬商钱庄开始越来越多地向近代工、商企业放款,开始其对象主要是通商口岸的买办或买办商人,后其覆盖面逐渐涉及各行各业,与最大限度地新式商人发生联系。(2) 一些甬商钱庄老板在经营钱业的同时,涉足近代工商企业。至于钱庄信贷方式的转变,主要表现在放款方式由以前的信用贷款向抵押贷款方式转变。信用放款是钱庄悠久的放款方式,并一度是钱庄战胜近代银行的重要法宝,但这种制度有碍钱庄业务的进一步拓展,为了开拓业务,甬商钱庄业逐渐采用抵押贷款的放款方式,并促使钱庄功能的转变。

上海钱庄与资本主义经济发生愈益紧密的联系,特别是钱庄对外商银行、洋行的依赖程度加深,并且资本主义金融市场的波动亦直接影响上海钱庄的业务经营乃至生存状况,这也可以说是上海钱庄近代化的一个标志。主要表现在如下几个方面:(1) 钱庄与外商银行的拆款制度的建立,造成钱庄越来越依赖外商的拆款,终至外商银行拆款额的大小直接关系到上海钱庄资金的荣枯;(2) 就全国而言,钱庄的分布开始向通商口岸集中,特别是近代商贸、金融的中心——上海,通商口岸是近代中国资本主义因素较多的地区,特别是上海的钱庄由华界向租界的转移,表明了资本主义对钱庄的吸引,这也从侧面论证了钱庄的资本主义化。

第二,近代化是指传统农业社会向近代资本主义工商业社会转变的过程,在上海金融近代化的过程中,近代银行的兴起是其发展的主力军,表明深深根植于资本主义经济土壤之中并伴随着资本主义经济发展而成长壮大起来的近代金融组织在上海形成。无论是外商银行在上海的崛起，还是华商银行在上海的诞生、发展与壮大，宁波商人都在其中扮演了十分重要的角色。

首先，外商银行是近代"西潮东渐"的结果，并逐渐成为上海金融市场的重要力量之一。外商银行在华的存在，一方面是各资本主义国家对华政治、经济发展的需要，但从另一个方面来讲，外商银行则直接催生了中国近代银行的诞生。在这一过程之中，甬商的作用功不可没：甬商钱庄是外商银行得以在华立足、顺利发展的重要保证。银行金银的保管、银行货币的流通、票据的清算、向钱庄的拆款以及存、放款业务的介绍等，几乎外商银行的一切业务都是由买办进行的，可以说，外商银行如果离开买办，其业务的开展就几乎成为不可能完成的任务。这样，甬商的钱庄实力和买办优势对中国近代，特别是上海华商银行的兴起的作用就体现出来：（1）甬商促进了上海近代外商银行的发展，这为广大国人做出了一个很好的示范作用，为国人对新式银行的认识提供了一个舞台；（2）外商银行在华的迅速发展，刺激了国人的民族情结，促使中国的有识之士从挽救利权的角度出发，提出仿设银行的主张，并且为创办中国自己的银行提供了一个蓝本；（3）与外商银行有密切业务关系的钱庄经理和外商银行中的买办，有机会熟悉近代银行的组织结构和经营管理模式，为中国自办银行的产生储备了人才，成为中国近代银行设立的催化剂，促进了上海近代金融市场的形成。

其次，甬商是近代新式银行的积极倡导者。甬商新式商人作为近代中国的一个新型社会阶层，表现出其旺盛的生命力，在西方资本主义的熏陶之下，他们越来越表现出对西方政治、经济、文化制度的向往，作为西方经济生活的核心——银行，也就相应地进入到他们的视野之中。甬商新式商人，特别是钱庄业主们，对近代银行制由完全陌生到逐渐熟悉，并开始认识到银行在国民经济生活中的重要性，最终投入到近代银行的创办事业中来。

第三，甬商是中国自办银行的具体实践者。主要表现在如下三个方面：（1）甬商积极参与近代新式银行的创办；（2）甬商积极投身于新式银行的管理；（3）甬商密切了金融行业之间的联系，促使上海近代金融市场的形成。由于甬商新式商人在与外商业务交往过程中，对银行在国民经济生活中的重要性认识颇深，特别是与外商银行有密切业务关系的钱庄业主及买办，对于外商银行的经营管理模式、业务范围、融资筹资的便利都有感性的认识，再加上甬商向来金融意识强，他们或独资或合资创办，或是附股于外商银行，甬商新式商人成为近代新式银行创办中的一个十分活跃的群体，在早期创办的华商银行中，几乎都有宁波商人的股份。宁波商人还积极参与银行的管理，在中国通商银行、中国银行、交通银行以及江浙财团所创办的银行中，宁波商人的身影随处可见。由于甬商拥有的钱庄业优势，使甬商在金融系统内，与本国钱庄、银行及外商洋行、银行都有千丝万缕的联系，所以甬商加强了上海金融业内部的业务联系，从而推动了上海金融市场的形成。

第四，甬商积极参与近代上海保险公司、证券交易所的建立，从而进一步完善了上海的金融市场。上海作为近代中国的通商大埠之一，也是近代中国民族保险业、证券业的主要发祥地之一，从某种意义上可以说甬商催生了近代上海保险、证券业的发轫，并由于甬商参与经营管理，进一步促进了上海保险、证券业的发展。

综上所述，甬商是近代上海金融市场中的主力军，和其他社会阶层一起共同促进了上海近代金融市场的形成。主要表现在：（1）上海两个拆借市场的形成，一个是钱庄业之间的拆借市场，另一个是银行同业之间、钱庄银行间的拆借市场；（2）形成上海票据市场的雏形；（3）证券市场崭露头角；（4）外汇市场以及申汇市场的形成；等等。这一切都表明上海近代金融市场已经形成，在这一过程中，随时都可见宁波商人的身影，正是他们促进了上海金融近代化。

二 促进了中国近代金融体系的发展

较之传统金融机构——钱庄和票号而言，华资银行是现代化的代表；较之近代中国外资银行而言，华资银行的设立及其经营活动又具有收回利权的作用。甬商在传统金融业——钱庄业中获得巨大发展的基础上，大规模投资于近代金融领域，特别是对于近代华资银行的兴起与发展做出了巨大贡献。华资银行的设立与发展，启动并推进了中国金融近代化的步伐，奠定了近代乃至现代中国金融体系的基础。

其一，甬商推动中国近代华资银行兴起，使得社会储蓄转化为职能资本的现代信用制度得以正式确立。

落后国家要实现工业化，先决条件是要筹集生产性资金，没有大规模的生产性投资，必定成为经济发展的瓶颈，所以，资本积累是发展中国家实现工业化的关键所在。很显然，外国资本不可能成为落后国家资本积累的最主要来源。所以，落后国家用以启动工业化的原始资本只能来源于本国。现代发展经济理论认为："后进国家并不是一点儿也没有可储蓄的余地，富裕阶级有着极为奢侈、夸耀性的消费，他们手里握有大量金银宝石之类的财富，在低收入的一般大众中，也不是没有去朝圣和寺院烧香之类的超过生理需求的那部分财富。"① 根据这一理论，落后国家资本积累不足不在于经济发展的现行水平，而在于社会经济制度或经济政策，也就是有没有产生能将社会储蓄转化为职能资本的现代信用制度。

据南开经济研究所已故经济史家刘佛丁先生等人的研究，近代中国几个代表年份的国民收入（按1936年币值计算）是：1850年为181.64亿元，1887年为143.41亿元，1914年为187.64亿元。② 又据张仲礼估算，在19世纪末，绅士阶层的人均收入为平常老百姓收入的16倍。③ 这说明当时的绅士阶层手头掌握着大量的财富。再据美籍华人学者郝延平先生测算，鸦片战争后产生的买办阶层，他们在1842—1894年累计积累了约为5.3亿两的巨额财富（清政府年收入不过8亿两，清政府60年代创办的最大的兵工厂江南制造总局的启动资金也不过60万两）。此外，还有为数众多的各级官吏、地主、商人也有不少金银于"窖藏"之中。④ 上述数据表明，尽管近代中国积贫积弱，但少数人手中却集中了巨额财富，因而如何把这些巨额的资金集中起来转化为银行的信贷资本，从而支持工商业的发展成为一个至关重要的问题。这个任务，中国传统机构——钱庄没有也无法承担起来，因为"作为旧式金融机构的钱庄，虽然与资本主义经济成分发生较多联系而被赋予了新的内涵，但其自身制度上的种种缺陷，决定它是不可能承担将国民收入尽快集中起来的任务的"⑤。而近代新式银行却凭其先进的信用制度而能承担此任。

西方经济学认为，储蓄—投资—产出是经济发展的一般规律，在这个链条中，储蓄是基础，没有储蓄就形成不了投资的资金来源，那就更谈不上产出了。所以，用以形成储蓄的银行信用制度在一国经济发展中起着决定性的作用。第一家华资银行——通商银行成立后就吸揽不少官僚富商的巨额资财，如李鸿章在通商银行一次存银10万两，盛宣怀70万两，王文韶5万两。⑥ 事实上，近代华资银行信用制度确实以较快的速度集中了庞大的社会闲散资金，从而使社会储蓄转化为职能资本成为可能。

---

① ［日］万成博、杉政孝：《产业经济学》，浙江人民出版社1986年版，第166页。
② 李一翔：《银行资本与中国近代工业化》，《上海社会科学院学术季刊》1996年第1期。
③ 同上。
④ 同上。
⑤ 同上。
⑥ 中国人民上海市分行金融研究室：《中国第一家银行》，中国社会科学出版社1982年版，第110页。

其二，甬商促进中国近代华资银行发展，既启动了中国金融机构近代化进程，又为近代金融体系的确立奠定了基础。

早在16世纪晚期，西方便设立了近代新式银行，世界上第一家新式银行于1580年产生于最早发生资本主义萌芽的意大利。然而在17—19世纪的中国，由于没有大面积地确立资本主义生产方式，故而也没有产生与资本主义工商业发展相适应的新式金融机构——近代银行。发端明清之际的封建信用机构——钱庄与票号在17—19世纪中叶（鸦片战争后外资银行控制中国金融之前）始终控制着中国的金融业。钱庄和票号尽管在19世纪晚期，由于受外资银行的影响也吸收了新式银行的某些经营理念（如开始实行抵押贷款），但它们毕竟与新式银行有着根本的区别：一是钱庄的资金来源于一家一户（或一个家族，或是几户合资），而新式银行却是社会广泛地集股兴办起来的；二是近代新式银行放款对象主要是近代工业企业，而钱庄、票号的生产性放款不是其主要业务，而是进行高利贷性的商业放款；三是钱庄、票号的经营管理具有封建性，主要以血缘、宗族、主仆、师徒关系为纽带实行家庭式的传统管理，而近代银行大多实行公司制的现代管理；四是在经营方式上，近代银行以抵押贷款为主，而钱庄、票号却奉信用放款为圭臬。因此，在19世纪末20世纪初，尽管传统钱庄业仍声势浩大，甚至可以说正处于该行业历史上的辉煌时代。然而，随着近代中国现代经济成分的不断增长，钱庄本身的局限性日益严重，注定它不能充当现代化的代表。钱庄那种带有浓厚前资本主义色彩的信用方式和经营管理制度面临变革，传统金融业不向现代转型就难以生存。在中国的历史舞台上演出近代壮观的一幕："山西票号"辉煌不再，"宁波钱庄"涅槃重生。

甬商在其传统金融业——钱庄业中获得了巨大发展的基础上，大规模投资于中国的近代银行业，并积极投身于中国近代银行事业，使近代中国华资银行在1897年到1927年的30年间，从无到有，由弱变强，并且从分散逐步走向联合，形成了近代中国银行界的核心银行——中国银行、交通银行等，成长了如"北四行""南三行"等一批经营较为成功的重要商业银行，产生了汇兑、农、工等专业银行，初步形成了以中、交为核心的商业银行金融体系。

其三，甬商投身中国近代华资银行事业，造就了中国近代第一批深谙现代银行业务的银行家和大批金融英才，正是这批金融英才推动了中国近现代金融业的发展。

堪称近代金融巨子的宋汉章、盛竹书、徐新六、孙衡甫等一批甬商银行家以华资银行为平台，施展才学，锻炼自己，推动中国近代银行业的发展。这些银行家积极组织银行公会，创办银行杂志，认真学习外国经验和总结本国教训，谋求中国近代银行业的健康发展，大声疾呼中国经济制度的现代改革并付诸实践。

甬商众多近代华资银行的经营者们，在数十年的经营实践中所确立的经营理念和所积累的许多适合中国国情的银行经营管理经验，中国第一代银行家们的诸多金融创新之举，为近代乃至现代中国金融事业的发展提供了一笔宝贵的财富。

结　语

本研究课题尝试从金融制度变迁视角来梳理中国近代两大著名商帮的历史，探究甬商和晋商金融业近代重大事件的产生根源，阐释影响甬商和晋商金融业兴衰的内外因素以及特定的历史条件，这也使得本课题从研究内容和角度上说有一定程度的创新。至于研究成果的创新程度，要由研究的主要建树来体现。从提高角度来看，还须从文化基因上找到二大商帮的差异，进行系统的比较研究。应当学习司马迁《史记·货殖列传》《汉书·地理志》、王士性《广志绎》等书，他们对地域文化、自然地理、人情风俗都有很好的论列。通过甬商与晋商的商帮文化比较的进一步分析，尝试寻找甬商、晋商在近代中国金融制度变迁中兴衰差异的深层次原因，概括出以下几点认识。

第一，晋商是传统经济的载体，而甬商则是现代经济的萌芽。

近代中国的生产力有了一定的进步，社会对商业的需求增大。尤其是国门被迫渐次打开，中国社会不得不逐渐地融入世界经济当中，商业越来越显示出它的重要价值。甬商和晋商顺应了这种社会发展需要，他们都能突破传统文化的"农本商末"的价值框架，对商业及商人自身的价值均是采取一种正面的积极的肯定的态度。但是细细考究各大商帮的经营活动，可以发现两大商帮对这个问题的认识又都带有各自的特点。

晋商从重利立场来重视商业。据《雍正朱批谕旨》载，雍正二年（1724），山西巡抚刘于义的奏折说："山右积习重利之念，甚于重名。子弟俊秀者，多入贸易一途，其次宁为胥吏，至中才以下，方使之读书应试，以故士风卑靡。"[①] 晋地学者刘大鹏《退想斋日记》有语曰："近十年吾乡风

---

① 张正明、薛慧林《明清晋商资料选编》，山西人民出版社1989年版，第24页。

气大坏,视读书甚轻,视为商甚重,才华香美之子弟,率皆出门为商,而读书者寥寥无几,甚至有既游庠序,竟弃儒道而就商者,亦谓读书之士多受饥寒,曷若为商之多得银钱,俾家道之丰裕也。当此之时,为商者十八九,读书者十一二,余见读书之士,往往羡慕商人,以为吾等读书,皆穷困无聊,不能得志以行其道,每至归咎读书。……是以应考之童不敷额数之县,晋省居多。"刘于义的奏折和刘大鹏的日记共同揭示出一个结论:晋人重商不重士。

晋商中也有读书之人,但最终都去经商,榆次常家就是一个明证。常氏八世祖常威,先将大儿子常万已带在身边,让他学习经商。三儿子常万达从小聪明好学,一直留在老家读书,经历十年寒窗苦读,完全可以考取个进士。常威发现常万达品德和学业皆非平庸之辈,执意让常万达弃儒从商。常万达兄弟都成了晋商中的佼佼者。常万已创"十大德",人称"南常";常万达创"十大玉",人称"北常"。① 十二世常麒麟,已选拔入贡,需赴京入国子监,但他弃儒为商。常氏十三世常维丰,幼年从师就读,词章粹美,为识者所器重。考入国子监,又实授"游击"之职,长大以后仍放弃科举,赴张家口经商。常氏十四世常旭春,清末举人,曾任晚清法部员外,书法艺术名冠三晋,诗词颇精,时人称他是"书宗李北海,诗步王渔洋",但他最热衷的是经商。榆次常氏重视读书,从康熙年间到清末科举废除之时,近200年间,常家取得秀才、举人者共176人,但他们最终都是走上经商之路。顾炎武所说,一旦从布衣成为生员,"则免于编氓之役,不受侵于里胥,齿于衣冠,得于视见官长,而无垂楚之辱,故今之愿为生员者,非必慕其功名也,保身家而已"②。可见,常家人读书是为了取得一些实际的好处。由此也可以证明山西人重商不重士。

当时流行于山西民间的民谣也说明晋人普遍怀有这种心理。歌谣赞富商大贾"走远方,积金钱,夸耀闾里,外则车骑,入则广厦,交接晋绅"。字里行间,充满着对商人钱势的羡慕。还有民谣说:"人养好儿子,只要有三人,大子雷履泰,次子毛鸿翙,三子无出息,也是程大佩。"雷履泰、毛鸿翙、程大佩是山西首家票号日升昌的三个掌柜,山西民间以此三人作为理想的楷模。各个层面的信息可以证明:晋人经商重在追求金钱。

甬商有"四民异业而同道"的观念。嘉靖四年(1525),宁波余姚著名

---

① 宁一:《中国商道——晋商徽商浙商货通天下商经》,地震出版社2006年版,第3页。
② 穆雯瑛:《晋商史料研究》,山西人民出版社2001年版,第220页。

思想家王阳明为一位商人方麟撰写了《节庵方公墓表》，其中谈道："古者四民异业而同道，其尽心焉，一也。士以修治，农以具养，工以利器，商以通货，各就其资之所近、力之所及者而业焉，以求尽其心。其归要在于有益于生人之道，则一而已。士农以其尽心于修治具养者，而利器通货犹其士与农也。工商以其尽心于利器通货者，而修治具养犹其工与商也。故曰：四民异业而同道。……自王道熄而学术乖，人失其心，交鹜于利，以相驱使，于是始有歆士而卑农，荣宦游而耻工贾，夷考其实，射时罔利有甚焉，特异其名耳。"① 现代学者余英时称这篇文章是"新儒家社会思想史上一篇划时代的文献"②。这篇短文至少阐释了以下几层意思：（1）士农工商均是社会所必需，四者之间只存在社会分工的不同，其实都是"有益于生人之道"。这实际上已经超越了"农本商末"的价值观念。（2）从事此四业都必须要"尽心"，即发明人的本心。王阳明学术认为人人本有"良知""良能"，不管做何职业，都应扩充"良知"于事事物物。从事商业只要能够做到"尽心"，同样可以"有益生人"。这就是说，从事商业无害于修身养性。（3）"歆士而卑农，荣宦游而耻工贾"，正是由于失却本心，交相追利的结果。这种说法，对于当时社会弥漫着的"万般皆下品，唯有读书高"的价值认识，明显是一种冲击。

王阳明有这样的见解不是偶然的。明清之际的余姚大学者黄宗羲也提出："夫工固圣王之所欲来，商又使其愿出于途者，盖皆本也。"③ 黄宗羲是从返古而创新的角度，以古人贤王的作为来替当时商人呐喊。思想家的思想不是凭空得来的，它是当时宁波社会集体意识的一种折射。据《鄞县通志》记载，当时宁波"民性通脱，务向外发展，其上者出而为商，足迹几遍国中"。清中叶镇海方氏家族的开创者方建伦曾说："升斗之粮，非可幸也，菽水之奉，不可待也，诚循循自勉于儒行，则贾与士等耳，奚必轩彼轾至，薄之弗为？"方建伦所说的"循循自勉于儒行"也就是王阳明所说的"尽心"，"贾与士等"也就是王阳明所说的"四民异业而同道"。

到清末民初，宁波帮出现了许多怀抱"实业救国"理想的商人。典型的如"五金大王"叶澄衷，"企业大王"刘鸿生，商界巨头虞洽卿，为国捐

---

① 王阳明：《王阳明全集》（上册），上海古籍出版社1992年版，第941页。
② 余英时：《士与中国文化》，上海人民出版社1987年版，第526页。
③ 黄宗羲：《明夷待访录·财会三》。

躯的项松茂,创办中国化学工业的方液仙等,他们经商不只是为了钱,也不只是为了个人发展,而是为了民族的志气和国家的强盛。刘鸿生曾说:"中国之所以受气,是因为没有工业,没有科学,因此就想利用口袋中的现钞做点事。"① 近代宁波帮的实业家思想明显是承接王阳明、方建伦等人的传统而来的。甬商认为商业是社会之本业,经商同样可以安身立命,作为商人也要尽到社会一分子的责任。

从本质上讲,晋商是传统经济的载体,而甬商则是现代经济的萌芽——这种萌芽暗示出主导此后商帮浮沉的决定性要素——专业分工的高度细化和集中化。因而,当甬商按照外向模式完成近现代化转型,并且自我进行产业调整和完善时,晋商却因为文化传承的原因沉寂下来。

第二,晋商是以乡谊为表层关系,以宗族为深层组织机制的商人群体;而甬商的深层组织结构主要是以经济利益为纽带,是建立在更为广泛先进的业缘、地缘和血缘基础之上。

经商而成帮,商帮成员之间必定存在某种凝聚力。甬商与晋商均是以地域而名帮,其中的凝聚力当然都是以地缘或血缘为中介。但是,同样是因为地缘或血缘关系而凝结成帮,其凝聚的方式却有不同。

北京的鄞县会馆是宁波商人最早建立的会馆,它标志着"宁波帮"的形成。鄞县会馆建立的宗旨为"以敦亲睦之谊,以叙桑梓之乐,虽异地宛若同乡"②。清初北京又有浙慈馆。"浙江慈溪县成衣行商人会馆,又名浙慈馆,约在清初成立,光绪十六年重修。"③ 随后,在各地的甬商都相继建立起了会馆。

甬商的会馆虽然只是商人自治组织,但内部管理非常严密。以上海四明公所为例,在四明公所之下,又有多个行会。光绪十六年(1890),在上海营业的宁波肉业帮创立诚仁堂;光绪十八年(1892),宁波六邑竹业帮创立同新会;光绪三十一年(1905),宁波马车漆业帮创立同议胜会。④ "甬人之

---

① 浙江省政协文史资料委员会:《宁波帮企业家崛起》,浙江人民出版社1989年版,第137页。
② 民国十三年《四明会馆碑记》,见李华《明清以来北京工商会馆碑刻选编》(文物出版社1984年版),见浙江省政协文史资料委员会《宁波帮企业家崛起》,浙江人民出版社1989年版,第4页。
③ 同上。
④ 浙江省政协文史资料委员会:《宁波帮企业家崛起》,浙江人民出版社1989年版,第6页。

旅沪者最众，各业各帮大率有会，而皆总汇于公所。"① 宁波帮的会馆就是通过多个这样的行会来控制各个地方的商业贸易。

宁波商帮所建的会馆公所，不仅叙同乡之谊，联同业之情，恤鳏赡老济贫，还研究商务，团结同乡，以维护共同利益。《鄞县通志》指出："我国民众之有团体，盖滥觞于商贾。商贾以竞利为鹄的，垄断饮羊自周已然，而同行嫉妒一语亦为方俗口头禅。于是其中有翘楚者出，知互相倾轧必致两败俱伤也，乃邀集同业订立行规，相约遵守，俾有利则均沾，有害则共御，此商业团体之成立所以为最古也。其资力较雄厚者或建造会馆或设立公所，以为同业集议联欢之所，公举董事柱首等掌理评议经济诸务。"②

宁波商人通过会馆和同乡会组织凝聚成帮，显示出集体的智慧和力量。最典型的个案便是四明公所与宁波旅沪同乡会。四明公所建于清嘉庆二年（1797），原是旅沪宁波同乡商人和手工业者议事、祭神的场所，后成为宁波人在上海的活动中心。同治十三年（1874），法租界公董局以修路为名，强行要求四明公所迁让义冢地13尺。宁波同乡为保卫四明公所，包围法租界公董局，付出7死20伤的惨重代价，终于保住四明公所的房屋冢地。光绪二十四年（1897），法租界公董局又一次巧立名目要强占四明公所，在场宁波人奋起反抗，有两人遭到枪击。于是激起宁波人在法租界游行示威，30万旅沪宁波人罢市、罢工，获得了上海各界中国人的支持。此时法租界当局竟然下令开枪，造成中国人17人死亡，20人受伤。斗争的最终结局是宁波人保住了四明公所的土地所有权。上海四明公所的两次血案，充分显示出宁波帮的集体力量。

1911年，宁波旅沪同乡会正式成立，其宗旨是："以集合同乡力量，推进社会建设，发挥自治精神，并谋同乡之福利为宗旨。"③ 19世纪后期，上海与宁波之间来往客流被英国太古、法华合资东方和官督商办的轮船招商局垄断。三家将沪甬轮船标价提高一倍，使宁绍两府的客货运输损失每年不低于100万元。宁波帮巨头虞洽卿同三家公司交涉，却毫无结果，于是宁波人自己开办宁绍轮船公司，将票价降为一半。1911年，英商太古银行所属北京轮突然降价，并通过赠送毛巾、肥皂等手段，想凭英商雄厚的实力，挤垮

---

① 《上海县续志》卷3，建置下，会馆公所。转引自浙江省政协文史资料委员会《宁波帮企业家崛起》，浙江人民出版社1989年版，第6页。

② 浙江省政协文史资料委员会：《宁波帮企业家崛起》，浙江人民出版社1989年版，第4—5页。

③ 董启俊：《宁波旅沪同乡会》，《宁波文史资料》第五辑，第12页。

宁绍轮船公司。宁波旅沪同乡会组织"宁绍公司航业维持会"与外商抗争，迫使英商坐下来谈判统一票价。民国成立前后，上海金融风潮迭起，宁波帮的四明银行虽拥有钞票发行权，却常常遭遇挤兑。每当此时，宁波人开设的钱庄和大商号就都挂出"代兑四明银行钞票"的牌子。方腾的《虞洽卿论》中记载："有一次，几乎所有宁波人所开设的商店都收兑四明银行的钞票，甚至有许多宁波籍的工人，以现洋换进四明银行的钞票。经过这一来，四明银行的挤兑风潮，在一两日来就自然平息下去了。上海的市民也都知道四明银行有宁波同乡全体做后盾，是不会动摇的，对四明银行钞票的信心也因此增强。"①《鄞县通志》曾提道：甬人"团结自治之力，素著闻于寰宇"②。

宁波帮如此重视商帮组织的价值，有多方面原因。第一，"由于西方列强对华贸易的急剧扩大，相应地推动了中国经济的'近代化'，上海资产阶级也开始感到拥有自己阶级组织的必要性"③。宁波人较早地与外商打交道，他们大多数人都是从做洋行买办而起家的。作为上海资产阶级的中坚力量，宁波帮重视组织建设也可以说是向外国人学习的结果。号称中国第一商会的上海商务总会的中坚力量是宁波帮，它的诞生正是与英国商人进行商业谈判时受到刺激而萌生的。第二，"每个企业主一旦参加到这个团体，他就会从这个体系得到好处"④。第三，甬商重视组织建设与宁波人临海而居有关。海边居民出海捕鱼或者从事运输，随时都会遇到危险，这就要求一条船上的人或者一个船队的人要相互协作，团结一心，共同应对来自大自然的危险。

晋商的商帮组织在各地也都有各自的会馆，主要起着联乡谊、求自治、谋公益的作用。但就整体而言，晋商不及甬商那么重视商帮组织建设。晋商组成群体，讲究的是一个"义"字。明代张四维《条麓堂集》记晋商范世述"道历关陇，度皋兰，往来张掖、酒泉、姑臧之境，察道里险易，计储待蓄敛散盈缩，以时废居而低昂。其趋舍每发必奇中，往往牟大利。然又必循理守法，如其非分非义，不以一毫取于人"⑤。晋商所强调的"义"不是儒家所宣扬的"君子喻于义"之"义"，而是经商的规范。即在经商活动中，对各方面的权利与义务所做出的规定。

---

① 宁波市政协文史委：《宁波帮研究》，中国文史出版社2004年版，第103页。
② 浙江省政协文史资料委员会：《宁波帮企业家崛起》，浙江人民出版社1989年版，第13页。
③ 中村义：《清末政治和官僚资本》，见鲍杰《论近代宁波帮》，宁波出版社1996年版，第239页。
④ 刘念智：《实业家刘鸿生传略》，文史资料出版社1982年版，第40页。
⑤ 李希曾：《晋商史料与研究》，山西人民出版社1996年版，第108页。

晋商之"义"有多种表现，首先是表现在财东与经理之间。一般商号对财东都有规定："只能在结账时行使权力，平时不得在号内食宿、借钱或指使号内人员为自己办事；不得干预号内人事；经理对外代表商号，财东不得以商号名义在外活动。"① 得到授权的经理们需要尽职尽责，尽可能为财东谋取钱财。"如因在任事期内确能尽力于职务，或有额外劳绩，号务大有起色者，则由资本主酌给酬劳为报。如有不能称职者，则由总号调回察看，以定惩戒，甚至没收其财产，拘留其妻孥，不稍宽容，毫无情面。"②

晋商之"义"其次表现在员工与商号之间。必须要有身份的熟人推荐，一个同乡知底的青年人才可以进入商号。进入商号的学徒如有作奸犯科，推荐者要负连带责任。进入商号以后，商号内有所谓"十不准"，如不准娶妻纳妾、不准宿娼嫖妓、不准酗酒赌博等。进入商号的人，从掌柜到伙计，虽无资本入股，却可以自己的劳动力顶股份，与财东的资本股一起参与分红。"故有本无本者，咸得以为生。"③ 晋商实行顶身制，从掌柜到伙计，大家的积极性都调动起来，都努力为商号工作。

晋商之"义"还表现在"相与"之间。商号之间由于业务往来，往往结成"相与"关系。晋商在结成"相与"关系之前非常谨慎，但是一旦建立"相与"关系，则诚心竭力维护。同时，晋商之"义"还表现在商号与社会之间。晋商经营讲究信义，祁县乔家有一个最经典的例子。有一年，乔家复盛油坊名下通顺店从包头运大批胡麻油往山西销售，经手店员为贪图厚利，竟在油中掺假。此事被掌柜发觉，报告给乔致庸。乔致庸为挽回商誉，忍一时损失之痛，连夜出告示，说明掺假事宜，通知近期到通顺店买过胡麻油的顾客可以全额退银子，以示赔罪。

晋商之"义"，其实就是规定各方面的权利和义务。晋商重视"义"，有学者认为，与他们崇拜关公有关。关公是山西人，在中国文化中是"义"的化身，晋商在各地的会馆大都供奉关公神像。我们认为，事实应该倒过来，晋商是由于重视"义"，然后才有对关公的崇拜。晋商讲究"义"，深层的与他们重视金钱有联系。《国语·晋语》曰："义所以生利也。……不义则不利不阜。"为了大家都能顺利赚钱，各方面都必须学会自我克制，将各自的权利和义务都规定得清清楚楚。晋商对社会讲信义，其实也是为了获

---

① 孔祥毅、张正明：《山西商人及其历史启示》，见李希曾《晋商史料与研究》，山西人民出版社1996年版，第24页。
② 穆雯瑛：《晋商史料研究》，山西人民出版社2001年版，第261页。
③ 沈孝思：《晋录》。

得更长远的利益。沈孝思说晋商"祖父或以子母息丐贷于人而道亡,贷者业舍之数十年矣,子孙生而有知,更焦劳强作以还贷,则他有大居积者,争欲得斯人以为伙计,谓其不忘死,焉肯忘生也?则斯人输少息于前,而获大利于后。"[①] 在晋商中,如果有谁违背了道义,那么他就触犯了众怒,在晋商中就无法立足,他自然也不能再获得钱财。晋商强调"义",与他们的经营活动有关。晋商最早是在北方发展起来的,他们的马帮骆队奔走于大漠之北,穿梭于沙漠瀚海,考虑到晋商活动区域的辽阔和经营的分散,商人自身的品德显得尤为重要,相互之间如果不讲义气,就不可能取得成功。

比较来看,晋商是以乡谊为表层关系,以宗族为深层组织机制的商人群体,在一定阶段是能够起到有利于商帮发展作用的。但长期来看,这种内部宗族的相对独立性,整体上是比较松散的,并不利于长期发展。而甬商的深层组织结构主要是以经济利益为纽带,是建立在更为广泛先进的业缘、地缘和血缘基础之上。因而甬商在整体上比较紧密,整体功能也较强。

第三,晋商的经营活动中更多表现为传统的"儒道经营"特色的商业道德,这种简单的"诚信"是封建旧式层面的"义""信"观,不能够适应近现代商品经济的内在发展规律,而甬商的经营理念上体现了现代信用思想,也是在中国传统金融业务中使用信用抵押的先驱者。

广义的商帮文化应当包括一个商帮的价值观念、伦理规范、道德观念、文化传统、风俗习惯、意识形态、行为准则等。文化观念是人们在长期的活动中无意识形成的、是人类世代相传的一部分,具有持久的生命力。晋商兴衰变迁的主要原因在于其所处的社会制度环境发生了变化以后,商帮文化与社会制度环境变迁不相适应,从而导致晋商一系列经营管理制度出现低效率或无效率,直到最后没落。其最明显的表现为后期"诚信"意识淡薄、家族制度约束和晋商事业的继承人问题。

其一,"诚信"意识淡薄。诚信笃实、重义尚德是晋商的伦理之魂,它在经营中降低了交易成本,使得晋商在很长时间雄踞于商帮之首。但是到了19世纪末20世纪初社会制度发生了变迁,它显得是那样的苍白无力。1901年,清政府以"新政"改革为契机,开始改弦更张,将过去历代王朝实行两千年的"重农抑商"政策变为"振兴工商实业"。"通商惠工为古今经国之要政,自古相沿,视工商为末务,国技民生日益贫弱,未始不因乎此,亟应变通尽利,加意讲求。"至此,晚清重商主义开始有一种思潮和地方经济

---

① 沈孝思:《晋录》。

活动转化为官方政策，这对中国的近代化进程产生了深远的影响。① 诚信是晋商经营的基石，在国内外局势一片混乱的情况下，有的晋商分号经理伙友携款潜逃，使以"忠诚""信义"等原则建立的联号制度遭到破坏，传统的靠共同价值观念维系的内部控制机制（德治）无法正常运转，内在控制的软约束和无效性逐渐显现出来，而此时，清政府无限制的报效银使晋商追求"礼仪"的道德准则不复存在，仁义尽失，再加上行之有效的商业法规不能适时颁布，缺少对晋商的内在控制和外在约束。② 在市场经济条件下，为保证商品交易正常进行，因而要订立契约，而契约和执行就要有强有力的法制来保障，离开了法制规范，仅靠"忠义""仁义"是难以维系的。缺乏了诚信的土壤，晋商想成长成参天大树是一种不现实的奢望。

其二，家族制度约束。晋商是建立在血缘关系基础之上的，以自己为中心，以血缘关系为纽带，依据亲属关系和人伦秩序上构建起整个晋商家族体系。在晋商初期这种家族制度促进其实力增长，然而这种制度有很多的局限性。像其中的父权制度在其经营活动之中往往会造成一手遮天之势。如前所述，晋商票号在第二次向银行改组时，但却因毛鸿瀚极力阻拦而丧失良机，这种家长制的管理决策方式，给晋商的制度创新和制度选择带来了巨大阻碍。受这种制度观念的影响，在晋商后期的这些企业管理是家族式的，市场交易规则变成了关系交易原则。处理市场竞争所产生的问题的规则却被以"家"为核心所形成的关系、亲疏情感规则所代替，这必然产生难以逾越的制度障碍，导致晋商们在处理进一步扩大企业的规模、适时地调整战略投资近代金融业、工业很难发生变迁，阻碍了晋商的发展。受这种家族式的观念的影响，晋商企业的财东、经理们对员工的信任只局限于血缘或是扩展到亲缘关系的朋友、知己等所谓的"自己人"身上，而与此相对的"外人"就会被冷落到一旁。在19世纪末20世纪初的那个动荡的年代里，世局一旦有风吹草动，"外人"不会与晋商企业同甘共苦，还有可能携款潜逃。

其三，晋商事业继承人问题。再好的制度都要有人去执行，方能发挥作用。经商之道，首用人才，晋商深知此理。但令人遗惑的是到了19世纪末20世纪初，匪患横行，政局变乱，军阀混战的时代里，昔日拼搏商界的强者如今却成了回避风险的弱者，龟缩于山西的深宅大院之内，无论世局怎样

---

① 刘建生、刘鹏生、燕红忠等：《明清晋商制度变迁研究》，山西人民出版社2005年版，第293页。

② 同上书，第314页。

动荡，商业活动如何难以为继，在高墙大院内生活依旧安逸。像乔家老宅激励后人的对联"求名求利莫求人须求己，惜衣惜食非惜银缘惜福"。还有"积德为本续先世之风流心存继往，凌云立志振后起乃家法意在开来"。结果都成了多余的装饰，乔家的婚宴上要用124个碟子按照颜色摆出个"当朝一品"，目睹此景，乔家第五代传人乔映霞早已失去了重振家业的信心。声势显赫的太谷曹家也摆脱不了子孙败家的怪圈，其后人多食鸦片，庸碌无能，根本不问生意之事。像这样败家的晋商子孙不计其数。他们何曾想过，像先辈一样拼搏于商场。外部世局的震荡和内部的溃烂正同时发生，相互之间配合得这般默契，等到暴风雨袭来之时，他们便束手无策，只能坐以待毙。这就是晋商在遭受致命打击后未能重振昔日雄风投资近代金融、工业的一个重要原因。

在清乾隆、嘉庆、道光年间，正是山西人最得势的时候。晋商所赚得的钱财，有捐输给政府的，有用来做善事的。但晋商的钱财有不少是用来个人享受。"方其盛时，自数十万之家相望，饰亭台，聚古玩，买姣童于吴间，购美玉于燕赵，比比也。"富有了以后，山西人开始拼命地追求物质享受了。

首先是造大宅院。在北京、上海、武汉这些晋商做生意的地方，流传这样一首民谣："山西人大褡套，挣钱还家，买房置地养老小。"这是挖苦晋商是土财主，有钱只想回乡下盖宅院。今天，我们仍能看到许多晋商留下的深宅大院。这些宅院有如下特点：其一，建筑规模宏大。祁县乔家大院占地8700平方米，共有房屋313间。太谷曹家大院建筑占地6700平方米，房屋276间。榆次常家大院占地面积超过10万平方米，房屋达1500余间。像这样规模的深宅大院，没有钱是修不了的；一些好的建筑材料，没有钱是买不到的；建筑所显示的高超建筑技术和雕绘艺术，没有钱也是办不到的。其二，做房子的目的就是给人看。许多晋商居所只要挂上一块牌子，就可以从一座几百年前的商人住宅变成供现代人参观游览的博物馆。因为晋商在建房之初，就是为了给人观看，以此显示自己的身份、地位和实力。其三，几代人努力的结果。晋商深宅大院大多是几代人锲而不舍建造而成。榆次的常家大院是从清康熙年间到光绪末年，经过二百余年建筑而成的。祁县的乔家大院建设，也是经过几代人努力，直到抗日战争爆发才不得不终止。像山西商人如此投入巨大的财力、精力去建设宅院，这在明清商帮是仅有的。

其次是极尽奢侈之能事。当地有民谣说："介休有个三不管，侯奎灵哥二大王。"侯奎是侯荫昌的侄孙，著名"蔚字号"票号的东家；灵哥是冀国定的长孙，二大王名为郭寿先，是富商郭可观的弟弟。这三人专务声色犬马，热衷斗富比阔。侯奎进一家绸缎店，一时兴起，将店全买下来；灵哥一听，将一家钟表店全买下。接着二人又比赛用纸钱票点火抽水烟，一张一千文，你烧一张，我烧一张，看谁烧得多。如此糟蹋钱财，再富的家族也得败落。到抗日战争前夕，侯家子孙侯崇基在饥寒交迫中，大烟瘾发作而死。

晋商吸食鸦片者居多。民国《太谷县志》保存着嘉庆二十二年（1817）太谷知县陈履和率领商民到城隍庙宣誓不贩鸦片入境的碑文，陈履和指出他到太谷上任时就"风闻此帮愚民喜食鸦片"。山西大儒刘大鹏日记记载："及观富家，无论男女长幼，率皆黎明方寝，日落方起，即早起亦在午后。……唯是饱食终日，处高楼大厦之中，求沃壤膏腴之土，以备终夜呼吸。"[①] 吸食鸦片在晋商中确实普遍存在。太谷曹氏家族传到曹克让时，全家大小每日是山珍海味；男女老少人人吸食鸦片，家中平时存储鸦片万两以上；用人多达370人，养家兵500余人，每年家用开支10余万元；每逢婚丧嫁娶，大摆宴席，尤其喜庆之时，笙歌盈日，鼓乐喧天，往往历时一月，花银上万[②]。祁县乔家二百年不衰，这在晋商中已是十分难得，但是到了乔致庸的孙子乔映霞手上，一家人没有不抽大烟的，乔映霞的女儿还因吸食过度而夭亡。在晋商中，因吸食鸦片而败家是较为普遍的现象。像太谷曹家、协同庆票号东家王家、蔚泰厚票号的创办人兼股东之一的毛鸿翙家，到最后都败于鸦片。

第四，甬商与晋商在经营中，都选择了股份制方式，但从深层次的公司治理来看，甬商较早体现了现代企业制度的管理思想和企业投融资思想，因此也是我国最早与证券、保险及信托等现代金融市场相联系的商帮组织。在特定的历史时期，晋商形成了一整套有效率的具有历史适应性的企业制度，但最终没有形成企业制度创新的内在利益冲动，使传统商帮企业以一种自增强机制蜕变为现代企业制度。

晋商的经营模式具有较强的传统性，具有比较典型的封建商人经营特征。晋商坚持的多是长途贩运、官商结合、垄断贸易。长途贩运这种经营模式在商品经济初步发展的时期比较适用，它主要是利用地区差价来获取利润。随着商品经济的发展，从事贩卖的商人数量的增加，以及交通条件的改

---

① 穆雯瑛：《晋商史料研究》，山西人民出版社2001年版，第77页。
② 刘建生、陈大鹏：《晋商衰败探因》，见李希曾《晋商史料与研究》，山西人民出版社1996年版，第79页。

善，长途贩运的商业利润空间越来越低。如果仍然守着长途贩运，显然就落伍了。垄断贸易、官商结合的经营模式给晋商的迅速崛起提供了便捷的路径。但是晋商也为此付出了惨重的代价。一是，垄断贸易带来的垄断利润，削弱了商人的竞争力。长期的垄断贸易一方面会使商人缺乏不断创新经营方式的内在动力与外来压力。此外，长期的垄断贸易、官商结合会使商人丧失市场敏锐感。二是，官商结合使商人的经营面临着重大的政治风险。封建政治是他们的一棵大树，大树底下好乘凉，大树倒了，商人也就失去了依靠。不过，晋商在经营方式上也有创新，开创了票号这种新的经营方式，对企业制度方面的创新在各商帮中也是特色鲜明。

与晋商比较起来，甬商的经营模式特点鲜明。其一，开放性、外向性的特点明显。以买办的身份从事广泛的进出口贸易体现了宁波帮经营的外向性、开放性。其二，先进性突出，广泛采取商业资本、金融资本及工业资本纵向一体化的经营模式充分体现了宁波帮在经营上的先进性。甬商经营模式的特点反映了宁波帮在经营环境的变化中具有更强的灵活应变性，在经营模式上能够与时俱进。而这两个特点更多地体现了近代资本主义生产方式的特征，在一定程度上标志着宁波商帮从一个旧式的封建商帮向近代商帮的转型。

甬商与晋商二者在经营模式上的差异很大程度上根源于二者的价值观。价值观制约动机，动机制约行为。甬商坚持"工商皆本"，认为商业也是社会本业之一，他们不只是将经商视为一种谋生的手段，更是作为一种崇高的事业来经营。在大多数甬商看来，经商丝毫不比做官地位低，而是值得终生托付。在这一点上，近代的甬商表现得尤为突出。他们在经营模式上敢于创新，能自觉地走上向近现代化的转型。

晋商更多的是将经商作为一种赚钱的"手段"，"以末致富，以本守之"。他们追求的终极目标是做封建地主，有土地有宅子。因此，当发家致富以后，相当多的晋商将资本用于购置土地、修建宅院或者窖藏银子。

晋商尽管很重视商业，但是整体上并没有将商业作为一种毕生追求的事业来经营。因此，很难产生真正的企业家精神，在经营模式的创新与开拓上就很难摆脱传统的束缚。长途贩运靠的是一种吃苦耐劳、不畏艰险的商业精神。显然，晋商具有这种精神，因此，能够在早期凭借长途贩运积累资本，不断兴旺。而后来随着社会经济政治环境的变化，开放、进取精神的不足使得晋商不能对传统的经营模式进行革新，抱残守缺，注定被历史淘汰。而宁波帮兼有吃苦耐劳、开放进取的企业家精神，从而能够使得甬商一直到现在仍然兴盛。

晋商与清政府颇有渊源。早在清入关以前，一些晋商就以张家口为基地，往返于关内外，以经商为名，为满族统治者输送军需物资，提供各地情报。尽管此时，晋商是大明朝的子民，为了钱也顾不上许多。清入主京师后，也没有忘记为他们出过力的晋商，遂召赐加封为首的八姓商人为内务府皇商，主持张家口商务，并"承召入都，宴便殿，蒙赐上方服馔"①。晋商中头面人物，俱被朝廷笼络，封官晋爵，赏赐频频。

此后，晋商一直与清政府保持亲密关系。在康熙亲征准噶尔时，皇商范氏兄弟自费办粮售军，"辗转沙漠万里，不劳官吏，不扰闾阎，克期必至，省国费以亿万计。将帅上其功，赐职太仆寺卿用二品服"。范氏声家大振，上通朝廷，下连市廛，"甲第联辉，名艳当世"②。在乾隆年间，榆次聂店王家进贡给皇帝的银子一次就是48万两，皇帝赏戴花翎，封为护国公③。光绪二十六年（1900）八国联军侵入北京，慈禧仓皇西逃，经济拮据，途经太原时，大德通票号以30万两白银代支皇差。慈禧、光绪到祁县时，下榻大德通，该票号又捐银10万两以示孝敬，从而换得慈禧的赞许，遂传旨令各省解京饷款，一律改汇祁县、平遥、太谷等县山西票号。④ 在晋商，像这类的例子举不胜举。能够与最高当权者直接挂上钩，晋商算是做到了最大的生意。

当然，能直接"孝敬"清政府最高当权者的毕竟只是极少数的晋商。更多的晋商是去讨好一些政府大员。他们注意感情投资，如发现那些有前途而又穷困的应试举子，晋商票号都会资助他们川资。考取功名者，又垫资帮他们运动差事。尽管清政府曾多次下令"所有公款，在京则存入国库，在省则存入藩库"，但是这些穷儒寒官一旦得志，出于感激，大都是将公款私财存于晋商的票号之中。最典型的一个例子就是张之洞与协同庆票号的故事。张之洞因母丧守制三年后，回到京城想谋得更高的职位，需要银两打通关节。于是他就去协同庆票号开口借10万两。协同庆的老板满口答应，给张之洞办一个银折子，让他用多少就取多少。其实这个老板有自己的打算，他们宫廷里安有自己的耳目，如果张花了三五万，皇帝还没有露出重用的意思，那就停止借钱给张之洞。事实上银两还没有花到三万，张就被任命为两

---

① 李希曾：《晋商史料与研究》，山西人民出版社1996年版，第70页。
② 同上。
③ 同上书，第67页。
④ 同上书，第71页。

广总督。本来协同庆在两广并没有分号，这次他们特地在两广设立分号，张之洞将两广的财税完全交给协同庆一家经手交解，三四年时间协同庆就赚得百十万两。从这里可以看出，晋商与那些政府大员讲的是交情，而交情里面浸透的是利益。据《山西票号考略》记载："蔚盛长之交好庆亲王，百川通之交好张之洞，协同庆交好董福祥……票庄经理有时与督抚往来甚密，得其信任，亦步亦趋，虽调往亦与之同行。如大德通的高经理追随赵尔巽，赵往东省，高则往东省，赵来北京，高则同来，赵放四川，高就到四川，大德通简直是赵尔巽的库房。"在此期间，山西票号的迅猛发展，很明显是得力于这种权钱交易。光绪二十九年（1903），直隶总督袁世凯一次从天津蔚泰厚票号查获官吏存款105万两。两广总督叶名琛一人在票号的存款即达60万两。

咸丰时清政府为筹措军费，公开给虚实官衔等级定价叫买，于是当时捐官谋缺成风，山西票商从中捞了一笔。"咸丰初年，筹饷例开，报效者纷纷，大半归票商承办其事，而营业渐次扩张。"① 由于晋商既与皇家宫廷有瓜葛，又与政府大员有联系，所以想要捐官的人常常将银两存于晋商票号，由票号一手替他们操作。票号去打探消息，运通关节，并到户部交结。捐官谋缺的人如果自己去直接交款，反而遭遇到层层关卡，处处剥皮。而晋商却一路顺畅。在办理捐官谋缺这件事本身，晋商就狠狠地赚了一笔。事成之后，捐官谋缺的人反而感激晋商的帮忙，将公款私钱都存于票号。就是这样，晋商在清朝政府上下都结成一层关系网。所以有位祁县的老商人杨某说："与其说票号的股东是山西富商大贾，还不如说是清政府及其显宦要员更确切些。"②

在清代，晋商通过科举考试获取官职的已是很少，而更多的是通过捐输钱财来获得功名或官衔。据山西巡抚哈芬、恒春、王庆云等奏折不完全统计，日升昌、元久玖、志成信、协同庆、协和信、蔚泰厚票号的财东和主要经理人员，都捐纳银两买有各级职衔。平遥日升昌的财东李箴视，不仅为自己捐官，还给死去的父亲、祖父、曾父捐衔，其兄弟七人及子侄十二人均有文武头衔，李家的妇女均受封为"宜人""夫人"。③ 晋商如此积极捐官，不一定是为了经济上的目的，只不过想提高自己的社会地位，显示自己有

---

① 李希曾：《晋商史料与研究》，山西人民出版社1996年版，第82页。
② 同上。
③ 孔祥毅：《山西票号与清政府的勾结》，见李希曾《晋商史料与研究》，山西人民出版社1996年版，第83页。

钱财。

"五口通商"以后，甬商里出现越来越多的洋行买办，他们凭借买办这个特殊的身份，游刃于洋人与清政府官员之间。洋人在经济上和军事上是强势的，而清政府也正在轰轰烈烈地兴办洋务运动，作为中间人的买办正可以居间两头获利。镇海人严蕉铭、鄞县人王铭槐是洋行的买办，专做军火生意，因而与李鸿章、袁世凯、王士珍等政府要员或地方大员相交甚厚。① 此时甬商不能说是依附于清政府官员，他们更多的是两方面的相互利用。当然，甬商能做到这些，相当程度上是依仗与洋人的特殊关系。定海人方若亲近日本人，获得日本领事馆支持，在天津做房产生意，大发横财。② 正因为看到了这种形势，甬商中较早的买办杨坊，竟然将自己的女儿嫁给一个洋人。再如朱葆三，在兴办慎裕五金号、投资民族工业以后，已经是身价百万了，但他还是接受平和洋行买办。他这样做，既可以得到佣金好处，又受洋人的庇护，沾光分享领事裁判权，英国领事对他也礼让三分，清政府更是遇事须先征得外国雇主的同意，才能传讯。③ 因此，我们认为此时的甬商与官员的交往主要是依仗自己的外国洋行的买办身份。但是我们也不能简单地认为甬商是依附于洋人的。其实甬商有许多时候是与洋人竞争的，最典型的就是以虞洽卿为总经理的宁绍轮船公司与英商太古公司、法华合资东方公司在轮船票价上的竞争。

甬商也有利用自身才艺去接近官员的。如严信厚能诗文，善书画，受李鸿章赏识，得胡雪岩信任，凭李之势力，胡之财力，创办源丰润票号，专营汇兑及官僚存放款业务，范围广大，盛极一时。后来严信厚自己在天津开设物华楼金店和老九章绸缎庄，从此严氏走上发家之路。④ 但是以个人才艺去接近官员在徽商中较普遍，而在甬商中却只是极个别的例子。

有些甬商富了以后，通过向国家捐钱，或向官员行贿，以捞取社会地位，以获取更大的经济利益。严信厚富了以后，捐了候道补，加知府衔，走李鸿章门路，曾于光绪十一年（1885）署天津盐务帮办。利用此肥缺，取得引岸权利，在天津开设同德盐号，获取更大财富。光绪十二年（1886），严信厚在宁波建通久源机器轧花厂，有经营特权，生产的龙门牌棉纱可免除

---

① 浙江省政协文史资料委员会：《宁波帮企业家崛起》，浙江人民出版社1989年版，第54—55页。
② 同上书，第56页。
③ 同上书，第83页。
④ 同上书，第51页。

每担七钱的关税,直接通过浙海关出口。适值荣禄任直隶总督,严信厚又接近荣禄,向清廷捐献白银十万两,得以觐见慈禧。光绪二十九年(1903)在直隶当差候补,又与当时直隶总督袁世凯接近。严信厚死后,其子严义彬在上海开设源吉、德源两钱庄,与当时上海道蔡乃煌往来密切。宣统二年(1910),上海各庄相继倒闭,源丰润宣告倒闭,负债总额达 2000 余万两。但最后不了了之,严家其他事业均未受到波及。①

甬商中花钱捐官还是比较普遍的,如叶澄衷是捐班观察使、道台衔,红顶花翎。吴作镆是钦赐举人、特旨三品京堂候补,二品花翎道衔。杨坊也是二品顶戴,道台衔。虞洽卿捐道台衔。② 既是商人,又是官员,这样的人做生意,便于与官员交往。叶澄衷与李鸿章、盛春煊、熊希龄等显赫的政府官员交往,不光可以提高自己的身价,而且可以寻得各方面的资源。政府官员与这些商人交往,也可以从中获利,官与商互惠互利。叶澄衷曾在上海百老汇路武昌路口设义昌成号,清政府海军官僚白某曾有暗股,当时海陆军部门一些军需物品,包括军火在内,都成为义昌成经营项目。③ 朱葆三与清政府当时的上海道袁树勋是知友。朱推荐慎裕五金号总账房顾晴川充当道台衙门中的会计员并司出纳银库。庚子赔款系由清政府以海关关税收入作为担保,并令各通商口岸海关关税收入按数解交上海关道,由上海江海关负责拨解洋债的赔款。袁树勋在任,各省每月所解巨额赔款,统由他委托朱葆三存放在上海钱庄内生息。清商部的利息是按官利,而上海各钱庄拆息远较官息为高。④

第五,如果排开外力因素看,中国传统"官—商"结合的产权制度通过习惯的形式,提高了金融制度变革的机会成本,使得商人之间达成合作推动制度变迁的动力不足。与此同时,传统商人阶层与封建统治者之间的特定关系,使双方未能形成至关重要的追求民族国家强大的共同利益,这些最终体现在资本市场的融资能力欠缺和工业投资不足上。由于内生信用制度未能建立,货币市场对海外白银产生了依赖。国债市场的凋敝不但限制了国家的财政融资能力,而且妨碍了民间金融创新活动和有效资本市场的建立,也使得工业投资的资金供给问题无法得到妥善解决。资本市场资金的供给不足和

---

① 浙江省政协文史资料委员会:《宁波帮企业家崛起》,浙江人民出版社 1989 年版,第 51—52 页。
② 鲍杰:《论近代宁波帮》,宁波出版社 1996 年版,第 213 页。
③ 浙江省政协文史资料委员会:《宁波帮企业家崛起》,浙江人民出版社 1989 年版,第 74 页。
④ 同上书,第 84 页。

需求疲软抑制了大规模的工业投资，导致长期经济增长停滞。

第六，近代中国金融制度变迁中的甬商与晋商比较研究，给予我们历史启示是：其一，政府对金融发展以及金融制度建设的重视和推动是金融业稳定、快速发展的关键。近代中国的金融发展既是金融创新和金融结构优化的过程，又是金融产业近代化的过程。传统金融业走向衰落而新式金融业兴起的历史轨迹表明，公司制金融以及民营资本的投入是中国金融业改革和发展的方向。其二，百年近代金融发展与制度变迁的历史表明，政府失信于民、商业信用欠佳是阻碍近代中国金融创新与民族金融业稳定发展的主要原因。政府应当循序渐进地推进体制改革，构建民主法制的社会，真正确立产权制度，确实有效地保护公民的产权；减少以权压法、侵犯商民权益的失信行为发生，树立政府信用并改善商业信用，这不仅可以为金融机构正常开展信用业务提供良好的信用环境，而且也有利于加强金融与经济之间的关系，进而促进金融与经济的稳定发展。

主要参考文献

著作

《马克思恩格斯文集》，人民出版社2009年版。
《列宁专题文集》，人民出版社2009年版。
《毛泽东选集》第一至四卷，人民出版社1991年版。
陈真、姚洛：《中国近代工业史资料》，生活·读书·新知三联书店1957年版。
乐承耀等：《甬商经营理念研究》，宁波出版社2004年版。
李瑊：《上海的宁波人》，上海人民出版社2000年版。
钱小明：《论近代的上海企业家》，中国近代经济史研究资料，第8辑。
张海鹏、张海瀛：《中国十大商帮》，黄山书社1993年版。
汪北平：《虞洽卿先生》，宁波文物社1946年版。
孔祥毅：《金融贸易史论》，中国金融出版社1998年版。
陶澍：《陶之丁先生奏疏》卷二二，上海古籍出版社1997年版。
冯桂芬：《显志堂稿》卷一一〇，上海古籍出版社2002年版。
卫聚贤：《山西票号史》，说文出版社1944年版。
黄鉴晖：《山西票号史》，山西经济出版社1992年版。
杨端六：《清代货币金融史稿》，生活·读书·新知三联书店1962年版。
张国辉等：《中国金融通史》，中国金融出版社2003年版。
彭信威：《中国货币史》，上海人民出版社1958年版。
黄鉴晖：《中国银行业史》，山西财经大学出版社1994年版。

张国辉：《晚清钱庄和票号研究》，中华书局 1989 年版。
俞福海：《宁波市志》，中华书局 1995 年版。
潘子豪：《中国钱庄概要》，华通书局 1931 年版。
徐珂：《清稗类钞》，中华书局 1984 年版。
曲殿元：《中国之金融与汇兑》，上海大东书局 1930 年版。
李永福：《山西票号研究》，中华工商联合出版社 2007 年版。
李新主编：《中华民国史》（第一编），中华书局 1982 年版。
陈争平：《中国近代经济史教程》，清华大学出版社 2002 年版。
黄逸平：《近代中国经济变迁》，上海人民出版社 1992 年版。
桑润生：《简明近代金融史》，立信会计出版社 1995 年版。
王铁崖：《中外旧约章汇编》，生活·读书·新知三联书店 1957 年版。
董继斌、景占魁主编：《晋商与中国近代金融》，山西经济出版社 2002 年版。
张仲礼：《中国近代经济史论著选译》，上海社会科学院出版社 1987 年版。
徐义生：《中国近代外债史统计资料（1853—1927）》，中华书局 1962 年版。
姚公鹤：《上海闲话》，商务印书馆 1933 年版。
董孟雄：《中国近代财政史、金融史》（下），云南大学出版社 2000 年版。
谢俊美：《中国通商银行——盛宣怀档案资料选集之五》，上海人民出版社 2000 年版。
虞和平：《商会与中国早期现代化》，上海人民出版社 1993 年版。
乐承耀：《近代宁波商人与社会经济》，人民出版社 2007 年版。
洪葭管：《从借贷资本的兴起看中国资产阶级的形成及其完整形态》，复旦大学历史系等编《近代中国资产阶级研究》续辑，复旦大学出版社 1986 年版。
姚会元：《江浙金融财团研究》，中国财政经济出版社 1998 年版。
张芝联主编：《中英通使二百周年学术讨论会论文集》，中国社会科学出版社 1996 年版。
陈国强：《浙江金融史》，中国金融出版社 1993 年版。
卢现祥：《西方新制度经济学》，中国发展出版社 1996 年版。

李龙潜：《明清经济史》，广东高等教育出版社 1988 年版。

陈夔龙：《梦蕉亭杂记》，北京古籍出版社 1995 年版。

沈雨梧：《浙江近代经济史稿》，人民出版社 1990 年版。

皮明庥：《近代武汉城市史》，中国社会科学出版社 1993 年版。

容闳：《西学东渐记》，湖南人民出版社 1981 年版。

秦润卿：《五十年来上海钱庄业之回顾》，中国通商银行编《五十年来之中国经济（1896—1947）》，文海出版社 1947 年版。

淘水木：《浙江商帮与上海经济近代化研究：1840—1936》，生活·读书·新知三联书店 2000 年版。

张正明、薛慧林主编：《明清晋商资料选编》，山西人民出版社 1989 年版。

彭泽益：《中国近代手工业史资料》，生活·读书·新知三联书店 1957 年版。

王子建、赵履谦：《天津之银号》，河北省立法商学院研究室 1936 年版。

王承志：《中国金融资本论》，光明书局 1936 年版。

张维亚：《中国货币金融论》，自行出版 1952 年版。

吴承禧：《中国的银行》，商务印书馆 1935 年版。

张仲礼：《近代上海城市研究》，上海人民出版社 1990 年版。

洪葭管、张继风：《近代上海金融市场》，上海人民出版社 1989 年版。

杜恂诚：《中国金融通史》（北洋政府时期），中国金融出版社 2002 年版。

洪葭管、张继风：《近代上海金融市场》，人民出版社 1989 年版。

吴承明、许涤新：《中国资本主义发展史》（二），人民出版社 1990 年版。

童书业：《中国手工业商业发展》，齐鲁书社 1981 年版。

李权时、赵渭人：《上海之钱庄》，台北华世出版社 1978 年版。

朱寿朋：《东华续录》，光绪朝，卷 146，中华书局 1958 年版。

盛宣怀：《请设银行片》，《皇朝经世文新篇》，第 2 卷。

金普森：《虞洽卿研究》，宁波出版社 1997 年版。

杜恂诚：《民族资本主义与旧中国政府（1840—1937）》，上海社会科学院出版社 1991 年版。

山西票号研究联络组:《山西票号研究集》(一、二辑),山西财经学院科研处1982、1984年版。

宁波市政协文史委:《商海巨子——活跃在沪埠的宁波商人》,中国文史出版社1998年版。

徐沧水:《上海银行公会事业史》,台湾文海影印本1925年版。

复旦大学历史系等:《近代中国资产阶级研究》续编,复旦大学出版社1986年版。

汪敬虞:《中国近代工业史资料》(第1辑,下册),科学出版社1957年版。

刘佛丁:《我国民族资本企业资本集中问题初探》,《南开经济研究所季刊》,南开大学出版社1984年版。

杨荫溥:《中国交易所论》,商务印书馆1932年版。

韩业芳:《山西票庄皮行商务记》,1921年油印本。

冯子明:《民元来上海之交易所》,《民国经济史》,银行周报社1947年版。

马寅初:《吾国信托公司前途之推测》,《马寅初全集》,浙江人民出版社1999年版。

刘建生等:《晋商研究》,山西人民出版社2002年版。

张海瀛、张正明、黄鉴晖、高春平:《山西商帮》,香港中华书局1995年版。

陈其田:《山西票庄考略》,商务印书馆1937年版。

洪葭管:《金融话旧》,中国金融出版社1991年版。

杨荫溥:《上海金融组织概要》,商务印书馆1930年版。

人民银行浙江省分行金融研究所:《浙江近代金融史》(初稿、油印本)中篇1986年。

中国人民银行山西省分行、山西财经学院、黄鉴晖:《山西票号史料》(增订本),山西人民出版社2002年版。

徐矛等:《中国十银行家》,上海人民出版社1997年版。

唐德刚:《胡适口述自传》,华东师范大学出版社1993年版。

杨荫:《上海金融组织概要》,商务印书馆1930年版。

叶世昌:《中国古近代金融史》,复旦大学出版社2002年版。

李彬主编:《正商文化之旅》,山西科学技术出版社2003年版。

汪敬虞：《十九世纪西方资本主义对中国的经济侵略》，人民出版社1983年版。

刘秋根：《明清高利贷资本》，社会科学文献出版社2000年版。

李燧、李宏龄：《晋游日记·同舟忠告·山西票商成败记》，山西经济出版社2003年版。

张郁兰：《中国银行业发展史》，上海人民出版社1957年版。

渠川：《昌晋源票号》，山西古籍出版社1995年版。

千家驹：《旧中国公债史料（1894—1949）》，中华书局1984年版。

马寅初：《中华银行论》，商务印书馆1929年版。

《中国近代金融史》编写组：《中国近代金融史》，中国金融出版社1985年版。

中国人民银行总行金融研究所：《沿海城市旧银行史研究》，1985年内部版。

中国人民银行总行金融研究所：《近代中国的金融市场》，中国金融出版社1989年版。

中国科学院上海经济研究所、上海社会科学院经济研究所：《恒丰纱厂的发生发展与改造》，上海人民出版社1959年版。

区季鸾、黄荫普：《广州之银业》，国立中山大学法学院经济调查处1932年版。

陈桦：《清代区域社会经济研究》，中国人民大学出版社1996年版。

朱斯煌主编：《民国经济史》，上海银行学会1948年版。

耿彦波主编：《榆次车辋常氏家族》，书海出版社2003年版。

汪敬虞主编：《中国近代经济史：1895—1927》，人民出版社2000年版。

张辑颜：《中国金融论》，商务印书馆1930年版。

穆雯瑛主编：《晋商史料研究》，山西人民出版社2001年版。

黄鉴晖：《晋商经营之道》，山西经济出版社2002年版。

杜恂诚主编：《上海金融的制度、功能与变迁：1897—1997》，上海人民出版社2002年版。

王先明文：《晋中大院》，生活·读书·新知三联书店2002年版。

杜恂诚：《金融制度变迁史的中外比较》，上海社会科学院出版社2004年版。

中国社会科学院近代史研究所：《国外中国近代史研究》第 2 辑，中国社会科学出版社 1980 年版。

刘建生等：《晋商研究》，山西人民出版社 2005 年版。

刘建生等：《明清晋商制度变迁研究》，山西人民出版社 2005 年版。

沈大年主编：《天津金融简史》，南开大学出版社 1988 年版。

李一翔：《近代中国银行与企业关系（1897—1945）》，台北东大图书公司 1997 年版。

罗澍伟主编：《近代天津城市史》，中国社会科学出版社 1993 年版。

姚贤镐：《中国近代对外贸易史资料》，中华书局 1962 年版。

杨荫溥：《杨著中国金融论》，黎明书局 1932 年版。

杨厚承：《重庆票据交换制度》，中央银行经济研究处 1944 年版。

周天豹等：《抗日战争时期西南经济发展概述》，西南师范大学出版社 1988 年版。

米镇波：《清代中俄恰克图贸易》，南开大学出版社 2003 年版。

刘建生等：《山西近代经济史》，山西经济出版社 1995 年版。

洪葭管、张继凤：《近代上海金融市场》，上海人民出版社 1989 年版。

洪葭管主编：《中国金融史》，西南财经大学出版社 1993 年版。

徐学禹等：《地方银行概论》，福建省建设计划委员会宣传处 1941 年版。

段光清：《镜湖自撰年谱》，中华书局 1960 年版。

寒芷：《战后上海的金融》，香港金融出版社 1941 年版。

赵棣华：《金融市场论》，交通银行总管理处 1945 年版。

章乃器：《中国货币金融问题》，生活书店 1936 年版。

施伯珩：《钱庄学》，上海商业珠算学社 1931 年版。

隗瀛涛主编：《近代重庆城市史》，四川大学出版社 1991 年版。

马学强：《江南望族》，上海社会科学院出版社 2004 年版。

张正明：《晋商与经营文化》，世界图书出版公司 1998 年版。

马敏：《商人精神的嬗变——近代中国商人观念研究》，华中师范大学出版社 2001 年版。

陈东有：《走向海洋贸易带——近代世界市场互动中的中国东南商人行为》，江西高校出版社 1998 年版。

全汉升：《明清间美州白银的输入中国》，《香港中文大学文化研究所学报》1969 年。

杜恂诚:《中国传统伦理与近代资本主义》,上海社会科学院出版社1993 年版。

雷麦:《外人在华投资》,蒋学楷等译,商务印书馆 1959 年版。

黄鉴辉:《山西票号史》(修订本),山西经济出版社 2002 年版。

刘秀生:《清代商品经济与商业资本》,中国商业出版社 1993 年版。

张研、牛贯杰:《清史十五讲》,北京大学出版社 2004 年版。

王国良:《明清时期儒学核心价值观的转换》,安徽大学出版社 2002 年版。

张得胜:《儒商与现代社会:义利关系的社会学之辨》,南京大学出版社 2002 年版。

黄鉴辉:《明清山西商人研究》,山西经济出版社 1999 年版。

万明:《中国融入世界的步履:明与清前期海外政策比较研究》,社会科学文献出版社 2000 年版。

万明主编:《晚明社会变迁问题与研究》,商务印书馆 2005 年版。

晁中辰:《明代海禁与海外贸易》,人民出版社 2005 年版。

傅衣凌:《明清时代商人及商业资本》,人民出版社 1956 年版。

唐力行:《中国近世社会与商人》,中华书局 1995 年版。

孙丽娟:《清代商业社会的规则与秩序》,中国社会科学出版社 2005 年版。

张海英:《明清江南商品流通与市场体系》,华东师范大学出版社 2002 年版。

王日根:《乡土之链:明清会馆与社会变迁》,天津人民出版社 1996 年版。

王翔:《中国近代手工业的经济学考察》,中国经济出版社 2002 年版。

张家镶:《中华币制史》,知识产权出版社 1926 年版。

李华:《明清以来北京工商会馆碑刻选编》,文物出版社 1980 年版。

黄鉴辉:《晋商经营之道》,山西经济出版社 2001 年版。

夏东元主编:《郑观应集》,上海人民出版社 1982 年版。

庞毅:《中国清代经济史》,人民出版社 1994 年版。

严中平:《中国近代经济史(1840—1894)》,人民出版社 1989 年版。

彭泽益:《十九世纪后半期的中国财政与经济》,人民出版社 1983

年版。

格林堡：《鸦片战争前中国通商史》，商务印书馆 1962 年版。

庄维民：《近代山东市场经济的变迁》，中华书局 2000 年版。

陶水木：《浙江商帮与上海经济近代化研究：1840—1936》，生活·读书·新知三联书店 2000 年版。

周建波：《洋务运动与中国早期现代化思想》，山东人民出版社 2001 年版。

江地主编：《近代的山西》，山西人民出版社 1988 年版。

李一翔：《近代中国银行与钱庄关系研究》，学林出版社 2005 年版。

钟祥财：《对上海地区经济思想发展的历史考察》，上海社会科学院出版社 1997 年版。

陈旭麓：《近代中国社会的新陈代谢》，上海社会科学院出版社 2006 年版。

王晓秋、尚小明主编：《戊戌维新与清末新政》，北京大学出版社 1998 年版。

田兆元、田亮：《商贾史》，艺文出版社 1997 年版。

余鑫炎：《中国商业史》，中国商业出版社 1987 年版。

王遂今：《宁波帮怎样经商致富》，中国华侨出版社 1994 年版。

中国商业史学会明清商业史专业委员会编著：《明清商业史研究》第一辑，中国财政经济出版社 1998 年版。

郑观应：《盛世危言·银行》，《戊戌变法》第 1 册，神州国光出版社 1953 年版。

葛贤慧：《商路漫漫五百年——晋商与传统文化》，华中理工大学出版社 1996 年版。

张正明：《明清晋商及民风》，人民出版社 2003 年版。

张正明：《晋商兴衰史》，山西古籍出版社 2001 年版。

张正明、马伟：《话说晋商》，中华工商联合出版社 2006 年版。

孙涛：《闲话晋商》，中国时代经济出版社 2006 年版。

朱彤：《细数晋商成与败》，京华出版社 2006 年版。

周葆銮：《中华银行史》，台湾文海影印本 1919 年版。

姚崧龄编著：《张公权先生年谱初稿》，台北传记文学出版社 1982 年版。

潘承锷：《中国之金融》，中国图书公司1908年版。

吾新民：《旧上海钱业领袖秦润卿》，《旧上海金融界》，上海人民出版社1988年版。

史若民：《票商兴衰史》，中国经济出版社1992年版。

张巩德：《山西票号综览》，新华出版社1996年版。

张正明、邓泉：《平遥票号商》，山西教育出版社1997年版。

李燧：《晋游日记》校注本，山西人民出版社1989年版。

姚崧龄：《中国银行二十四年发展史》，台北传记文学出版社1976年版。

吴景平、马长林主编：《上海金融的现代化与国际化》，上海古籍出版社2003年版。

吴景平主编：《上海金融业与国民政府关系研究（1927—1937）》，上海财经大学出版社2002年版。

孔祥毅、王森主编：《山西票号研究》，中国财政经济出版社2002年版。

黄国辉：《晚清钱庄和票号研究》，中华书局1989年版。

陈凯元：《晋商的智慧》，海潮出版社2005年版。

古敏：《晋商：中国第一商道》，金城出版社2004年版。

周伟主编：《寻找晋商》，光明日报出版社2003年版。

吴景平等：《抗战时期的上海经济》，上海人民出版社2001年版。

张定邦：《晋商文化系列丛书：商风民俗》，知识出版社2004年版。

赵荣达：《晋商文化系列丛书：票号商帮解读》，知识出版社2004年版。

赵荣达：《晋商故事》，新华出版社1996年版。

郝汝春：《乔家经商之道》，内蒙古人民出版社1997年版。

山西省祁县民俗博物馆：《乔家大院》，远方出版社2004年版。

张仲礼主编：《东南沿海城市与中国近代化》，上海人民出版社1996年版。

武殿琦：《祁县渠家》，山西古籍出版社1997年版。

程素仁、程雪云：《太谷曹氏家族》，书海出版社2003年版。

吴承明：《中国的现代化：市场与社会》，生活·读书·新知三联书店2001年版。

程光、梅生：《儒商常家》，山西经济出版社 2004 年版。

中国人民银行厦门市分行：《厦门金融志》，鹭江出版社 1989 年版。

王夷典：《百年沧桑日升昌》，山西经济出版社 2001 年版。

汪敬虞：《外国资本在近代中国的金融活动》，人民出版社 1999 年版。

徐寄顾：《最近上海金融史》，华丰印刷所 1926 年版。

卜明：《中国银行行史》，中国金融出版社 1995 年版。

陈明光：《钱庄史》，上海文艺出版社 1997 年版。

葛贤慧、张正明：《明清山西商人研究》，香港欧亚经济出版社 1992 年版。

葛贤慧：《商路漫漫五百年——晋商与传统文化》，华中理工大学出版社 1996 年版。

李华：《明清以来北京工商业会馆碑刻选编》，文物出版社 1980 年版。

田际康、刘存善：《山西商人的生财之道》，中国文史出版社 1986 年版。

［日］寺田隆信：《山西商人研究——明代的商人和商业资本》，山西人民出版社 1986 年译本。

［美］郝延平：《中国近代商业革命》，上海人民出版社 1991 年版。

［德］马克斯·韦伯：《新教伦理与资本主义精神》，陕西师范大学出版社 2002 年版。

［美］余英时：《中国近世宗教伦理与商人精神》，广西师范大学出版社 2004 年版。

［美］道格拉斯·C. 诺斯：《经济史中的结构与变迁》，生活·读书·新知三联书店 2003 年版。

［日］寺田隆信：《山西商人研究》，山西人民出版社 1986 年版。

［英］毛里斯·柯立斯：《汇丰银行百年史》，中华书局 1979 年版。

论文

马寅初：《银行之势力何以不如钱庄》，《东方杂志》1962 年第 23 卷第 4 期。

姚会元、邹进文：《"江浙财团"形成的标志及其经济、社会基础》，《中国经济史研究》1997 年第 3 期。

黄鉴晖：《论我国银行业的起源及其发展的阶段性》，《山西财经学院学报》1982 年第 4 期。

马骏：《浙江金融的历史演进》，《浙江金融》1999 年第 11 期。

马俊业：《近代国内钱业市场的运营与农副产品贸易》，《近代史研究》2001 年第 2 期。

梁四宝、刘鹏生：《试析早期晋商资本运营中的制度创新》，《生产力研究》2000 年第 5 期。

彭雨新：《清末中央与各省财政关系》，《社会科学杂志》1947 年第 9 卷第 1 期。

匪石：《浙风篇》，《浙江潮》1903 年第 4 期。

杨荫杭：《上海商帮贸易之大势》，《商务官报》1906 年第 12 期。

冉建新：《钱庄与洋商银行》，《中国档案》2003 年第 3 期。

叶作舟：《中国金融之危机及其当前问题》，《东方杂志》1934 年第 31 卷第 6 期。

《四明银行行史资料》，《档案与史学》2002 年第 6 期。

龚彦孙：《民国初期上海的证券交易》，《民国春秋》1992 年第 6 期。

何旭艳：《信托业在中国的兴起》，《近代史研究》2005 年第 4 期。

田永秀：《1862—1883 年中国的股票市场》，《中国经济史研究》1995 年第 2 期。

郑仁木：《民国时期证券业的历史考察》，《史学月刊》1998 年第 3 期。

陈曾年：《论 20 世纪初华资银行的崛起》，《上海经济研究》1990 年第 1 期。

李一翔：《银行资本与中国近代工业化》，《上海社会科学院学术季刊》1996 年第 1 期。

郭蕴深：《清末民初蒙古地区的对俄贸易》，《中国边疆史地研究》1991 年第 2 期。

陈东升：《清代旅蒙商初探》，《内蒙古社会科学》1990 年第 3 期。

戴建兵：《上海钱庄庄票略说》，《档案与史学》2002 年第 2 期。

陆国香：《山西票号之今昔》，《民族杂志》1936 年第 4 卷第 3 期。

薛宗正：《明代盐商的历史演变》，《中国历史研究》1980 年第 2 期。

王少平：《中俄恰克图贸易》，《社会科学战线》1990 年第 3 期。

冉建新：《钱庄与洋商银行》，《中国档案》2003 年第 3 期。

黄鉴晖：《中国早期的银行——账局》，《山西财经学院学报》1984 年第6期。

黄鉴晖：《清代账局初探》，《历史研究》1987年第4期。

方行：《清代前期农村市场的发展》，《历史研究》1987年第6期。

吴承明：《论清代前期我国国内市场》，《历史研究》1983年第1期。

马寅初：《吾国银行业历史上之色彩》，《银行杂志》1923年第1卷第1期。

高叔康：《山西票号的起源及其成立年代》，《食货半月刊》1936年第5期。

李永福：《山西票号中前期顺利经营的制度性因素》，《社会科学学报》2002年第6期。

李永福：《票号营运理念对现代民营企业的启示》，《山西师范大学学报》2003年第2期。

李永福：《山西票号人力资源管理》，《太原理工大学学报》2005年第1期。

李永福：《山西票号业务结构》，《晋阳学刊》2005年第5期。

李华：《清代山西平阳大商人亢百万》，《清史研究通讯》1988年第4期。

马媛媛：《试论山西票号的信誉机制》，《山西师范大学学报》2003年第2期。

张国辉：《清代前期的钱庄和票号》，《中国经济史研究》1987年第4期。

刘广京：《一八八三年上海金融风潮》，《复旦学报》1983年第3期。

严中平：《英国资产阶级纺织利益集团与两次鸦片战争史料》，《经济研究》1955年第2期。

蔡鸿生：《"商队茶"考释》，《历史研究》1982年第6期。

范椿年：《山西票号之组织及沿革》，《中央银行月报》1935年第4卷第1期。

杨荫溥：《美国白银政策对中国之影响》，《申报月刊》1934年第3卷第9期。

王宗培：《中国金融业之今后动向》，《申报月刊》民国二十四年五月第4卷第5期。

卫挺生：《现银流出之根本救济方法》，《银行周报》民国二十三年十月

第 18 卷第 41 号。

章乃器：《从农村恐慌说到都市恐慌》，《申报月刊》民国二十三年四月第 3 卷第 4 期。

王维锏：《国人对于汇丰提存风潮应有之认识》，《银行周报》1934 年 12 月第 18 卷第 48 号。

杜岩双：《中国金融业高额纯利之由来》，《申报月刊》1934 年第 3 卷第 7 期。

马寅初：《如何使上海游资及外国余资流入内地以为复兴农村之准备》，《银行周报》1934 年 7 月第 18 卷第 29 号。

裕孙：《浙潮汹涌中沪埠厘价之变化》，《银行周报》1926 年 12 月第 10 卷第 50 号。

王宗培：《中国金融界之阵容》，《申报月刊》1935 年 8 月第 4 卷第 8 期。

陆兆麟：《上海钱行办理汇划情形之正误》，《银行周报》1919 年第 3 卷第 37 期。

李谓清：《山西太谷银钱业之今昔》，《中央银行月报》1937 年第 6 卷第 2 期。

戴恩波：《钱庄在上海金融界中所占的优势》，《钱业月报》1928 年 5 月第 8 卷第 3 号。

潘士浩：《三年来江浙茧用之比较观》，《银行周报》1922 年 8 月第 6 卷第 31 号（总第 261 号）。

裕孙：《近年上海金融市场之一考察》，《银行周报》1928 年第 12 卷第 4 号（总第 535 号）。

马寅初：《废两改元问题》，《银行周报》1932 年第 16 卷第 29 号。

遽然：《钱业研究改进之管见》，《钱业月报》1933 年第 13 卷第 8 号。

李权时：《钱庄与股份有限公司组织》，《银行周报》1938 年第 22 卷第 50 期。

徐沧水：《大连取引所信托株式会社之概况》，《银行周报》1919 年 7 月第 3 卷第 25 号。

潘士浩：《银行之保管业务》，《银行周报》1919 年 5 月第 3 卷第 18 号。

徐沧水：《信托存款之说明》，《银行周报》1919 年第 3 卷第 38 号。

潘士浩：《说信托之受托机关及信托公司》，《银行周报》1921 年第 5

卷第 2 号。

蒋学楷:《山西省之金融业》,《银行商报》第 20 卷第 21 期。

高海燕:《外国在华洋行、银行与中国钱庄的近代化》,《浙江大学学报》2003 年第 1 期。

叶世昌:《从钱铺到钱庄的产生》,《学术月刊》1990 年第 5 期。

沈参廷:《我国银行业概况及今后动向》(上),《钱业月报》1936 年第 16 卷第 10 号。

竺可桢:《中国近五千年来气候变迁的初步研究》,《考古学报》1972 年第 1 期。

[日] 寺田隆信:《清代的山西商人》,《史林》1977 年第 1 期。

[日] 寺田隆信:《山西商人发展的原因》,《晋阳学刊》1983 年第 2 期。

[日] 菊池贵晴:《清末经济恐慌与辛亥革命之联系》,邹念之译,《国外中国近代史研究》1981 年第 2 期。